suhrkamp taschenbuch
wissenschaft 775

Karl Marx und Sigmund Freud haben die Krankheit der westlichen jüdisch-christlichen Kultur als Entfremdung diagnostiziert – Marx als Entfremdung der Menschen von der Gesellschaft, Freud als Entfremdung der Menschen von sich selbst.

»In diesem Buch möchte ich zeigen, daß der Perverse ein unpersönliches Objekt zwischen sein Verlangen und seinen Komplizen schiebt. Dieses Objekt kann eine stereotype Phantasie, ein Fetisch oder eine pornographische Darstellung sein. Alle drei entfremden den Perversen sowohl von sich selbst als auch – leider – vom Objekt seines Verlangens. Daher der Titel dieses Buches: *Entfremdung bei Perversionen.*«

Im Zentrum der theoretischen Überlegungen Masud Khans steht die Auffassung, daß wir es bei Perversionen mit den Folgen einer aufgrund von Fehlentwicklungen in der Beziehung zwischen Mutter und Kind mißlungenen Integration des Ichs zu tun haben. In verschiedenen Zusammenhängen führt Masud Khan diese Fehlentwicklung auf eine Idolisierung des Kindes durch die Mutter zurück, eine Idolisierung, die es dem Kind unmöglich macht, Übergangsobjekte zu finden und zu benutzen. Erfahrungen aus einer Reihe von Analysen haben Masud Khan darüber hinaus zu der Überzeugung geführt, daß die von Freud verworfene Theorie der tatsächlichen Verführung, die eine akute Spaltung im Ich erzeuge, wiederbelebt werden sollte. In Übereinstimmung mit den Auffassungen Phyllis Greenacres sagt er, daß es dabei nicht so sehr auf ein einzelnes Ereignis ankommt als vielmehr auf einen bestimmten Modus psychophysischer Intimität zwischen Eltern und Kind.

Ein großer Vorzug dieses Buches besteht darin, daß Masud Khan auch die Quellen seiner theoretischen Überlegungen ausführlich darstellt: eine Fülle von Material aus seiner reichen klinischen Erfahrung.

M. Masud R. Khan
Entfremdung
bei Perversionen

Übersetzt von
Waltrud Klüwer

Suhrkamp

Titel der Originalausgabe:
Alienation in Perversions
The Hogarth Press, London 1979
© M. Masud R. Kahn 1979

CIP-Titelaufnahme der Deutschen Bibliothek
Khan, M. Masud R.:
Entfremdung bei Perversionen /
M. Masud R. Kahn.
Übers. von Waltrud Klüwer. –
1. Aufl. – Frankfurt am Main.
Suhrkamp, 1989
(Suhrkamp-Taschenbuch Wissenschaft ; 775)
Einheitssacht.: Alienation in perversions <dt.>
ISBN 3-518-28375-8
NE: GT

suhrkamp taschenbuch wissenschaft 775
Erste Auflage 1989
© dieser Ausgabe Suhrkamp Verlag Frankfurt am Main 1983
Suhrkamp Taschenbuch Verlag
Alle Rechte vorbehalten, insbesondere das
des öffentlichen Vortrags, der Übertragung
durch Rundfunk und Fernsehen
sowie der Übersetzung, auch einzelner Teile.
Druck: Wagner GmbH, Nördlingen
Printed in Germany
Umschlag nach Entwürfen von
Willy Fleckhaus und Rolf Staudt

1 2 3 4 5 6 – 94 93 92 91 90 89

Inhalt

Vorwort 7
1. Die Wiedergutmachung am Selbst als idolisiertem inneren Objekt 9
2. Intimität, Komplizenschaft und Gemeinsamkeit in der Perversion 19
3. Die Rolle polymorph-perverser Körpererfahrungen und Objektbeziehungen bei der Ich-Integration 38
4. Die Rolle der infantilen Sexualität und der frühen Objektbeziehungen bei der weiblichen Homosexualität 75
5. Die Rolle des »montierten inneren Objekts« (»collated internal object«) bei der Perversionsbildung 170
6. Der Fetisch als Negation des Selbst. Klinische Bemerkungen über Vorhaut-Fetischismus bei einem Homosexuellen 197
7. Kannibalistische Zärtlichkeit in der nicht-genitalen Sinnlichkeit 253
8. Der Ich-Orgasmus in der bisexuellen Liebe ... 265
9. Die Rolle von Wille und Macht in der Perversion 282
10. Vom Masochismus zum seelischen Schmerz ... 301
11. Pornographie und die Politik von Zorn und Subversion 314
Literaturverzeichnis 326
Nachweise 337
Namenregister 339
Sachregister 341

Für
VICTOR SMIRNOFF
J. D. SUTHERLAND
ROBERT J. STOLLER
J.-B. PONTALIS
BARRINGTON COOPER
*in Dankbarkeit
und Zuneigung*

Vorwort

Zwei im neunzehnten Jahrhundert verwurzelte Menschen haben prägenden Einfluß auf das Schicksal des zwanzigsten Jahrhunderts gewonnen: Karl Marx und Sigmund Freud. Beide haben die Krankheit der westlichen jüdisch-christlichen Kultur diagnostiziert – Marx als Entfremdung der Menschen von der Gesellschaft, Freud als Entfremdung der Menschen von sich selbst.

In diesem Buch möchte ich zeigen, daß der Perverse ein *unpersönliches Objekt* zwischen sein Verlangen und seinen Komplizen schiebt. Dieses *Objekt* kann eine stereotype Phantasie, ein Fetisch oder eine pornographische Darstellung sein. Alle drei entfremden den Perversen sowohl von sich selbst als auch – leider – vom Objekt seines Verlangens. Daher der Titel dieses Buches: *Entfremdung bei Perversionen*.

Sollte der Leser die Geduld aufbringen, dieses Buch zu lesen, wird deutlich werden, worauf es mir ankommt.

Februar 1979   M. Masud R. Khan

I
Die Wiedergutmachung am Selbst als idolisiertem inneren Objekt

Das menschliche Individuum ist zunächst kein *Subjekt* sondern ein Objekt. Der Säugling existiert und erfährt sich nur durch die idolisierende Zuwendung der Mutter: er ist das *Objekt* mütterlicher Fürsorge. In den vergangenen Jahren haben wir uns von bestimmten Theorien, die behaupten, die kindliche Psyche sei ein Kessel voller endloser und unbarmherziger Ängste und Konflikte, so beeindrucken lassen, daß wir beinahe vergessen haben, daß der Säugling zunächst nur als Objekt mütterlicher Liebe und Fürsorge existiert. Erst wenn die Reifungsprozesse die verschiedenen Ich- und Es-Strebungen und -Funktionen allmählich freisetzen, kann der Säugling mit der Zusammenfügung von Selbstrepräsentanzen beginnen, die dann als subjektives Selbst bezeichnet werden kann. Wie Winnicott wiederholt dargestellt hat, hängt die Aktualisierung der biologischen Ausstattung und Begabung eines Kindes von der Art der mütterlichen Fürsorge ab. Darüber hinaus spielt die Förderung eine maßgebliche Rolle, um diese Ausstattung und Begabung im Rahmen des Entwicklungs- und Reifungsprozesses artikulieren, differenzieren und genießen zu können. Die »Resultate« dieses Prozesses können wir dann später als Funktionen und Eigenschaften des kindlichen Ich und Es identifizieren. Winnicott betont ganz besonders die Bedeutung der mütterlichen Fähigkeit, auf die ersten kreativen Gesten des Säuglings sowohl imaginativ wie affektiv einzugehen. Auf dieser Grundlage kann das Kind echtes Vertrauen in sein sich entfaltendes und herauskristallisierendes Gewahrwerden seines eigenen Selbst entwickeln.

Der Begriff der Wiedergutmachung (reparation)

Ein wichtiger Prozeß in dem komplizierten Zusammenspiel und Aufeinandertreffen von Säugling und Umwelt (menschlicher und nicht-menschlicher) ist der der Wiedergutmachung. Winnicott hat verschiedentlich von einer Begegnung zwischen Umgebung und kindlicher »Erfahrung von Omnipotenz« gesprochen. Diese Begegnung läßt die Umgebung wie im Bereich der Übergangsobjekte und -phänomene als etwas vom Kind Geschaffenes erscheinen. Zudem erlaubt sie dem Kind, einen eigenen Beitrag zu seiner Sorge tragenden Umgebung beizusteuern. Nach Winnicotts Vorstellungen sind Trieb und Prozeß der Wiedergutmachung Ausdruck des natürlichen Potentials libidinöser cum aggressiver cum imaginativ-affektiver Kräfte, die im Psyche-Soma des kleinen Kindes wirksam sind. Im Gegensatz zu Klein begrenzt Winnicott die Leistung des Wiedergutmachungstriebes (reparative drive) nicht nur auf die Linderung und Neutralisierung des in den frühesten Stadien der Kindheit durch sadistische Triebe verursachten Schadens: gelingt es der Mutter aus persönlichen oder sonstigen Gründen nicht, auf den reparativen (kreativen) Trieb des Säuglings einzugehen, kommt es zu einem Ungleichgewicht in der gesamten Ausprägung der entstehenden Ich-Es-Differenzierung und zum Gebrauch des Wiedergutmachungstriebes als Abwehr (1948a). Der reparative Trieb bedient sich daher aller verfügbaren, sich entfaltenden Ich-Es-Prozesse, um einen Beitrag zu der Fürsorge tragenden menschlichen oder nichtmenschlichen Umgebung zu leisten. Gleichzeitig begründet er die Matrix von Vertrauen, um mit dieser Umgebung in Beziehung treten und kreativ sein zu können. Da ein solcher Beitrag (Wiedergutmachung) von der Umgebung als Leistung zurückgestrahlt und widerspiegelt wird, kann sich Vertrauen in das anwachsende Gewahrwerden der persönlichen Identität und in die Authentizität von Selbsterfahrungen in Körper und Seele entwickeln.

*Der reparative Trieb (Wiedergutmachungstrieb)
bei der Perversionsbildung*

Im Verlauf intensiver analytischer Behandlung zahlreicher Fälle von Perversion während der vergangenen zwanzig Jahre kristallisierte sich für mich allmählich ein bestimmtes Muster früher Mutter-Kind-Beziehung heraus, das zu einer Reihe perverser sexueller Praktiken (heterosexuell und homosexuell) führt. Alle diese Patienten sind als Säuglinge und Kleinkinder von ihren Müttern sehr geliebt worden. Es ist bezeichnend, daß der Vater in der Erfahrung dieser Kinder nicht als wichtige Gestalt oder Person registriert worden ist, obwohl er in allen Fällen mit in der Familie lebte. Die Fürsorge der Mutter für das körperliche Gedeihen des kleinen Kindes war übergroß und intensiv, aber von eher unpersönlicher Natur. Das Kind wurde von der Mutter mehr als ihr »Ding-Geschöpf« (»thing-creation«) behandelt als eine im Entstehen begriffene, heranwachsende eigenständige Person. Gerade diese Idolisierung des kleinen Kindes möchte ich ganz besonders betonen und eingehender beschreiben. Ich verwende absichtlich den Begriff der Idolisierung und nicht den der Idealisierung, denn ich bin der Meinung, daß es sich dabei um zwei gesonderte und voneinander verschiedene Prozesse handelt. Die Idealisierung ist ein intrapsychischer Prozeß und wird sehr stark von Phantasien beeinflußt. Im Gegensatz dazu ist die Idolisierung eine deutliche Über-Besetzung eines äußeren wirklichen Objekts und wird von mühsam erarbeiteten Ich-Haltungen und Ich-Funktionen aufrechterhalten, die Es-Investitionen umfassen und diese im Dienste der Idolisierung intensivieren. Die Idolisierung bedeutet daher eine seelische Ausbeutung triebhafter Komponenten und primitiver psychischer Prozesse in der Beziehung zu einem äußeren wirklichen Objekt, in diesem Falle also des kleinen Kindes. Meine klinische Arbeit stimmt hier sehr eng mit der überein, wie sie von Greenacre (1960a) berichtet wurde. Um meine Überlegungen einen

Schritt weiterzuführen: im Klima einer solchen Mutter-Kind-Beziehung beginnt das Kind schon sehr früh zu spüren, daß das, was die Mutter besetzt hat und was sie fördert, etwas ganz Besonderes in ihm sein muß, was aber gleichzeitig doch nicht es selbst als Gesamtperson ist. Das Kind lernt, diese Dissoziation in seiner Erfahrung des Selbst zu tolerieren und macht allmählich die Mutter zu seinem Komplizen bei der Aufrechterhaltung dieses besonderen erschaffenen Objekts. Der nächste Schritt in diesem Entwicklungsschema ist, daß das Kind dieses idolisierte Selbst, das das Ding-Geschöpf der Mutter war, internalisiert. Dies geschieht nach meiner Erfahrung gewöhnlich um die Zeit der ödipalen Phase, wenn sich diese Mütter plötzlich ihrer intensiven Bindung an ihre Kinder bewußt werden und sich abrupt zurückziehen. So scheinen diese Kinder ein verspätetes Trennungstrauma in einem Stadium zu erleben, in dem ihr Ich dieses deutlicher registrieren kann. Sie nehmen es als Panik und drohende Vernichtung und vor allem als Verlassensein (unbewußt) wahr. Gerade in diesem inneren affektiven Klima erfolgt eine Intensivierung der Besetzung ihres internalisierten idolisierten Selbst, was sie aber vor ihrer Umgebung verbergen.

Zwei weitere Merkmale scheinen mir für diese Kinder charakteristisch zu sein: sie spielen nicht und kennen keine Übergangsobjekte. Zunächst war mir das entgangen, weil mir der Zugang zum Begriff des Übergangsobjekts fehlte. Nur das Genie findet, was es nicht sucht, wir übrigen müssen uns damit zufrieden geben, das Entdeckte für uns wiederzuentdecken. Dem Fehlen von Spiel und Übergangsobjekten entspricht bei diesen Kindern ferner ein Mangel an Initiative, von sich aus etwas zu tun. Obwohl solche Kinder gegenüber den Stimmungen ihrer Mütter erstaunlich sensibel sind, scheinen sie vorzeitig zu resignieren, wenn es darum geht, von sich aus Angebote zu machen. Statt dessen lernen sie, die Bemühungen und Gesten der Mütter noch zu verstärken, die diese ihnen als dem besonderen Ding-

Geschöpf gegenüber an den Tag legen. In solchen Fällen lernt ein Kind, seinen reparativen Trieb in ganz spezieller Weise zu gebrauchen, nämlich gegenüber dem Selbst als einem idolisierten inneren Objekt.

An dieser Stelle möchte ich einige Entwicklungsstufen überspringen und versuchen, das Dilemma eines solchen Kindes in der Pubertät und Adoleszenz zu skizzieren. Alle meine Patienten scheinen die Pubertät und Adoleszenz in einem Zustand organisierter Unschuld erreicht zu haben. Sie waren kaum zu sexuellen Phantasien fähig, und ihre ersten rührenden Masturbationsversuche verliefen unbefriedigend. Sie fühlten sich in fast klaustrophobischer Weise eingesperrt, nahezu depersonalisiert, und waren alle von einem bestimmten schizoiden Persönlichkeitstyp. Gleichzeitig brodelte in ihnen der latente Drang nach Leben, nach anderen Menschen und dem, was sie in ihrer Lebenserfahrung oder im Rahmen ihrer bestehenden Objektbeziehungen nicht verwirklichen konnten. Daher fühlten sie sich verbittert und unbeachtet, zwar als Subjekt, aber dennoch öde und leer. Ihrem Empfinden nach waren sie erfüllt von sich selbst und ohne etwas, was sie anderen anbieten könnten. Darüber hinaus hatten sie auch noch das Gefühl, etwas Besonderes zu sein. Sie verfügten über ein bestimmtes verborgenes Gefühl des Wartens, aufgefunden und angetroffen zu werden. In einem solchen inneren Klima eingeschnürter Affektivität und triebhafter Spannung stellt dann eine günstige Gelegenheit oder eine Begegnung die Tür zum Leben dar.

Für jeden meiner Patienten gilt, daß sich zunächst keiner aus eigener Initiative hinauswagte. Nach einigen wenigen Abenteuern änderte sich aber die Rolle der Ich-Initiative – einige blieben dem Objekt gegenüber passiv, andere lernten, sich das Objekt auf militante Weise zu eigen zu machen. Lange Zeit war ich von Art und Stil ihrer Objektwahl und Objektfindung sowie der Form, sich zu einem Objekt in Beziehung zu bringen, äußerst verblüfft und verwirrt. Mit ein bißchen Biegen und Zerren konnte ich mir immer einreden, es handle sich dabei um eine narzißtische Objektwahl oder eine Regression auf die Partialobjekt-Stufe der frühen Libido-Entwicklung. Diese Erklärung paßte aber nicht zu allen Fakten. Allmählich erkannte ich dann, daß eine der offenkundigsten Eigenschaften des erwählten und gefundenen Sexualobjekts dessen Vermögen und Talent darstellte, die Rolle eines Als-ob-Übergangsobjekts zu spielen. Aber selbst das brachte für einen großen Teil der reichhaltigen Erfahrungen, die ein solcher Patient in einer Beziehung mit Selbst und Objekt macht, keine Erklärung. Erst als ich zu der Überzeugung gelangte, daß die Befriedigung durch sexuelle Abfuhr bei diesen Patienten eine Schutzfunktion gegen Angstzustände darstellt, und daß der eigentliche Gebrauch von Sexualapparat und Trieben einen reparativen Charakter hat, ergab das klinische Bild deutlichere Hinweise.

Als nächstes stellt sich jetzt die Frage, an wen sich dieser reparative Trieb richtet. Man kann weder sagen, er richte sich an das Objekt als Person in ihm selbst, noch an das Objekt als idealisiertem Bild vom Selbst des Patienten. Ich hatte das Gefühl, daß ein sehr wichtiger Faktor fehlte. Erst die vorurteilslose Untersuchung der intensiven und mühsam entwickelten Ich-Interessen und der sexuellen Wechselbeziehung zu den Objekten verhalf mir zu der Erkenntnis, daß das, was sich darstellte, eine ganz besondere Art von früher Kindheitsbeziehung war. Diese Beziehung blieb dem Patienten selbst aber verborgen, obwohl er sich des kaum verhüllten und ekstatischen Charakters seiner Aktivitäten bewußt war. Dem Wesen nach war diese Beziehung eine Wiederholung der mütterlichen Idolisierung des kleinen Kindes als ihr Objekt-Geschöpf (created-object), die das Kind internalisiert und in sich verborgen hatte. Die Merkmale dieser Art perverser sexueller Intimität und Verwandtschaft zweier Personen (heterosexuell und homosexuell) sind folgende: (a) Beide Seiten haben ein stilles, ritualisiertes Einverständnis über die Spielqualität ihrer Beziehung. Trotz aller lauthals geäußerten Beteuerungen des Gegenteils ist man sich einig, daß das ganze Abenteuer vorübergehend und vor allem ohne Verpflichtung sein soll; (b) die Beziehung zwischen den beiden betroffenen Personen ist in ihren Einzelheiten privat, geheim und etwas ganz Besonderes; (c) jeder betrachtet diese Wechselbeziehung als eine reparative Geste dem andern gegenüber. Das macht das ganze gutartig. Das Element feindseliger und sadistischer Ausbeutung des anderen wird auf ein Minimum reduziert; (d) jeder geht aus dem Abenteuer als Person gestärkt und gekräftigt hervor; (e) trotz der Beteuerungen ewiger Treue und Ergebenheit weiß jeder, daß Trennung und Verlust unvermeidlich sind und nicht allzu traumatisch erlebt werden; (f) während der Zeit, in der eine stumme und unteilbare Erfahrung gewährt wird, besteht ein elementares, gemeinsames Gefühl von Dankbarkeit.

Die nächste wichtige Frage, die einer Klärung bedarf: warum fällt die Wahl des reparativen Triebes dieser Personen auf den Sexualapparat und sexuelle Modalitäten als entscheidendem Ausdrucksmittel. Nach meiner klinischen Erfahrung sind Perverse keineswegs Personen, die durch ein biologisch starkes oder intensives natürliches sexuelles Triebverlangen beeindrucken. Mir jedenfalls fehlt in meiner klinischen Erfahrung bis heute der Perverse, der aus einem echten Triebdruck seiner körperlichen Wünsche heraus gezwungen wäre, nach einem Objekt für seine Befriedigung Ausschau zu halten. Es wird alles vom Kopf her ausgedacht, und erst dann werden der Triebapparat und die Triebfunktionen im Dienste einer programmierten Sexualität mit großem Eifer ausgebeutet. Wie ist aber zu verstehen, daß sich der reparative Trieb nur in Verbindung mit dem Sexualobjekt äußert? Denn außerhalb solcher Beziehungen sind diese Menschen selbstsüchtig, ungeduldig, offensichtlich unempathisch, wenig edel, niederträchtig und anderen gegenüber kalt und abweisend. Zum Teil liegt die Antwort in der Art und Weise, wie diese Patienten in der Kindheit die Einschränkungen und die Ablehnung ihres reparativen Trie-

bes durch die Mütter über sich ergehen lassen mußten. Ein Mensch muß ganz bestimmte Merkmale als Sach-Person aufweisen, um das Interesse solcher Mütter in Gang zu setzen. Sie können einem anderen gegenüber, der ein genau definiertes, eigenständiges Wesen für sich darstellt, keine reparative Geste machen. Auch muß das in Frage kommende Objekt ihre Neigung zur Kommunikation mittels Körpersprache teilen. Die Körperlichkeit eines Säuglings ist der Mutter schon auf einer viel früheren Stufe zur Einprägung von Eindrücken verfügbar als seine ausdifferenzierte Psyche (Ich). Dieses Potential an Willfährigkeit ist gerade in der Körperlichkeit des Säuglings größer als im Ich eines weiter entwickelten und reiferen Kindes. So erklärt sich die Neigung dieser Patienten, in diese Phase und Modalität zwischenmenschlicher Beziehungen zu regredieren.
Ich bin außerdem der Ansicht, daß auch die überaus geschickte und feine Unterdrückung eines sich entwickelnden aggressiven Potentials in der frühen Phase dieser Kinder eine Rolle spielt. Solche Mütter zerstreuen, verwischen und verneinen beim Säugling die aggressiven Gesten des reparativen Triebes, wodurch seine Körpermuskulatur angesprochen wird. Die Folge ist eine aggressive Entladung in Form von Wut-Reaktionen, die wiederum durch eine frühzeitige Entwicklung defensiver Ich-Mechanismen bekämpft werden. Wenn solche Patienten auf der Suche nach Komplizen sind, besitzen sie sozusagen die latente Weisheit, solche Objekte zu wählen, die ihr Ich nicht zu direkt und rückhaltlos involvieren, weil sonst ihre phobischen und paranoiden Ängste und Abwehrmechanismen vorschnell in Aktion treten und das ganze Abenteuer verderben würden. Diesem Problem begegnen wir recht häufig bei der Behandlung schizoider Charaktere mit bestimmten akuten sexuellen Hemmungen. Voraussetzung für die sexuellen Intimitäten ist Verschwiegenheit und ein Rückzug aus dem Blickfeld der Öffentlichkeit, was das Ausprobieren, Erlernen und Lehren persönlicher Vorstellungen und Rituale gestattet. Diese

Patienten sind sozusagen auf einem ständigen Rückzug vor den Erfordernissen der üblichen Realitäts- und Wertsysteme begriffen. Als ein weiterer Faktor kommt hinzu, daß bei allen Perversionen die Verarbeitung körperlicher Erfahrungen in psychischer Phantasietätigkeit fehlt. Die offenen Phantasien Perverser sind bekanntlich banal und von ständigen Wiederholungen gekennzeichnet.

Schließlich möchte ich noch auf folgenden Punkt eingehen: Alle Perversionen haben eine elementare Entfremdung vom Selbst des Betroffenen zur Folge, und über die mühsam erarbeitete Maschinerie sexueller Erfahrungen wird der Versuch unternommen, zu einer wirklichen Personalisierung zu gelangen. Die Untröstlichkeit des Perversen ist nur noch mit seiner Unersättlichkeit vergleichbar. Es war ein langwieriges Unterfangen, bis Freud und seine Nachfolger durch ihre Forschungen den richtigen Schlüssel zum Dilemma des Perversen fanden – ohne die Mystifikationen einer moralischen Billigung und ohne die neidischen Loblieder auf eine scheinbar liberale gesellschaftliche Annäherung. Dennoch ist die Perversion immer noch weit davon entfernt, als geklärt gelten zu können. Die Angaben der Perversen über ihre Erfahrungen sind mit sekundären Überarbeitungen und Sekundärgewinnen sowie Entstellungen derart vermischt, daß sich selbst das Wissen, daß dem so ist, als Falle erweist. Was wir stärker in den Vordergrund rücken sollten, sind die positiven Tendenzen, die unter den Trümmern der erotischen Erfahrungen des Perversen begraben liegen. Ich glaube, wenn wir diesen Zusammenhang besser begriffen haben, kann uns eine klarere Definition der Rolle des reparativen Triebes gegenüber dem Selbst als dem idolisierten inneren Objekt zu einem tieferen Verständnis dieses Dilemmas verhelfen.

Solange der Perverse die Wiedergutmachung für sein eigenes idolisiertes Selbst anstrebt, sei es durch masturbatorische Praktiken oder durch die projektive Identifikation mit einer anderen Person, die sein idolisiertes inneres Selbst repräsentiert, besteht keine Möglichkeit für eine echte Beziehung oder Gemeinsamkeit. Es ist wichtig, drei Komponenten in der Beziehung eines Perversen zu sich selbst und seinem Objekt zu unterscheiden, nämlich die Idolisierung, die Idealisierung und die narzißtische Identifikation. In der Idolisierung wird das Objekt wie ein sakraler Fetisch behandelt. In der Idealisierung wird nur ein gewisser Aspekt des Objekts in übertriebener Weise mit Vorzügen ausgestattet. Bei der narzißtischen Identifikation wird das Objekt als Spiegel für das Selbst benutzt, um mit diesem Abwehrversuch Gefühle von Minderwertigkeit und Wertlosigkeit im Selbst zu überdecken.

In der Übertragung dieser Patienten kann man diese Prozesse sehr deutlich erkennen. Wenn der Patient einen *Bedarf* nach Idolisierung hat, wird jede Geste des Analytikers, die seine Unabhängigkeit anzeigt, als traumatisch und vernichtend empfunden. Die Abhängigkeit vom Analytiker ist infolge des Wunsches nach totalem Angenommen-Werden maximal. Der Analytiker muß die Wiedergutmachung so gestalten, daß eine differenzierte Personalisierung in Gang kommen kann. Wenn der Patient sein idealisiertes Selbst darstellt, geht damit oft eine subtile Entwertung des Analytikers Hand in Hand. Im Falle der narzißtischen Identifikation geht es nicht so sehr um die Arbeit mit dem Analytiker als um den Wunsch nach Intimität, die den Bemühungen des Analytikers und der Beziehung zu ihm zugrunde liegen soll.

2
Intimität, Komplizenschaft und Gemeinsamkeit in der Perversion

> Es gibt zwei Arten von Künstlern: die einen bringen Antworten und die anderen bringen Fragen. Du mußt wissen, ob du zu denen gehörst, die antworten, oder zu denen, die fragen, denn der, der fragt, ist nie der, der auch antwortet. Es gibt Werke, die lange darauf warten müssen, bis sie verstanden werden, weil sie Antworten auf Fragen bringen, die noch gar nicht gestellt worden sind; oft kommt eine Frage erst erschreckend viel später als die Antwort.
>
> *Oscar Wilde nach André Gide, in: Delay, 1963*

Freud gehörte zu jenen seltenen großen Denkern, die uns Antworten gaben auf Fragen, die zu stellen wir erst allmählich lernen müssen. Als Freud die Perversionen als das Negativ der Neurosen charakterisierte, führte er eine Unterscheidung ein, deren vollständige Bedeutung man erst jetzt durch die Forschungen in der Ich-Psychologie und auf dem Gebiet der Mutter-Kind-Beziehung zu entdecken beginnt. Die paradigmatischen Syndrome für die klassische analytische Theorie und Technik waren die neurotischen Bedingungen von Hysterie und Zwangsneurose. In beiden Fällen kann man davon ausgehen, daß das Ich Funktionstüchtigkeit und Kohärenz erreicht hat. Die Dysfunktionen und Unzulänglichkeiten, denen es unterworfen ist, ergeben sich aus dem Versuch, einen *modus vivendi* zwischen den mächtigen archaischen Triebforderungen und den unerbittlichen, von der äußeren Realität gesetzten Grenzen zu finden. Auf der Suche nach einer Lösung benutzt das Ich Abwehrmechanismen, die entweder seine Effektivität beeinträchtigen oder zu einer groben Unterdrückung von Triebmodalitäten führen. In schweren Konfliktfällen kann selbst das Verhältnis zwischen Ich und Realität entstellt werden. Es kann jedoch als gesichert gelten, daß das Ich in diesen Fällen seine wesentliche Kohärenz oder Einheit nicht verliert. Klinische Syndrome, bei denen sogar der Charakter des Ichs pathologischen Deformationen unterworfen wird, bezeichnete Freud als »narzißtische Neurosen«; er nahm an, daß sie der analytischen Technik und Therapie nicht ohne weiteres zugänglich sind. Bei den Übertragungsneurosen bleibt im Gegensatz zur narzißtischen Neurose die Fähigkeit zur Objektbesetzung trotz aller Hemmungen und Unterdrückungen intakt (Freud 1916/17). In den vergangenen Jahrzehnten haben Fortschritte in der analytischen Technik sowie ein tieferes Verständnis für die Übertragungsbeziehung und die analytische Situation die Möglichkeit mit sich gebracht, das Wesen der Ich-Pathologie bei narzißtischen Neurosen klinisch zu untersuchen (Balint, 1950; Stone, 1961; Winnicott, 1955). Die Behandlung von Perversionen rückt damit in den Vordergrund unserer klinischen Untersuchungen.

Im Jahre 1905 ging Freud in den *Drei Abhandlungen zur Sexualtheorie* auf die Rolle der infantilen Sexualität bei Perversionen ein. Zwei Faktoren maß er besondere Bedeutung bei: zum einen der schwachen Bindung zwischen Sexualtrieb und Objekt, die in den Praktiken der Perversen zutage tritt (bei ihnen – den Perversen – sind Sexualtriebe und Sexualobjekt nur miteinander »verlötet«); zum anderen einem seelischen Mechanismus, der beim Perversen zur Idealisierung des Triebes führt.

In den fünf Jahrzehnten, die der Publikation von Freuds grundlegendem Werk folgten, haben im Zusammenhang mit der Behandlung von Perversionen umfangreiche Forschungen stattgefunden (Arlow, 1954; Fenichel, 1945; Glover, 1940–1959; Lorand und Balint, 1956; Rosen, 1964; Wiedeman, 1962). Unter Psychoanalytikern herrscht Übereinstimmung darüber, daß es sich bei Perversionen nicht einfach um ich-syntone Regressionen auf prägenitale Modalitäten der Triebbefriedigung handelt. Diese neueren Untersuchungen gehen davon aus, daß der Perversionsbildung eine Pathologie des Ichs zugrunde liegt. Gillespie bemerkt (1952) dazu:

Ich persönlich zweifle nicht daran, daß Spaltung von Objekt und Ich, Verleugnung und omnipotente Manipulationen der Objektbeziehungen einen maßgeblichen Anteil an der Perversionsbildung haben und uns zu einem Verständnis ihrer Beziehung zur Psychose verhelfen. Melanie Klein ist der Ansicht, daß derartige Mechanismen in dieser frühen Phase eine ähnliche Rolle spielen wie die Verdrängung auf einer späteren Stufe. Ich glaube, wir haben hier wichtige Anhaltspunkte für die eindeutigen phänomenologischen Unterschiede zwischen Neurose und Perversion, die Freud zu der Feststellung veranlaßten, daß das eine das Negativ des anderen sei. Mit anderen Worten, wir haben es nicht mit dem Gegensatz zwischen einer Abwehr und keiner Abwehr zu tun, sondern mit dem Gegensatz zwischen Verdrängung als reifer Abwehrform und einer primitiveren Form von Abwehr, die einen schizoiden oder spaltenden Charakter hat.

Glover hat auf die Ausbeutung der Sexualität bei Perversionen hingewiesen, um damit seelischen Schmerz verbunden mit Schuld, Angst und Depression zu beschwichtigen und um Gefühle von Feindseligkeit und Aggression zu neutralisieren, aufzuheben oder beiseitezuschieben (op. cit.). In einer früheren Arbeit erörterte Glover (1933) die Funktion der Perversionsbildung im Dienste der Erhaltung des Realitätssinnes, wenn dieser durch ein übergroßes Ansteigen von infantiler Angst, Haß und Aggression bedroht wird (vgl. Bychowski, 1954; Rosenfeld, 1949).

Greenacre (1953a, 1959, 1960b) und Sperling (1959) haben vor allem die genetischen Wurzeln der Perversion in einer gestörten Mutter-Kind-Beziehung erörtert. Lichtenstein (1961) hat möglicherweise den interessantesten Diskussionsbeitrag zur Rolle der nicht der Fortpflanzung dienenden Sexualität bei der Errichtung eines Identitätsgefühls und deren pathologischen Abweichungen beigesteuert. Winnicott (1951) hat aus der Sicht seiner Forschungen in Zusammenhang mit der Mutter-Kind-Beziehung und seiner Hypothese vom Übergangsobjekt die Rolle sehr früher psychischer Funktionen in der Ätiologie von Perversionsbildungen skizziert. Wenn nach seinen Vorstellungen die Integration der Ich-Funktionen durch eine unzureichend haltende (mütterliche) Umwelt gestört ist, wird das, was in der normalen Kindheitsentwicklung die Übergangsobjekte sind, im Erwachsenenleben in die perverse Sexualbeziehung zu menschlichen oder nicht-menschlichen Objekten umgemünzt.

Dieses Kapitel befaßt sich mit dem Agieren perverser sexueller Phantasien und Praktiken. Die Phänomenologie der Technik der Intimität, mit der der Perverse eine andere Person veranlaßt und zwingt, sein Komplize zu werden, möchte ich als erstes behandeln. Ich werde zeigen, daß Perversionen ein gemeinsames Agieren der infantilen Neurose des Perversen sind. Die Technik der Intimität ist die Wiederbelebung der infantilen Neurose. Mit dieser Technik appelliert, involviert, verführt und zwingt der Perverse ein anderes Objekt, sich an der Darstellung des Entwicklungsstillstands und des kumulativen Traumas zu beteiligen, die zu einer Identitätsdiffusion und damit zu dieser Form infantiler Neurose geführt haben (Khan, 1963a; s. auch Kapitel 3 und 4). Diese Technik der Intimität mit ihrem Mechanismus des Agierens verbindet in einem komplizierten Balance-Akt die defensive Ausbeutung regressiv belebter prägenitaler Befriedigungen mit der Mobilisierung archaischer psychischer Prozesse. Dies geschieht in der Hoffnung, das Ich zu befreien und zu erweitern und ihm zu Unabhängigkeit und Kohärenz zu verhelfen. Gleichzeitig soll dadurch ein Gefühl der Identität entwickelt werden (Khan, 1964, 1969). Meine Ansicht kommt derjenigen Schmidebergs (1956) sehr nahe: »Perversionen sind in der Regel nicht auf ein Objekt, sondern auf eine Aktivität fixiert ... Ihrer Struktur nach ähneln Perversionen dem Agieren in der Analyse.«

Die Technik der Intimität

Der Unterschied zwischen Perversionen, die von Neurosen und solchen, die von Psychosen herrühren, hängt mit der besonderen Modalität der jeweiligen Objektbeziehung zusammen. Der Begriff Objekt wird hier in seinem umfassendsten Sinn verstanden, d. h. als ein äußeres, außerhalb des Selbst vorhandenes Objekt, als inneres Objekt sowie im ursprünglicheren Sinn als Objekt im Sinne des Körperselbst wie bei autoerotischen und masturbatorischen Praktiken. Bei Neurosen ist die innere wie auch die äußere Objektbeziehung gut ausgebildet. Die damit zusammenhängenden triebhaften und intrapsychischen Konflikte sind es, die die pathogenen Probleme mit sich bringen. Bei den Psychosen wird die objektive Realität des äußeren Objekts in allen wesentlichen Dimensionen durch die Omnipotenz des subjektiven intrapsychischen Prozesses und der Triebbedürfnisse verneint (Freud, 1916/17). Bei Perversionen nimmt das Objekt eine Zwischenposition ein: es wird als Nicht-Selbst und doch subjektiv angesehen; es wird als getrennt registriert und akzeptiert und doch wie subjektiv geschaffen behandelt; es wird als tatsächlich existentes Nicht-Selbst-Wesen benutzt und gleichzeitig dazu gezwungen, sich dem dringenden subjektiven Bedürfnis zu fügen, *erfunden* zu werden. Räumlich gesehen, ist das Objekt halbwegs zwischen äußerer und innerer psychischer Realität angesiedelt. Die narzißtische magische Ausbeutung des Objekts ist deutlich zu erkennen und ist in der analytischen Literatur ausführlich beschrieben worden (Ferenczi, 1914; Freud, 1922b; Nunberg, 1936). Dennoch könnte man sagen, daß die eigentliche Unzulänglichkeit des Perversen auf seiner Unfähigkeit, sich emotional auf ein Objekt einzustellen und sich mit ihm äußerlich und intrapsychisch in Beziehung zu bringen, beruht. Für diese Unzulänglichkeit liefert die Hypothese von der narzißtischen Identifikation und vom magischen Denken aber keine ausreichende Begründung.

Anna Freud (1952) hat diesen entscheidenden Mangel in den Objektbeziehungen Perverser als Liebesunfähigkeit und als Furcht vor emotionaler Hörigkeit beschrieben. Diese elementare Unfähigkeit des Ichs, eine adäquate Besetzung eines äußeren Objekts oder seiner inneren Repräsentanzen (inneres Objekt) zu mobilisieren, halte ich für die motivierende Dynamik in der Technik der Intimität, die der Perverse benutzt.

Mein Interesse für diese Form von Objektbeziehung, die ich als Technik der Intimität bezeichnen möchte, entsprang dem klinischen Zusammentreffen von Fällen heterosexueller Patienten mit schizoider Charakterstörung und offen homosexuellen Fällen, die ich gleichzeitig in Analyse hatte. Trotz der Unterschiedlichkeit ihrer übrigen Charakterprobleme war ich überrascht von der Ähnlichkeit der von beiden Patiententypen benutzten Technik der Intimität im Bereich ihrer signifikanten privaten und persönlichen Triebbeziehung zum Selbst (Körper) und zu äußeren Objekten. Bei beiden Gruppen lag der Ursprung der Technik der Intimität im Bereich einer fehlgeschlagenen Reifung der Ich-Integration im Entwicklungszusammenhang der anaklitischen Beziehung des kleinen Kindes zur Mutter (vgl. Khan, 1960a, 1964).

Ich verwende den Begriff »Technik der Intimität« ganz bewußt, um den Charakter und das emotionale Klima der Objektbeziehung und der innerpsychischen Funktionen zu kennzeichnen, die bei Perversionen eine Rolle spielen. Der Sinn des Substantivs »Intimität« wird am ehesten in seiner Form als Adjektiv und als Verb verständlich. Das *Oxford English Dictionary* definiert das Adjektiv »intim« (intimate) folgendermaßen: »Betrifft die geheimsten Gedanken und Gefühle; betrifft und steht in Verbindung mit dem innersten Wesen und Charakter einer Sache«. Das entsprechende Verb (intimate) wird folgendermaßen definiert: »Hineinstellen, hineintreiben oder -drängen, bekanntmachen, ankündigen etc.«. Ich möchte die Behauptung aufstellen, daß der Perverse mit der Technik der Intimität den Versuch unternimmt, sich selbst mit etwas *bekanntzumachen* und einem anderen etwas *anzukündigen* und in ihn *hineinzudrängen*, was seinem innersten Wesen entspricht; dabei führt er gleichzeitig in zwanghafter und dringlicher Form seine Triebspannung ab. Daß dieser Antrieb, sich über den Körper anzukündigen und mitzuteilen, mit der drohenden Krise einer Diffusion von Selbst und Identität zusammenhängt, ist in den vergangenen Jahren mit großem Einfühlungsvermögen beschrieben worden (Bychowski, 1954; A. Freud, 1952; Greenacre, 1959; Lichtenstein, 1961). Von der analytischen Forschung beeinflußt sind auch einige ausgezeichnete biographische Essays und Untersuchungen von Literaturkritikern über perverse Schriftsteller (z. B. Gorer, 1953; de Beauvoir, 1953; Delay, 1963; Sartre, 1952).

Das auffälligste Merkmal der Technik der Intimität ist der Versuch, eine Scheinsituation zu schaffen, die in den meisten Fällen die zur Verführung bereite Kooperation eines äußeren Objekts mit einschließt. In gewissen kriminell-sadistischen Fällen wird das Objekt, wie beispielsweise bei de Sade, gegen seinen Willen zur Kooperation gezwungen, aber ich selber verfüge über keine derartigen klinischen Erfahrungen. Selbst im Falle de Sades muß die unbewußte Kooperation der Opfer eine wichtige Rolle gespielt haben. Das wird durch die naive und trügerische Art deutlich, mit der seine fiktiven Charaktere als Opfer verneinen und verleugnen, was ihnen bevorsteht. Die Fähigkeit, eine emotionale Atmosphäre zu schaffen, an der eine andere Person freiwillig teilnimmt, ist eines der wenigen wirklichen Talente der Perversen. Diese Einladung, sich der Logik der Körper-Intimitäten des Perversen hinzugeben, verlangt vom Objekt die Aufgabe seines Urteilsvermögens und seines Widerstands auf allen Ebenen von Schuld, Scham und Getrenntsein. Es wird eine Scheinsituation dargeboten, in der zwei Individuen vorübergehend auf ihre getrennten Identitäten und Grenzen verzichten und versuchen, eine gesteigerte, maximale Körperintimität orgiastischer Art zu schaffen. Es bleibt jedoch stets ein Vorbehalt bestehen. Der Perverse selbst kann sich dem Erleben nicht hingeben; er hält seine abgespaltene, dissoziierte manipulative Ich-Kontrolle der Situation aufrecht. Das ist seine Leistung und zugleich sein Versagen in der *intimen* Situation. Gerade dieses Versagen zwingt ihn zur ständigen Wiederholung dieses Prozesses. Dem Erlebnis der Hingabe am nächsten kommt der Perverse durch die visuelle, taktile und sensorische Identifikation mit dem anderen Objekt im Stadium der Hingabe in der intimen Situation. Der Perverse selbst ist damit vom Erlebnis des Höhepunkts ausgeschlossen, obwohl gerade er die Trieb-Idealisierung motiviert und arrangiert, die die Technik der Intimität erfüllen soll. Statt zu Triebbefriedigung oder Objektbesetzung zu gelangen, bleibt der Perverse eine deprivierte Person, deren einzige Befriedigung eine lustvolle Erregungsabfuhr und Steigerung der Ich-Interessen ist. In seiner Subjektivität ist der Perverse *un homme manqué*.

Das Talent des Perversen, Realität und äußeres Objekt als Verbündete im Dienste seiner Ich- und Triebbedürfnisse zu gewinnen, gibt ihm ein unechtes und übersteigertes Gefühl für seine eigene Sensibilität und ihre Möglichkeiten. Die subjektive Erfahrung, die der Perverse aus der Technik der Intimität und deren Erfolgen bezieht, kann man als das Gefühl der Überschätzung des Selbst und des Objekts, als Unersättlichkeit, einsames Spiel und Neid bezeichnen. Überschätzung und Idealisierung stehen an Stelle einer echten Objektbesetzung. Die Unersättlichkeit ergibt sich aus der Tatsache, daß für den Perversen jedes Abenteuer ein Fehlschlag ist. Die aus den Hingabeängsten des Ichs resultierenden inneren Ängste lassen eine Befriedigung der damit verknüpften Triebimpulse nie zu. Im günstigsten Falle kommt es zu einer lustvolleren Erregungsabfuhr. Das führt dazu, daß die Intimität als einsames Spiel erlebt wird. Obwohl es sich um zwei Personen in einer gesteigerten Triebmodalität handelt, ist im wesentlichen doch alles die

Erfindung einer Person. Es gibt keine Objektbezogenheit und daher keine nährende Zufuhr. Es handelt sich um eine Dramatisierung ohne affektive oder psychische Internalisierung des Objekts. Der Neid entspringt der tatsächlichen Wahrnehmung und dem Verdacht, der andere könnte mehr davon haben als das Selbst. Dieses Neid-Element bewirkt, daß sich die meisten Perversen gegenüber ihren Objekten niederträchtig und gemein verhalten; zudem zwingt es sie zu Täuschungsmanövern und weckt in ihnen das Bedürfnis zu verletzen.

Sich bekennen ist eine weitere wichtige Funktion in der Technik der Intimität. Ein auffallender Zug im Verhalten eines Perversen ist die einzigartige Ungezwungenheit und der Mangel an Scham- und Schuldgefühlen, mit denen er sich als solcher bekennt. Dies gilt sowohl im Umgang mit dem sozialen Objekt wie für die klinische Situation. Selbst in der Literatur stellt die extravagant anmutende Offenheit von Schriftstellern wie Oscar Wilde, André Gide, Henry Miller und Jean Genet ein eindrucksvolles Zeugnis ihrer Intensität und Absolutheit dar. Aufgrund meiner klinischen Erfahrung bin ich zu dem Schluß gekommen, daß dieses Sich-Bekennen mittels Körper-Intimitäten und retrospektiver Verbalisierung dem Träumen und einer Art halluzinatorischer psychischer Aktivität näher steht als einer organisierten Ich-Aktivität (vgl. Sartre, 1952). Gerade diese partielle Fähigkeit, Ich-Kontrollen aufzugeben und in regressiver Weise Modalitäten sexuellen und psychischen Erlebens heraufzubeschwören und zum Ausdruck zu bringen, macht viele Opfer zu neidischen Kollaborateuren des Perversen. Es handelt sich jedoch um ein Bekenntnis, das zum Fehlschlag verdammt ist, weil der Komplize nur bei der Dramatisierung des Themas und seiner Umsetzung in die konkrete Realität der Handlungserfahrung sowie bei der körperlichen Erfüllung behilflich sein kann. Das eigentliche Ich-Bedürfnis und die latente Not des Perversen aufspüren und erkennen kann er aber nicht. Daraus resultiert die Untröstlichkeit des

Perversen und seine süchtige Hingabe an diese Scharade der Intimität. Der Perverse versucht, die Technik der Intimität als therapeutischen Kunstgriff anzuwenden, aber alles, was er damit gewinnt, ist nur eine größere Erfahrung in der Technik selbst. Dieser Fehlschlag aller Hoffnungen, irgendeine Form von Ich-Befriedigung zu erreichen, wird dann durch die Idealisierung der Prozesse der Triebabfuhr kompensiert, die wiederum zu einem Gefühl von Leere, Erschöpfung und paranoider Abwendung vom Objekt oder auch einer Wendung gegen das Objekt führen. Dieser Teufelskreis reduziert allmählich die positiven Bestrebungen und Erwartungen, die die Technik der Intimität stillschweigend mit umfaßt. Perverse bekommen wir klinisch erst dann zu sehen, wenn ihre selbst-therapeutischen Versuche total fehlgeschlagen sind. In der klinischen Situation projizieren sie zu Beginn einer Behandlung ihre wohlbegründete Verzweiflung auf kleine Details der unvermeidlichen Versehen und Fehler, die dem Analytiker in seinem Verständnis unterlaufen. Der Analytiker und der analytische Prozeß werden auf die Probe gestellt, was die Handhabung der Übertragung des Perversen und alle Versuche, ihr Stabilität zu verleihen, schwierig macht.

Es stellt sich nun die Frage, warum für den Perversen Intimität die bevorzugte Art von Objektbeziehung ist. Freud hat zu Beginn seiner analytischen Erforschung der menschlichen Persönlichkeit auf die Rolle der autoerotischen Erfahrungen in der infantilen Sexualität hingewiesen. Aber die Intimität ist nicht eine einfache regressive, ichsyntone Wiederholung infantiler Autoerotik, sondern Autoerotik *à deux*. Es ist eine herbeigeführte Wiederholung von Masturbationspraktiken zwischen zwei Personen als Ersatz für jene unzureichende mütterliche Fürsorge, die die Grundvoraussetzung für infantile Autoerotik und Narzißmus ist (vgl. Spitz, 1962). Die Erforschung der Mutter-Kind-Beziehung und direkte Beobachtungen von Kindern lassen den Schluß zu, daß die Fähigkeit eines Kindes, autoerotische

Körpererfahrungen zu genießen, weitgehend von der mütterlichen Pflege und Fürsorge abhängt. Winnicott (1948b, 1956a; vgl. Kris, 1951) hat ausführlich dargestellt, wie die Mutter durch ihre Art der Pflege dem Kind den Erwerb von Realitätskontakt, Integration und Körpergefühl ermöglicht. Auch die Hypothese Lichtensteins (1961) nimmt darauf Bezug:

> Das Kind verfügt über eine angeborene Bereitschaft, auf die mütterlichen Anregungen mit einem »somatischen Gehorsam« zu reagieren. Dieser »Gehorsam« repräsentiert jedoch die Erfüllung der eigenen Bedürfnisse des Kindes: indem es das Instrument, das Organ, für die Befriedigung des mütterlichen Anders-Seins ist, wird die volle symbiotische Interaktion zwischen den beiden Partnern für jeden von ihnen verwirklicht. Es wäre aber ein Fehler, würde man diese »Organ«- oder »Instrument«-Identität zu eng fassen. Die Mutter prägt dem Kind nicht eine Identität, sondern ein *»Identitätsthema«* ein ... Damit benutzt der Mensch die nicht der Fortpflanzung dienende Sexualität in einmaliger Weise: er wird zum Instrument für die Erfüllung von Bedürfnissen eines anderen, Bedürfnisse, die in einer symbiotisch strukturierten Umwelt als primitive Modalitäten einer Gefühlsinteraktion vermittelt und wahrgenommen werden. Diese Verbindung zwischen Sexualität und geprägter Identität wird durch die Beobachtung vieler Psychoanalytiker bestätigt, die eine Beziehung zwischen Körper-Bild, Sexualität und Identitätsproblemen festgestellt haben (z. B. bei Fetischisten) (S. 299).

Dieses unbewußte Wissen des Kindes von dem, was der Körper durch In-Beziehung-stehen gewinnen und durch Gefügigkeit und aktive Erwartung erreichen kann, bestimmt in der Perversion die Dynamik für die Fähigkeit des Aufspürens, Aufforderns und Hoffens bei der Technik der Intimität.

Gehört, genetisch gesehen, der gestörte Bereich im Perversen in jenes Entwicklungsstadium des Kindes, in dem sich das Selbst und die (Körper)-Ich-Grenzen durch die Fürsorge und entsprechende Maßnahmen der Mutter herauskristallisieren und etablieren, dann kann man schließen, daß die psychischen Prozesse, die entwicklungsmäßig zu dieser Phase gehören und die Form darstellen, in der das Kind zu seiner menschlichen und nicht-menschlichen Umwelt Beziehung aufnimmt und sie erlebt, auch eine bedeutende Rolle dabei spielen, wie der Perverse sich mit Hilfe der Technik der Intimität mit seinem Sexualobjekt einläßt und dieses manipuliert. Winnicott (1951) gibt uns mit seinem Konzept vom »Übergangsobjekt« ein vielversprechendes Forschungsinstrument zur Untersuchung von Perversionen an die Hand. Er beschreibt die besonderen Qualitäten der Beziehung des Kindes zum Übergangsobjekt wie folgt:

1. Das Kind macht Rechte gegenüber dem Objekt geltend, und wir stimmen diesem Anspruch zu. Trotzdem ist eine gewisse Preisgabe der Omnipotenz von Anfang an festzustellen.
2. Das Objekt wird sowohl zärtlich liebkost als auch erregt geliebt und verstümmelt.
3. Es darf sich niemals verändern, es sei denn, das Kind verändert es selbst.
4. Es muß triebhafte Liebe und auch triebhaften Haß überleben; ebenso, falls sie vorkommt, reine Aggression.
5. Es muß jedoch dem Kind so erscheinen als spende es Wärme, als bewege es sich, als habe es eine Struktur oder als könne es etwas tun, das anzuzeigen scheint, daß es eine eigene Lebendigkeit oder Wirklichkeit hat.
6. Nach unserer Anschauung kommt es von außen, nicht aber nach der Anschauung des Babys. Es kommt auch nicht von innen; es ist keine Halluzination.
7. Das Schicksal dieses Objekts besteht darin, daß ihm allmählich der Entzug der Besetzung zugestanden wird, so daß es im Lauf der Jahre weniger vergessen als in die Rumpelkammer verbannt wird. Damit meine ich, daß

beim gesunden Kind das Übergangsobjekt nicht »nach innen geht« und daß die Gefühle, die sich darauf beziehen, nicht notwendigerweise verdrängt werden. Das Objekt wird nicht vergessen und nicht betrauert. Es verliert seine Bedeutung, weil die Übergangsphänomene verstreut und über den ganzen Bereich zwischen »innerpsychischer Realität« und »der Außenwelt, wie sie von zwei Personen gemeinsam wahrgenommen wird«, ausgebreitet werden, d. h. über das Gesamtgebiet der Kultur.

Im Sinne der Hypothese Winnicotts möchte ich die schematische Behauptung aufstellen, daß für den Perversen das Objekt im wesentlichen den Wert eines »Übergangsobjekts« hat. Durch seine Bereitschaft zur Willfährigkeit bietet es sich an, gleichzeitig entdeckt, manipuliert, gebraucht und mißbraucht, vernichtet, beiseitegeschoben, gehegt, idealisiert und als Objekt für eine symbiotische Identifikation benutzt und entseelt zu werden. Eine Heilung für die Entwicklungsabweichungen bei der Ich-Integration als Folge von Fehlern in der mütterlichen Fürsorge und Versorgung kann das Objekt dem Perversen aber nicht bringen.

Ich habe bisher auf positivere Tendenzen hingewiesen, die mit der Technik der Intimität verknüpft sind. Es wäre allerdings weder vom klinischen Gesamtbild noch von der persönlichen Situation des Perversen her richtig, würde man die organisierten, verhärteten und erstarrten Handlungsmuster seiner Abwehrmechanismen unterschätzen, mit denen er seine Ich-Aktivitäten verteidigt. Diese wirkungsvolle und beinahe autonome defensive Ich-Struktur stellt bei der Behandlung von Perversionen einen der härtesten Widerstände gegen Veränderung und Heilung dar.

Ich neige dazu, in der Flucht aus der Regression in die Ich-Abhängigkeit den fundamentalsten und typischsten Charakterzug in der Abwehr des Perversen zu sehen. Mit seiner Technik der Intimität versucht der Perverse, bei seinem Komplizen eine Regression in die Abhängigkeit und die gleichzeitige Triebhingabe herbeizuführen und zu erzwingen. Sein eigenes Ich hält jedoch die defensive Distanz und Abkapselung aufrecht. Die Elemente von Spiel, Täuschung, Omnipotenz und Manipulation im Umgang mit dem Objekt dienen als Garantien gegen die Regression, die Zulassung wirklicher Objektbesetzungen und die Hingabe an emotionale Erfahrungen; sie stützen statt dessen die Ich-Abhängigkeit. Diese Schutz gewährende Wachsamkeit und Negativität im Ich kontrolliert auch das fundamentale Mißtrauen und den Argwohn, mit denen der Perverse seinen inneren Bedürfnissen nach Beziehung zu einem Objekt und den emotionalen Forderungen des Objekts begegnet.

Eine weitere elementare Abwehrfunktion der Technik der Intimität kann man als sexuelle Variante der manischen Abwehr definieren. Winnicott (1935) hat die verschiedenen, aber untereinander in Zusammenhang stehenden Funktionen der manischen Abwehr wie folgt beschrieben:

- Verleugnung der inneren Realität.
- Flucht aus der inneren Realität in die äußere Realität.
- Die zur inneren Realität gehörenden Menschen werden für »scheintot« gehalten.
- Die *Gefühle* der Depression – wie z. B. Schwere und Traurigkeit – werden durch ausgesprochen entgegengesetzte Gefühle wie Leichtigkeit und Übermut usw. verleugnet. Fast alles Gegenteilige wird als Beruhigung gegen Tod, Chaos, Geheimnis usw. eingesetzt – Gedanken, die alle zu den *Phantasieinhalten* der depressiven Position gehören.

Untersuchen wir die Phantasieinhalte und allgemeinen Abwehrfunktionen in der Technik der Intimität unter dem Aspekt der manischen Abwehr, dann können wir erkennen, wie sie der Perverse zur Abwendung eines intrapsychischen Traumas oder einer Krise durch erotisierte Flucht in die Realität und zu einem äußeren Objekt hin ausbeutet. Damit wird das, was als Passivität, Schuld und Angst eine Überwältigung für das Ich dargestellt hätte, in ein Dilemma für das *äußere Objekt* verkehrt. Auf diese Weise vermeidet das Ich die elende Hilflosigkeit, drohende Auflösung, Desintegration und Depression. Stellt die Technik der Intimität letztlich das Vehikel für dieses Abwehrmanöver des Ichs dar, dann ist Agieren der wesentliche Mechanismus für dessen Aktualisierung.

Die Rolle des Agierens

Der Begriff des Agierens, mit dem Freud den Ausdruck des Widerstands des Patienten gegen den analytischen Prozeß und dessen Alternative zum Sicherinnern (1914g) kennzeichnete, hat sich über seinen früheren Rahmen und seinen Anwendungsbereich hinaus erweitert und umfaßt nunmehr zahlreiche Verhaltensphänomene, die sich sowohl auf die klinisch-analytische Situation wie auch auf die Persönlichkeitsstruktur als solche beziehen (Bellak, 1963; Ekstein und Friedman, 1957; Greenacre, 1959, 1963; Kanzer, 1957a, b; Winnicott, 1954, 1956b; A. Freud, 1949; Sperling, 1959. Die spezifische Rolle des Agierens bei Perversionen und Triebstörungen wird bei Bychowski, 1954, diskutiert). Meine Ausführungen über den Mechanismus des Agierens bei Perversionen beschränken sich auf seine Funktionen im Dienste der Technik der Intimität. Einige dieser Funktionen sind:

1. Das Ich des Perversen wird in die Lage versetzt, ein intrapsychisches Dilemma umzukehren. Durch Verschiebung und Projektion der Bedürfnisspannung auf die Realität und eine andere Person erhält sich das Ich seine Handlungsfähigkeit.

2. Was dem Ich durch passive Hingabe droht, wird in aktive Beherrschung von Trieb und Objekt verwandelt. Das bringt den zusätzlichen Vorteil, daß die intrapsychischen Affekte von Schuld und Scham durch die Verlagerung nach außen und durch gemeinsame Beteiligung neutralisiert werden. Der Komplize ersetzt durch seine Beteiligung die Kritik des

Über-Ichs. Die vermehrte Lust durch taktile Erfahrungen stellt zudem ein Bollwerk gegen Depression und seelischen Schmerz dar.

3. Der Mechanismus des Agierens lindert durch das Hinzuziehen der Elemente des Spielerischen und der phantasierten gemeinsamen Aktivitäten sowie durch die Mobilisierung von Ich-Interessen die Erstarrung der inneren Welt des Perversen. Beim Perversen sind sowohl übermäßige Erregung wie Trägheit und Apathie, die von übermäßig starken, archaischen Abwehrmaßnahmen gegen unbewußten Sadismus und Aggression herrühren, Quellen innerer Bedrohung.

4. Das Agieren bietet dem Ich auch die Gelegenheit zu restitutiven und reparativen Tendenzen gegenüber dem *Real*objekt. Hier handelt es sich um einen wichtigen und positiven Aspekt der Technik der Intimität. Wegen der pathologisch gestörten Beziehungen zu internalisierten Objekten der frühen Kindheit erlebt der Perverse in seiner inneren Welt äußerste Verzweiflung und Hoffnungslosigkeit hinsichtlich seiner kreativen und reparativen Tendenzen. Den durch schwierige und unzureichende Beziehungen zu inneren Elternfiguren entstandenen Verlust des narzißtischen Selbstwertgefühls kann der Perverse zum Teil dadurch ausgleichen, daß er einem wirklichen äußeren Objekt und dem Selbst Lust bereitet.

5. Agieren ist seiner Natur nach ein kontraphobischer Mechanismus. Er erlaubt dem Perversen die Flucht aus seiner erstarrten inneren Welt mit ihren pathologischen Elternbeziehungen und archaischen Identifikationen. Anna Freud (1949) hat die Rolle des Agierens im Dienste unterdrückter Phantasien in der phallischen Phase und deren Verschiebung auf Ich-Aktivitäten durch soziale Fehlanpassung beschrieben. Winnicott (1956a, b) hat den Begriff der antisozialen Tendenz eingeführt, um damit das Agieren eines Entwicklungsstillstands zu erklären, der auf eine unzureichende mütterliche Fürsorge in einer Zeit zurückgeht, in der das Kind von ihr abhängig ist. Mit Hilfe des Agierens gelingt

es dem Perversen, den totalen Zusammenbruch seines Ichs und die irreversible Regression in die Psychose zu verhindern. Daher stehen Perversionen den Psychosen näher als den Neurosen.

6. Das Agieren ermöglicht dem Perversen außerdem eine Kontrolle über einige eher primitive und archaische Objektbeziehungen seiner Kindheit und die davon abgeleiteten Identifikationen. Deren Realisierung durch ein wirkliches *neues* Objekt bietet die immerhin bescheidene Chance einer Korrektur der grob pathologischen frühkindlichen Beziehung zu den Eltern, die das Ich in seinem Inneren ständig zu überwältigen droht. Diese Verlagerung nach außen bringt den Perversen auch mit der Realität in Berührung. Glover (1933) hat die Rolle der Perversionsbildungen im Dienste einer Aufrechterhaltung des Kontakts zur Realität und der Angstbewältigung ausgezeichnet beschrieben.

7. Durch die Libidinisierung von Aktivität werden mit Hilfe des Agierens die archaischen und aggressiven Impulse, für die das Ich des Perversen keine intrapsychischen Kontrollmöglichkeiten hat, gebunden und teilweise neutralisiert.

8. Schließlich verhilft das Agieren dem Perversen zu einer wenigstens rudimentären Form von Kommunikation mit einem äußeren Objekt. Trotz der über-intimen frühen Bande zwischen Mutter und Kind, die der Perversion zugrunde liegen, existiert zwischen dem Kind (als Selbst und eigenständiger Person) und ihr kaum eine sinnvolle Kommunikation. Das Agieren mit Hilfe der Technik der Intimität mindert dieses ursprüngliche Gefühl der Isolierung und ermöglicht den Kontakt zu einem Objekt und durch dieses Objekt gleichzeitig auch zum Selbst. Der antisoziale Faktor bei Perversionen stellt damit ein Vehikel für Hoffnung, werbende Aufforderung und Hilfe zur Verfügung.

Ich habe einige Funktionen des Agierens bei Perversionen untersucht, ohne mich jedoch mit ihrer Ätiologie zu befassen. Ich habe darauf hingewiesen, wie wichtig die Funktion des Agierens bei der Umsetzung passiver traumatischer intrapsychischer Zustände in aktive, vom Ich gesteuerte, experimentelle, spielerische Objektbeziehungen ist. Trotz der groben Pathologie derartiger Objektbeziehungen besteht kaum ein Zweifel, daß diese Beziehungen für den Perversen die Rettung vor inneren Angstsituationen des Ichs und archaischen inneren Objektbeziehungen bedeuten. Die Fähigkeit des Perversen, das Agieren ichsynton einzusetzen, beweist, daß seine Ich-Entwicklung in der Kindheit doch ein Mindestmaß an reifer Integration seiner Ich-Funktionen erreicht hat. Es ist wichtig, darauf hinzuweisen, daß das Ich des Perversen eher einer Collage als einer integrierten kohärenten Einheit entspricht. Diese Verzahnung zwischen phasenadäquaten Ich-Kapazitäten und nicht integrierten und unbeständigen Ich-Funktionen gibt dem Ich des Perversen den eigentümlichen Charakter widerstandsfähiger manipulativer Stärke einerseits und beunruhigender Verwundbarkeit andererseits. Der typische Angstaffekt des Perversen ist die Furcht vor Auflösung und Zerfall seines Ichs. Mit dem Mechanismus des Agierens und der Technik der Intimität schafft sich das Ich des Perversen eine angenehme negative Identität. Bei keiner anderen Charakterstörung begegnen wir einer derartig konsequenten Idealisierung des reaktiv abwehrhaften Selbst-Bildes, wie dies beim Perversen der Fall ist.

Zusammenfassung

Perversionen ähneln eher dem Träumen als einer neurotischen Symptombildung. Die Technik der Intimität stellt das Vehikel für diese Art des Träumens dar, und Agieren ist der bevorzugte Mechanismus des psychischen Funktionierens. Das Ich des Perversen agiert seinen Traum und zieht eine andere Person zu dessen Verwirklichung hinzu. Wenn der Perverse seine Körper-Träume dramatisiert und sie sich mit Hilfe einer realen Person auch tatsächlich erfüllt, ist anzunehmen, daß er aus diesen Träumen auch nicht erwachen kann. Hier werden wir mit einer weiteren, äußerst schwierigen therapeutischen Aufgabe bei der Behandlung eines Perversen konfrontiert: wie kann man ihn von dieser spezifischen Form, seine Träume zu dramatisieren, abbringen und aus diesen Träumen aufwecken Die Unzugänglichkeit des Perversen, der sich durch Objektbeziehungen weder beeinflussen noch verändern lassen will, stellt hier ein großes Problem dar. Im normalen Alltag kann keiner etwas für einen Perversen tun; er könnte nämlich, wie Lewis Carrolls Tweedledee sagen würde, »nur eine Art von Ding in seinem Traum« sein.

3
Die Rolle polymorph-perverser Körpererfahrungen und Objektbeziehungen bei der Ich-Integration

Eine spezifische Form von Emotionalität bei schizoiden Charakterstörungen

In meinem Aufsatz »Die schizoide Persönlichkeit – ihre Affekte und die Methoden ihrer Behandlung« (»Clinical aspects of the schizoid personality«, Khan, 1960a) habe ich das klinische Bild der schizoiden Form von Charakterstörung insgesamt dargestellt. In diesem Kapitel befasse ich mich mit einem besonderen Aspekt einer solchen Charakterstörung, und zwar mit einer spezifischen latenten Emotionalität und Affektivität, die in polymorph-perversen Körpererfahrungen und Objektbeziehungen zum Ausdruck kommt, vor allem mit der Rolle und Pathologie dieser polymorph-perversen Körpererfahrungen. Ich hoffe, den Nachweis erbringen zu können, daß diese Körpererfahrungen auf spezifische Störungen in der Mutter-Kind-Beziehung zurückzuführen sind, deren Ursprung wiederum in den pathogenen Merkmalen der mütterlichen Persönlichkeit zu finden ist. Für die Formulierung meiner Hypothese erwiesen sich die Forschungen von Deutsch (1942), Eissler (1953), A. Freud (1952, 1954a), Greenacre (1953a, 1959, 1960b, c), Hoffer (1952), James (1960), Lewin (1950), Milner (1952), Sterba (1957) und Winnicott (1949, 1951) als sehr hilfreich. Sie alle haben eine solche Emotionalität und Körper-Ich-Störung aus unterschiedlichen Blickrichtungen dargestellt.
Patienten mit einer solchen intrapsychischen Emotionalität erscheinen auf den ersten Blick erstaunlich normal, tüchtig, gut integriert und sozial wie beruflich erfolgreich. Ihrer Meinung entsprechend haben sie durchaus angemessene, wenn auch etwas bescheidene heterosexuelle Erfahrungen.

Spezifische Unterschiede in der Pathologie bei männlichen und weiblichen Patienten habe ich in diesem Emotionalitätsbereich nicht beobachten können, abgesehen von solchen natürlich, die erfahrungsgemäß zu erwarten waren. Dies scheint mir ein wichtiges Detail zu sein, weil ich den Eindruck habe, daß bisexuelle Strebungen und eine Störung im Körperbild eine wichtige Rolle bei dieser Form von Emotionalität spielen.

Keiner dieser Patienten hatte eine Behandlung gesucht, weil er diese latente Affektivität selbst wahrgenommen hätte oder weil er über die polymorph-perversen Körpererfahrungen unglücklich gewesen wäre. Was sie in eine Behandlung führte, waren vor allem Klagen über einen allgemeinen Mangel an Vitalität, über depressive Verstimmungen und die Unzufriedenheit mit ihrer Lebensweise. Erst im Laufe der analytischen Arbeit wurden Analytiker und Patient auf diese spezifische Form von Emotionalität und deren Rolle für das Gleichgewicht der Persönlichkeit aufmerksam. Alle diese Patienten bezweifelten, ob sie wirklich krank seien und/oder daß die Psychoanalyse ihnen helfen könne. Sie waren aber von sich aus zu einer Art herablassendem und wohlwollendem »Aufschub der Zweifel« bereit und wollten der Analyse eine Chance geben. Diese Form von aggressiver Abwehrhaltung ist für die Verleugnung ihrer passiven Abhängigkeitswünsche charakteristisch.

Im äußeren Verhalten zeichnen sich diese Patienten durch liebenswürdige Gewandtheit, ein nettes Äußeres, Nachgiebigkeit und gleichgültige Lenkbarkeit aus. In der analytischen Situation zeigt sich aber bald ihre gedämpfte Aggressivität und Feindseligkeit, sowie ihre aufgeregte Emotionalität und leicht entflammbare Affektivität, die von depressiven, phobischen und paranoiden Abwehrmechanismen kontrolliert und reguliert wird. Diese Emotionalität ist ein konfuser, gestaltloser, zwanghafter Spannungszustand, der von ihnen Besitz ergriffen hat und den sie eifrig nähren, wiewohl das recht schmerzlich und anstrengend für sie ist (vgl. Green-

acre, 1960b). Sie halten diesen Spannungszustand äußerst geheim.
Hochgefühle, hypochondrische Ängste, Konversionssymptome, extreme Rastlosigkeit und Erregung, mitunter sogar Verwirrtheitszustände, werden wahllos als Abwehr eingesetzt, damit diese Emotionalität verdeckt und isoliert gehalten werden kann. Von ihrem Sozialverhalten her gesehen handelt es sich um freundliche, unentschlossene Menschen mit einem empfindsamen, munteren Wesen. In der Analyse sieht man sie ständig gegen ihre Neigung zu Gewalttätigkeiten und Affektausbrüchen ankämpfen. Ihr unmittelbares Verhalten in der analytischen Situation zeichnet sich oft durch Niedergeschlagenheit, Schweigsamkeit, Selbstmitleid und Verdrossenheit aus. Ohne erkennbaren Zusammenhang können sie sowohl Traummaterial und Phantasien von offenkundig prägenitaler Natur wie auch Körperzustände und Empfindungen eidetischer und hypnagogischer Intensität und Lebhaftigkeit darbieten.
Von dieser Emotionalität geht aber auch eine Bedrohung der Ich-Funktionen und des Körper-Ichs aus, wenngleich sie von diesen Patienten ganz im geheimen und mit masochistischem Eifer gepflegt wird. Die auffallende »Widerstandsfähigkeit« (Hartmann, 1952) ihres Ichs dem analytischen Prozeß und ihrer latenten Affektivität gegenüber hat hier ihren Ursprung. Diese Patienten klammern sich an ihre autonomen Ich-Funktionen und sie bemühen sich, sie auf omnipotente Weise einzusetzen. Ihre große Angst vor der Flexibilität (»Regression im Dienste des Ichs« – Kris) rührt von der Befürchtung her, ihre Ich-Funktionen könnten möglicherweise von dieser Emotionalität oder einer massiven Es-Besetzung überwältigt werden. Dies führt zu sehr komplexen und bizarren Verwirrungen der intrapsychischen Abläufe, z. B. zu einer starken Libidinisierung der Abwehr und/oder einer erotischen Ausbeutung von Körperorganen anstelle von Ich-Bezogenheit. Das damit verknüpfte Scheitern der Neutralisierung der Es-Besetzungen und der Er-

richtung zuverlässiger Ich-Es-Grenzen hat zudem eine ständige Verwirrung zwischen Körper-Ich, Ich-Funktionen und Es-Besetzungen zur Folge. Ihre Träume lassen das in eindrucksvoller Weise klar und deutlich erkennen. Diese Patienten haben nicht das Gefühl, daß sie sich tatsächlich in ihrem eigenen Körper befinden; ihr eigener Körper ist gewissermaßen außerhalb. Sie dirigieren alles vom Kopf her, vom Verstand; hier liegt ihre ganze Stärke. Dennoch gebrauchen sie ihren Körper als *Sprach- und Kommunikationsmittel*, und dies prädisponiert sie für diese polymorph-perversen Körpererfahrungen (vgl. Winnicott, 1949).

Die Fähigkeit dieser Patienten zu echter Initiative ist nur schwach entwickelt und sie unternehmen daher selten den ersten Schritt. Meist werden sie durch Intrigen, Herausforderungen oder Verführungen genötigt, etwas zu unternehmen. Diese Ausbeutung der Ich-Funktionen durch Verführung oder Provokation vermittelt ihnen das Empfinden, als seien ihre ganzen Erfahrungen und alles, was sie erreicht haben, reaktiv, »als-ob« oder falsch. Ihre Unternehmungen führen selten zu einem befriedigenden Abschluß und erschöpfen sich meist in Uninteressiertheit. Diese eigentümliche Technik, jede Form von Aktivität dadurch zu beenden, daß das Interesse an ihr verloren geht, anstatt einen Abschluß zustande zu bringen, charakterisiert auch ihre Objektbeziehungen.

Sie suchen gierig nach Kontakten und lassen sich mit Leidenschaft in Beziehungen ein. Während der Dauer einer solchen Beziehung verzehrt es sie mit unbarmherziger manischer Intensität. Was Lewin (1950) als »orale Triade« in die Psychologie des Hochgefühls (elation) einführte, gilt für diese Patienten während solcher Stimmungen. Ihr Wunsch, zu verschlingen und verschlungen zu werden, ist ekstatisch und grausam, aber die dagegen gerichtete Ich-Abwehr ist entsprechend wachsam und negativistisch. Ebenso bereitwillig lassen sie die Beziehung abklingen und verlieren das Interesse an ihr. Eine solche Ich-Es-Verstrickung mit einem anderen Menschen ist aber keine richtige Objektbeziehung. Zwar mag sie inbrünstig und ekstatisch sein, doch bringt sie nur wenig Befriedigung oder Lust. Es handelt sich viel eher um ein im Dienste der Abwehr stehendes narzißtisches Bündnis mit einer anderen Person, das primitive Identifikationen und die Ausbeutung der Körpererogenität lebendig erhält und wechselseitige Ich-Interessen stärkt. Jede dieser Erfahrungen erlangt eine flüchtige ekstatische Qualität und wird sehr stark libidinisiert.

Betrachtet man die übermäßigen Ich-Aktivitäten dieser Patienten sowie ihre sexuellen Betätigungen vom analytischen Material her, schiebt sich ihre latente Emotionalität stark in den Vordergrund. Es handelt sich dabei um einen affektiven Zustand, der klinisch sehr gut spürbar, in Worten jedoch schwer faßbar ist. Dabei ist es gerade diese undifferenzierte, verworrene Emotionalität und Affektivität, die diese Patienten durch den Gefühlskontakt zu einem Objekt dringend materialisieren, verwirklichen und teilen möchten, was ihnen aber nie gelingt. Stets vereiteln ihre archaischen Ängste und ihr wahlloser, vorschneller Gebrauch von Abwehrmechanismen jeden Versuch. Sie erreichen nie das, was Alpert (1959) »den Gipfel *psychischer Sättigung*« genannt hat. Ihre eigenen Ich-Funktionen, ihre körperlichen und libidinösen Erfahrungen sowie die Erfahrung von Außenwelt und Objekten stellen daher eine sie verfolgende Bedrohung dar. Die *Flucht* ist deshalb einer der wichtigsten Abwehrmechanismen dieser Patienten. Ich gebrauche das Wort »Flucht« in der Bedeutung, wie sie Kaufman (1960) in seiner Arbeit »Ethologische Untersuchungen über soziale Beziehungen und Konfliktsituationen« (»Some ethological studies of social relationships and conflict situations«) verwendet hat. Ein wichtiges Merkmal dieser Patienten ist, daß ihre Suche nach »Trost durch Kontakt und Anklammern« einerseits Ausdruck ihres Abhängigkeitsbedürfnisses ist, andererseits aber ihre Negativitätshaltung und Ambivalenz dadurch in höchstem Grade mobilisiert wird. Sie müssen das, was sie so dringend ersehnen, genauso heftig ablehnen. Nur bei diesen Patienten ist »Flucht« ein intrapsychischer Prozeß. Sie fliehen in diese Emotionalität, die als ein dissoziierter, satellitenhafter, intrapsychischer Zustand aufrechterhalten wird (vgl. Khan 1960b). Diese latente Emotionalität kann man als eine pseudo-psychische Struktur beschreiben, die aus den undifferenzierten Elementen von Es und Ich, Empfindung und Halluzination, Erinnerung und Wahrnehmung, besteht; sie stellt bei diesen Patienten das Symptom der Ich-Verzerrung dar. Die polymorph-perversen Körpererfahrungen und Objektbeziehungen sind das Vehikel für diese Art von Emotionalität. Sie sind überdies ein selbstarrangierter Versuch dieser Patienten, um mit ihrer Hilfe zu einer sozusagen »korrektiven emotionalen Erfahrung« (Alpert, 1959) zu gelangen, die die Persönlichkeitsspaltung und die Ich-Dissoziationen ungeschehen machen und eine echte Ich-Integration ermöglichen soll.

Wesen und Funktion der polymorph-perversen Körpererfahrungen und Objektbeziehungen

Es ist wichtig, zwischen diesen polymorph-perversen Körpererfahrungen und den eigentlichen sexuellen Perversionen zu unterscheiden. Alle diese Patienten hatten angemessene und intakte genitale Fähigkeiten. Vielleicht kann das, was ich als polymorph-perverse Körpererfahrungen bezeichnen möchte, am besten mit Winnicotts Konzept von den »Übergangsphänomenen« (1951) beschrieben werden. Diese Patienten verfügten weder über eine starre Abwehrfunktion noch über ein organisiertes, sich wiederholendes Handlungsmuster. Die polymorph-perversen Körpererfahrungen traten in gewissen regressiven Stimmungen oder Spannungszuständen spontan auf und wurden vor der Analyse stets genauso schnell wieder »vergessen«. Meist wurden sie mit der Person agiert, die das gewohnte oder normale Objekt

heterosexueller Zuwendung war, z. B. Ehefrau oder Ehemann. Wenn diese Erfahrungen masturbatorisch agiert wurden, kam es nie zu einer Organisierung in einem festgelegten Handlungsmuster der Libido-Abfuhr. Ein wichtiger Faktor ist außerdem, daß diese Körpererfahrungen trotz der damit verbundenen Erregung und Ekstase sowie der Bedeutung, die sie für den Patienten hatten, gleichzeitig als traumatisch, verwirrend und beschämend erlebt wurden. Sie waren, mit anderen Worten, nicht ich-synton in dem Sinne, wie dies echte perverse Sexualpraktiken sind. Ich möchte noch einmal betonen, daß keiner meiner Patienten wegen dieser polymorph-perversen Körpererfahrungen eine Behandlung gesucht hat. Ihnen war nicht bewußt, welche Bedeutung oder Notwendigkeit diese für sie hatten. Nach solchen Erfahrungen neigten diese Patienten dazu, sie als ich-fremd anzusehen und sie von ihrem Selbst-Bild abzutrennen oder sie zu verdrängen. Erst die analytische Arbeit ermöglichte es diesen Patienten, über derartige primitive Körperintimitäten wahrheitsgemäß und präzise zu berichten. Ich möchte darauf besonders hinweisen, weil dies meines Wissens noch nie beschrieben worden ist, obgleich ich sicher bin, daß jeder von uns dies in der klinischen Praxis schon gesehen hat. Diese Erfahrungen entziehen sich leicht der Aufmerksamkeit, weil sie gleichzeitig ich-fremd und für eine andere Person akzeptabel sind. Recht typisch für diese Erfahrungen ist eine Mischung aus triebhafter Impulsivität, befreiender Ekstase und Ich-Widerstand. Mit den Worten eines Patienten ausgedrückt: »Ich habe das Gefühl, daß mir die Fäden des Spiels, auf das ich mich einlasse, fast ganz entgleiten.«
Alle Patienten hatten schon vor dem Beginn ihrer Behandlung Erfahrungen mit diesen Körper-Intimitäten gemacht; sie sind somit nicht eine Folge der Übertragungsneurose. Andererseits bot gerade die Übertragung und die analytische Arbeit die Möglichkeit, sie mit der infantilen Neurose dieser Patienten in Verbindung zu bringen.
Was den Inhalt betrifft, gehört zu diesen polymorph-

perversen Körpererfahrungen die libidinöse Regression zu prägenitalen Formen von Vorspiel und Sexualverkehr. Neben Fellatio und Cunnilingus bestand ein dringendes Verlangen nach Analverkehr mit einer Person des anderen Geschlechts. Diese Körper-Intimitäten riefen während ihres Praktizierens einen leicht euphorischen Zustand hervor. Berühren, lecken und »mit gierigen Augen verschlingen« spielten beim Vorspiel eine große Rolle. Während einer solchen Episode erschraken die Patienten recht häufig angesichts der plötzlichen Erkenntnis, daß sie das Gefühl für ihr eigenes Körperbild verloren hatten. Einer Fusion der Körperbilder kommt große Bedeutung zu. Die Patienten fühlten sich verwirrt und erregt, traumatisiert und »verschlungen« (um einen Patienten zu zitieren). Sehr oft stellte sich heraus, daß sich Männer völlig mit dem Körper der Partnerin identifiziert fühlten und alle ihre »Empfindungen« erlebten. Einige dieser Mund- und Zungenspiele hatten das Ziel, diese primäre Körperverschmelzung mit dem Partner herbeizuführen. Selbst wenn ihnen der genitale Vollzug möglich war, verhalf ihnen das eigene Organ zu keinem lustvollen Körpergefühl (Glauber, 1949).

Erhöhte Spannung, Apathie oder Rastlosigkeit beschleunigten diese Intimitäten. Das Agieren dieser Körper-Intimitäten erschöpfte und desorientierte die Patienten, und sie verloren den emotionalen Kontakt zum Partner. Das gleiche galt für ihre masturbatorischen Erfahrungen. Masturbierten sie anal, fühlten sie sich danach leer und unwirklich, obwohl sie das Geschehen als erfreulich, wohltuend und »sehr erfüllend« empfanden. Die masturbatorischen Praktiken am eigenen Körper folgten bei allen meinen Patienten auf Erfahrungen, die sie zuerst mit einem Partner gemacht hatten.

Die libidinöse Regression wird zugleich von einer affektiven Regression auf das Objekt begleitet und spiegelt sich in der Objektwahl wider. Diese Patienten fühlten sich in solchen Stimmungen untrennbar mit dem Körper und der Person des Partners verbunden. Der Kontakt durch Berührung,

Penetration, Schauen und Inkorporation, wobei ein Körperorgan des Partners in den Mund genommen wird, wurde für unerläßlich gehalten. Ein Patient hatte das deutliche Gefühl, seine Hände seien wie sein Mund und könnten ein Objekt »halten« und »gierig umklammern«.
Ebenso wichtig war es, daß der Partner diese Wünsche und Bedürfnisse mit dem gleichen Eifer erwiderte und sich mit der gleichen Gier beteiligte. Hand in Hand mit dem Zwang, dieses *Verbundenheits*gefühl sowie die körperliche Realität des Partners zu erleben, ging die Verleugnung der Abhängigkeit vom Objekt. Das physische Idiom dieser Körper-Intimitäten und die bereitwilligen Vertraulichkeiten wurden in solchen Gefühlsstimmungen als Zweck an sich idealisiert. Die eigentliche affektive Beziehung litt aber unter diesen körperlichen Vertraulichkeiten. Dieses Element aus körperlichem Involviertsein (im Unterschied zu Phantasieprodukten) und Aktivität (Verwendung von Haut und Muskulatur) spielte für diese Patienten eine sehr wichtige Rolle. In der Durcharbeitungsphase sagte ein Patient: »Ich habe das Gefühl, es geht dabei um mehr als um die Befriedigung einer Leidenschaft. Ich versuche, etwas herauszufinden. Meinen Körper kenne ich nur von außen. Ich habe nicht das Empfinden, in meinem Körper zu sein. Zwar weiß ich, daß es andere Menschen gibt, beispielsweise meine Frau, aber ich muß sie *fühlen*, ehe ich sicher sein kann, daß sie existiert. Ich schlüpfe in eine von mir getrennte Person und lerne meine eigene Körperwirklichkeit kennen und fühlen.« Ich bin der Meinung, daß mit diesen Intimitäten auch ein gewisses archaisches Prüfen der Körperrealität verbunden ist. In der Analyse waren diese Intimitäten zugleich eine wertvolle Quelle für Informationen über die sehr frühen Körpererfahrungen des Patienten und seine Beziehung zur Mutter. Es ist auch überraschend, wie genau man aus diesen Erfahrungen das *tatsächliche* Verhalten sowie die Beziehung der Mutter zum Patienten rekonstruieren kann.
Wenn ein Patient bei seinem Partner dessen passive Bereit-

willigkeit zu archaischen und prägenitalen Körperbeziehungen sondierte, dann ging es ihm gleichzeitig auch um die omnipotente Kontrolle über diesen Partner. Jeder Widerstand seitens des Objekts zerstörte den »Zauber«, machte das ganze Abenteuer zunichte und endete in Wut und Abscheu gegenüber dem Partner und sich selbst. Diese omnipotente Kontrolle des Objekts im Dienste einer idealisierten gegenseitigen Körperliebe bot die Möglichkeit zur Verleugnung der primitiven, grausamen, aggressiven Elemente in der Triebbesetzung des Objekts.

Erst durch die analytische Arbeit und entsprechende Deutungen konnte eine Verbindung zwischen diesen Körpererfahrungen und der latenten Emotionalität dieser Patienten hergestellt werden. Sobald dies gelungen war, konnte man unschwer erkennen, daß diese Patienten mit diesen körperlichen Aktivitäten und Intimitäten einen Weg gefunden hatten, um dieser Emotionalität zu einer Ausdrucksmöglichkeit zu verhelfen. In der Analyse stellten diese Aktivitäten eine Art von Agieren dar. Die Bemerkungen über das Agieren von Greenacre (1950a), Bychowski (1945) und Ekstein/Friedman (1957) waren mir für das Verständnis dieser Verhaltensweise sehr hilfreich. Für mich besteht kaum ein Zweifel, daß es sich bei diesen Aktivitäten und Intimitäten um eine »besondere Form des Erinnerns« handelt und daß das, was immer wieder reproduziert wird, »eine totale Erfahrung« ist. Die Ursache für diese »totale Erfahrung« lag in der gestörten Beziehung zur Mutter von frühester Kindheit an und führte zu dieser Ich-Verzerrung und abgekapselten Emotionalität. So wie das antisoziale Kind durch sein Verhalten die Ich-Verzerrungen und archaischen Objektbeziehungen, die es psychisch nicht assimilieren und mitteilen kann, *sichtbar* macht, benutzen diese Patienten solche Körper-Intimitäten, um die Inhalte ihrer Emotionalität und Ich-Verzerrung *sichtbar zu machen* und mitteilen zu können (vgl. Winnicott, 1956b; Shields, 1962).

Die pathogene Rolle der Mutter in der gestörten Mutter-Kind-Beziehung

Im folgenden möchte ich ausführlich auf einige herausragende Merkmale in der Pathologie und im Charakter der Mütter zu sprechen kommen, die nach meiner klinischen Erfahrung für eine solche gestörte Beziehung zum Kind verantwortlich sind. Sie sind nicht nur die Ursache einer solchen Emotionalität, sondern schaffen auch die Prädisposition, diese durch Körper-Intimitäten zu agieren.

Bei allen meinen Fällen lebten während der frühen Kindheit der Patienten beide Eltern in der Familie. Obwohl der Familienhintergrund in dieser Zeit stabil erschien, wurden starke Konflikte zwischen den Eltern in dieser Phase erst später sichtbar, d. h. zu einem Zeitpunkt, als Verleugnungs- und Spaltungsmechanismen als Mittel der Konfliktbewältigung bereits fest etabliert waren. So ist es typisch für diese Mütter, daß sie sich während der Latenzzeit gezwungen sahen, das Kind wegen der Beziehung zum Ehemann ins Vertrauen zu ziehen. Das tatsächliche Vorhandensein eines Konflikts zwischen den Eltern und die Unfähigkeit der Kinder, zwischen Realität und persönlichen Phantasien zu unterscheiden, störte und verwirrte ihren Ödipuskomplex. Zu den Eigenarten dieser Mütter gehörte auch, ihre Unentbehrlichkeit und Ausschließlichkeit dadurch unter Beweis zu stellen, daß sie sich bei jeder Bedrängnis und in jeder Streß-Situation übereilt einschalteten. Es kam ihnen nie in den Sinn, daß sie damit die Experimentierfreude und den Forscherdrang des Kindes stören könnten.

Der Ehemann wird von diesen Müttern in den Augen des Kindes nicht herabgesetzt und auch nicht entwertet. Die Mütter machen dem Kind frühzeitig deutlich, daß sie ihrem Mann ergeben sind; dementsprechend fordern sie Ergebenheit vom Kind. Alle diese Patienten waren während ihrer Kindheit und Latenzzeit ihren Müttern zutiefst ergeben. Diese enge Beziehung zur Mutter und die »besondere

Übereinstimmung zwischen den speziellen Bedürfnissen des Kindes mit der speziellen Sensitivität der Eltern« hat Greenacre in ihrer Arbeit »Fokale Symbiose« (»On focal Symbiosis«) (1959) dargestellt. Durch die Kollusion ihrer Körper-Ich-Prozesse und Ich-Funktionen bestärken diese Kinder die Mutter in der Selbsttäuschung, sie sei omnipotent gut. Recht selten hört man bei der Anamnese dieser Patienten von Erinnerungen, daß beide Eltern das Kind gemeinsam geliebt und sich gemeinsam um das Kind gekümmert haben. Das hat nichts mit der Verdrängung von Erinnerungen oder Phantasien, die mit der Urszene zusammenhängen, zu tun. Das Versagen der Eltern als Paar beeinträchtigt die Fähigkeit der Patienten, affektive Bindungen außer dieser intimen Beziehung zweier Körper zueinander einzugehen (Rickman, 1951).

Alle diese Mütter waren für den Säugling eine normal gute Mutter. Ihre Unvollkommenheiten, schwachen Seiten und persönlichen blinden Flecke kamen erst ins Spiel, als das Kind zu laufen anfing. Diese Unsicherheit im Umgang mit dem Kind war ein charakteristisches Merkmal der »Entwöhnungsphase«. Ich meine hier nicht die Entwöhnung von der Brust, sondern verstehe Entwöhnung so, wie Winnicott (1960) sie beschrieben hat:

> Im Normalfall besteht die besondere Ausgerichtetheit der Mutter auf den Säugling über den Geburtsvorgang hinaus weiter. Die in diesen Dingen unverbogene Mutter ist bereit, ihre Identifikation mit dem Säugling aufzugeben, sobald der Säugling sich ablösen muß. Es ist möglich, daß eine Mutter am Anfang das Baby gut versorgt, den Prozeß aber nicht vollenden kann, weil sie unfähig ist, ihn an ein Ende kommen zu lassen; dann hat die Mutter die Tendenz, mit ihrem Baby verschmolzen zu bleiben und die Trennung des Säuglings von ihr hinauszuschieben. Es ist auf jeden Fall schwierig für eine Mutter, sich von ihrem Kind ebenso rasch zu trennen, wie das Kind sich von ihr trennen muß (S. 69).

Ich möchte diesen Gesichtspunkt erwähnen, weil aus der klinischen Anamnese dieser Patienten und der Rückerinnerung in der Übertragung geschlossen werden kann, daß in sämtlichen Fällen die Mutter persönliche Schwierigkeiten hatte, diesen Übergang von der ursprünglichen Einheit zur Anerkennung der kindlichen Unabhängigkeit zu bewältigen. Es blieb dem Zufall überlassen, ob mit dem kleinen Kind das eine Mal so umgegangen wurde, »als ob« es ein Säugling sei, und ein anderes Mal, »als ob« es schon reifer und integrierter sei, als es auf dem Stand seiner Entwicklung tatsächlich sein konnte. Ich bin nicht der Ansicht, daß die frühen oralsadistischen Phantasien für die Ich-Verzerrung dieser Patienten verantwortlich sind. Viel eher dürfte die mütterliche Unfähigkeit, dem Kind eine phasenadäquate »Dosis an Lebenserfahrung« (Fries, 1946) zu vermitteln, für diese Ich-Verzerrung verantwortlich sein.

Zu den Konsequenzen dieser Inkonsistenz gehört, daß eine vorzeitige Ich-Entwicklung stattfindet, die zu einer verfrühten Identifikation mit der Mutter auf geistiger Ebene führt (vgl. James, 1960). Zur gleichen Zeit bleibt die Körper-Ich-Ausbeutung einer eher autoerotischen primitiven Bindung an die Mutter erhalten. Ich verwende absichtlich den Ausdruck »autoerotisch«, weil damit der Gewinn lustvoller Befriedigung durch die Mutter betont wird, während sie weiterhin als Objekt mißachtet wird. Nach diesem Vorbild begeben sich solche Patienten auf die Suche nach erotischen Erlebnissen, und sie besitzen die einmalige Fähigkeit, dem Sexualobjekt mütterliche Reaktionen zu entlocken, so daß es sich freiwillig ihren prägenitalen Bedürfnissen und Impulsen anpaßt und sie fördert. Damit hängt dann auch zusammen, daß eine solche Beziehung niemals zu einer echten Objektbesetzung führen kann. Als ideal gilt, daß zwei Menschen ihre Identität und ihr Getrenntsein ignorieren, um im Dienste ekstatischer autoerotischer Intimitäten zu einem geheimen Einverständnis zu gelangen. Die historische Inkonsistenz in der mütterlichen Fürsorge offenbart sich im

Ich des Patienten als eine Spaltung zwischen einem beobachtenden, überwachenden und einem regredierten, primitiven Ich, das sich vom Es nicht unterscheidet und im wesentlichen über das Körper-Ich operiert, d. h. über seine Hautoberfläche, seine Organe und Körperöffnungen. Ich glaube, daß man zahlreiche bizarre Widersprüche zwischen dem hochentwickelten Ich dieser Patienten und ihren äußerst primitiven Körper-Intimitäten auf Fehl-Identifikationen mit der Mutter zurückführen kann. Ein Beispiel macht das deutlich. Ein Patient verspürte den Zwang, seine Frau zur Masturbation zu überreden und ihn bei diesen Aktivitäten zusehen zu lassen. Nach ihrem Orgasmus veranlaßte er sie, ihn zu masturbieren und ihm bei der Ejakulation zuzusehen. In der Sitzung des darauffolgenden Tages erinnerte er sich, daß seine Mutter während seiner ganzen Kindheit bis zur Adoleszenz sich stets nackt in der Wohnung bewegte und das damit begründete, daß sie ihn als Baby genährt habe und er für sie immer noch ein Baby sei. Dann aber hatte sie ihm im Alter von neun Jahren eines Abends erzählt, wie sie als Achtzehnjährige einen Orgasmus hatte, als sie neben einem Mann saß, den sie sehr verehrte. Im Anschluß daran erklärte sie ihm, wie Männer Erektionen bekommen und ejakulieren. Der Patient erinnerte sich genau, daß er vorgab, alles verstanden zu haben, um sich vor der Mutter nicht schämen zu müssen; er hatte selbstverständlich nicht alles verstanden. Für den Patienten war der Zusammenhang zwischen dem, was er in der Sitzung berichtet hatte, und dem, was er agiert hatte, ganz klar. Eine weitere Konsequenz dieser körperlichen Entblößung der Mutter war bei ihm der Zwang, das Genitale seiner Frau auf vielerlei Arten zu untersuchen, ohne dessen Realität und natürliche Beschaffenheit zu erfassen. Die verblüffende Hypothese Keisers (1958) über die Bedeutung der Unsichtbarkeit der Vagina läßt dieses Material in einem bedeutsamen Licht erscheinen. Dieser Patient hatte auf die mütterliche Inkonsistenz nicht so sehr mit Kastrationsangst reagiert als mit einer unersättlichen

Neugier auf ein verborgenes Organ. Sein zwanghaftes anales Masturbieren während der späten Latenzzeit stellte ebenfalls den Versuch dar, die Vagina zu entdecken, indem er das untersuchte, was ihm ein analoges Organ im Körper-Selbst zu sein schien. Das hatte ihn seinem Penis völlig »entfremdet«, obwohl ihm dessen Gebrauch beim heterosexuellen Verkehr möglich war. Meiner Ansicht nach sind wir solchen Verzerrungen bei der Kristallisation des männlichen Körper-Ichs aufgrund derartiger Verwechslungen mit dem mütterlichen Körper bis heute nicht gerecht geworden. Dieser Patient verspürte manchmal auch den Zwang, seine Frau nach dem Verkehr zu veranlassen, seinen Anus mit dem Finger zu untersuchen.

Diese Diskrepanz zwischen traumatisierenden und übermäßig nachsichtigen Charakterzügen der Mütter führt bei solchen Patienten im Erwachsenenalter zu einer Ich-Dissoziation mit unentwickeltem, infantilem Selbst; »unentwickelt« deshalb, weil es sich in gewisser Hinsicht um die Folge einer arretierten Entwicklung handelt. In der frühen Kindheit gibt es eine Form von Entwicklungsstillstand, der weniger davon herrührt, daß Libido- oder Ich-Entwicklung nicht voranschreiten. Bei dieser Art von Entwicklungsstillstand ist vielmehr die Integration des wichtigen wechselseitigen Aufeinandereinwirkens dieser beiden Prozesse mißlungen. Zu den elementaren Funktionen einer Mutter gehört es, diese Integration zu fördern und die Voraussetzungen für ihre Verwirklichung und Weiterentwicklung zu schaffen. Es ist durchaus eine der »progressiven« Funktionen dieser polymorph-perversen Körpererfahrungen, ein Objekt (eine Person) zu finden, mit dem und durch das eine solche Spaltung aufgehoben werden kann. Bei allen diesen Paaren kommt es ganz offensichtlich zu einer subtilen unbewußten Kommunikation über diese grundlegenden Bedürfnisse, d. h. es kommt zu Anfrage und Antwort. Diese Kommunikation wird stets dann gestört, wenn andere konflikthafte Elemente auf der Bildfläche erscheinen und die ursprüngliche Motivation stören. Erst die im analytischen Prozeß gewachsene Einsicht ermöglicht die Überwindung des immer wiederkehrenden Verlangens nach solchen Erlebnissen. So wie die analytische Situation und Übertragungsbeziehung keine körperliche Befriedigung vermitteln kann, auf die diese Patienten so erpicht sind, wenn sie sich in solchen Stimmungen befinden, so bringt andererseits das bloße Partizipieren an solchen Erfahrungen keine psychische Einsicht in die damit zusammenhängenden unbewußten Prozesse. Die libidinöse Regression als Folge dieser körperlichen Intimitäten kann vom Ich nur unter der Bedingung der Dissoziation ertragen werden, weil andernfalls die mit den historischen Erlebnissen verknüpften schmerzlichen Affekte die Verdrängungsschranke durchbrechen könnten. Die Deutung im analytischen Prozeß bringt den Patienten in erträglichen Dosierungen den Sinn der »dargestellten Erfahrung« nahe und bietet ihnen die Möglichkeit, die Dissoziation aufzulösen. Diese Patienten haben das unübersehbare Verlangen nach physischer und psychischer Erforschung ihres Inneren. Dies kann wirkungsvoll in den Dienst der Behandlung gestellt werden, wenn man ihrem Agieren tolerant gegenübersteht und sorgfältig nach dessen Bedeutung in der frühen Kindheit sucht.

Typisch für diese gestörte Mutter-Kind-Beziehung ist die wenig tolerante Einstellung dieser Mütter gegenüber kindlicher Not und Frustration. Dies oszilliert wiederum mit den hohen Erwartungen an die Ich-Entwicklung des kleinen Kindes und einer begeisterten Bejahung aller seiner heranreifenden Ich-Funktionen. Zwischen diesen Müttern und ihren Kindern kommt es sozusagen zu einem Tauschgeschäft: für so viel Ich-Entwicklung wird so viel Infantilisierung der libidinösen Körpererfahrungen zugestanden.

Man kann die interessante Beobachtung machen, daß in den Phantasien der Latenzzeit, die solche Patienten haben, diese Ambivalenz der Mütter als sadomasochistisches Quälen und traumatische Deprivation zum Ausdruck kommt. Gleichzeitig werden die Mütter in einem parallel laufenden Prozeß zu magischen Personen idealisiert, die allwissend und omnipotent sind. Seelisches Wohlbefinden und Trost können diesen Patienten aber ihre inneren Mutterrepräsentanzen nicht vermitteln. Wohlbefinden bedeutet für sie, zu Intimitäten verführen und verführt werden, und dies wird in den Körperintimitäten des Erwachsenen wiederholt.

Die geringe Toleranz der Mutter gegenüber der Not des Kindes ist eng mit ihren eigenen depressiven Verstimmungen verknüpft. Während solcher Stimmungsschwankungen mangelt es ihr an der nötigen Sicherheit in der Aufmerksamkeit dem Kind gegenüber. Sie ist sich nie ganz klar, was in ihrem Kind vorgeht und daher stets bereit, zu retten und zu beruhigen.

Das wirkt sich störend auf die »Intentionalität« (Hartmann, 1952) dieser Kinder aus. Trotz ihrer frühreifen seelischen Entwicklung neigen sie dazu, mit den Stimmungen der Mutter »verschmolzen« zu bleiben. Eine der Folgen ist übermäßiges Tagträumen in der Kindheit.

Charakteristisch für diese Mütter ist zudem eine gewisse Allmacht der Gedanken. Sie sind deshalb für den Säugling gute Mütter. Das Kleinkind aber hat die Mittel, die Omnipotenz der Mutter auf die Probe zu stellen und sie zu reizen. Zwar ist es noch nicht unabhängig genug, wie das später der Fall sein wird, aber es ist nicht mehr so nachgiebig wie der Säugling. Das Auftauchen von Aggression, spielerischer Herausforderung und Widerstand im Verhalten des Kleinkindes läßt bei diesen Müttern großen Ärger und Verdruß aufkommen, und ihre Verführungsmanöver sind die Folge der Verdrängung ihrer Wut (Haß). Diese mütterliche Verführung ist sowohl eine Ich-Verführung, d. h. sie begünstigt eine vorzeitige Ich-Reifung, und eine Es-Verführung, d. h. Körper-Liebe wird weiterhin zur Verfügung gestellt. In drei meiner Fälle führte diese besondere Technik der Mutter zu einer markanten Spaltung sowohl im Ich wie in den äußeren Objekten. Der Beziehung zwischen geistigem (mental) Ich und nicht-sexuellem Objekt stand die von libidinisiertem Es-Ich und gewährendem Sexualobjekt gegenüber.

Ein quälender Aspekt einer solchen Dissoziation in der Orientierung dieser Mütter ist, daß sie zwar weiterhin auf die körperlichen Bedürfnisse des Kindes auf primitiver Ebene eingehen, der Teilnahme an diesen Aktivitäten jedoch ihre Besetzung entziehen. Im Material des erwachsenen Patienten erscheint dieser Aspekt regelmäßig als ständige Angst und Überzeugung, der Partner empfinde keinen wirklichen Genuß, er beteilige sich nur wegen sozialer oder persönlicher Vorteile, die mit Sinnlichkeit nichts zu tun haben, oder – unter eher paranoiden Perspektiven – dem Partner gehe es nur darum, ihn hinterher auszulachen. Diese Patienten erleiden durch solche Zweifel schwere psychische und emotionale Qualen, die sehr typisch für sie sind. Was den analytischen Prozeß betrifft, haben sie das Gefühl, man kümmere sich nicht richtig um sie oder schenke ihren Gefühlen keinen Glauben. Jedes Erlebnis verliert seine Bedeutung, weil sie nicht glauben können, der andere habe die Situation und das Erlebnis mit echtem Gefühl und Libido besetzt. Als letzte Abwehr gegen eine solche unglückliche Konstellation wenden sie sich gegen ihre eigenen libidinösen Bedürfnisse und behandeln sie wie einen Gegenstand, mit dem man spielt. Ernste Formen von Selbstverunglimpfung und der Entwertung aller libidinösen Beziehungen können die Folge sein.

Ein weiterer pathogener Effekt dieses Umgangs mit dem Kind scheint mir zu sein, daß es der Mutter nicht gelingt, ein »narzißtisches Kapital« im Ich des Kindes zu entwickeln, obwohl sie die Omnipotenz im Denken und Handeln des Kleinkinds voll unterstützt und auf seine autoerotischen Aktivitäten nachsichtig reagiert. Ich werde im folgenden Abschnitt dieses Kapitels auf den defizienten Modus des primären Narzißmus bei solchen Patienten eingehen. An dieser Stelle möge der Hinweis genügen, daß beim Kind die Übertreibung der Erogenität tatsächlich zu einer Entleerung der Ich-Libido führt; eine zu starke Abfuhr prägenitaler Triebspannung entzieht dem Aufbau der Besetzung von Ich-Libido die Kraft (vgl. Schur 1953; Winnicott, 1956a).

Hier spielt die unbewußte Ambivalenz solcher Mütter eine ausschlaggebende Rolle. Die eigenen Triebprobleme veranlassen sie offensichtlich, ihr Ich-Interesse sehr stark auf die Aktivitäten des Kindes, seine Körperpflege und Ich-Entwicklung zu konzentrieren. Diesen Ich-Interessen fehlt aber ganz offenkundig die Wärme und Zuneigung. Alle Patienten haben in der Anamnese ihre Mütter als kalt, hölzern, unpersönlich und störend erinnert.

Während der prägenitalen Libidoentwicklung konzentriert sich der Hauptkonflikt zwischen Kind und Mutter auf die Körperausscheidungen, d. h. auf die anale und urethrale Phase. Nach meinen klinischen Erfahrungen sieht es so aus, als hätten diese Mütter akute Schuld- und Scham-Probleme in Verbindung mit groberen Körpererfahrungen, wenngleich sie auch weiterhin autoerotische Erfahrungen begünstigen. In einigen Fällen konnte ich feststellen, daß Mütter ganz besonders gewährend waren, wenn sie ihrer eigenen Verstrickung in solche Vorgänge die Besetzung entzogen hatten. Die Verführung sieht in diesem Fall so aus, daß eine übermäßige Verschiebung prägenitaler libidinöser Prozesse auf Prozesse, Funktionen und Abwehrmechanismen des Ichs begünstigt wird. Zeitweise kommt es dadurch zu einer übermäßigen Neutralisierung des Triebpotentials, und das Ich bleibt ohne Kontakt mit den Es-Besetzungen. Diese Patienten leben in ständiger Angst vor der Triebleere und die Sehnsucht nach polymorph-perversen Körpererfahrungen ist großenteils in dieser Angst begründet. Die Patienten wollen sich beweisen, daß sie tatsächlich Triebbedürfnisse haben, die gemeinsam mit einer anderen Person verwirklicht und erlebt werden können.

Diese unbewußten, aber durchaus gemeinsamen und hitzig ausgefochtenen Konflikte in Zusammenhang mit analen und urethralen Erfahrungen beruhigen sich in der phallischen

Phase recht plötzlich. Auf dieser Stufe ist eine solche Mutter wieder sie selbst. Sie identifiziert sich mit der phallischen Entwicklung des Kindes (ob Junge oder Mädchen) und investiert ein übergroßes Ich-Interesse. Das Kind wird zu ihrem Phallus. Hier handelt es sich um eine Form von Verführung, gegen die solche Kinder nur sehr schwer ankommen können, weil sie gleichzeitig die magische Lösung für ihre interpsychischen Konflikte darstellt. Das führt einerseits zu narzißtischen Abwehrmanövern, andererseits über die bisexuelle Identifikation zu dem regressiven Konstrukt eines Brust-Phallus, d. h. einer Verschmelzung von omnipotenter Brust mit omnipotentem Phallus (Greenacre, 1960b).

Dieser Brust-Phallus hat von nun an die Funktion eines geheimen seelischen Fetischs, wenn ich das einmal so locker formulieren darf, und ist weitgehend die Ursache für einen paranoiden Negativismus und die Unfähigkeit, sich in echte Objektbeziehungen einzulassen (Greenacre, 1953a).

Die Persönlichkeit der Mutter ist weder besonders neurotisch noch psychotisch. Sie ist im Grunde eine gesunde Mutter, deren Sensibilität und persönliche Probleme gerade in dem Moment in einen höchst pathogenen Konflikt mit dem Kind geraten, wenn dieses seine ersten Erfahrungen mit einer Differenzierung von der Mutter als getrenntem Objekt macht, und die Differenzierung der Ich-Es-Grenzen intrapsychisch Form zu gewinnen beginnt. Ich habe in diesem Zusammenhang das gesamte Problem der Aggression unberücksichtigt gelassen. Ich möchte nur kurz sagen, daß diese Mütter mit ihrer Aggression und ihrem Haß in einer merkwürdigen Art von manischer Emotionalität umgehen. Sie sind überschnell, übereifrig, sehr vital, und leiden unter anfallartig auftretender depressiver Lethargie.

Diese Patienten erlebten eine gesunde Kindheit und dies ist der Hauptgrund, weshalb sie sich nicht zu echten Perversen entwickelten. Ihnen stand außerdem bis zur Adoleszenz eine besondere Art von Objektbeziehung zu Gebote. Diese langanhaltende Bindung an die Mutter ist ätiologisch von großer Bedeutung insofern, als diese Beziehung in ihrer primitiven und regressiven Affektivität in allen Phasen prägenitaler Libidoentwicklung und Ich-Reifung diesen Patienten ungebrochen zur Verfügung stand. Das erklärt zum Teil ihre Über-Sensibilität als Erwachsene. Ätiologisch bedeutungsvoll ist, daß diese Mütter bestimmte Formen der Triebabfuhr tatsächlich tolerieren und fördern. Das gewährt selbst dann noch Schutz, wenn es zu Ich-Verzerrungen führt.

Diese langanhaltende Bindung an die Mutter wird zu einem Medium, in dem ein großer Teil der primitiven libidinösen und psychischen Prozesse lebendig bleibt. Das Trauma dieser Patienten ist weniger ein einmaliges Ereignis oder eine Reihe von Vorfällen in der frühen Kindheit als vielmehr eine langanhaltende pathogene Interaktion mit der Mutter. Daher kann auch die Altersstufe, in der sich dies alles ereignet, nicht genauer eingegrenzt werden. Diese Patienten haben nicht so sehr ein integriertes Ich als vielmehr ein Ich, das wie eine *Collage* aufgebaut ist, d. h. es ist das Ergebnis einer Aufeinanderschichtung von Ich-Kapazitäten und Objektbeziehungen aus allen Ebenen und Formen libidinöser Phasen. Die Grundforderung dieser Patienten an eine Behandlung ist, daß diese *Ich-Collage* in eine Integration übergeleitet wird. Gerade diesen *collagenhaften* Zustand ihrer psychologischen und emotionalen Verfassung versuchen diese Patienten aufzuheben und zu korrigieren (Gitelson, 1958).

Freud (1905d) hat in den *Drei Abhandlungen zur Sexualtheorie* ausdrücklich festgestellt: »Die ganze Latenzzeit über lernt das Kind andere Personen, die seiner Hilflosigkeit abhelfen und seine Bedürfnisse befriedigen, lieben, durchaus nach dem Muster und in Fortsetzung seines Säuglingsverhältnisses zur Amme« (S. 124). Es ist typisch für diese Mütter, daß sie diesen Prozeß der Verschiebung im Kind stören; sie bleiben das Primärobjekt. Deshalb mußten sich alle diese Patienten in der Pubertät und Adoleszenz aktiv von ihren

Müttern abwenden. Das geschah stets durch *die Entdeckung* und Idealisierung des Vaters und galt für männliche wie weibliche Patienten gleichermaßen. Bei weiblichen Patienten allerdings führte das zu sehr komplizierten Konflikten in bezug auf ihre Heterosexualität.

Der Schluß liegt nahe, daß das Verhalten dieser Mütter traumatisierend und verführend zugleich ist. Die Rolle einer tatsächlichen sexuellen Verführung des Kindes in der Ätiologie der Hysterie ist von Freud zunächst hervorgehoben, später aber wieder verworfen worden. Aus dem Material dieser Patienten gewinnt man den Eindruck, daß die Theorie von einer tatsächlichen Verführung als Ursache einer akuten Dissoziation im Ich nicht ganz so falsch ist. Allerdings ist diese Verführung nicht ein einmaliges Vorkommnis, sondern eine Form psycho-physischer Intimität zwischen Mutter und Kind (Greenacre, 1953a). Freud (1905d) vertrat die Ansicht: »Es ist lehrreich, daß das Kind unter dem Einfluß der Verführung polymorph-pervers werden, zu allen möglichen Überschreitungen verleitet werden kann« (S. 91). Das gilt ganz sicher für die polymorph-perversen Körper-Intimitäten dieser Patienten, insofern sie das Resultat ihrer historischen Beziehung zur Mutter sind.

Man kann noch eine weitere Besonderheit in der Beziehung dieser Mütter zu ihren Kindern deutlich erkennen. Es scheint, als verspürten diese Mütter den Zwang, das Kind in der ödipalen Phase seiner Entwicklung für eine gewisse Zeit zu verlassen. Plötzlich gingen sie mit ihren Ehemännern zu langen Ferien ins Ausland, oder sie erfanden irgendeine Entschuldigung, um das Kind wegschicken zu können. Das Kind repräsentierte ihre Schuldgefühle dem Mann gegenüber, und die Trennung war ein letzter Versuch, sich vom Kind zu befreien. Das Kind reagierte darauf verwirrt und widersprüchlich: (I) es fühlte sich erleichtert und befreit, d. h. es handelte sich um ein positives Erlebnis für das Kind, und es erlebte die Trennung (II) als Zurückweisung und reagierte mit Wut und Schuldgefühlen. Die positive Seite der

Erfahrung, die das Getrenntsein für das Kind bedeutete, wurde allerdings bald wieder aufgehoben und zunichte gemacht. Die Mutter rivalisierte nach ihrer Rückkehr mit jenen Personen, zu denen das Kind neue Beziehungen geknüpft hatte, und stellte durch erneute Verführung die ursprüngliche Beziehung zum Kind wieder her.

Wesen und Funktion der Ich-Verzerrung

Im folgenden möchte ich Wesen und Funktion der Ich-Verzerrung und ihre Rolle bei den perversen Sexualpraktiken dieser Patienten genauer untersuchen. Im vorhergehenden Abschnitt habe ich versucht, ein Bild von der Technik pathogener mütterlicher Fürsorge für solche Patienten zu vermitteln. Meine Absicht war es aber keinesfalls, der Mutter die Schuld zuzuschieben und das kindliche Ich als passives, hilfloses, unschuldiges Opfer mütterlicher Missetaten hinzustellen. Unsere Forschungen auf dem Gebiet der Ich-Psychologie lassen kaum einen Zweifel an der extremen Verwundbarkeit des entstehenden Ichs einerseits und an dessen angeborenem Potential für Wachstum, Strukturierung und Überleben andererseits. Ich bin sogar der Meinung, daß eine solche Mutter die Grundlagen für die Entwicklung eines starken Ichs legt, falls sie das Wachstum aller Ich-Funktionen in angemessener Weise begünstigt. Dies ist auch der Grund, warum ich den Ausdruck Ich-Verzerrung und nicht Ich-Schwäche gewählt habe. Charakteristisch für die Psychopathologie dieser Patienten ist gerade die Unnachgiebigkeit und der Eigensinn, mit dem sie versuchen, alles der Omnipotenz ihres Ichs unterzuordnen (vgl. Winnicott, 1960).

Mit der Beschreibung dieses Zuges in seiner psychischen Verfassung möchte ich beginnen. Wie schon erwähnt, konnte man bei allen diesen Fällen eine Verführung zu einer frühreifen Ich-Entwicklung feststellen. Dabei geht es aber nicht um eine passive, sondern um eine gemeinsam vollzogene Verführung. Die Bereitschaft zur Ausbeutung aller kindlichen Erfahrungen für die Zwecke der Ich-Entwicklung ist die Ursache für die dem Ich zugrunde liegende Spaltung. Es mag ein wenig phantastisch anmuten, das Konzept des Willens schon auf dieser frühen Stufe der Ich-Entwicklung einzuführen, aber ich wüßte nicht, wie man die starke, angeborene Tendenz des Ichs anders bezeichnen könnte, die Anna Freud (1959) mit den Worten »in der biologischen Vernunft wurzelnd, auf Assimilation, Beherrschung und Expansion ausgerichtet« charakterisiert hat.

Ich glaube, daß diese frühe Neigung des Ichs im Dienste einer frühreifen Beherrschung aller konfliktauslösenden Erfahrungen bei diesen Patienten einen doppelten Prozeß auslöst. In libidinöser Hinsicht führt diese Neigung zu prägenitalen Abfuhrprozessen und im Hinblick auf das Ich zu einem massiven und willkürlichen Gebrauch von Abwehrmechanismen. Dieser verschwenderische und frühreife Gebrauch von Abwehrmechanismen führt später auch zu deren Libidinisierung. Diese Verstärkung des Ich-Prozesses während der Entwicklung infolge frühreifer Identifikation mit der Rolle der Mutter hat gleichzeitig schwere Störungen bei der Entwicklung der prägenitalen Sexualität zur Folge. Um die Spannung zu verringern, kommt es wegen der geringen Angsttoleranz zu einer ununterbrochenen Ausbeutung des erotischen Körper-Ich-Potentials. Diese Technik wiederum entzieht den Objekt-Besetzungen die Kraft und sehr früh schon werden echte Objekt-Besetzungen durch Ich-Interessen ersetzt (vgl. Anna Freud, 1954a).

Eine weitere Folge dieser frühreifen Ich-Entwicklung ist, daß der Person der Mutter und jenem Teil des Körpers, der durch primäre Identifikation und primären Narzißmus mit ihr verbunden ist, die Besetzung entzogen wird (vgl. James, 1962). Dies ist auch der Grund, warum in der Erfahrung dieser Patienten als Kind und Erwachsener jedes Objekt, das unerlaubterweise »Befriedigung von Körperbedürfnissen«

gewährt, gerade durch den Akt der Befriedigung psychisch zerstört wird. Obwohl die Abfuhrbefriedigungen zwanghafter Natur sind und idealisiert werden, ist mit ihnen nur wenig Lust verbunden (vgl. Glauber, 1949). Diese erotischen und libidinösen Erfahrungen führen nicht zur Fähigkeit der »Objektkonstanz« (Hartmann, 1952) und auch nicht zu einer affektiven Integration (vgl. Winnicott, 1945, 1960). Anna Freud (1954b) hat dargestellt, welche Rolle dies im Übertragungsverhalten solcher Patienten spielt:

> In den Analysen solcher Patienten fehlt für die Übertragung eine Grundlage von archaischen, objektgerichteten Liebes- und Haßregungen. Das Verhältnis zum Analytiker bleibt oberflächlich und unbeständig, gebildet nach dem einzig verfügbaren Beziehungsschema; da der gesamte Libidobetrag auf eine einzige Person konzentriert war, scheint die Konzentration des Materials, wie sie für eine Übertragungsneurose typisch ist, nicht zustandezukommen (S. 1355; siehe auch Gillespie, 1952).

Diese Zusammenhänge sowie die Verleugnung der archaischen Abhängigkeit vom Analytiker und der analytischen Situation zwingen diese Patienten zu starkem Agieren (vgl. Bychowski, 1945).

Ich habe bereits auf den übermäßigen Gebrauch von Spaltungsmechanismen bei diesen Patienten hingewiesen. Aber auch ihre Identifikationsmechanismen sind typisch insofern, als ihre Identifikation mit dem Objekt eben dieses Objekt ersetzt. Es handelt sich dabei um eine inkorporative Technik, die eher dazu führt, selbst zum Objekt zu werden, als durch die Identifikation mit dem Objekt Ich-Funktionen zu gestalten und zu entwickeln. Als ein sehr bezeichnendes Beispiel hierfür mag gelten, daß diese Patienten schon sehr früh die sorgende Funktion der Mutter übernehmen und zu ihren eigenen nährenden Müttern werden (vgl. Winnicott, 1949; Bychowski, 1945).

Eine interessante intrapsychische Situation entsteht dann, wenn ein solcher Identifikationsprozeß mit Spaltungsme-

chanismen verknüpft ist. Der Patient ist dann sowohl die Mutter wie das Kind, doch kann er in bestimmten Situationen der Objektverstrickung nur die Rolle des einen oder anderen spielen. Ein Teil des Ichs muß daher auf die andere Person projiziert werden, was vielen dieser emotionalen und sexuellen Beziehungen eine charakteristische Aura von Rollenspiel und pantomimischer Schauspielerei verleiht.
Ich komme nun zu der Frage, warum in der Ich-Struktur dieser Patienten ein Mangel an primärem Narzißmus herrscht.
Das Konzept eines primären Narzißmus ist in den vergangenen Jahren zunehmend in den Vordergrund unserer metapsychologischen Forschung gerückt. Der Grund dafür liegt in dem gesteigerten Interesse an und größerem Wissen über Techniken der Säuglingspflege sowie in den intensiveren Analysen von Borderline-Fällen und Fällen mit schizoiden Persönlichkeitsstörungen. Die folgenden Darlegungen sollten nur als ein vorläufiger erster Versuch eines Diskussionsbeitrags verstanden werden.
In seinem Aufsatz »Zur Einführung des Narzißmus« (1914c) traf Freud die beiden Feststellungen, »daß es erst mit der Objektbesetzung möglich wird, eine Sexualenergie, die Libido, von einer Energie der Ichtriebe zu unterscheiden« und »es muß also irgend etwas zum Autoerotismus hinzukommen, eine neue psychische Aktion, um den Narzißmus zu gestalten«. Die Klärung dieses wichtigen Aufsatzes von Freud und seine Assimilierung in unsere klinische Arbeit und Theorie wurde deswegen aufgehalten, weil Freuds Konzept zu jener Zeit ganz von der intrapsychischen Situation des Säuglings ausging. Meiner Meinung nach sind wir heute besser gerüstet, nachdem die Forschungsergebnisse aus der Ich-Psychologie und über Techniken der Säuglingspflege vorliegen. Wenden wir uns als erstes jenem Problem zu, das Freud selbst in diesem Zusammenhang gestellt hat: »Würde die Zugrundelegung einer einheitlichen psychischen Energie nicht alle Schwierigkeiten der Sonde-

rung von Ichtriebenergie und Ichlibido, Ichlibido und Objektlibido ersparen« (S. 141). Heute können wir davon ausgehen, daß genauso, wie strukturell gesehen zunächst nur ein undifferenziertes Ich-Es existiert, aus der Sicht der Triebenergien ebenfalls ein undifferenziertes Kapital aggressiver und libidinöser Energien und Ich-Energie vorhanden ist. Hier stellt sich die Frage, wie sich dieses undifferenzierte energetische Kapital differenziert? Die Antwort scheint mir in einem dreifachen, sich ergänzenden Prozeß zu liegen, und zwar (I) in der Reifung des Körper-Ichs, die die libidinöse Energie mittels der prägenitalen Phasen artikuliert; (II) in der reifenden muskulären Integration, durch die die aggressive Besetzung gebunden und eingegrenzt wird (Greenacre, 1960c); (III) im Heranwachsen entstehender potentieller Ich-Kapazitäten zu exekutiven Ich-Funktionen. In allen diesen drei Bereichen der Artikulation und Differenzierung spielt die Mutter eine zentrale Rolle. Wenn sie durch die Körperpflege die Autoerotik des kindlichen Körpers mobilisiert und die muskuläre Entwicklung des Säuglings und seinen Aggressionstrieb zu koordinieren und zu kanalisieren hilft, stellt sie sich auch dem im Entstehen begriffenen kindlichen Ich als Verbündete, als Alter Ego, zur Verfügung. Nur dann, wenn sie dem undifferenzierten Es-Ich die Chance gegeben hat, sich zu differenzieren und libidinöse Besetzungen und Affekte auszubilden, erhält das kindliche Ich die Möglichkeit zu Objektbesetzungen. Somit besteht die »psychische Aktion« (Freud, 1914c) aus der Aktivität der Mutter und dem dem Ich des Kindes inhärenten Entwicklungsprozeß. In ihren Ausführungen über die frühen Phasen der Kindheitsentwicklung hat Anna Freud (1953) das Grundproblem des kindlichen Ichs folgendermaßen beschrieben: »Jedes Geschehen ruft seine eigene Reaktion hervor: was fehlt, ist die Synthese der Erfahrungen« (S. 1548). Eine der elementaren Funktionen der Mutter ist es, diese »Synthese der Erfahrungen« zu ermöglichen. Mit der Zurverfügungstellung ihrer eigenen Ich-Funktion, Affektivität und Sensibilität schafft

die Mutter die Voraussetzung für die Realisierung folgender Prozesse in der Persönlichkeit des Kindes:
1. Differenzierung von Es-Besetzungen und Affekten;
2. Differenzierung von libidinösen und aggressiven Besetzungen;
3. Assimilation dieser aggressiven und libidinösen Besetzungen durch das Ich mittels Körperbefriedigungen zum primären Narzißmus;
4. Neutralisierung bestimmter Beträge von Triebspannung und Triebenergie durch Ich-Strukturen, die die Abfuhr binden und zugleich fördern (Schur, 1953);
5. Einsatz von Ich-Libido bei Ich-Funktionen und Objektbesetzungen.

Hier handelt es sich selbstverständlich um ein Idealdiagramm; in der konkreten Erfahrung kommt es natürlich zu Abweichungen. Bei der zur Diskussion stehenden Ich-Entwicklung bewirkt eine Dissoziation zwischen den Ich-Funktionen und der Affektivität der Mutter eine Spaltung im Ich des Kindes. Eine Folge davon ist, daß Ich- und Triebentwicklung parallel verlaufen, anstatt sich wechselseitig zu beeinflussen. Beide Prozesse entwickeln sich unabhängig voneinander und sind unablässig um eine gegenseitige Unterwerfung unter die Herrschaft der eigenen Ziele und Aktivitätsmuster bemüht. Während sich Erogenität und Ich-Funktion forciert entwickeln, unterbleibt die Umwandlung von prägenitaler Erogenität in Narzißmus. Klinisch zeigt sich das in Form von akuter Ich-Erschöpfung (Apathie) und Triebverarmung. Die Ich-Leistungen sind für diese Patienten wertlos, weil sie libidinös nicht besetzt sind und weil die normalen Triebererfahrungen ihre Ich-Vitalität schwächen. Der Wunsch dieser Patienten nach einer Korrektur dieses Ungleichgewichts ist das Motiv ihrer Suche nach einem Objekt, das ihnen hilft, diese beiden parallel laufenden Prozesse miteinander zu verbinden und zu verschmelzen, und die polymorph-perversen Körpererfahrungen sind die besondere Ausdrucksform einer Bindung an ein solches

Objekt. Solche Patienten suchen Objekte nicht nur zur Abfuhr ihrer Triebbedürfnisse, sondern eher zur zwanghaften Befriedigung primitiver Ich-Bedürfnisse. Es geht ihnen nicht um das Ziel, zu lieben und geliebt zu werden, sondern um eine besondere Art der Anteilnahme eines Erwachsenen, um aus Ich-Fremdem Ich-Bezogenes werden zu lassen. Diese Ich-Bezogenheit unterscheidet sich geringfügig vom Ich-Syntonen. Diese Patienten haben die Eigentümlichkeit, die Mehrzahl ihrer Erfahrungen in einer pseudo-»als-ob«-Form durch Verleugnungs- und Spaltungsmechanismen ichsynton zu machen. Was sie aber aufgrund ihrer erstarrten und vorschnellen Abwehrmechanismen nie erreichen können, ist eine Ich-Bezogenheit sowohl zu den Triebprozessen wie auch zum äußeren Objekt (vgl. Gitelson, 1958; Kaufman, 1960; Winnicott, 1958a).

Ich habe bereits erwähnt, wie wenig diese Patienten in der Lage sind, Angst und Frustration zu ertragen. Dennoch haben sie in gewisser Weise einen unstillbaren Wunsch nach Frustration. Das hat mit ihrer Angst vor wirklicher Befriedigung zu tun. Bei solchen Funktionsweisen und Erfahrungen im Ich kommt jede orgastische Befriedigung einer Vernichtung gleich. Zu den Merkmalen einer solchen Ich-Verzerrung gehört, daß ein gieriges Verlangen nach Spannung entwickelt wird und diese Spannung genauso gierig unterhalten wird, wie zwanghaft nach einer Abfuhr gesucht wird. Schur (1953) hat das als »Reaktion primärer Angst mit völliger Resomatisierung« beschrieben. Hier werden die Triebbesetzungen den Abwehrfunktionen und der seelischen Überaktivität zugeordnet. Die Emotionalität dieser Patienten hat manische Züge und veranlaßt sie zu äußerst intensiven Objekt-Verstrickungen. Die Angst jedoch, durch die Befriedigung verschlungen und/oder vernichtet zu werden, besteht dennoch. In ihrer Psychopathologie als Erwachsene wird alles zu einem Spiel emotionalen Schauens und Angeschaut-Werdens verzerrt; das gilt für Vorgänge seelischer Art ebenso wie für den Körper (vgl. Lewin, 1950).

Auch die aggressiven Triebschicksale dieser Patienten sind kompliziert und verzerrt. In der Kindheit gehen diese Patienten mit der Aggression in Form von Affektstürmen oder Hyperaktivität um, während die Ich-Aktivität im Erwachsenenleben die Form zwanghafter und hektischer »Liebesaffären« und exzessiver Erotik annimmt. Diese Form des Umgangs mit der Aggression, d. h. durch Libidinisierung, dissoziiert sie wiederum vom Ich. Dieses Triebschicksal ist deshalb verhängnisvoll und quälend, weil die in die unbewußte Phantasie verdrängte Aggression sadistisch wird bzw. die Aggression durch die Ich-Funktionen zum Zwang wird, alle Objekte zu kontrollieren und zu beherrschen. In einer gewissen morbiden apathischen Passivität, die in den Objektbeziehungen dieser Patienten erkennbar ist, liegt eine Möglichkeit, diese sadistischen Phantasien und paranoiden Vergeltungsängste zu kontrollieren. Dieser unbewußte Konflikt verbirgt sich hinter einer scheinbar oberflächlichen Fügsamkeit und Beeinflußbarkeit, die diese Patienten sehr geschickt als Köder benutzen, um andere zu kollusiven Körper-Intimitäten zu reizen und zu verführen.

Die zugrunde liegenden paranoiden Ängste, Kastrationsängste und das Empfinden einer akuten Spaltung in der Persönlichkeit zwingt diese Patienten zu unablässigem Agieren. Was wir in der Analyse als Agieren bezeichnen, war in der Zeit vor der Behandlung ein Hang zu impulsiven sexuellen Beziehungen und primitiven Körpererfahrungen. Ein solches Agieren bietet den Patienten sowohl die Möglichkeit, Konfliktspannungen im Ego zu umgehen, als auch andere Egos (Personen) in ihre Dienste zu stellen. In gemeinsam geteilten Erfahrungen gelingt ihnen die Kontrolle, indem sie den Zeremonienmeister spielen. Angesichts eines solchen Zwangs zum Agieren sehen sie sich genötigt, ganz subtile phobische Praktiken und Kontrollmechanismen zu instituieren. Ihr Realitätssinn kommt darin zum Ausdruck, daß sie die geeigneten, aber äußerst begrenzten Aktivitätsspielräume und willige Objekte wählen. Dies wiederum läßt ihnen natürlich ihre Existenz als wertlos erscheinen, denn sie sind sich der ritualisierten Einschränkungen durchaus bewußt. Ihre Omnipotenz ist ohne ihre phobischen Abwehren unmöglich. Die polymorph-perversen Körpererfahrungen sind ein Weg, eine solche Existenz lustvoll zu gestalten, und außerdem ein Hoffnungsschimmer, daß mit ihrer Hilfe die starren inneren Barrieren ihrer Persönlichkeit möglicherweise überwunden werden können. Ihr klaustrophobisches Innenleben wird durch diese sexuellen Intimitäten mit anderen ebenfalls erträglich, obwohl jede dieser Beziehungen wiederum klaustrophobisch und kastrierend wird und dissoziiert werden muß.

Das Mißlingen der Neutralisierung von Aggression in der frühen Phase der Entwicklung dieser Patienten zwingt ihr Ich, die Aggressivität durch eine Verschiebung auf prägenitale Körpererfahrungen zu bewältigen. Die damit verbundenen Schuldgefühle und Ängste werden abgeschwächt, wenn sich ein Objekt findet, das diese Aktivitäten fördert und sich daran beteiligt. Diese Patienten benutzen daher das Objekt als gewährendes und billigendes Über-Ich. Eine Folge davon ist, daß das zum Träger der Projektion prägenitaler Impulse gewordene Objekt mit Widerwillen betrachtet wird. Die mit dem Objekt geteilten erotischen Aktivitäten werden als ichfremd abgespalten, und Über-Ich und Ich dadurch in Einklang gebracht, daß dem Objekt gegenüber eine strenge Haltung eingenommen wird. Deshalb müssen diese Patienten ihre Triebbesetzung und ihr Ich-Interesse an einem Objekt plötzlich fallenlassen. Sie wirken dann gelangweilt und apathisch, und der andere bekommt den Eindruck, sie seien in sadistischer Weise undankbar (Bychowski, 1945; Winnicott, 1949).

Qualität und Rolle der Objektbeziehungen

Für die Zwecke dieser Untersuchung möchte ich zwischen den sozialen Beziehungen dieser Patienten und ihren affektiven und triebhaften Beziehungen unterscheiden. Auf ihre Umgebung können ihre sozialen Beziehungen durchaus angemessen und bedeutsam wirken. Und die Aufrechterhaltung guter sozialer Beziehungen ist für die Selbstachtung dieser Patienten sehr wichtig. Ein schwaches Über-Ich macht die Persönlichkeit von sozialer Anerkennung und Unterstützung abhängig.

Zu den polymorph-perversen Körpererfahrungen, die wir hier diskutieren, führen die persönlichen und affektiven Beziehungen. Mir sind drei Aufsätze in unserer Literatur bekannt, die die Dynamik und Pathologie dieser Beziehungen prägnant beschreiben. Winnicotts Arbeit über »Übergangsobjekte und Übergangsphänomene« (1951) beschreibt genau den Bereich primitiven Funktionierens, zu dem diese Patienten regredieren oder in dem ihr Ich fixiert geblieben ist und nach dessen Muster sie ihre Erfahrungen mit Triebobjekten ausrichten. Anna Freud sagt in ihrem Aufsatz »Bemerkungen über eine Verbindung zwischen affektivem Negativismus und Hörigkeit« (1952), daß dem ganzen Suchen dieser Patienten das Verhängnis zugrunde liege, sich emotional hinzugeben und echte Objektbeziehung und Befriedigung aus eigener Erfahrung zu erleben. Marion Milners Aufsatz »Symbolische Aspekte im Verständnis des Nicht-Selbst« (»Aspects of symbolism in comprehension of the not-self«) (1952) beschreibt die Schicksale der Verwischung von Körpergrenzen und das Bedürfnis nach einer Illusion von Einssein als Vorläufer der Differenzierung von abgegrenztem Körper und Selbstidentität.

Diese Patienten sind unentwegt bemüht, einen Zustand illusionären Einsseins mit einer anderen Person herbeizuführen, in welchem der andere alle ihre Ich-Bedürfnisse und Triebwünsche versteht, mitempfindet, artikuliert und erfüllt.

Eine unbewußte Bedingung für eine solche Beziehung ist aber, daß das Objekt solche Bedürfnisse für sich selbst nicht kennt, obwohl es diese prägenitalen, autoerotischen und polymorph-perversen Wünsche fördert und erfüllt. Der Gedanke, der andere könnte wirklich pervers sein und sie zu einer ständigen und verwerflichen Komplizenschaft verführen, ist für diese Patienten ausgesprochen angsteinflößend. Das fehlende innere Vertrauen in die Zuverlässigkeit des Objekts läßt dieses illusionäre Einssein in eine magische und omnipotente Kontrolle des Objekts ausarten. Darüber hinaus soll das Objekt trotz seiner Bereitschaft zu maximaler Abhängigkeit die Verleugnung dieser Abhängigkeit begünstigen. Dieses extreme Bedürfnis, eine totale Anpassung an die polymorph-perversen Körper-Intimitäten als Idiom einer »Übergangsobjekt-Beziehung« hervorzulocken und zu erzwingen, kann beim Erwachsenen nie zum Erfolg führen. Die eigene Ich-Pathologie verzerrt den primitiven Gefühlszustand, nach dem sich diese Patienten so sehnen. Ihre Suche nach einem illusionären primitiven Einssein degeneriert unter dem Einfluß ihrer Pathologie zu einer Prüfung der Vertrauenswürdigkeit des Objekts und der Möglichkeiten, die es bieten könnte. Je größer daher bei solchen Patienten die »Widerstandsfähigkeit« des Ichs ist, desto ungewöhnlicher und idealer sind die Forderungen nach Anpassung und Befriedigung, die an das Objekt gestellt werden. So wird die Abhängigkeit in den Zwang gegenüber dem Objekt verwandelt, sich anzupassen. Weder eine Vertiefung der Beziehung noch eine lustvolle Befriedigung sind möglich. Intrapsychische und Entwicklungskonflikte werden in Ich-Interessen umgeformt. Damit wird dem Objekt die Aufgabe zuteil, zu heilen und die Pathologie des Patienten durch Liebe und Fürsorge in Gesundheit zu verwandeln. In der intrapsychischen Dynamik dieser Patienten spielen Scham und Betroffenheit eine größere Rolle als Schuldgefühle und Strukturkonflikte. Sie reagieren auf Frustration und Enttäuschung eher mit hilfloser Untröstlichkeit und Verwirrung als mit

Depressionen und zeigen so dem Objekt, wie es zum idealen Tröster werden kann. Wie zwingend die Aufforderung und Herausforderung eines solchen Beziehungsangebots in unserer Gesellschaft ist, beweist die Tatsache, daß diese Patienten eine einzigartige Fähigkeit besitzen, Komplizen zu finden. Voller Hoffnung quälen sie andere in eine Kollusion und lassen sie dann leer ausgehen. In ihrem subjektiven Erleben sind es natürlich die anderen, die sie immer leer ausgehen lassen. Die Ironie dieser Beziehungen liegt darin, daß das, was diese Patienten im Grunde eigentlich suchen, weder die erotische noch die libidinöse Befriedigung ist, die nur den sekundären Gewinn aus der Technik der Intimität darstellen und der Abwehr dienen (vgl. Winnicott, 1956a).

Da die Ich-Verzerrung dieser Patienten die intrapsychische Erfahrung von Desillusionierung, Trauer und Einlassen auf die Objektliebe unmöglich macht, sind sie vorwiegend auf der zwanghaften Suche nach einem idealen Objekt. Im Verlauf des analytischen Prozesses wird allmählich deutlich, daß sie das primäre Bedürfnis haben, eine archaische, für die Abhängigkeitsphase charakteristische Beziehung zu finden bzw. wiederzuentdecken, die Illusionen sowie Es-Befriedigungen und Ich-Bezogenheit möglich macht, um Desillusionierung und Getrenntsein psychisch erleben zu können. Sie suchen nach einer Beziehung, in der Unzufriedenheit, Angst, Trauer und Verlust erlebt und vom Ich psychisch assimiliert werden kann (vgl. Winnicott, 1958a).

SCHLUSSFOLGERUNG

Gegenstand meiner Überlegungen ist eine spezifische Aktivität, die mit dem Körper-Ich zusammenhängt und einer besonderen Form von Emotionalität Ausdruck verleiht. Bei dieser Emotionalität handelt es sich um einen dissoziierten intrapsychischen Zustand des Patienten. Ich lasse mich dabei von einem Gedanken von Kris leiten, wonach »die Untersuchung spezifischer Aktivitäten ein wichtiges Thema zukünftiger psychoanalytischer Forschung darstellt« (Kris, 1955). Ich versuche zu zeigen, wie diese spezifische Aktivität, die aus polymorph-perversen Körpererfahrungen – autoerotisch und/oder mit einem anderen Objekt – besteht, das Ergebnis einer Ich-Verzerrung ist, die aus einer spezifischen pathogenen Mutter-Kind-Beziehung herstammt. Dieses Thema ist vor kurzem von Greenacre (1959) unter dem Gesichtspunkt der »Fokalen Symbiose« und von Melitta Sperling (1959) als abweichendes Sexualverhalten bei Kindern infolge intimer Kollusion mit der Mutter behandelt worden. Ich versuche, im Charakter der Mutter und in ihrer Art der Fürsorge für das Kind den pathogenen Spuren nachzugehen, die zu einem solchen Verhalten führen.

Glover (1943) vertritt die Auffassung: »wie fragmentiert das frühe Ich auch sein mag, so besteht dennoch von Anfang an eine synthetische Funktion der Psyche, die mit ständig zunehmender Kraft wirkt.« Die spezifische Pathologie in der Mutter-Kind-Beziehung dieser Patienten unterbricht und verzerrt diese synthetische Funktion der Psyche und führt zu deutlichen Spaltungen und Dissoziationen des Ichs. Die Elemente von Trauma, Verführung und frühreifer Ich-Entwicklung, die sich daraus herleiten, führen zu der intrapsychischen Bildung einer dissoziierten Affektivität, die im klinischen Bereich als eine spannungsgeladene Emotionalität sichtbar wird. Diese Emotionalität kommt über den Umweg der polymorph-perversen Körpererfahrungen und Objektbeziehungen in zwanghafter Weise zum Ausdruck. Wert, Dynamik und Bedeutung dieser Erfahrungen werden der analytischen Untersuchung und Deutung nur ganz allmählich zugänglich, weil die Patienten äußerst verschwiegen damit umgehen. Vier meiner Patienten hatten bereits lange Analysen hinter sich, ohne daß dieses Material überhaupt aufgetaucht wäre. Ich habe auf die Bedeutung dieses Materials für das Verständnis der Psychopathologie dieser Patienten hingewiesen, weil die regressive Über-Verdichtung während aller Phasen der Ich- und Libidoentwicklung sowie auch der archaischen Objektbeziehungen in eine Emotionalität münden, die ihren Ausdruck in polymorph-perversen Körpererfahrungen findet.

Ich bin der Auffassung, daß diese polymorph-perversen Körpererfahrungen neben ihrer der Abwehr dienenden regressiven Abfuhrfunktion auch das Vehikel für eine Hoffnung darstellen, die man vielleicht mit »korrektiver emotionaler Erfahrung« gleichsetzen könnte. Die mütterliche Verleugnung der deprivierenden Bedeutung, die ihr Besetzungsrückzug vom Körper des Kindes hat, macht es für das Kind unmöglich, mit offener Wut oder Aggression zu reagieren, oder Trauer, Verlust und Getrenntsein psychisch zu erleben. Statt dessen bildet das Kind eine Dissoziation aus, die wir entsprechend der Darstellung von Szasz (1957) klinisch als »das Ich, das den Körper (im Gegensatz zum Selbst) als das verlorene Objekt behandelt« wahrnehmen können. Das »verlorene Objekt«, zu dessen Stellvertreter das Körper-Ich wird, ist eine zusammengesetzte Mischung aus (a) guten Erinnerungen an die frühe Versorgung; (b) der verlorenen guten Mutter; (c) der Identifikation mit der mütterlichen Verleugnung ihres Hasses und ihrer Zurückweisung und (d) unterdrückter Wut und Aggression des primitiven Ichs. Die polymorph-perversen Körpererfahrungen und Objektbeziehungen stellen sowohl einen regressiven Versuch zur Abfuhr dieser Affekte wie auch eine Modalität von Körper-Empathie im Dienste einer neuen Wahrnehmung dar, die die verworrenen Bilder, Erinnerungen und Affekte ausschalten soll. Wenn es uns klinisch gelingt, den Patienten zu dieser psychischen Differenzierung und Einsicht zu führen, können Dissoziationen und Spaltungen im Ich aufgelöst werden (Greenson, 1960; Greenacre, 1956).

Es lag nicht in meiner Absicht, auf die damit verbundenen technischen Probleme einzugehen. Ich hoffe aber, daß das, was ich als Chance in Zusammenhang mit diesen Körper-Erfahrungen dargestellt habe, nämlich Informationen über primitive und archaische Ebenen der Libido- und Ich-Entwicklung zu gewinnen, nicht insofern mißverstanden wird, als wollte ich solche Erfahrungen und dieses Agieren als wesentlich und therapeutisch notwendig empfehlen. Das würde einem groben Irrtum in der klinischen Einschätzung gleichkommen. Tatsache ist, daß die polymorph-perversen Körpererfahrungen und diese Emotionalität eine ungemein harte Widerstandsquelle bei diesen Patienten darstellen. Meine klinische Erfahrung hat mich zu dem Schluß geführt, daß wir nur dann hoffen können, die Bedeutung dieser Aktivitäten angemessen zu verstehen, wenn wir die gestörte Mutter-Kind-Beziehung in die »Erwartung« mit einbeziehen (Coleman, Kris & Provence, 1953), mit der wir an die Aufgabe der Rekonstruktion der infantilen Neurose dieser Patienten herangehen (vgl. Greenacre, 1956; Khan, 1962; Stone, 1961). Ich bin daher der Überzeugung, daß es bei diesen polymorph-perversen Körpererfahrungen parallel zu der regressiven, der Abwehr dienenden Abfuhrfunktion ein latentes rudimentäres progressives Potential gibt, das für die Aufhebung der Ich-Verzerrung therapeutisch nutzbar gemacht werden kann und zu Einsicht und Ich-Integration verhelfen kann.

4
Die Rolle der infantilen Sexualität und der frühen Objektbeziehungen bei der weiblichen Homosexualität

THEORIE

Trotz vielfältiger Kritik (Horney, 1939; Thompson, 1949; Robbins, 1950) an Freuds Bemühungen, den schwer durchschaubaren und vielschichtigen Prozessen der weiblichen psychosexuellen Entwicklung nachzuspüren und sie aufzuklären, besteht kaum ein Zweifel, daß uns Hypothesen aus anderen Quellen, die zum klinischen Verständnis dieses Problems beitragen könnten, bis heute nicht zur Verfügung stehen. Ich werde daher den Rahmen meiner Hypothesen in diesem Kapitel auf Freud und seine Nachfolger beschränken. Ich habe dabei nicht übersehen, daß andere Disziplinen wertvolle Beiträge erbracht haben, die einige Aspekte der weiblichen Entwicklung und deren kulturelle Rolle weiter aufklären. Dies gilt für die Arbeiten von Margaret Mead (1949) und Kinsey et al. (1953), um zwei Beispiele aus zwei sehr verschiedenen Richtungen zu nennen, und trifft auch für die späten Arbeiten von Karen Horney und Clara Thompson zu, die scharfsinnige Überlegungen über jene kulturellen Determinanten enthalten, die die Rolle und Funktion der Weiblichkeit in den westlichen Kulturen strukturieren und kompliziert gestalten. Für den therapeutischen Umgang mit den intrapsychischen Konflikten oder Charakter-Verzerrungen unserer Patientinnen sind diese freilich wenig hilfreich. Da mein Ziel ausschließlich darin besteht, in diesem Kapitel eine besondere Form der psychosexuellen Pathologie der Frau zu beschreiben, möchte ich zunächst Freuds grundlegende Beiträge zu diesem Thema kurz und schematisch darstellen.
Es ist bezeichnend für Freuds Einsicht und Integrität, daß er

sich mit der Untersuchung der weiblichen Sexualität viel Zeit ließ und auch dann noch mit Zurückhaltung und Vorsicht zu Werke ging. Freud war sich selbst am meisten darüber im klaren, welches Wagnis er mit seinen Hypothesen einging. Für seine letzten Arbeiten zu diesem Thema gaben ihm die Untersuchungen von Abraham (1920), Helene Deutsch (1930), Jeanne Lampl-de Groot (1927) und Ruth Mack Brunswick (1928) wichtige Hinweise und Hilfe.

Obwohl Freud in seinem Buch *Drei Abhandlungen zur Sexualtheorie* (1905d) und in den meisten vor 1925 erschienenen Arbeiten zwischen den sexuellen Entwicklungsprozessen beim männlichen und weiblichen Kind kaum einen Unterschied gemacht hatte, ist ihm doch immer bewußt gewesen, daß es Unterschiede gibt. So hat er bereits 1897 in einem Brief an Wilhelm Fließ (1950a) auf einen Unterschied im Prozeß der sexuellen Entwicklung bei Jungen und Mädchen hingewiesen: »Ekel zeigt sich bei kleinen Mädchen früher als bei Knaben«, wenngleich er, wie auch in anderen Arbeiten aus dieser Zeit, noch der Meinung war, daß der wesentliche Unterschied zwischen den Geschlechtern erst in der Phase der Pubertät auftrete.

Bei den drei Arbeiten, in denen Freud seine Hypothesen über die Unterschiede in Art und Verlauf der psychosexuellen Entwicklung der Frau revidierte, erweitere und ausführlich darlegte, handelt es sich um folgende:

»Einige psychische Folgen des anatomischen Geschlechtsunterschieds« (1925j);

»Über die weibliche Sexualität« (1931b);

»Die Weiblichkeit« (1933a).

Die darin entwickelten Hypothesen lassen sich wie folgt darstellen:

1. Beim Mädchen kommt es zu einer längeren und komplizierten Phase einer ausschließlichen Bindung an die Mutter, die dem Ödipuskomplex vorausgeht.

2. Diese präödipale Phase, die die Vor-Geschichte des Ödipuskomplexes beim Mädchen mit einschließt und

schicksalhafte Konsequenzen für das Mädchen hat, reicht weit bis ins vierte oder fünfte Lebensjahr hinein und umfaßt somit den größten Teil der phallischen Phase seiner libidinösen Entwicklung.

3. Die Bindung des Mädchens an die Mutter ist mit sexuellen Zielen besetzt, die zunächst passiver und dann aktiver Natur sind und nacheinander von allen Triebschicksalen der libidinösen Entwicklung während der oralen, analsadistischen und phallischen Phase beeinflußt werden. Daraus ergibt sich, daß dieser Beziehung dann all die Merkmale aggressiver und libidinöser Triebschicksale anhaften, die irgendwann während der Phase psychosexueller Entwicklung auftreten.

4. Der Kastrationskomplex und die Auflösung dieser langen Mutterbindung, d. h. der Wechsel von erogener Zone und Objektwahl, sind komplementär. Nach Freud wird der Ödipuskomplex »nicht zerstört«, sondern unter dem Einfluß der Kastration vorbereitet, und die feindselige Einstellung des Mädchens der Mutter gegenüber ist nicht eine Folge der dem Ödipuskomplex inhärenten Rivalität, sondern stammt aus der vorhergehenden Phase und wird in der ödipalen Situation lediglich verstärkt und ausgebeutet. Freud sieht einen sehr engen Zusammenhang zwischen der charakteristischen phallischen Betätigung des kleinen Mädchens, nämlich der Masturbation an der Klitoris, und allen Schicksalen von Frustration und Verführung, die sich aus dem langen Verlauf der mütterlichen Fürsorge für die körperlichen Bedürfnisse und der affektiven Beziehung zur Mutter als solche ergeben. In diesem Zusammenhang verbindet sich die Ambivalenz gegenüber der Mutter eng mit der Bindung an sie und dem Aufgeben der Mutter bei der Entdeckung ihrer »Kastriertheit.«

5. Die endgültige Hinwendung von der Mutter zum Vater, d. h. die Errichtung des eigentlichen Ödipuskomplexes beim Mädchen, ist daher das Ergebnis zweier sich ergänzender Prozesse: (1) dem Akzeptieren der Kastration mit allen ihren

Folgen, und (II) der Erfüllung des biologischen Dranges, wobei die »maskulinen« Elemente in feminine übergeführt werden und die Passivität und positiven psychosexuellen Tendenzen zum Vorschein kommen. In diesem Zusammenhang wird der Kind-Penis, der früher als von der Mutter kommend gewünscht und phantasiert wurde, in den ödipalen Wunsch nach einem Kind vom Vater umgewandelt.

6. Freud sah in der unterschiedlichen Weise, in der männliche und weibliche Kinder den Ödipuskomplex erreichen, schwerwiegende schicksalhafte Folgen für die Charakterbildung der Frau, vor allem für die Entwicklung einer moralischen Funktion, dem Über-Ich. »Man geht wahrscheinlich nicht fehl, wenn man aussagt, daß dieser Unterschied in der gegenseitigen Beziehung von Ödipus- und Kastrationskomplex den Charakter des Weibes als soziales Wesen prägt.« Als Freud das niederschrieb, war er sich durchaus bewußt, daß man ihm einen »Männlichkeitskomplex« beim Mann und eine angeborene Neigung zur Herabsetzung und Unterdrückung der Frau zum Vorwurf machen würde (Freud, 1925j, 1931b, S. 523).

7. Der Hinweis auf eine besondere Erkenntnis Freuds über die weibliche Sexualität scheint mir wichtig, weil sie für meine Arbeit über die weibliche Homosexualität bedeutsam ist. Ich gebe die betreffende Stelle wörtlich wieder, weil sie die Ansicht Freuds über den Penisneid beim Mädchen präzis formuliert, der von einigen Analytikern kultureller Orientierung wie Horney (1939) und Thompson (1943) nachdrücklich in Zweifel gezogen worden ist.

»Eine andere überraschende Wirkung des Penisneides – oder der Entdeckung der Minderwertigkeit der Klitoris – ist gewiß die wichtigste von allen. Ich hatte oftmals vorher den Eindruck gewonnen, daß das Weib im allgemeinen die Masturbation schlechter verträgt als der Mann, sich öfter gegen sie sträubt und außerstande ist, sich ihrer zu bedienen, wo der Mann unter gleichen Verhältnissen unbedenklich zu diesem Auskunftsmittel gegriffen hätte. Es ist begreiflich, daß die Erfahrung ungezählte Ausnahmen von diesem Satz aufweisen würde, wenn man ihn als Regel aufstellen wollte. Die Reaktionen der menschlichen Individuen beiderlei Geschlechts sind ja aus männlichen und weiblichen Zügen gemengt. Aber es blieb doch der Anschein übrig, daß der Natur des Weibes die Masturbation ferner liege, und man konnte zur Lösung des angenommenen Problems die Erwägung heranziehen, daß wenigstens die Masturbation an der Klitoris eine männliche Betätigung sei, und daß die Entfaltung der Weiblichkeit die Wegschaffung der Klitorissexualität zur Bedingung habe. Die Analysen der phallischen Vorzeit haben mich nun gelehrt, daß beim Mädchen bald nach den Anzeichen des Penisneides eine intensive Gegenströmung gegen die Onanie auftritt, die nicht allein auf den Einfluß der erziehenden Pflegeperson zurückgeführt werden kann. Diese Regung ist offenbar ein Vorbote jenes Verdrängungsschubes, der zur Zeit der Pubertät ein großes Stück der männlichen Sexualität beseitigen wird, um Raum für die Entwicklung der Weiblichkeit zu schaffen. Es mag sein, daß diese erste Opposition gegen die autoerotische Betätigung ihr Ziel nicht erreicht. So war es auch in den von mir analysierten Fällen. Der Konflikt setzte sich dann fort und das Mädchen tat damals wie später alles, um sich vom Zwang der Onanie zu befreien. Manche späteren Äußerungen des Sexuallebens beim Weibe bleiben unverständlich, wenn man dies starke Motiv nicht erkennt« (Freud, 1925j, S. 26).

8. Der abschließende Übergang von der klitoridalen Erotik zur orgastischen vaginalen Fähigkeit des Mädchens in der Pubertät hat subtile und komplizierte Veränderungen zur Folge. Das gilt nicht nur für die Aufhebung der Organlibido und die Umverteilung der Erogenität, sondern auch für die gleichzeitige Umorientierung der aktiven (phallischen) Strebungen in solche passiv-rezeptiver Natur. Freud war der Ansicht, daß dies sowohl aus libidinöser Sicht wie auch hinsichtlich der Objektbesetzung eine weit kompliziertere Re-Orientierung und Re-Integration bedeutet, als wir das

von der Entwicklung der Sexualität beim Knaben von der Kindheit bis ins Mannesalter her kennen.

Freud (1933a) faßte seine allgemeine Auffassung über die Komplexität der weiblichen psychosexuellen Entwicklung folgendermaßen zusammen: „Es ist dann unser Eindruck, daß der Libido mehr Zwang angetan wurde, wenn sie in den Dienst der weiblichen Funktion gepreßt ist, und daß – um teleologisch zu reden – die Natur ihren Ansprüchen weniger sorgfältig Rechnung trägt als im Falle der Männlichkeit« (S. 141).

Literatur über die weibliche Homosexualität

In den vergangenen vier Jahrzehnten sind in der analytischen Literatur zahlreiche Untersuchungen über die psychosexuelle Entwicklung der Frau veröffentlicht worden, z. B. von Helene Deutsch (1944, 1945), Benedek (1952) und Bonaparte (1953). Auf die wesentlichen Arbeiten werde ich in Zusammenhang mit meinem klinischen Bericht eingehen. Es scheint mir jedoch wichtig, hier zwei ausführliche Arbeiten, nämlich die von Zilboorg (1944) und Lichtenstein (1961) zu erwähnen. Auch Arlow (1954) und Socarides (1962) haben auf dem Jahrestreffen der American Psychoanalytic Association über zwei Panel-Diskussionen berichtet, die vom Inhalt her aufschlußreich und anregend waren. Man findet in der Literatur jedoch nur wenige klinische Beiträge über wirkliche weibliche Homosexualität oder über Episoden homosexueller Beziehungen. Eigentlich hat sich die Situation in der analytischen Literatur seit 1920 nicht verändert. Damals klagte Freud: »Die weibliche Homosexualität, gewiß nicht weniger häufig als die männliche, aber doch weit weniger lärmend als diese, ist nicht nur vom Strafgesetz übergangen, sondern auch von der psychoanalytischen Forschung vernachlässigt worden« (S. 271).

Drei Fälle weiblicher Homosexualität, die Freud (1905e,

1915f, 1920a) beschrieben hat, beinhalten eine emotionale homosexuelle Bindung an eine andere Frau; bei zwei Fällen handelte es sich um eine unbewußte und latente Bindung, und nur in einem Fall wurde sie bewußt wahrgenommen. In keinem der Fälle kam es zu offenen sexuellen Intimitäten. Bei Jones (1927) gab es ein höchst interessantes Zusammentreffen von fünf Fällen homosexueller weiblicher Patienten, die er zur gleichen Zeit behandelte, aber er teilt kein klinisches Material mit, obwohl seine Überlegungen sehr zum Verständnis der weiblichen Homosexualität beitragen. Fenichel (1929) berichtete über die interessante Traumanalyse bei einer homosexuellen Frau, erwähnte aber keine sexuellen Erfahrungen oder deren Pathologie.

Helene Deutsch (1932) verdanken wir den aufschlußreichsten und instruktivsten klinischen Beitrag zur weiblichen Homosexualität. Ihre beiden Arbeiten (1932, 1944) sind klassische Beiträge auf diesem Forschungsgebiet. Ihre Untersuchungen, auf die ich zu gegebener Zeit zu sprechen komme, stellten eine wichtige Hilfe für meine klinische und theoretische Arbeit dar.

Brody (1943) stellte Fallmaterial aus der Behandlung einer Patientin dar, wobei er »in der psychosexuellen Entwicklung eines Mädchens Faktoren, die zu homosexueller Fehlanpassung führten«, feststellte. Er machte auf eine zurückweisende Mutter, einen schlecht gelösten Ödipuskomplex und einen übermäßigen prägenitalen Sadismus als signifikante ätiologische Komponenten aufmerksam.

Keiser und Schaffer (1949) haben aus ihren Beobachtungen adoleszenter Mädchen aus zerbrochenen Familien interessantes Fallmaterial veröffentlicht. Bergler (1951) berichtet über vier Fälle von Lesbierinnen und stützt damit seine sehr vereinfachte These, Lesbierinnen seien typisch oral regredierte Frauen mit einer masochistischen Fixierung an ihre aggressiven Mütter. Ähnlich oberflächlich stellt Caprio (1957) in seinem Buch die kurzen Lebensabrisse von vier weiblichen Homosexuellen dar. Bacon (1956) und Wittenberg (1956) versuchen anhand je eines Falles den Nachweis zu erbringen, daß homosexuelle Beziehungen bei Frauen der Ausdruck entwicklungsmäßiger Bedürfnisse und deshalb ein Versuch sein können, Wachstum und Reifung zu bewirken. In seiner fundierten und überaus interessanten Arbeit über das komplizierte Thema psychosexueller Reifung und Identitätsbildung berichtet Lichtenstein (1961) über die Behandlung eines Mädchens mit akuten Persönlichkeitsproblemen, schwerer heterosexueller Pathologie und Episoden homosexueller Beziehungen. Lichtensteins Arbeit scheint mir der anregendste und bedeutendste Beitrag der letzten Jahre auf diesem Forschungsgebiet zu sein.

Die recht bescheidene Zahl klinischer Beiträge zur weiblichen Homosexualität haben mich den Entschluß fassen lassen, dieses komplizierte Problem in Form eines Berichts über die Behandlung eines jungen Mädchens darzustellen, in dessen Analyse eine intensive und offene homosexuelle Bindung eine wichtige und dynamische Rolle gespielt hatte. Man sollte dabei nicht aus dem Auge verlieren, daß meine Patientin von der Diagnose her kein Fall von wirklicher homosexueller Perversion war. Die aktiven homosexuellen Intimitäten mit einer Freundin dauerten nur kurze Zeit und führten nie zu einem konstanten, ausschließlichen und bevorzugten Modus sexueller Befriedigung oder Objektwahl. Man könnte einwenden, daß Lehren über die psychopathologische und genetische Entwicklung der weiblichen Homosexualität aus diesem Fall nur begrenzt gezogen werden können, weil es sich ja nicht um eine echte und fixierte homosexuelle Perversion handelte. Die klinischen Forschungen Freuds und seiner Nachfolger haben uns jedoch immer wieder gezeigt, wie wichtig eine gründliche Untersuchung weniger extremer und bizarrer Beispiele und Manifestationen menschlicher psychosexueller Pathologie für das bessere Verständnis der Psychopathologie schwerer Störungen und Erkrankungen sexueller wie seelischer Natur, d. h. echter Perversionen und Psychosen ist.

Wenn man über eine lange Analyse berichten will, muß zwangsläufig eine Auswahl aus dem vorhandenen Material getroffen werden. Eine solche Beschränkung führt dazu, daß viele Aspekte nicht berücksichtigt und andere dadurch verzerrt werden. Meine Absicht ist es, einen Eindruck von Eigenart und Ablauf des klinischen Prozesses zu vermitteln, damit die pathologischen Grundstrukturen, der Entwicklungsstillstand und die psychosexuelle Störung sichtbar werden und zum Verständnis von Wesen und Funktion der weiblichen Homosexualität beitragen. Wenn man Zustandekommen, Durcharbeiten und Auflösung einer passageren Perversion in einem Zuge darstellen kann, ist das sicher vorteilhafter als die Untersuchung einer organisierten und echten Perversion. Weil die echte Perversion eine rigide Struktur in den Gewohnheiten und Erwartungen ausgebildet hat, sind die subtileren und wichtigen Quellen von Schmerz und inneren psychischen Konflikten nicht mehr erkennbar. Alle echten organisierten Perversionen konfrontieren uns mit einer verfälschten Situation, weil der Krankheitsgewinn und die Art, wie die Persönlichkeit mit Ängsten und Triebkonflikten umgeht, zu rigide in deren Aufbau integriert worden sind. Die mir wesentlich erscheinenden Grundstrukturen psychosexueller Dynamik und früher Objektbeziehungen bei polymorph-perversen Praktiken und Intimitäten habe ich im dritten Kapitel theoretisch ausführlich dargestellt.

KLINISCHES MATERIAL

Ich möchte einige markante Züge in der Psychopathologie der weiblichen Homosexualität im Lichte psychoanalytischer Forschungen anhand des Materials aus der Behandlung einer meiner Patientinnen darstellen. Die besondere Bedeutung des Materials liegt in der Art, in der die Patientin in der Übertragungsneurose ihre ödipalen Konflikte und ihre prä-

ödipale konflikthafte Bindung an die Mutter in einer vorübergehenden aktiven homosexuellen Liebesbeziehung mit einer etwas älteren Frau agierte. Das homosexuelle Agieren wurde in der Behandlung intensiv durchgearbeitet und aufgelöst und die Patientin erlangte die Fähigkeit zu heterosexuellen orgastischen Erfahrungen. Sie ist inzwischen seit Jahren glücklich verheiratet, ohne daß es zu einer Wiederbelebung der homosexuellen Konflikte gekommen wäre.
Die Patientin, eine College-Studentin Mitte zwanzig, kam wegen Arbeitsstörungen in Behandlung. Das Hochschulleben und die Beziehungen zu den anderen Mädchen empfand sie als ganz erfreulich. Ihre zwischenmenschlichen Beziehungen wurden aber immer dann schwierig, wenn es um den Kontakt zu älteren weiblichen Lehrkräften ging, die sie stets mild und versöhnlich zu stimmen versuchte und vor deren Aggressionen sie in ständiger Angst schwebte. Männern war sie immer aus dem Wege gegangen, zu Mädchen und Frauen hatte sie einen engen und herzlichen Kontakt.
Als die jüngere von zwei Kindern – sie hatte einen vier Jahre älteren Bruder – war sie in einer stabilen Familie der Mittelschicht aufgewachsen. Während ihrer ganzen Kindheit hatte sie eine enge und intensive Beziehung zu ihrem Vater, der ein sympathischer, liebevoller und religiöser Mann war und die intellektuellen Tendenzen seiner Tochter förderte. In der Pubertät kam es zu Kontroversen mit ihm und zu langen intellektuellen Diskussionen. Er starb, als sie Anfang zwanzig war (einige Jahre vor Beginn der Behandlung) und sie stellte mit Erschrecken fest, daß sie bei seinem Tod weder Kummer noch Trauer empfinden konnte.
Die Patientin hatte eine bewußte, im Grunde aber nicht bösartige Abneigung gegen ihre Mutter. Sie beschrieb ihre Mutter als »eine sehr nette Person mit dem Drang, anderen Gutes zu tun.« Sie hatte eine ruhige und sichere Art, die jedoch in Überängstlichkeit umschlug, wenn es um das körperliche Wohlbefinden ihrer Kinder ging. Die Patientin konnte sich nicht erinnern, daß eine intensive emotionale

Bindung an ihre Mutter bestanden hätte, obwohl sie stets deren nie endende Bereitschaft zur Anteilnahme mißbrauchte und mit vielerlei Klagen und Nöten zu ihr kam. Schon sehr früh hatte sie gelernt, ihre Mutter mit gespielter Hilflosigkeit und vorgetäuschtem körperlichem oder seelischem Unbehagen auszunutzen. Sie hatte das stets als wirkungsvolle Waffe gegen den überlegenen psychischen und physischen Elan ihres Bruders eingesetzt.

Die Beziehung zu ihrem Bruder war eine Mischung aus Neid, Eifersucht, Rivalität und zärtlicher Zuneigung. Nach ihrer Erinnerung hat er sie von frühester Kindheit an geärgert bis sie weinte und völlig hilflos war.

Die Patientin wuchs unauffällig und gut behütet im Schutz der Familie auf, ohne daß es zu besonderen Vorkommnissen gekommen wäre. In ihrem Verhalten während Kindheit, Latenz und Pubertät fiel ihre angenehme Ergebenheit den Eltern und Lehrern gegenüber auf. Hervorzuheben ist noch ihr großer Fleiß in der Schule und das Fehlen einer ungestümen Überschwenglichkeit in Gefühlen oder Aktivitäten.

Vom körperlichen Erscheinungsbild her war sie von zierlicher Gestalt, hübsch und mit Geschmack gekleidet. Sie machte im ganzen einen recht weiblichen Eindruck. Allen intensiveren Gefühlsverstrickungen mit Männern oder Frauen war sie bis dahin aus dem Weg gegangen und sie hatte keinerlei sexuelle Erfahrungen. Sie war sich bewußt, daß es ihr an sexuellen Erfahrungen und Wagemut fehlte und schämte sich deswegen. Ihr war zudem auch bewußt, daß sie trotz ihrer verworrenen, erregten sinnlichen Phantasien zu keinerlei masturbatorischer Abfuhr fähig war. Sie hatte das Gefühl, prüde und gehemmt zu sein, und erst später wurde ihr deutlich, daß phobische und zwanghafte Züge ihr Leben eingeschränkt hatten. Darüber hinaus bekümmerte sie die generelle Flachheit ihrer Affektivität. Auf neue Erfahrungen ging sie nur zum Schein ein. Die Integration und Effektivität ihrer Persönlichkeit wurde durch komplizierte Abwehrmechanismen aufrechterhalten, die nicht nur den Schwung und die Unabhängigkeit ihres seelischen Erlebens, sondern auch ihre sozialen Erfahrungen einschränkten. Dieser Typ benigner Ich-Einschränkung mit phobischen Haltungen und passiver Depressivität ist ohne weiteres mit den persönlichen und kulturellen Erwartungen vereinbar, die an die Frauen ihrer Gesellschaftsschicht gestellt werden. Häufig wird eine solche Verhaltensform als Pseudo-Femininität ausgebeutet und verhärtet sich dadurch zu einer Charakterstörung, aus der es kein Entrinnen mehr gibt. Diese Patientin hatte eine Behandlung gesucht, weil sie das Dilemma ihrer inneren Situation unbewußt wahrgenommen hatte. Meine Untersuchung beschäftigt sich vorwiegend mit der Durcharbeitung dieser schwierigen Persönlichkeitskonstellation in der Übertragung und ihrem homosexuellen Agieren. Helene Deutsch (1932) hat von diesem Typ einer Charakterstörung ein überaus klares Bild gezeichnet:

> Der ökonomische Vorteil dieser Neu-Wendung zur Mutter liegt in der Befreiung vom Schuldgefühl; seine wichtigste Leistung aber scheint mir in der Verhütung des drohenden Objektverlustes zu liegen: «Wenn mich der Vater nicht will und meine Ichliebe so gekränkt ist, wer wird mich jetzt lieben, wenn nicht die Mutter?»
>
> Die analytischen Erfahrungen zeigen uns überreichlich dieses bisexuelle Schwanken zwischen Vater und Mutter und Ausgänge desselben in Neurose, Heterosexualität oder Inversion. Wir sehen die Libido zwischen den Polen zweier Magneten schwingen, zwischen Anziehung und Abstoßung. Aussichten auf Wunscherfüllung als *Anziehung* von einem Pol, Versagung, Angst und Schuldgefühlmobilisierung als *Abstoßung* vom anderen Pol; dasselbe beim anderen Magneten; und als eines der bösesten Schwingungsresultate ein Dazwischensteckenbleiben im narzißtischen Verharren. Es gibt Fälle von Affektsperre und besonders narzißtische Krankheitsbilder, die man keiner der bekannten Neurosenformen einzureihen ver-

mag, die einer solchen Erstarrung im libidinösen Pendeln entsprechen. Kommt es in der analytischen Übertragung deutlicher zum Schwingen, so wird die Zwangsneurose manifest, deren Ambivalenzschwingen bis dahin durch die Affektsperre verdeckt gewesen war.

Bei den Fällen weiblicher Homosexualität gab es eine längere oder kürzere Phase der Unentschlossenheit, die den Beweis liefert, daß es sich nicht um eine einfache Fixierung an der Mutter als erstem Liebesobjekt handelt, sondern um einen komplizierten Rückkehrprozeß. Die Entscheidung zugunsten des mütterlichen Magneten liegt natürlich in den alten Anziehungskräften, aber auch in den Abstoßungsbedingungen von seiten des anderen Magneten, das ist: der Versagung, Angst und Schuldgefühlreaktionen (S. 236).

PHASE I
Die Angst vor emotionaler Hingabe

Bei der Darstellung der Phase, die dem homosexuellen Agieren vorausging und ungefähr ein Jahr dauerte, werde ich zunächst auf die sozialen Bedingungen und Beziehungen der Patientin zu sprechen kommen, dann auf das durch den analytischen Prozeß gewonnene Material eingehen und schließlich die spezifischen Übertragungsphänomene behandeln.

Als die Patientin mit der Analyse begann, lebte sie nicht mehr zu Hause. Ihr Vater war einige Jahre zuvor gestorben. Sie wohnte jetzt bei einer Familie, die nur aus Mutter und Tochter bestand. Die Tochter war ihre Freundin. Die Patientin war diesem gesunden, kräftigen und athletischen Mädchen sehr zugetan, vor der Mutter hatte sie jedoch Angst, weil sie annahm, diese sei wegen ihrer Beziehung zu der Tochter eifersüchtig. Schon bald wurde deutlich, daß der unbewußte homosexuelle Druck, den diese Beziehung ausgelöst hatte, sie zur Flucht in eine Behandlung getrieben hatte. Es ist wichtig, darauf hinzuweisen, daß in diesem Stadium der Beziehung zu jenem Mädchen die Patientin die passive, eher masochistische und untergeordnete Rolle spielte. Sie war gegen alle älteren Frauen recht feindselig eingestellt und von daher im Umgang mit ihnen gefügig und kooperativ. In ihren Phantasien war sie ständig in hitzige Wortgefechte mit ihnen verwickelt. Es war ziemlich leicht zu durchschauen, daß alle diese Lehrerinnen und älteren Frauen stellvertretend für ihre Mutter standen, und auch für die Patientin war es nicht schwer, das zu erkennen.

In ihrem Privatbereich gönnte sie sich kaum Zeit zum Alleinsein; meist befand sie sich in einer aufgeregten, ängstlichen Stimmung, die sehr leicht in Depressivität oder zwanghafte Rituale wie z. B. Aufräumen umschlug. Über eine lange Zeit berichtete sie, sie habe Bruchstücken und Fetzen von Phantasien nachgehangen, doch die Entfaltung dieser Phantasien konnte sie nicht zulassen. So hatte sie die Technik entwickelt, hypnagogische Bilder zu sehen, die einen unverhüllten Bezug zu den Sexualorganen des Körpers hatten. Ab und zu wurde sie auch von intensiven Gefühlen in den Genitalien überrascht, ohne damit etwas anfangen zu können. Mit einer anderen recht wirkungsvollen Technik gelang es ihr, solche Bilder und Körpergefühle abzuspalten, sie belustigt zu tolerieren und sozusagen aus sicherer Distanz zu betrachten (vgl. Kanzer, 1958).

Ihre erste Bemerkung in der Behandlung erwies sich als so vielschichtig und bezeichnend für ihren psychopathologischen Zustand, daß ich sie hier wörtlich wiedergeben möchte. Nachdem ich die Patientin mit der Grundregel bekanntgemacht hatte, hatte sie sich hingelegt und gesagt: »Ich weiß nicht, was ich machen soll.« In diesem Satz hatte sie ihre Kastrationsangst und ihre Verwirrung über die Funktionen der Körperöffnungen in Kurzform zum Ausdruck gebracht, aber das sollte erst sehr viel später deutlich werden. Auf die dynamische Rolle, die diese erregte Verwirrtheit und das mit Hilflosigkeit gepaarte Gefühl der Kastration beim Agieren in der homosexuellen Beziehung spielte, werde ich in dem Bericht über Phase 11 eingehen. Interessant war auch, daß sie gleich zu Anfang sagte, sie sei keine Lesbierin. Jedoch war das Material in der ersten Zeit überfrachtet mit einer Mischung aus Angst um ihre Weiblichkeit, einer spöttischen Einstellung gegen sich selbst und dem Gefühl der Erniedrigung aus Furcht, sie könnte dumm sein und deshalb von mir verachtet werden. Anfangs forderte sie immer wieder, daß ich verbal aktiver sein und mehr reden sollte. Ihre Kastrationsangst konnte man an ihren Träumen und einer allgemeinen Ängstlichkeit erkennen, die sie ständig nach Bestätigung Ausschau halten ließ (vgl. Abraham, 1920).

An ihrer Übertragung fiel ein ungewöhnlicher Eifer und noch etwas anderes auf, was ich nur als erregten Pseudo-Affekt (excited pseudo-affect) beschreiben kann. Typisch für dieses Stadium war, daß sie mir gegenüber eine besonders artige Haltung einnahm, um meine Sympathie und mein Wohlwollen zu gewinnen. Gleichzeitig jedoch war sie äußerst argwöhnisch und voller Mißtrauen. In gewissen Stimmungen war sie ungewöhnlich selbstquälerisch und beutete das mit masochistischer Inbrunst aus. Sie weinte dann häufig aus Selbstmitleid. Daß sie mir die Rolle des älteren Bruders aufgezwungen hatte, war ihr und mir ganz deutlich. In ihrer Erinnerung war der Bruder in der Kindheit »so ein aktiver Plagegeist« gewesen, der sie unentwegt geärgert hatte. Ihr Selbstbild aus jener Zeit war das eines sanftmütigen braven Mädchens, das leicht aus der Fassung zu bringen war, die Mutter zu Hilfe rief und ihr Mitgefühl suchte, was die Mutter nur zu bereitwillig auch gewährte. In der Übertragung wurde der Analytiker in rascher Folge zum verführerischen hänselnden Bruder und zur Mutter, die trösten und voller Sorge um sie sein sollte. Es wurde ganz deutlich, daß subjektive, triebhafte Zustände und Impulse vermieden wurden, sie war nur das passive Opfer. Für ihr inneres Gleichgewicht spielte die Isolierung als Abwehrmechanismus eine überaus wichtige Rolle. Nach meiner klinischen Erfahrung zwingt gerade diese Kombination der Abwehrmechanismen von Isolierung und Spaltung den potentiell Homosexuellen zu der aktiven Suche nach gemeinsam erlebten Triebbeziehungen, weil der Erfolg dieser Abwehrmechanismen sie in einem »hartnäckigen narzißtischen Stillstand« stranden läßt (Deutsch, 1932; Bychowski, 1956). Es kommt dann zu dem Gefühl, das Leben werde leer und arm. Auch die großen Anstrengungen der Patientin, das Verhalten des Analytikers in der analytischen Situation zu kontrollieren und gleichzeitig zu einem 50-Minuten-Idyll zu erotisieren, war typisch für diese Behandlungsphase. An Träume konnte sie sich kaum erinnern, obwohl sie besonders viel träumte. Sie waren von exhibitionistischen Tendenzen, viel Handlung und einer gewissen phallischen Lebendigkeit geprägt, und die Patientin hatte das Gefühl, sie seien ausgesprochen unwirklich und ohne jeden Bezug zu ihr. Es war überhaupt kennzeichnend für ihre psychische Aktivität in dieser Phase, daß zwar in ihren Träumen und diffusen Phantasien viel verdrängtes Material ohne weiteres zugänglich wurde, die Patientin im Wachzustand aber keinerlei Verbindung dazu herstellen konnte. Sie ging mit diesem Material so um, als sei es unwirklich und habe mit ihr nichts zu tun. Auch die in ihrer kontrollierten Liebenswürdigkeit und Mitarbeit enthaltenen feindlichen negativen Gefühle waren nicht zu übersehen. Ein Traum aus dieser Zeit verdeutlicht ihre intrapsychische Situation und ihre Übertragungsbeziehung: »In einem Theaterstück hatte man ihr die Rolle einer Magd zugewiesen; sie hatte nur drei Dinge zu sagen; sie war traurig und verwirrt, weil keiner sie sprechen hörte; sie hatte nicht genügend geprobt.«

Ihre Assoziationen ließen erkennen, daß sie gegen das Ungleichgewicht der Beziehung protestierte. Sie hatte das Gefühl, der Analytiker habe eine dominierende Rolle und ihr würde nur eine passive Funktion zugestanden. Aber selbst dann war ihr nicht vergönnt, zu ihrem eigenen Vorteil proben zu können (Bacon, 1956). Zwei von den drei Dingen, die sie in ihrer Rolle als Magd sagen sollte, konnte sie identifizieren: zum einen ging es darum, wie sie ihren Freunden helfen, zum anderen, wie sie dem Analytiker zu Diensten sein könnte. Den dritten Punkt hatte sie vergessen. Meine Bemerkung, damit könnte vielleicht ihre Beschäftigung mit sich selbst und zu ihrem eigenen Vorteil gemeint sein, brachte eine Fülle von Material über ihren Bruder, vor allem ihren Haß, weil er als Kind stärker und ihr voraus war. Er konnte immer alles besser und in den gemeinsamen Spielen, an die sie sich erinnern konnte, zwang er sie zu Hilflosigkeit und Tränen. An eine bestimmte Szene konnte sie sich besonders gut erinnern. Als sie drei Jahre alt war, schickte man beide gleichzeitig zum Schlafengehen. Er aber hatte im Bett herumgetollt und ihr damit einen großen Schrecken eingejagt; sie hatte dann ihrer Mutter davon erzählt.

Wenig später erinnerte sie sich, daß sie während eines Ferienaufenthalts an der See das elterliche Schlafzimmer geteilt hatte. Sie war damals ungefähr sieben Jahre alt und sie hörte ihre Mutter zum Vater sagen, sie würde sich die Klippen hinabstürzen, wenn sie die Kraft dazu hätte. Die Patientin machte sich mit Geräuschen bemerkbar, um den Eltern zu zeigen, daß sie wach sei, so daß sie das Thema wechselten.

Die Durcharbeitung des Traumes führte uns zu dem komplexen und verwirrenden Thema von Urszene, Penisneid und Kastrationsangst. Ich habe schon des öfteren das Wort »verwirrend« gebraucht, wenn ich das psychische und affektive Verhalten der Patientin in dieser Phase der Behandlung beschreiben wollte, und ich möchte dieser affektiven Verwirrung in der Psychogenese ihrer homosexuellen Erfahrungen eine signifikante Rolle zuschreiben. In einem solchen Zustand der Verwirrung vermischten sich angstauslösende Wahrnehmungen, Masturbationsphantasien und eine poly-

morphe Mannigfaltigkeit von erregten Körperzuständen (mit besonderer Betonung der Körperöffnungen) und bedrohten ihr Ich von innen. Das zwang sie wiederum zur Flucht in Geselligkeiten, aber die mit diesen Phantasien verbundenen Schuldgefühle beeinträchtigten ihre zwischenmenschlichen Erfahrungen und erweckten in ihr ein Gefühl von Minderwertigkeit, Einfältigkeit und Langweiligkeit. Die homosexuelle Beziehung eröffnete ihr die Möglichkeit, diesen inneren verwirrten Zustand zu personalisieren und abzutrennen und auf der Basis erwachsener und differenzierter Fähigkeiten im Ich wieder zu absorbieren. Gegen diesen latenten verwirrten affektiven Zustand waren auch ihre phobischen und zwanghaften Techniken gerichtet.
Es bestehen wohl kaum Zweifel darüber, daß die erinnerte Episode, als sie das Schlafzimmer mit den Eltern teilte und die Bemerkung ihrer Mutter hörte, eine Deckerinnerung ist. Dabei wurde interessanterweise die Lust und das sinnliche Vergnügen der Mutter verleugnet. Tatsächlich enthielt diese Verleugnung auch die richtige Wahrnehmung einer Depression der Mutter, wie wir zu einem späteren Zeitpunkt entdeckten. In dieser Phase hatte sie nur Verachtung für die eigene mangelnde Sinnlichkeit und die ihrer Mutter, und sie hatte das Gefühl, der Analytiker würde sie deshalb verachten und zurückweisen. Die damit zusammenhängenden ödipalen Verwicklungen und das bittere Gefühl der Erniedrigung, weil sie es für den Vater »nicht besser machen konnte«, wurden in schmerzlicher Weise deutlich. Dieses sehr klare und frühreife Körper-Ich-Bewußtsein angesichts der Unzulänglichkeit des Kinderkörpers, tatsächlichen sexuellen Anforderungen zu entsprechen, ist meiner Meinung nach ebenfalls typisch für diese Art psychosexueller Störung. Diese Unzulänglichkeit veranlaßte sie, sich in sadomasochistischer Erregung dem Bruder zuzuwenden, von dem sie sich dann genauso überwältigt und traumatisiert fühlte. Damit wurde ihr Penisneid und Männlichkeitskomplex noch verstärkt. Sie reagierte in der Weise, daß sie in der Schule

intellektuell die Bessere sein wollte, was ihr zum Teil auch gelang. In diesem Zusammenhang war ihr Penisneid eine Abwehrorganisation gegen ein tieferes Gefühl genitaler Unzulänglichkeit. Horney (1926, 1933), Jones (1927) und Klein (1932) haben diesen Aspekt der weiblichen Position beim jungen Mädchen mit großem Einfühlungsvermögen untersucht (s. auch Kestenberg, 1956a).

Ihr Verhalten bei der Durcharbeitung dieses Materials in der Übertragung war von raschen Schwankungen zwischen depressiver Selbsterniedrigung und hypomanisch übersteigertem Selbstvertrauen gekennzeichnet. Sie wurde mir gegenüber herablassend und verächtlich und sie kritisierte die Übertragungsbeziehung übermäßig. Gleichzeitig zeigte sie eine klammernde Abhängigkeitshaltung und verlangte lauthals nach Befriedigung. Sie beklagte sich heftig und voller Bitterkeit, daß der Analytiker verführend und zurückweisend in einem sei, und sie fühlte sich von seinem »überlegenen Sichfernhalten« und seiner Enthaltsamkeit lächerlich gemacht. Sie war der Überzeugung, alle Männer würden die Frauen entwerten, doch ließ sie ihre Identifikation mit dem Analytiker in ihren sozialen Beziehungen gegenüber den männlichen Studenten eine verächtliche Haltung einnehmen.

Die prägenitale libidinös-sadistische Besetzung, die ihre Übertragung in dieser Phase unterhielt, ließ die Analyse für sie zum »aufregenden Alptraum« werden. Sie war erregt und aufgedreht mit heftigen Ausbrüchen von Selbstbeschuldigungen. Als Abwehr gegen ihre inneren primitiveren Konflikte, die jetzt ins Bewußtsein drängten, versuchte sie den Analytiker mit übermäßigen Übertragungsphantasien in eine zwischenmenschliche Beziehung hineinzuziehen. Sie fürchtete, eines Tages könnte es sie in einem solchen Erregungszustand in Stücke reißen, und sie bewältigte diese Angst durch die Verstärkung ihrer intellektuellen und narzißtischen Abwehren. Diese Abhängigkeitswünsche dem Analytiker gegenüber gaben ihr ein Gefühl tiefer Erniedrigung. Ihre hypnagogischen Phantasien beschäftigten sich vorwiegend mit Bildern von Partialobjekten. So berichtete sie, sie habe »gesehen«, wie sich ein Penis in ihren Mund hineinbewegt habe und gebissen worden sei. Sie sei entsetzt gewesen. Nur mit Hilfe von Spaltungsmechanismen gelang es ihr, diesen intrapsychischen Zustand aggressiver Erregung und ungewöhnlicher Emotionalität zu kontrollieren (vgl. Bychowski, 1954; Kanzer, 1958).

Ihre Angstzustände während dieser Phase waren von einer Qualität, die ich am besten mit dem von Jones (1927) benutzten Ausdruck *Aphanisis* beschreiben kann: die Angst vor der totalen Vernichtung. Sie hatte das Gefühl, die Erfüllung ihrer Wünsche und/oder ihre frustrierte Wut würden sie vernichten. Jedoch ließ die Intensität ihrer Spaltungsmechanismen und die Wirksamkeit ihrer phobisch-zwanghaften Techniken durchaus den Eindruck entstehen, daß ihre Affekte irgendwie inszeniert wirkten. Die subjektive Erfahrung ihrer Beziehungen bekam einen Beigeschmack von Sinnlosigkeit. Sie fühlte sich in einer noch als gutartig zu beurteilenden Weise de-realisiert. Zugleich benutzte sie diesen Zustand als eine der Abwehr dienende Ich-Distanz, die ihr Inneres und ihr soziales Leben abschirmte und schützte (vgl. Bouvet, 1958). Ich deutete ihre Übertragungskonflikte als den Wunsch, ganz abhängig zu sein und wie ein Kind gefüttert zu werden (siehe Penis-Vorstellung), daß sie dann jedoch mit ihren Aggressionen konfrontiert werde und mich kastrieren müsse. Von da an brachte sie umfangreiches Material, in dem Verfolgungsängste eine große Rolle spielten. Dieses Material, das sich zunächst ausschließlich auf den Analytiker bezog, befaßte sich allmählich auch mit ihrer Beziehung zu Frauen. Sie berichtete von ihrer Eifersucht und ihrer übertriebenen Freundlichkeit im Umgang mit ihnen. Mit Überraschung entdeckte sie, daß sie mit den Männern ihrer Freundinnen so gut – eher zu gut – zurecht kam und sie erschrak über ihre eigenen Impulse, ihre Besitzwünsche und ihre Unbarmherzigkeit. Sie war über ihre niederträchtigen Motive und die Art, wie sie ihre Freunde kontrollierte, bestürzt und die Heftigkeit ihrer Emotionen, die von Zeit zu Zeit in ihr hochbrandeten, versetzten sie in Panik. Gleichzeitig wurde ihr Penisneid und ihre Kastrationsangst immer mehr zum zentralen Thema. Sie glaubte, unbeholfen und unfähig zu sein und hatte das Gefühl, die Analyse habe die Kraft ihrer phobischen Distanzierungstechniken sabotiert und durch nichts Neues ersetzt. Sie fühlte sich verlassen und verloren, und die ablenkende Intensität ihres gesellschaftlichen Lebens mit seiner Hektik und seinem Charme ebbte ab (Nacht, Diatkine und Favreau, 1956).

Wenn sie allein war, fühlte sie sich ganz elend. Sie entwickelte dann zwanghafte Phantasien über den Analytiker, die eindeutig ein Masturbationsersatz waren. Als ich sie darauf aufmerksam gemacht hatte, berichtete sie, wie überrascht sie von der Wendung gewesen sei, die eine dieser Phantasien genommen habe. Sie habe sich vorgestellt, daß sie im Bett sitze, den Kopf des Analytikers im Schoß halte und ihn streichle. Allmählich sei aus ihm eine Art von graugefärbtem Schädel geworden.

Sie habe gedacht, sie könnte ihn vielleicht als Dekorationsstück für sich behalten.

Ihre Assoziationen machten deutlich, daß diese Phantasie eine stark verdichtete Aussage über ihre Gefühle war. Einerseits wollte sie den Analytiker in sadistischer Weise kastrieren, andererseits die Analyse in einen Masturbationsersatz umwandeln. Die eigentliche Bedeutung lag jedoch in ihrem verzweifelten Gefühl, weil sie den Analytiker nicht als erregendes Objekt mit hineinziehen konnte. Sie beklagte sich bitter, daß ich sie nicht brauchen würde. Die Verdichtung von oraler und phallischer Libido war hier von großer Bedeutung.

Sie ging dann dazu über, vom trübseligen und dürftigen Sexualleben ihrer Eltern zu berichten, und sie sprach von ihnen in einer höflich-spöttischen Art. Es zeigte sich jetzt

jedoch, daß sie durch das Einfrieren ihrer eigenen sexuellen Impulse die ihrer Eltern kontrollierte. Dies ließ uns weitgehend verstehen, warum ihre sozialen Beziehungen einen Ersatz für ihre masturbatorischen Aktivitäten darstellten.
Allmählich brach die manische Sozialstruktur ihrer Beziehungen zusammen, und sie war über die vermeintliche Oberflächlichkeit ihrer Gefühle und ihren Mangel an wirklichen Emotionen zutiefst bekümmert. Die Leichtigkeit, sich bei anderen einzuschmeicheln, indem sie sich deren Hilfsbedürftigkeit geschickt anpaßte, machte sie unglücklich. Sie beschuldigte den Analytiker, ihr alle oberflächlichen Beziehungen zu rauben, denn unter dieser Oberfläche komme nichts mehr.
Gleichzeitig mit diesem Material kamen in exhibitionistischen Phantasien ihre prägenitalen Impulse zum Vorschein. Sie besuchte inzwischen Kurse für »Freien Tanz« und ihr Körper ließ sie abwechselnd ein Gefühl tiefer Demütigung und starker Kraftentfaltung empfinden. Wenn sie hernach im Bett lag, machte sie sich nach einem solchen phallischen Hochgefühl mit belanglosen Ängsten selbst ganz elend.
Als sie eines Tages besonders guter Dinge und von ihrem Tanzen sehr befriedigt war, hatte sie nachts folgenden Traum: »Sie war in einer Kathedrale und diese war voller halbtoter Leiber, denen die Zunge aus dem Mund hing.« Der Traum amüsierte sie sehr. Ihr fiel dazu nur ein, daß ihr Vater gelegentlich in einer nonkonformistischen Kirche gepredigt hatte und daß sie immer sehr böse war, wenn sie mit in die Kirche gehen und ihm zuhören mußte.
Während dieser Sitzung hatte sie ein besonders großes Bedürfnis, die Lebendigkeit und die Lebensjahre des Analytikers zu schmälern. Sie wünschte sich ihn viel älter, gesetzter und viel mehr Trost spendend. Die Deutung, daß in ihrem Traum das erregende Objekt (der Analytiker) fast wie eine Leiche dargestellt sei, forderte ihren Spott heraus. Hier zeigte sich ihr Bedürfnis, die Erregung zu glätten. Die Ambivalenz wurde ganz entschieden verleugnet.

Die erotische und narzißtische Bedeutung ihrer Beziehung zu Frauen wurde der Patientin in ihrer Lebenssituation immer mehr bewußt. In einem ihrer Träume stand sie mit einer engen Freundin vor einem gotischen Gebäude und drängte sie dazu, das Gebäude gemeinsam zu erforschen. Mein Hinweis, daß das Gebäude für ihren Körper und ihren Wunsch stehe, ihn durch die Beziehung zu einer Frau zu entdecken, fand sie überaus peinlich und beunruhigend. Sie beschuldigte mich, sie in einer Weise zu frustrieren und zu reizen, daß sie sich demnächst dem nächstbesten Mann in die Arme werfen müßte. Sie war noch ganz unentschlossen, welcher Seite sie sich zuwenden sollte.

Ich möchte besonders darauf hinweisen, daß die Schwächung ihrer manischen Abwehr und ihrer narzißtischen Charakterwiderstände das Dilemma, in dem sich ihr erregter Körper befand, noch intensivierte. Man hatte den Eindruck, daß sie in dieser Phase über ihre Impulsivität, latente Emotionalität und Aggressivität entsetzt war.

Wir befanden uns jetzt vor der ersten größeren Pause in dieser Analyse. Ihre Reaktion darauf und auf den Umstand, daß der Analytiker sich nicht um sie kümmere, war reichlich melodramatisch. Aber schon ein oberflächlicher Blick zeigte, daß sie nicht übermäßig beunruhigt war. Wie ihr das schon bei ihrer Mutter gelungen war, sollte auch der Analytiker um sie besorgt sein und Schuldgefühle haben. Aus dem Material wurde deutlich, daß dieser Wunsch, der Analytiker solle sich besorgt und schuldig fühlen, eine Möglichkeit für sie darstellte, einerseits die Trennungsangst zu bewältigen und andererseits die ambivalenten sadomasochistischen Masturbationsphantasien zu verdrängen, die mit dieser Trennungsangst verbunden waren. Die Zuflucht, die sie im magischen Denken suchte, stellte ebenfalls eine Möglichkeit dar, mit diesen Ängsten fertig zu werden. Ein Traum wenige Tage vor der Sommerpause verdeutlicht das: »Aus dem Zimmer im Erdgeschoß ihres Hauses blickt sie in den Garten, in dem sich viele Freunde und Verwandte aufhalten. Sie liegt auf einer Couch und sieht sie kommen und gehen. Ihre Mutter ruft, sie solle doch herauskommen, aber sie schützt Kopfschmerzen vor. Im Zimmer lag auch ihr Bruder auf der Couch und las Freud. Sie gehen zusammen hinaus und sie sieht im Garten eine große Blume, die sich in ihrer Mitte öffnet und schließt. Sie ist deswegen ganz entsetzt.«

Sie wachte auf und stellte fest, daß sie mit einer Hand zwischen den Beinen nahe den Genitalien geschlafen hatte. Zum ersten Mal hatte sie sich einer masturbatorischen Erfahrung genähert.

Der Übertragungsbezug in dem eben geschilderten Traum ist ganz deutlich. Wichtig war, daß der Traum gerade das Gegenteil ihres Kindheitsverhaltens darstellte, als sie wegen der Zwistigkeiten mit dem Bruder ihre Klagen und Nöte immer zur Mutter trug. Sie konnte erkennen, daß ihr Bedürfnis, die Abhängigkeitsbeziehung zur Mutter auszubeuten, der Abwehr ihrer eigenen Erregung diente. Der Bruder wurde ebenfalls als Schutz vor der Masturbation benutzt, indem er zur Bemäntelung ihrer quälenden genitalen Empfindungen und deren sadistischen Inhalten herhalten mußte. In der Analyse hatte sie versucht, den Analytiker in den »Kreis ihrer Erregung« mit einzubeziehen (vgl. Deutsch, 1932).

Sie brachte den Traum mit der nahenden Pause in Verbindung. Ihre Angst vor einer Deprivation durch die Analyse und ihre nicht mehr »potenten« Beziehungen zu Frauen beunruhigten sie angesichts der drohenden Masturbation. Diese Angst vor sexueller Erregung, die die Patientin mit übertriebenen ich-syntonen Abhängigkeitsbedürfnissen bekämpfte, war ein besonderes Kennzeichen dieses Falles.

Nach den Ferien stand die Analyse ganz im Zeichen der Wut gegen die Mutter und dem Wunsch nach phallischer Unabhängigkeit. In ihren Phantasien wurde ich immer mehr zu einer passiven Person, die in sie verliebt ist. Diese Erotisierung der analytischen Situation war eine Abwehr gegen ihre

Angst vor regressiver Abhängigkeit. Im Analytiker versuchte sie durch die Zuweisung einer Doppelrolle als Verführer und strenges Gewissen einen Konflikt herbeizuführen. Erst im späteren Verlauf der Behandlung gelang es, dabei die enge Parallele zur präödipalen Beziehung zur Mutter zu bearbeiten, eine Beziehung übrigens, die die Mutter bis dahin durch die Kontrolle der finanziellen Unterstützung der Tochter aufrechterhalten hatte. Sie pflegte sich gelegentlich ganz plötzlich um die Tochter zu kümmern, bestach sie dann durch Geldgeschenke und bekrittelte später die Art, wie diese das Geld ausgab. Diese konflikthafte und ambivalente Beziehung zur Mutter hatte sich während der Ferien verschlechtert.

Die Kastrationsängste, die der Erregung und den sexuellen Phantasien über den Analytiker (und der Kindheitsbeziehung zum Bruder) zugrundelagen, wurden durch Träume urethraler Art sowie Träume, in denen sie ihren nackten Körper zur Schau stellte, verleugnet (vgl. Abraham, 1920; Rado, 1933; Brody, 1943).

Der allgemeine Eindruck war recht verworren. Sie schwankte heftig zwischen paranoiden und depressiven Gefühlen, zwischen Begeisterung und Trübsal. Selbst diese Gefühlsverwirrungen vermittelten den Eindruck, als handle es sich dabei um eine magische Abwehr. Die reale Kastrationsangst versuchte sie auf jede nur denkbare Art zu integrieren. Nachdem sie sich eben noch ein Kind von mir gewünscht hatte, behauptete sie, genauso tüchtig wie ein Mann zu sein oder auch, daß sie völlig hilflos sei und Zuwendung und Fürsorge brauche.

Sie stand vor einer Prüfung und befand sich in großer Unruhe. Zeitweise sah es so aus, als habe sie sich entschlossen, den Analytiker durch einen Mißerfolg zu kränken. Sie machte aber alles sehr gut. Das war besonders bemerkenswert. Daß sie in der Analyse verwirrt war und über ihre Unzulänglichkeit klagte, beeinträchtigte den Erfolg ihrer Ich-Aktivitäten also kaum. In der Analyse jedoch raffte sie alle ihre Kräfte zusammen, um mir ihre emotionale Verwirrung vorzuführen in der Hoffnung, ich (die Mutter) würde »darüber wütend und beunruhigt sein« (ihr Ausdruck). Sie war aber auch nicht ohne Einsicht. In der Übertragung wurde ihr Wunsch deutlich, ich solle mich stellvertretend für die Mutter aktiv an ihrer sexuell-aggressiven Erregung beteiligen. Man kann keineswegs sagen, alles sei nur negativ gewesen und sie habe den Analytiker zu ihrem Opfer machen wollen. Ihr Kummer war, daß es zwischen uns zu keinem ungezwungenen Austausch kommen konnte; analytische »Ferne« sei für sie traumatisch und hemme sie, wie sie sagte. Was sie brauche, sei ein gegenseitiger Austausch, aber nicht dieses freundlich-zurückhaltende einsichtsvolle Verständnis.

Nach der Ferienpause kam es bei der Patientin zu deutlich veränderten Lebensumständen. Sie hatte ihre Ausbildung mit Erfolg abgeschlossen und eine Stelle angetreten. Das Geld, das ihr der Vater hinterlassen hatte, war inzwischen aufgebraucht, und sie war jetzt auf die wirtschaftliche Hilfe der Mutter angewiesen. Das löste schwere Schuldgefühle und ein schmerzliches Gefühl der Erniedrigung in ihr aus. Sie mußte jetzt auch ihre Eifersucht auf die innigere Zuneigung der Mutter zum Bruder zugeben, den die Mutter großzügig mit Geld unterstützte, weil dieses ihr den Zugang zu den Enkelkindern sicherte. Außerdem waren ihre meisten Freundinnen schwanger geworden, ein Umstand, der in ihr Wut und Verachtung auslöste. Sie fühlte sich einsam, nicht geschätzt und nicht geliebt: weder von den Freundinnen, noch vom Analytiker und auch nicht von der Mutter. Ihre ödipale Wut, daß sie vom Vater kein Kind bekam, spielte in der Übertragung eine wichtige und schmerzliche Rolle und war ein wesentlicher Faktor bei ihrer Flucht in die homosexuelle Affäre. Die Erkenntnisse von H. Deutsch (1944) erfuhren eine traurige Bestätigung: »Jede Einzelhandlung der verliebten Homosexuellen entspricht einer nicht erfüllten heterosexuellen Erwartung. Je verlangender in ihrem narzißtischen Geliebtsein-Wollen das Mädchen ist, desto leidenschaftlicher ist ihr aktives Werben um die *andere*« (Bd. 1, S. 308; vgl. auch Abraham, 1920; Rado, 1933).

Zwei weitere Begebenheiten zwangen sie fast schicksalhaft in ihre homosexuelle Beziehung. In ihren Ferien hatte sie einen Mann kennengelernt, der sie und ihre Freundin zum Segeln mitgenommen hatte. Die Ebbe hatte ihre rechtzeitige Rückkehr verhindert und sie mußten in der Dunkelheit ausharren. Der Mann hatte versucht, sie zu küssen und zur körperlichen Liebe zu bewegen. Sie hatte in einer Haltung von angewidertem Gewährenlassen reagiert, aber es war nur zum Petting gekommen. Der Spott, mit dem sie darüber berichtete, ließ deutlich erkennen, daß sie das empfundene Entsetzen verleugnen mußte. Noch während sie von der Episode erzählte, änderte sich plötzlich ihre Stimmung und sie brach vor Zerknirschung in Tränen aus, denn sie glaubte, sie habe den Mann zu einer Erektion gereizt und ihn dann allein gelassen. Sie fürchtete, ich würde sie bestrafen, weil sie sich so falsch benommen habe. Sie tröstete sich damit, daß sie ihr Bestes getan habe und sie fügte hinzu, »ich wußte wirklich nicht, was ich hätte anders machen können.« Jetzt zeigten sich ihre Schuldgefühle dem Bruder gegenüber, den sie zu »sexuellen Spielen« provoziert und dann verraten hatte.

Die Patientin begann nun damit, die Rudimente einer larvenhaften genitalen Phantasie aus ihrer phallischen und post-phallischen Entwicklungsstufe zusammenzusetzen. In dieser Phantasie stimulierte sie aktiv die Erregung, hielt sie jedoch unter Kontrolle; sie wurde dann aktiv und das Objekt versank allmählich in äußerste Hilflosigkeit. An dieser Stelle der Phantasie wurde sie immer verwirrt, unsicher und ängstlich. Sie konnte nie recht unterscheiden, wessen Körper was erlebte. In ihrer Vorstellung war das hilflose Sich-Ausliefern nicht nur für das Objekt, sondern auch für sie selber beängstigend; sie identifizierte sich mit beiden Rollen. Mit regressiven Mitteln versuchte sie, diese

Phantasien zu bewältigen. Ihre Träume waren voller schäumender Wassermassen. In einem Traum aus dieser Zeit war sie in einer riesigen Halle, deren Boden mit Erbrochenem bedeckt war. Wassermassen ergossen sich zur Reinigung herein. Das Erbrochene hatte wie Faeces ausgesehen und hatte auch eine gewisse Ähnlichkeit mit Gesichtern. In ihren Assoziationen kam sie auf die kürzlich erfolgte Geburt eines Kindes durch eine ihrer Freundinnen zu sprechen. Sie schämte und erregte sich über ihre eigene psychische und physische Impotenz, Sterilität und Unreife. Das Analysenmaterial hatte hauptsächlich ihre Körperich-Phantasien zum Inhalt. Sie hatte das Gefühl, ihre Genitalien seien schmutzig, stünden mit Kot in Verbindung, seien zu klein, unappetitlich, nicht wert geliebt zu werden usw. Sie verabscheute ihren Körper, denn er sei voller Haare und unförmig. Abends war sie verzweifelt und voller erregter innerer Spannung. Es war ihr jedoch nicht möglich, zur Linderung dieser Spannungen zu masturbieren. Das hätte sie als den Gipfel der Erniedrigung empfunden. Dieser chaotischen Emotionalität stand sie jedoch merkwürdig ablehnend und unbezogen gegenüber.

Das zweite schicksalhafte Erlebnis in ihren Ferien war der Besuch einer gotischen Kirche. Während sie ein Gemälde, das Christus am Kreuz darstellte, betrachtete, empfand sie diesem Bild gegenüber eine warme, jedoch frösteln machende Nähe. Das hatte sie sehr erschreckt. Sie brachte es mit der fehlenden Trauer beim Tod des Vaters in Verbindung. So intensiv sie diese Empfindung erlebte, so schnell war sie auch wieder abgeklungen. Mit dem Erzählen schien dieses Erlebnis gefühlsmäßig abgetan zu sein. Erst gegen Ende der Behandlung begriffen wir seine wahre Bedeutung und erkannten, welche wichtige Rolle dieses Erlebnis bei ihrer *Entscheidung* für eine homosexuelle Liebesbeziehung gespielt hat.

In diesem emotionalen Klima traf sie eines Tages die Frau, in die sie sich leidenschaftlich, blind und bereitwillig verliebte.

Zunächst aber möchte ich auf einige Aspekte eingehen, die sich in dieser Analyse bis zu diesem Zeitpunkt ergeben hatten.

Die frühe psychosexuelle Entwicklung

Ich möchte im folgenden Abschnitt untersuchen, welche Schlüsse wir bezüglich der frühen psychosexuellen Entwicklung der Patientin ziehen können. An ihren Träumen und Phantasien können wir erkennen, daß sie alle libidinösen Entwicklungsstufen, nämlich die orale, anale und phallische Stufe, durchlaufen hat. In ihrer libidinösen Entwicklung fiel die Überbesetzung aller Entwicklungsphasen und aller erogenen Zonen auf sowie die Intensität, mit der diese erlebt worden waren. Ich halte das für eine pathogene Entwicklung des Körper-Ichs. In ihrem Material gab es unmißverständliche Hinweise für frühreife genitale (vaginale) Empfindungen in der Kindheit, die sie erregt und verwirrt hatten; der Blumentraum und der Traum von der Kirche sind eindeutige Anzeichen dafür. Dieses frühreife genitale Erwachen ist einerseits durch die »neckische« Beziehung zum Bruder, andererseits durch übermäßige Ängste im Ich ausgelöst worden. Daß ihr kindliches Ich (child-ego) keine Möglichkeit hatte, diese Spannungen psychisch zu verarbeiten oder physisch zu befriedigen, wurde an der verwirrten, hektischen und masochistischen Modalität deutlich, in der sie diese Spannungen in der Übertragung neu erlebte, und kam in ihrer »plumpen Affäre« – wie sie es nannte – mit dem Mann beispielhaft zum Ausdruck. Das Ich reagierte jetzt wie auch in der Kindheit durchwegs abwehrend in Form von übermäßigen Reaktionsbildungen und phobischen Haltungen. In der Kindheit hatte sich das auch in einer leichten Form von Hypochondrie gezeigt, die dazu benutzt wurde, die Sorge der Mutter zu wecken und die Schuldgefühle wegen prägenitaler Triebimpulse zu mildern. Das Material verrät uns ebenfalls, daß ihre phallischen Wünsche in der Kindheit durch die Identifikation mit dem Bruder und den Neid auf ihn verstärkt worden sind. Das Unbefriedigende an diesem Konkurrenzkampf zwang sie jedoch zu dem regressiven Versuch, einerseits ihre Umgebung anal-sadistisch zu kontrollieren, andererseits auf ödipaler Ebene in einer postphallischen Beziehung zum Vater (und Bruder) Zuflucht zu nehmen. Die zu stark ausgeprägte masochistische Besetzung dieser Position beschwor aber schwere Ängste vor einer Penetration herauf, wie an ihren Träumen ganz deutlich zu sehen war. Ihre phobischen Haltungen zielten vorwiegend darauf ab, eine Beziehung herzustellen, in der der Kontakt zu einem anderen Objekt ohne die Gefahr einer Penetration hergestellt und aufrechterhalten werden konnte. Eine solche Art von Beziehung strebte sie auch für die Übertragung in der Analyse an. Dadurch kam es zu einer Über-Stimulierung sowie einer drohenden weiteren Regression und Überflutung des Ichs durch unkontrollierbare Es-Impulse.

Helene Deutsch hat die spezifische kritische innere Situation beim weiblichen Homosexuellen kurz und eindrucksvoll beschrieben:

> Meine Erfahrungen gestatten mir, mit Sicherheit anzunehmen, daß dieser Objektwechsel, nämlich die libidinöse Abwendung von der Mutter und Zuwendung zum Vater, sich um so schwerer vollzieht, je aggressivere und sadistischere Dispositionen in einem Mädchen vorherrschen, nicht nur weil er durch aktive Strebungen behindert wird, sondern auch weil gerade in solchen Fällen die Wendung ins Passive einen besonders masochistischen Charakter annehmen und als gefährlich vom Ich abgewiesen werden muß (1932, S. 228).

Klein (1928, 1932) hat viel zum Verständnis der »weiblichen Position« des jungen Mädchens und der Bedeutung urethraler und anal-sadistischer Phantasien und der Rolle, die diese Phantasien in den Objektbeziehungen dieser Phase spielen, beigetragen. Sie hat die Angst vor einem Eindringen in den

Körper und die damit verbundenen und in der »weiblichen Position« des Mädchens enthaltenen Phantasien mit großem Einfühlungsvermögen dargestellt.

Horney (1926, 1933), Brierley (1932, 1936), Klein (1928, 1932), Jones (1927, 1933, 1935), Muller (1931) und Payne (1935) haben die Existenz und Bedeutung der »vaginalen kindlichen Sexualität« in der Entwicklung des Mädchens nachdrücklich betont. Sie gingen von der Voraussetzung aus, daß die genitalen (d. h. vaginalen) Wünsche in einem larvenähnlichen Zustand bereits von der oralen Stufe an vorhanden sind und daß die Verwirrung zwischen oralen, analen und vaginalen Körperöffnungen ihre Phantasie-Inhalte hauptsächlich aus dieser Überfrachtung bezieht. Dieser Standpunkt war für Freud, Deutsch und Lampl-de Groot unannehmbar. Es ist außerordentlich schwierig, das authentische Vorhandensein vaginaler Empfindungen und ihre psychischen Entsprechungen beim weiblichen Kind festzustellen (vgl. Eissler, 1939). Das klinische Bild bei einer kleinen Patientin und einer erwachsenen Frau wird durch die regressive Vermischung genitaler, analer und oraler Besetzungen so undeutlich, daß nicht genau festgestellt werden kann, welche Aspekte schon von Anfang an vorhanden waren. Es hieße jedoch, Freuds Überzeugung falsch zu verstehen, würde man behaupten, er sei der Meinung gewesen, Mädchen und Frauen seien generell »un homme manqué« (wie Jones 1927 formulierte). Die Ansicht, die frühesten Körpererfahrungen des weiblichen Kindes seien von dem direkten Wissen von einer Vagina und von vaginalen Phantasien begleitet, wäre genauso falsch wie die Behauptung, die frühe weibliche Entwicklung trage im Grunde männliche Züge. Was Freud hervorheben wollte war das Übergewicht aktiver Strebungen in der phallischen Phase des Mädchens und deren Konflikt mit den passiven Prozessen seiner Libido und Psyche (vgl. Lampl-de Groot, 1927, 1933; Brunswick, 1940).

Die kaum verhüllten Elemente urethralen und analen

»Nichtzurückhaltenkönnens« in den Träumen dieser Patientin sind ein deutlicher Beweis für die Intensität ihrer intrapsychischen Konflikte, die ihren Ursprung in der starken Ambivalenz den Eltern gegenüber haben (vgl. Brody, 1943). Diese heftige und übererregte Ambivalenz ließ die Übertragung zu einer quälenden und schmerzlichen Erfahrung für sie werden. Bei homosexuell prädisponierten Frauen ist diese heftige Ambivalenz ein charakteristisches Merkmal. In einer wirklichen Objektbeziehung durchkreuzt sie jede Befriedigung, belastet das Ich mit Schuldgefühlen und stellt hinsichtlich der Masturbation ein ganz reales Problem dar. Sie zwingt außerdem zu Beziehungen, in denen solche Impulse geduldet und die Schuldgefühle gemildert werden. Freud hat auf die Schwierigkeiten hingewiesen, die Frauen im allgemeinen mit der Masturbation haben und hat das Unbefriedigende an der Masturbation (klitoridal) für das weibliche Kind im Vergleich zum männlichen Kind betont (Freud, 1919e, 1925j, 1933a). Das Fehlen des Penis verstärkt bei der Frau nicht nur die Kastrationsangst, sondern zwingt außerdem die Libido aufgrund dieser Enttäuschung über die klitoridale Masturbation zu einer allgemeinen und diffusen Besetzung des ganzen Körpers als einem Phallus. Diese Verschiebung der Libido kann die körperliche Entwicklung des Kindes durch Hemmungen und außerordentliche Schuldgefühle belasten. Bei kleinen Mädchen begegnet man oft einer übertriebenen (manischen) Über-Lebhaftigkeit, deren Wurzeln in der Verleugnung der Kastrationsangst liegen, oder man findet eine Verstärkung der Abhängigkeitsbeziehung zur Mutter. In beiden Fällen kommt es zu einer Verzerrung der Ich-Funktionen. Bei unserer Patientin hatte die Rivalität und selbst-induzierte masochistische Traumatisierung wegen der vom Bruder zugefügten Kränkungen zu einer Flucht in intellektuelle Beschäftigungen geführt, die durch die Förderung und das heimliche Einverständnis des Vaters erotisiert wurden (vgl. Rado, 1933).
Eine zusätzliche Komplikation stellte die »Zudringlichkeit«

genitaler Erregungen dar, die ebenfalls auf phallische Aktivitäten verschoben werden mußten, um für das Ich kontrollierbar zu werden (vgl. Klein, 1932; Jones, 1933). Ich glaube, daß in den Bemühungen der Patientin, über die Homosexualität zu einer späteren Entdeckung ihrer wahren Weiblichkeit zu finden, dieses frühreife Erwachen der Genitalität mit enthalten ist. Das Material dieser Patientin hat mich zu der Überzeugung kommen lassen (und drei weitere Fälle haben das bestätigt), daß frühreife vaginale Empfindungen ein pathologisches Phänomen in der Entwicklung des kleinen Mädchens darstellen. Sie bedrängen sein Ich mit überaus schwierigen Problemen, die es durch regressive Techniken und die Intensivierung von Penisneid und Männlichkeitskomplex zu bewältigen versucht. Ich könnte mir vorstellen, daß Jones (1927) durch ähnliches Material zu der Feststellung kam, daß die »phallische Stufe beim normalen Mädchen nur eine abgeschwächte Form der Vater-Penis-Identifikation der weiblichen Homosexuellen und ebenfalls von unbedingt untergeordneter und defensiver Natur ist.« Ich glaube, daß die Feststellung von Jones über die phallische Stufe bei Mädchen, nämlich daß sie »von unbedingt untergeordneter und defensiver Natur« sei, eine vom Material weiblicher homosexueller Patienten beeinflußte Fehlinterpretation des normalen Prozesses darstellt. Die phallischen Prozesse und Eigenschaften, die wir im regressiven Material einer erwachsenen Patientin erkennen können, sind sowohl eine Über-Verdichtung der ersten Erfahrungen von Körperich-Aktivitäten und »männlichen« Neigungen in der phallischen Phase wie auch deren Verzerrung und defensive Ausbeutung gegenüber Ängsten, die aus der post-phallischen ödipalen Beziehung zum Vater mit ihren masochistischen Schrecken und Bedrohungen für das junge Ich stammen. Die Behauptung von Jones, daß es sich hier um Vernichtungsangst (Aphanisis) handelt, ist sehr zutreffend. Wenn der Kampf zwischen passiven und aktiven Strebungen nicht erfolgreich bestanden worden ist und eine Regression stattgefunden hat,

stellt sich das klinisch als »Rückzug« aus einer fortgeschritteneren Position der libidinösen Entwicklung und aus neuen Objektbesetzungen dar. Die Regression betrifft aber nicht nur die Libido. Auch das Objekt wechselt vom Mann (Vater) zurück zur früheren Mutter (oder Mutter-Bildern). Die libidinösen und aggressiven (sadistischen) Komponenten des Triebprozesses werden abgespalten und getrennt bewältigt. Das führt entweder zu dem Versuch, die aggressiven Triebe auf das männliche Objekt (bei unserer Patientin auf den Bruder), in der Pubertät auf den Vater und später in der Behandlung auf den Analytiker zu projizieren, oder diese aggressiven Triebe in Form hypochondrischer Zustände gegen den eigenen Körper zu lenken, wie das bei der Patientin in der Kindheit der Fall war, als sie die Anteilnahme der Mutter erweckte und ausbeutete und ihre Schuldgefühle durch vorgetäuschte Krankheiten und körperliches Unbehagen milderte. Mitunter kann das bei Mädchen in der Pubertät und Adoleszenz zu einem starken Verlangen nach promiskuösen und perversen heterosexuellen Beziehungen führen. Im Falle meiner Patientin halfen phobische Arrangements und intellektuelle Beschäftigungen dem Ich, die Pubertät ohne sexuelles Agieren zu überstehen. Die Einschränkung und Verarmung der Ich-Prozesse und phasenadäquaten libidinösen Befriedigungen führte jedoch bei ihr zum Verlust des Selbstwertgefühls und zu einem lähmenden Gefühl von Unzulänglichkeit und Minderwertigkeit. Sie spürte die Oberflächlichkeit ihrer Objektbeziehungen und war über ihre menschliche Impotenz bekümmert (vgl. Greenacre, 1950b; Kestenberg, 1956a; Brierley, 1936).
Freud hat wiederholt darauf hingewiesen, daß das weibliche Über-Ich infolge der beim Mädchen verspäteten Ausbildung des Ödipus-Komplexes und wegen der Rolle der Kastrationsangst schwach ausgebildet ist. Im Verhalten meiner Patientin überwogen jedoch überraschenderweise Reaktionsbildungen und »Sphinktermoral« (Ferenczi, 1925). Je massiver die Reaktionsbildungen durch die Sauberkeitser-

ziehung sind, um so schwächer fällt die gesunde Entwicklung des Über-Ichs aus. Im vorliegenden Fall wurden die Reaktionsbildungen durch zwanghafte Abwehren im Ich verstärkt. Einer der Hauptgründe, weshalb ich in diesem Stadium der Analyse ihre präödipale Beziehung zur Mutter nicht wirksam angehen konnte, war die Einbettung dieser Beziehung in ihre Sphinktermoral, ihre Gewohnheiten und Reaktionen. Der schmerzliche übergroße Verlust ihres Selbstwertgefühls und ihre Selbstentwertungstechniken summierten sich in der Behandlung zu einer verhärteten narzißtisch-masochistischen negativen therapeutischen Reaktion. Diese Sphinktermoral hatte dem Ich den vollen Zugang zu den Triebprozessen verwehrt und das Ich durch Abwehrtechniken und intellektuelle Abwehren eingeschränkt. Im analytischen Prozeß operierte sie als wacher kontrollierender Beobachter, der die affektiven Prozesse dissoziiert und distanziert hielt. Die spezifischen Ich-Verzerrungen dieser Patientin möchte ich in der Darstellung der folgenden Phase erörtern, weil nämlich, wie Gillespie (1956) betont hat, »das Verhalten und die Abwehrmanöver des Ichs für das Verständnis der Perversion nicht weniger wichtig sind wie die Triebschicksale« und – wie ich noch hinzufügen möchte – die präödipalen Objektbeziehungen.

Das Übertragungsverhalten der Patientin zeichnete sich auf dieser Stufe durch eine eifrige und erotisierte Kooperationsbereitschaft aus. Militante Forderungen nach tatsächlicher Es-Befriedigung und klammernde Abhängigkeitshaltungen standen im Vordergrund. Ich hatte jedoch ständig das Gefühl, sie habe sich nicht ernstlich in den analytischen Prozeß eingelassen. Sie hatte sich an einem Spiel beteiligt und traumatisierte sich mit masochistischem Eifer, der seinerseits wieder ihre aggressiven und feindlichen Widerstände gegen den Behandlungsprozeß rechtfertigte und rationalisierte. Trotz ihrer wirklichen Not, ihrer Hilflosigkeit und ihrer Affektstürme behielt sie ihre psychische Reserve und Distanz bei. Bei seinen Überlegungen zum

Problem der affektiven Unzugänglichkeit seiner weiblichen homosexuellen Patienten kam Freud (1920a) beim Vergleich ihrer Widerstände mit denjenigen von Zwangsneurotikern zu der Erkenntnis: »... bis man endlich bemerkt, daß alles, was man zustandegebracht hat, mit dem Vorbehalt des Zweifels behaftet war ...« Bei dieser Patientin hatte ich das Empfinden, als sei die Inszenierung von Affekten und Stimmungen dieser »Vorbehalt des Zweifels«. Charakteristisch war auch die hysterische Überlagerung ihrer Emotionalität. Diese Affekte waren jedoch keineswegs vorgetäuscht oder scheinheilig vorgeschwindelt. Sie waren leidenschaftlich intensiv und zugleich zwanghaft. Sie »passierten« ihr sozusagen, ohne daß sie sie erlebte. Die gleiche Dissoziation und Spaltung betraf auch ihre Körpererfahrungen. Sie berichtete mit großer Scham von genitalen Erregungen und Gefühlen, die aber dennoch keinen Eingang in ihre emotionale Ich-Erfahrung fanden. Wir werden noch sehen, daß gerade diese Spaltung und Dissoziation sie zwang, zu wirklich mitfühlenden körperlichen Gemeinsamkeiten mit einer Person des gleichen Geschlechts Zuflucht zu nehmen. Ich neige aufgrund meiner klinischen Erfahrung der Ansicht zu, daß die *Aufhebung* dieser Spaltung eine der Funktionen homosexueller Intimitäten und Praktiken ist. Das gilt für männliche und weibliche Homosexuelle gleichermaßen. Die zugrundeliegende Körperich-Pathologie, die Ich-Verzerrungen und die gestörte primitive Beziehung zur Mutter wird in der Episode des Agierens in der nun folgenden zweiten Phase deutlich (Bychowski, 1945, 1954; Greenacre, 1950a, 1953a).

PHASE II

Die homosexuelle Episode

Wie bereits erwähnt, konnte die homosexuelle Beziehung verwirklicht werden, als sich die innere Emotionalität der

Patientin in einem ganz spezifischen Zustand befand. Diese innere Emotionalität hatte sich nach ihrer Rückkehr aus den Ferien im Lauf vieler Monate entwickelt. Es handelte sich dabei um eine sehr labile seelische Verfassung mit raschen Schwankungen und einem allgemeinen depressiven Unruhegefühl. Inhaltliche Deutungen ihres Materials und ihrer Träume brachten keine Erleichterung. Ihre Stimmung schwankte zwischen Ausgelassenheit und dem Gefühl, zurückgewiesen zu werden, sie war gespannt und apathisch, omnipotent und hilflos in rasch wechselnder Folge. Ihre Ambivalenz in der Übertragungsbeziehung war heftig und dramatisch. Sie hatte das Gefühl, abgekapselt zu sein und verbrachte ihre Tage wie in einem Traum.

Sie war zwar mit der Erledigung zahlreicher Dinge beschäftigt, befand sich aber gleichzeitig in einem inneren, aufgeregt-ängstlichen Traumzustand. Unablässig grübelte sie über den Analytiker nach. Ihr Schlaf war dünn und unruhig und ihre Träume voll von prägenitalem Material. Ihre »Impotenz« (Ausdruck der Patientin) jenem Mann gegenüber hatte sie tief gekränkt. Trotz ihrer genitalen und klitoridalen Empfindungen konnte sie nicht masturbieren, weil zu viele Hemmungen und Schuldgefühle damit verknüpft waren. Man hatte den Eindruck und auch sie selber hatte das Gefühl, daß sie diesen explosiven Gefühlszustand aus Wut, Erregung und Angst kaum mehr kontrollieren konnte. Sie befürchtete sogar, verrückt zu werden. Der Gedanke, sie könnte einen Zusammenbruch erleiden oder die Behandlung abbrechen, beunruhigte mich sehr und ich überlegte sogar, ob ich ihr nicht raten sollte, zu einem weiblichen Analytiker überzuwechseln. Mir waren jedoch die Erfahrungen von Freud (1920a) und Deutsch (1932) in Erinnerung, bei denen diese Maßnahme überhaupt keinen Gewinn brachte. So beschloß ich, weiterzumachen und sie ihren eigenen Weg finden zu lassen. In der Analyse wurde sie streitsüchtig und feindselig und auch die Beziehungen zu ihren Freundinnen verschlechterten sich. Ihre negative und aggressive Einstellung ihnen gegenüber verbarg sie hinter einer höflichen, unterwürfigen Fassade. Für mich bestand kein Zweifel, daß die analytische Arbeit, die bis dahin geleistet worden war, ihre Charakterwiderstände und ihre manische Abwehr gelockert hatte. Durch das Wiederaufleben der unterdrückten sexuellen und aggressiven Impulse war es zu einer ernsten Bedrohung ihres Ichs gekommen. Sie war jedoch außerstande, diese Impulse im Rahmen einer Objektbeziehung oder mit Hilfe der Masturbation, nach der sie ein quälendes Bedürfnis verspürte, seelisch zu verarbeiten. Sie spielte mit Prostitutionsphantasien und klagte fortwährend den Analytiker an, er habe in ihr diese Emotionalität heraufbeschworen und sitze jetzt in seinem Sessel ohne etwas zu unternehmen. Sie fürchtete aber auch, daß ihre Feindseligkeit zu einer ablehnenden Haltung bei mir führen könnte, was den Verlust des einzigen Objekts bedeutet hätte, das sie stützte. Ich wurde abwechselnd idealisiert, gescholten, angegriffen und hofiert. Die Übertragungsbeziehung und die analytische Arbeit beunruhigten und verwirrten die Vorgänge in ihrem Inneren noch mehr. Ganz allmählich und unaufhaltsam hatte sich in dieser Periode eine Emotionalität entwickelt, die sie ganz erfüllte und der sie, wie ihr schien, süchtig verfallen war. Sie hatte die Funktion eines »psychischen Fetischs«, der ihre Übertragung regulierte, und die Bedeutung eines seelischen Phallus, den sie aus ihrem verdrängten Unbewußten und der Übertragungsbeziehung errichtet hatte. Darin war alles gespeichert, was in der Analyse von Bedeutung war. Diese innere Emotionalität stand wie unter der Macht eines Zwanges. Als ich sie eines Tages mit einer »Scheinschwangerschaft im Kopf« verglich, meinte sie zustimmend, das sei keine schlechte Beschreibung. Es kam aber auch die Negativität und Omnipotenz dieser seelischen Verfassung zum Vorschein und drohte, die Analyse zu zerstören. Sie konnte sich weder an die analytische Situation noch eine soziale Beziehung, weder an ihren eigenen Körper noch an ihre eigene reflektierende Introspektion ausliefern

(Khan, 1962). Ihre Träume waren grob und bizarr, ihre Beziehungen oberflächlich und leidenschaftlich und ihre Aktivitäten zwanghaft und hektisch. Sie war dauernd von dieser *inneren Emotionalität* absorbiert (vgl. Lichtenstein, 1961). Mir war klar, daß dies eine sehr narzißtische Abwehr gegen eine Regression in der analytischen Situation war (Anna Freud, 1952). Analyse und Übertragung als Vehikel der Regression im Dienste des Ichs waren blockiert. Statt einer Übertragungsneurose hatte sie diese innere Emotionalität entwickelt, in der sie nun gefangen war. Ich verzichtete absichtlich darauf, die psychischen Inhalte dieses Zustands auf intellektueller Ebene zu analysieren und erinnere an Freuds Bemerkung, daß man eine große Menge Material sammeln und analysieren könne und der Patient bleibe trotzdem hinter einem »Vorbehalt des Zweifels« in Deckung. Ich versuchte, ihr zu zeigen, daß sie vor ihren wirklichen Gefühlen und Ängsten fliehe und wies sie vor allem auf ihre Dissoziation von ihren erregten Körperzuständen hin. Diese innere Emotionalität war die Übertragungsversion ihrer infantilen Neurose und ein Äquivalent für ihre verdrängten phallischen masturbatorischen Aktivitäten; sie war eine Verdichtung der Konflikte, Besetzungen und Objektbeziehungen aus der ödipalen und präödipalen Phase. Diese »innere Emotionalität« agierte sie nun in ihrer homosexuellen Episode (Greenacre, 1954).

Der Grund, warum ich bei dieser Patientin so ausführlich auf diese »innere Emotionalität« eingegangen bin, hat mit meinen klinischen Beobachtungen zu tun, die ich bei zahlreichen Patienten des schizoiden Typs machen konnte (vgl. das dritte Kapitel). Ob ein Patient in der analytischen Situation zur Regression bereit ist, ob er mit heterosexuellen oder homosexuellen Perversionen agiert oder erst einen schweren Zusammenbruch hat und danach in Behandlung kommt (wie das bei einem Patienten der Fall war, über den ich bereits berichtet habe, Khan, 1960b), oder ob es zu antisozialen Episoden kommt (was eher in der Adoleszenz vorkommt), hängt von seiner Ich-Stärke und seiner Fähigkeit zu Triebbefriedigungen ab. Von Eissler (1953) gibt es eine anschauliche Schilderung einer solchen Emotionalität bei einem schizophrenen Patienten und Sterba (1947) hat sie bei einer seiner Patientinnen beschrieben. Ich möchte hier auch auf meine Beobachtung hinweisen, daß diese »innere Emotionalität« irgend etwas *verbarg*, obwohl sie sich in der analytischen Situation so offen exhibitionistisch zur Schau stellte. Ich stand vor einer geheimnisvollen und rätselhaften Situation. Monatelang hatte ich bei dieser Patientin das unheimliche Gefühl, daß sie etwas in Bereitschaft hielt, eine versteckte Ambition sozusagen, für die sie das rechte psychologische Klima abwartete, um sie verwirklichen und in Szene setzen zu können.

Ich möchte zunächst die Eigenschaften ihrer Freundin beschreiben, die sie am stärksten erregten. Sie war eine hübsche, sexuell sehr erfahrene Frau, ein wenig älter als die Patientin. Ihr ebenmäßiges, wie gemeißelt wirkendes Gesicht fand die Patientin besonders anziehend.

Sie war gerade in eine hektische Liebesaffäre mit intensiven sexuellen Kontakten mit einem sehr viel älteren Mann verwickelt, die dann von der Patientin hintertrieben wurde. Die Freundin war eine sehr intelligente, sympathische und sensible Person, ein »herziges Wesen«, wie die Patientin sich ausdrückte. Frühere homosexuelle Erfahrungen hatte sie ebenfalls nicht. Die »Hauptnahrung« in dieser ersten Phase der Beziehung bestand für die Patientin darin, die Freundin mit fetischistischer und idealisierter Faszination zu betrachten (vgl. Greenacre, 1953a; Ferenczi, 1923; Arlow, 1954; Glover, 1938).

Zu Beginn der Beziehung fühlte sich die Patientin akut unglücklich. Sie hatte Angst, sie könnte unzulänglich sein, zurückgewiesen oder wegen unangemessener Anspielungen getadelt werden. Sie war aber sehr auf der Hut, der Freundin gegenüber etwas darüber verlauten zu lassen und spielte ihre leidenschaftlichen Gefühle zunächst sehr herunter. Ihre

Partnerin war in jeder Beziehung ein höheres Wesen, das idealisiert werden mußte. Die Patientin mußte sehr mit ihren sexuellen Erfahrungen mit Männern prahlen, um ihrer Freundin näher zu kommen. Sie schämte sich sehr über ihre Unerfahrenheit und Unschuld. Panik erfaßte sie bei dem Gedanken, ihr Verführungsversuch könnte erfolgreich sein und sie wüßte dann nicht, was sie machen müßte.

In der Übertragung schob sie mir alle Schuld zu. Ich hätte sie provoziert, erregt und frustriert. Nach so vielen Monaten wisse sie immer noch nichts über Sexualität; jetzt aber wolle sie es herausfinden. Das Bedürfnis nach Lernen und Wissen machte die Erfahrung ich-synton. Der Analytiker wurde zu einer sehr strengen Figur, die sie bedrohte und demoralisierte und gegen die sie ihre Freundin und die sich anbahnende Beziehung schützen mußte. In den Sitzungen fühlte sie sich unglücklich, sie weinte, hatte Schuldgefühle und schämte sich. Sobald sie aber ging, konnte nichts mehr ihre Begeisterung für diese Beziehung aufhalten. Deutungen nahm sie wohlwollend entgegen und schob sie elegant zur Seite. Sie wirkte wie besessen und von ihren Trieben und Absichten verfolgt. Von jetzt an nahmen die Ereignisse sozusagen ihren schicksalhaften Verlauf.

Die Patientin verlangte gebieterisch, daß ich die Beziehung zu ihrer Freundin keinesfalls durch Bemerkungen herabsetzen dürfe. Sie meinte sogar, ich solle sie gutheißen, weil sie ein großer Gewinn für ihre Analyse sei. Wir konnten jetzt Gefühle und Triebwünsche verstehen und bearbeiten, die sie nicht einmal ihrem Unbewußten zugestanden hätte. Sie konnte diese Gefühle und Wünsche reifen lassen und erleben, und sie brauchte nicht mehr in einer Scheinwelt schaler sentimentaler Freundschaften zu leben. Das sei, so meinte sie, wirkliche Erziehung im besten Sinn des Wortes. Anfangs fürchtete die Patientin, sie könnte sich in die Beziehung zu ihrer Freundin zu leidenschaftlich verstricken und zu bemächtigend und zu fordernd sein. Auffallend dabei war, daß der Analytiker davon ausgenommen blieb.

Aber hier spielte wohl noch ein anderer wichtiger Aspekt eine Rolle, nämlich ihr aktues Bedürfnis nach einem Menschen, der wie ihre Freundin Anteil nahm. Man könnte das eine Art von »Übergangsobjekt«-Beziehung nennen (Winnicott, 1951; vgl. Bacon, 1956).
Als sie eines Abends ihren Gedanken über die Freundin nachhing, verspürte sie eine große Erregung und sie entwickelte Schlagephantasien. Sie masturbierte ein wenig und schlug sich auf ihr Gesäß. Sie berichtete, daß sie zum ersten Mal wirklich masturbiert habe. Scham- und Ekelgefühle brandeten in ihr hoch und sie fühlte sich erniedrigt und entwertet (Freud, 1919e). Es war bezeichnend, daß sie die Masturbation als schwere Beleidigung der Persönlichkeit erlebte und daß es dadurch zu einem Verlust des Selbstwertgefühls gekommen war.
Kurz darauf ging sie ohne Umschweife zu körperlichen Intimitäten über. Der Zusammenhang zwischen Masturbation und neuer Freundschaft hätte nicht deutlicher sein können. Ihre Angst, der masturbatorischen Erregung ausgeliefert zu sein, wurde hier deutlich sichtbar.
Die Beziehung begann damit, daß sie ihre Freundin dazu verführte, sie in ihrem Schoß ruhen zu lassen und das in einer ganz auffallenden Abhängigkeitshaltung. Allmählich griff sie nach ihren Brüsten und als ihr die Freundin schließlich erlaubte, diese zu küssen, war ihr Glück vollkommen. Die Berichte der Patientin trugen von nun an ekstatische Züge.
Sie machte sich andererseits aber auch viele Gedanken, was sie für ihre Freundin tun könnte. Sie wußte, daß ihre Freundin einen sehr ausgeprägten sexuellen Appetit hatte, und so schlug sie ihr die Masturbation vor. Als sie bei der Freundin einen Orgasmus auslösen konnte, kannte ihr Hochgefühl keine Grenzen mehr. Von da an war sie sehr darauf bedacht, ihre Freundin zu befriedigen, ehe sie selbst »Nahrung« zu sich nahm.
Es hieße das emotionale Erleben der Patientin falsch zu

verstehen, würde man aus diesem Zusammenhang schließen, daß ihr Verhalten »maskulin« und unweiblich und die Patientin im Grunde ein Mann gewesen sei. Es stimmt natürlich, daß phallische Identifikationen (mit dem Analytiker-Vater-Bruder) sie den Weg zu diesem »infantilen Zustand von Glückseligkeit« finden ließen. Das Ziel aber war ganz sicher weiblich, zärtlich und passiv. Sowohl Freud (1920) wie Deutsch (1944) haben die Fähigkeit der Frau betont, in homosexuellen Beziehungen beide Rollen zu übernehmen und schrieben dies ihrer ausgeprägteren Bisexualität zu. »Für die manifeste weibliche Homosexuelle ist es sehr charakteristisch, daß die Partnerinnen oft abwechselnd zwei Rollen spielen, auch wenn die eine mehr sadistisch und aggressiv und die andere mehr passiv, bzw. eine mehr männlich und die andere mehr weiblich ist. Die Fähigkeit der Frau, sich mit ihren Liebesobjekten zu identifizieren, gibt ihr die Möglichkeit, zwei Rollen zu spielen; dies ist eines der auffallendsten Merkmale der weiblichen Homosexualität, vielleicht auch ein starkes Motiv zu ihrer Entstehung« (Deutsch, 1944, Bd. 1, S. 307). H. Deutsch berichtet von einer Patientin, die sich ihrer Partnerin gegenüber mit den Worten brüstete »kein Mann auf der ganzen Welt kann dir das geben, was ich kann«, und schließt daraus: »Dieses ›kein Mann‹ war ein unbewußtes Verständigungszeichen bezogen auf bestimmte Praktiken, in denen der Mund und die Brüste von führender Bedeutung sind. Bei dieser Form der Homosexualität ist die männliche Geste wirklich nur ein Mittel der Werbung und ein Vorwand; denn das Ziel der sexuellen Sehnsucht schließt das ›Männliche‹ aus dem Erleben vollkommen aus« (S. 307). Diese Sätze charakterisieren die damalige seelische Verfassung der Patientin sehr gut (vgl. Keiser und Schaffer, 1949; Caprio, 1957).
Die Intensität und polymorphe Erotik der Beziehung – sie fand ihren Ausdruck im Küssen der Brüste und gegenseitiger Masturbation, wobei die Patientin nur die klitoridale Masturbation genießen konnte, während ihre Freundin nur

dann ganz glücklich war, wenn ihre Genitalien »tief penetriert« wurden – waren für die Patientin mit dem Gefühl verbunden, daß sie mit dieser ganzen Affäre eine schicksalhafte und dramatische Verstrickung durchlebte, über die sie gleichzeitig die Kontrolle behalten wollte. Sie wollte sich nicht verlieben und es war deutlich zu erkennen, daß sie eine manische Bindung nur zu bestimmten Körperteilen ihrer Freundin hatte, nicht aber zu der Person, zu der sie gehörten. Als sich ihre Freundin wenige Monate später in sie verliebte und die sexuelle Beziehung zu ihrem Freund abbrach, geriet die Patientin in Panik und stellte für eine Woche die körperlichen Intimitäten ein. Sie fürchtete, das gegenseitige Ausgeliefertsein sei womöglich nicht mehr rückgängig zu machen. Während dieser Phase hatte sie Tage, in denen sie heiter und ausgelassen war. Der Dialog der beiden Körper und die erotische Liebe vermittelten ihr ein einmaliges Gefühl von Lebendigkeit und Wohlgefühl; sie war ausgeglichen und frei von Angst. Die Freundin verstand instinktiv ihre Bedürfnisse, teilte und erwiderte sie, anders als der Analytiker. Jetzt hielt sie ihm einen Spiegel vor, der ihn lächerlich machte. Sie selber fühlte sich überlegen und unabhängig (Glover, 1933; Lichtenstein, 1961).

Auffallend war der Gebrauch eines bestimmten Körperorgans, nämlich der Zunge. Wichtig war die Penetration mit der Zunge und das gegenseitige Lecken der Genitalien. Freud schrieb in seinen *Drei Abhandlungen zur Sexualtheorie* (1905d): »Auch bei Frauen sind die Sexualziele der Invertierten mannigfaltig; darunter scheint die Berührung mit der Mundschleimhaut bevorzugt« (S. 46). Deutsch (1932), Bacon (1956), Jones (1927) und Caprio (1957) haben das bestätigt. Jones, der auf eine »ungewöhnliche Intensität von Oral-Erotik beziehungsweise Sadismus« (1927) in der Ätiologie der weiblichen Homosexualität hinweist, meint, daß die Identifikation der Zunge mit dem Penis »einen ganz außergewöhnlichen Grad von Vollkommenheit« erreicht. Auch im Erleben dieser Patientin spielte die Zunge bei den

Liebkosungen eine sehr zärtliche orale Rolle. Sie phantasierte dabei, die Zunge heile das kastrierte Genitale. Der Zunge kam dabei eine wiederherstellende Funktion sowohl in der Beziehung zum Objekt wie auch zum eigenen Körper-Ich zu. Als Penissymbol hatte sie gegenüber der Partnerin die Bedeutung einer Wiedergutmachung für den Verlust, den diese durch die Wegnahme ihres Liebhabers (Vaters) erlitten hatte. Klein (1932) führt aus: »Bildet demnach die durch Angst verstärkte sadistische Position eine Grundlage für den Männlichkeitskomplex, so ergibt sich andererseits ein starkes Begehren nach dem Penisbesitz aus dem Schuldgefühl. Der reale Penis wird nun zum Zweck der Wiedergutmachung an der Mutter angestrebt« (S. 224; vgl. Riviere, 1929). Das galt ausgesprochen für die oral-genitalen Aktivitäten dieser Patientin. Diese Entsprechung von Zunge und Penis bedeutete aber auch eine Wiederherstellung ihres eigenen Körperbildes. Die Zunge war ein Ersatz für die Klitoris, zudem effektiver und potenter. Die Patientin hatte diese Aktivitäten der Zunge einmal mit dem Leckverhalten bei Hunden verglichen: es sei liebevoll und beruhigend. Die ekstatische Idealisierung dieser Praktiken zeigte deutlich deren Verleugnungsfunktion gegenüber den involvierten sadistischen Impulsen. Ich bin aber der Überzeugung, daß die Libidinisierung der Genitalien mit der Zunge sehr zur Vergrößerung des narzißtischen Kapitals ihres Körper-Ichs beigetragen hat (vgl. Glover, 1938). Ein weiterer sehr interessanter Aspekt dieser Mund-Zunge-Brust-Hand-Aktivitäten war deren Mithilfe bei der Differenzierung der verschiedenen Körperorgane hinsichtlich ihrer Lage und Funktionen. Vielleicht kann man diese äußerst primitive Funktion als eine Art Überprüfung der Körperrealität beschreiben (vgl. Spitz, 1955; Hoffer, 1949). Wie zahlreiche andere Körper-Intimitäten, die in dieser Beziehung eine Rolle spielten, waren diese Aktivitäten mit der Zunge ein Vehikel für einen sehr primitiven Aspekt einer Mutter-Kind-Beziehung. Deutsch (1944) bemerkt:

> Welche Form die (homosexuelle) Aktivität annimmt, hängt von der Entwicklungsstufe ab, auf der sich ... die Beziehung zur Mutter abspielt. Handelt es sich um die Gutmachung des Genitaltraumas und um die Erfüllung des Peniswunsches, dann entwickelt sich eine phallische Aktivität, und die homosexuelle Beziehung hat männlichen Charakter. Wenn die Neuauflage der Mutter-Kind-Beziehung mehr infantil ist..., dann spielt sich die Aktivität in jenen Körperszenen ab, die mit der Befriedigung der frühkindlichen Triebregungen zusammenhängen. Die Bevorzugung der Mundzone in den sexuellen Aktionen der homosexuellen Frauen hängt mit dieser Mutterbeziehung zusammen (Bd. 1, S. 316).

Was H. Deutsch außerdem als »eine typische Identifikation mit der nährenden Mutter« beschreibt, trifft auch auf die psychosexuelle Bedeutung dieser Praktiken bei meiner Patientin zu.

Ich möchte hier einige Überlegungen zu einem Konzept einschieben, das von Greenacre (1959) stammt und das rückblickend, so will mir scheinen, eine der Bedeutungen dieser Mund- und Zungenaktivitäten besonders klar hervorhebt. In Anlehnung an das von Mahler entwickelte Symbiose-Konzept prägte Greenacre den Begriff der »fokalen Symbiose«, den sie wie folgt definiert:

> Ich stelle mir unter fokaler Symbiose eine ganz starke gegenseitige Abhängigkeit vor (gewöhnlich zwischen Mutter und Kind, manchmal aber auch, wie bei meinem Fall, mit einer anderen Person als der Mutter), die sich eher auf eine besondere und ziemlich umschriebene als auf eine nahezu alles umfassende Beziehung beschränkt... Wahrscheinlich sind es am häufigsten die Masturbationsängste und die daraus entstandenen Phobien, die bestimmte angstvolle Triebregungen des Erwachsenen dem Kind gegenüber hervorrufen und zu einer eingeschränkten oder fokalen Bindung zwischen Erwachsenem und Kind führen.

Ich glaube, daß dieses Konzept sehr zum Verständnis intensiver perverser Praktiken zwischen Homosexuellen, männlichen wie weiblichen, beiträgt. Die starke erotische Besetzung bestimmter Bereiche (Anus, oder Zunge und Mund, oder Vagina) ist das Vehikel dieser fokalen Symbiose. Wir haben gesehen, daß sich diese Patientin in keine richtige Liebesaffäre mit ihrer Partnerin einlassen wollte. Sie erfüllten sich gegenseitig an spezifischen Körperorganen in aller Ungezwungenheit und mit Genuß ihre Bedürfnisse. Ganz allmählich wurde auch deutlich, daß die Mutter der Patientin eine depressive zwanghafte Person war, die auf der einen Seite mit unpersönlichem Nachdruck die Sauberkeitserziehung durchsetzte, und andererseits die Tochter in ihre eigenen hypochondrischen Ängste verstrickte. Sie beobachtete die Patientin in der Kindheit ständig auf Anzeichen von Unpäßlichkeit und verwöhnte und pflegte sie dann. Die Ausbeutung dieser mütterlichen Haltung durch die Patientin als Abwehr gegen Schuldgefühle und Aggressivität hatte den positiven Abschluß ihrer Körper-Ich-Entwicklung auf der phallischen Stufe verhindert. Die auf dieser Stufe auftauchenden aktiven Wünsche waren noch dazu durch den Aufprall der überlegenen phallischen Kraft und Vitalität des Bruders und die daraus resultierende erzwungene Anerkennung ihres eigenen kastrierten Körperbildes entmutigt und traumatisiert worden. Sie erinnerte sich lebhaft daran, wie sie »obszöne« Haltungen einnahm und sich dann schlafend stellte, wobei sie es so einrichtete, daß entweder die Mutter oder der Vater sie so sahen. Diese Wünsche hatte sie in der Beziehung zu ihrer Freundin verwirklicht und erfüllt. Sie weideten sich an ihrer Nacktheit und befreiten sich mit diesen gemeinsamen Aktivitäten von allen hemmenden Einflüssen ihrer ursprünglichen Beziehung zu ihren Müttern. Damit kam es zu einer »Korrektur« dieser ursprünglichen Beziehungen. Das Anklammern blieb auf Körper-Intimitäten *beschränkt*, und sie erhielten sich ihre eigene Gefühlsunabhängigkeit. Das haben beide sogar stets gefördert. Man

könnte daher sagen, daß diese Patientin eine zeitweilige »fokale Symbiose« konstituierte, um sich von der ursprünglichen Symbiose zu emanzipieren, die in ihre Charakterstruktur vorgedrungen war und zu einer drastischen Einschränkung von Sexualität und Ich-Aktivitäten geführt hatte (vgl. Lichtenstein, 1961).
Ich möchte auf ein wichtiges Element dieser Situation hinweisen, nämlich auf die Bedeutung, einen Mann im Hintergrund zu haben. Ihre Freundin hatte ihren Liebhaber, sie hatte ihren Analytiker. Das hielt das regressive Potential in ihrer Beziehung unter Kontrolle, sowohl im Hinblick auf Trieb- wie auf Ich-Prozesse. Der Analytiker und die analytische Situation boten der Patientin die Gewähr, daß sie bestimmte Grenzen nicht überschreiten und einer irreversiblen Perversion verfallen würde.
Man kann die Angst vor einem Objektverlust und die Trennungsangst dieser Patientin nicht hoch genug veranschlagen. Hinter ihrer dezimierten und eingeschränkten Affektivität hatte sie ihr Leben lang insgeheim vom Ideal eines gleichzeitigen Erlebens von Körperliebe und Gefühlsaustausch geträumt. Daß die beiden Prozesse, der körperliche und der affektive, gleichzeitig erlebt werden müssen, war eine unabdingbare Forderung und Vorbedingung dieses Ideal-Traums von Liebe. Die Gefahr bestand für sie darin, daß eine der beiden Komponenten in einer Beziehung einmal wegfallen oder zu intensiv werden könnte. Daraus resultierten ihre Negativität und ihre narzißtischen Abwehren. Die Ausführungen von Jones (1927) lassen einen der Gründe deutlich werden, weshalb diese Patientin bis dahin die heterosexuelle Liebe vermieden hatte.

... ist die Frau zu ihrer Befriedigung aus einleuchtenden physiologischen Gründen viel mehr vom Partner abhängig als der Mann. Venus hatte beispielsweise mit Adonis viel größere Schwierigkeiten als Pluto mit Persephone. Diese Überlegung weist auf die biologischen Gründe für die wichtigsten psychologischen Unterschiede im Verhalten der Geschlechter und ihrer Haltung zueinander hin. Das führt direkt – bedingt durch ihre Wünsche – zu einer größeren Abhängigkeit der Frau von der Bereitwilligkeit und moralischen Billigung des Partners, als das beim Mann gewöhnlich der Fall ist, wo man die entsprechende Empfindsamkeit in der Beziehung zu einem anderen, autoritären Mann antrifft. Daraus resultieren bei der Frau unter anderem die recht vertrauten Klagen und ihr Bedürfnis nach Bestätigung . . . eine weitere Folge ist, daß der Mechanismus der Aphanisis bei beiden Geschlechtern eher unterschiedlich ist. Muß man ihn sich beim Mann typischerweise in der aktiven Form der Kastration vorstellen, scheint die primäre Angst der Frau die Trennungsangst zu sein.

Man muß sich natürlich fragen, warum dieses Mädchen so lange mit einer homosexuellen Affäre gewartet hat. Der Grund lag in ihrer Angst, sie könnte unwiderruflich einer echten Perversion verfallen, sollte sich herausstellen, daß die andere Person ein echter Perverser ist. Ihre Bemerkungen und Phantasien ließen das deutlich erkennen. Man kann daher diese Patientin nicht als echte homosexuelle Perverse bezeichnen. Sie durchlief eine Phase homosexueller Perversion *auf dem Weg* zu Gesundheit und echter Integration ihrer Weiblichkeit, eine Entwicklung, die ihr die ödipalen und präödipalen Beziehungen nicht gestattet hatten. Nach meiner Erfahrung sind solche homosexuellen Beziehungen der Ausdruck einer festgefahrenen Entwicklungskrise, falls sie nicht eine Abwehrorganisation gegen eine latente Psychose sind (vgl. Rosenfeld, 1949). Sucht der Patient nach einer »Lösung«, besteht die große Möglichkeit, daß er sich unter dem Einfluß einer anderen Person oder deren schon stärker verhärteten Perversion in falschen Manövern festfährt (Glover, 1933). Dann vereiteln der Sekundärgewinn und weitere Verzerrungen von Libido und Ich-Prozessen, daß er noch einmal freikommt. Setzt die Behandlung im richtigen Moment ein, ist die Heilung der psychogen

bedingten Homosexualität mit unseren Mitteln aber durchaus möglich (vgl. Nacht, Diatkine und Favreau, 1956; Balint, 1952).
Die Patientin »beutete« das analytische Setting, das ihr Hilfe bot und zugleich Grenzen setzte, dazu aus, ihren Ideal-Traum zu agieren. Dieses Liebesideal entstammt der primitivsten Beziehung zwischen Kind und Mutter (Glover, 1938). Die Partnerin bot ihr das gemeinsame Erleben der körperlichen Liebe, während der Analytiker und die Analyse ihre persönlichen psychischen Prozesse und die Realität sicher im Griff behielten. Die Bedeutung ihrer homosexuellen Erfahrungen kann man in folgende Kategorien einordnen: (I) eine Mutter-Kind-Beziehung mit der Freundin, in der alle primitiven Körperbedürfnisse und Wünsche wechselseitig geteilt und erfüllt werden konnten, und in der beide Beteiligte in gleichem Maße bereichert wurden; (II) die Verleugnung des sadistischen Hasses auf die Mutter: »Da ich dich liebe, kann ich die Mutter nicht gehaßt haben«; (III) »ich habe nicht aus sadistischer Gier den Penis des Vaters (Analytikers) gestohlen, sondern aus Liebe, und ich teile ihn mit dir (Mutter)«; (IV) »ich bin nicht kastriert und du (Mutter) auch nicht«; (V) »ich begehe keinen Inzest, weil ich dich (Mutter) liebe«; (VI) »du kannst mich nicht verschlingen oder verletzen, weil der Vater (Analytiker) mich beschützt«.
Der Kampf gegen die Abhängigkeit und die Angst vor der Hingabe an ihre erregten Impulse spielte eine wesentliche Rolle bei der »In-Szene-Setzung« der homosexuellen Episode. Anna Freud (1952) hat diesen Kampf des Ichs gegen regressive Tendenzen mit wenigen Worten erhellt:

... Diese Angst vor Passivität ist einer tieferen, nichtsexuellen Erklärung fähig. Die passive Hingabe an das Liebesobjekt mag eine Regression von der eigentlichen Objektliebe zu ihrem Vorläufer in der Gefühlsentwicklung des Kleinkindes bedeuten: eine Regression zur primären Identifizierung mit dem Liebesobjekt. Dieser

Rückschritt wird als eine Gefahr für die Intaktheit der Ichstruktur erlebt, als ein Verlust persönlicher Eigenschaften, die mit den Eigenschaften des Liebesobjekts verschmelzen. Aus Angst vor einem Zerfall seiner Persönlichkeit, aus Angst vor dem Realitätsverlust verteidigt sich das Individuum gegen diese Regression durch die Ablehnung aller Objekte schlechthin (affektiver Negativismus) (S. 1256).

Man konnte deutlich erkennen, daß die Beziehung zu ihrer Freundin zwei Ziele verfolgte; einerseits wollte sich die Patientin der vollkommenen Liebe hingeben und andererseits führte sie einen harten Kampf um die unverrückbare Abgrenzung ihrer Persönlichkeit. Diese Abgrenzungsbemühungen lösten in ihr ein Gefühl innerer Kälte gegenüber der Freundin aus, und sie fragte sich dann, »was das ganze Palaver überhaupt soll«. Solche Stimmungen schlugen aber nie mehr in Kummer und Schuldgefühle um, und ihr Verlangen nach erotischer Liebe blieb bestehen. Die ganze Zeit über war aber zu spüren, daß sie unter dieser Oberfläche unsicher und verwirrt war. Deutungen gleich welcher Art führten zu heftigen Ausflüchten und machten sie verzweifelt. Die Idealisierung der erotischen Erlebnisse verdeckte ihre Unfähigkeit, sich ihren eigenen erregten Emotionen oder denen der Partnerin hinzugeben und auszuliefern.

Helene Deutsch (1944) hat diesen Aspekt des homosexuellen Liebeslebens sehr schön beschrieben: »Die Verschiedenheit und Gleichheit, die Nichtidentität und doch Identität, das quasi doppelte Erleben des Ichs, die gleichzeitige Befreiung von einem Teil des Ichs, das doch beibehalten und im Besitz des anderen gesichert ist – all das gibt dem homosexuellen Erlebnis starke Anziehungskraft« (Bd. 1, S. 308).

Allmählich gelang es, einen weiteren wichtigen Aspekt zu klären. Ihre Partnerin verkörperte das eigene erregte Selbst der Patientin in der Hingabe an die Patientin. Damit sicherte sie sich gegen die Gefahren der Hingabe. Im Laufe der

Beziehung wurde die Patientin die aktivere von beiden. Es wäre jedoch falsch, würde man sie aufgrund dieser Erlebnisweise als maskuliner bezeichnen. Durch die Projektion ihres passiven Selbst (Ich) auf die Partnerin und das Zurückhalten der grausamen Aktivität der Triebimpulse in ihrem Inneren vermied sie nicht nur schwierige Situationen; Selbst- und Triebimpulse gelangten damit auch in den Bereich ihrer Ich-Aktivität. Jetzt konnte sie das alles durcharbeiten und bewältigen. Die ununterbrochene Präsenz und psychische Unversehrtheit der Partnerin sowie die Entfaltungsmöglichkeit, die sich ihr durch die Stunden der Erregung und nachfolgender ruhiger gegenseitiger Ergänzung eröffnet hatten, stärkten ihre Ich-Erfahrung. Ihre Wahrnehmung hielt ihre Phantasievorstellungen unter Kontrolle. Durch die Beteiligung zweier Körper wurde die Angst vor Halluzinationen neutralisiert. Im Fall einer autoerotischen oder intrapsychischen Entwicklung wäre das sehr schwer zu bearbeiten gewesen und hätte zu Perversion oder Psychose führen können. Solche Ängste hatte auch die Patientin. Diese Beziehung verhalf ihr zu einer wichtigen Kommunikation zwischen ihren stummen Körperträumen und ihrem intellektuellen Ich. Es besteht natürlich kein Zweifel, daß diese Kommunikation als Abwehr fungierte. Sie hatte jedoch auch eine progressive Bedeutung. Die Begegnung mit einer erregbaren und erregten »guten Mutter«, zu der sie kommen und zu der sie sich mit emotionaler Lebendigkeit in Beziehung bringen konnte, hatte eine ungeheure Bedeutung für sie. Sie beschrieb diese Beziehung einmal humorvoll als ihre Version eines »stillenden Paares«. Sie konnte jetzt die aufkeimende Erkenntnis über ihre Identifikation mit der aggressiven phallischen Mutter und die Rolle dieser Identifikation in der Beziehung zu ihrer Freundin, nämlich die einer Abwehr gegen die aus der inneren Mutter-Imago herstammenden Ängste, psychisch tolerieren. Die primitiven Impulse, die phallische Mutter zu beißen und zu kastrieren, wurden dadurch neutralisiert, daß die Wünsche der Partnerin nach Erregung und Befriedigung realisiert wurden. Damit reduzierte die Patientin die inneren Spannungen ihrer unbewußten Phantasie. Im Vergleich zu der mehr ekstatischen Abfuhr prägentialer Es-Spannungen in den früheren Phasen der Beziehung ermöglichte die analytische Bearbeitung dieser Themen der Patientin nun einen reicheren, von Schuldgefühlen freien emotionalen Rapport mit der Freundin (vgl. Fain und Marty, 1960).

Eine neue Entwicklung zeichnete sich ab. Sie empfand jedesmal ein inneres Unbehagen und körperlichen Schmerz, wenn ihre Freundin mit dem Finger ihre Genitalien zu penetrieren versuchte. Sie wurde dann gefühllos und abweisend und sie verschloß sich vollends. Gleichzeitig waren in ihrem Material Hinweise auf kleinere Diebstähle in der Kindheit enthalten. Als ich sie darauf aufmerksam machte, daß die übermäßige Idealisierung ihres Spiels mit der Körperoberfläche eine Verleugnung dessen darstelle, was im Inneren verborgen sei, war sie tief beunruhigt und nur zögernd gestand sie, in ihrem Leben einmal einen Diebstahl begangen zu haben, über den sie sich sehr schäme. Jahrelang hatte sie sich deswegen gequält. Zu Beginn ihrer College-Zeit hatte sie sich Marion Milners Buch *A Life of One's Own* entliehen, ohne es je zurückzugeben. Der Titel hatte sie verführt. Noch mehr beunruhigte sie, daß es ihr bisher nie gelungen war, das Buch ganz zu lesen. Sie hatte sämtliche Versuche wieder aufgeben müssen, weil sie sich beim Lesen zu sehr erregte und sie zu wollüstig und unruhig wurde. Sie kaute noch immer an diesem Buch. Von hier aus nahm das Thema unbarmherzigen und erregten Liebesverlangens Form an. Sie berichtete, wie leidenschaftlich gern sie die Grübchen am Hals ihrer Freundin lecke; das gebe ihr immer ein merkwürdiges und unheimliches Gefühl von der Unversehrtheit und Glattheit ihrer Freundin. Der Impuls zu essen und zu beißen war hier kaum verdeckt. Der Kampf mit den oral-sadistischen und anal-sadistischen Impulsen wurde nunmehr aktuell.

Ganz allmählich begann sie, sich von ihrer Freundin zu entwöhnen, wie sie es selber nannte, und es kam zu einer echten Rückerinnerung an ihre Kindheitsbeziehung zur Mutter. Die Patientin hatte ohne Zweifel eine gute Mutter. Um die Situation jedoch ingesamt verstehen zu können, müssen wir die Psychologie der Mutter berücksichtigen. Die Angst der Mutter vor ihrer eigenen Impulsivität und ihren erregten Emotionen kam in der Beziehung zur Tochter in der Reaktionsbildung der Überbesorgtheit um das körperliche Wohlbefinden des Kindes und einer allgemeinen ängstlichen Haltung des Beschützens zum Ausdruck. Die Patientin konnte ihre Ich-Funktionen in der Beziehung zur Mutter gut entwickeln, aber es gelang ihr nicht, die Mutter in Zuständen triebhafter Erregung zu lebhafter Anteilnahme zu bewegen. In der phallischen Phase wiederholte sich diese frühere Zurückweisung ihrer impulsiven Vitalität durch das fürsorgliche aber ausschließliche Interesse ihres Vaters an ihrer intellektuellen Entwicklung.

So entfaltete sich dieses dissoziierte und unentwickelte Potential primitiven unbarmherzigen Liebesverlangens, das die Patientin als das ihr selbst nicht bekannte Innenleben in die Analyse einbrachte (vgl. Glover, 1943). Ich glaube, daß dieser »Mißerfolg« der wirklichen Mutter mit zu den wichtigsten Ursachen für die homosexuelle Episode gehört (vgl. das dritte Kapitel). Selbst das manisch-erotische Element der homosexuellen Beziehung kann man auf eine Über-Libidinisierung zurückführen, die die Patientin in der frühen Kindheit durch die intensive Körperpflege der Mutter erfahren hat. Die Ansicht der Patientin, daß die Beziehung zu ihrer Freundin eine lebenswichtige Voraussetzung für die Korrektur und Bearbeitung dieser defizitären Beziehung zur Mutter war, läßt sich kaum widerlegen. Warum für diese Patientin eine Verarbeitung in einer Übertragungsneurose oder durch Masturbation nicht in Frage kam, sondern eine reale Person unerläßlich war, kann vielleicht in Übereinstimmung mit Anna Freud beantwortet werden. Die

Überbesetzung einer solchen inneren Situation innerhalb der Grenzen des Selbst könnte einem psychotischen Zustand bedenklich nahe kommen. Vielleicht ist es keine allzu grobe Entstellung von Anna Freuds Gedanken, wenn man von der Voraussetzung ausgeht, daß bei dieser Patientin der Negativismus und die Angst vor Hörigkeit aus ihrer Beziehung zum eigenen erregten Körper als dem Objekt herrührt, und daß die Wurzeln dieses Negativismus und dieser Angst vor Hörigkeit in der depressiven und ängstlichen Beziehung der Mutter zu der Patientin in der frühen Kindheit liegen. Das Agieren in einer homosexuellen Episode ermöglichte es der Patientin, sich einerseits vor diesen Ängsten zu schützen und andererseits ein Milieu zu finden, durch das sie mit Hilfe eines lebendigen Menschen, der überdies noch solche Gemeinsamkeiten ebenfalls anstrebte, zu einem eigenen Leben finden konnte (vgl. Fain und Marty, 1960).

Körper-Ich-Entwicklung

Was ich klinisch zu zeigen versucht habe, ist nach meiner Meinung eine unzureichende Entwicklung des Körper-Ichs. Ich übernehme den Begriff »Körper-Ich«, wie Hoffer (1952) ihn verstanden hat:

> Der Entwicklungsaspekt der Triebe, wie er sich im Durchschreiten der verschiedenen Stufen von der Prägenitalität zur Genitalität darstellt, weist uns auf eine neue seelische Struktur hin, das *Körper-Ich*. Nach Freuds Erkenntnissen muß man sich den Körper als Triebobjekt und gleichzeitig als Mittel zur Triebabfuhr vorstellen, das dem Ursprung des Triebs am nächsten liegt. Die Triebe als solche kennen oder tolerieren keine Abfuhrverzögerung. Sie suchen die Abfuhr in dem Objekt, bei dem oder mit dessen Hilfe sie ihr Ziel erreichen können. Sie schaffen sich ihre Objekte nicht, sie machen nur von ihrer Verfügbarkeit Gebrauch. Das »Erschaffen der Objekte«

durch die Triebe als Ergänzung dessen, was von Anfang an existierte, nämlich der Körper, ist das Resultat der Wirksamkeit des Ichs.

In einer früheren Arbeit hat Hoffer (1950) drei Ursachen für die Traumatisierung des Körper-Ichs beschrieben, die zu einem späteren Zeitpunkt zu dessen Pathologie beitragen können. Für meine Überlegungen ist die dritte Ursache von Bedeutung, die er »Mängel des Nicht-Selbst« genannt hat:

> Darunter verstehe ich Mängel oder Maßlosigkeiten seitens der versorgenden Mutter, die dazu ausersehen ist, alles fern zu halten, was das ruhige Wachstum des Selbst beeinträchtigt, bis dieses sich dem Objekt zuwendet. Aus der Sicht der inneren Ökomonie des Säuglings führt ein derartiges mütterliches Versagen entweder zu einer Erregungszunahme oder zu der Unfähigkeit des Selbst, die normale Erregung zu bewältigen.

Das Material, das ich hier dargestellt habe, enthält beide Aspekte; den ersten findet man in den exzessiven erotischen Liebesspielen (kennzeichnend dafür ist der übermäßige Gebrauch von Mund, Zunge und Hand bei den gemeinsamen sinnlichen Erfahrungen), den zweiten Aspekt im Rückzug in eine Abhängigkeitshaltung. Ich bin der Überzeugung, daß ein Versagen der Mutter in der oralen Phase infolge eigener Reaktionsbildungen sich auch auf alle späteren Entwicklungsphasen auswirkt. Selbst dann, wenn dieses mütterliche Versagen eine angemessene Entwicklung des geistigen Ichs zuläßt, bewirkt es auf der phallischen Stufe der Körper-Ich-Entwicklung eine Disposition zum Trauma und führt zu akuten Hemmungen im autoerotischen Spiel und bei der seelischen Verarbeitung (mittels Phantasien) von neuartigen Erregungen und Erfahrungen, die auf dieser Stufe hervordrängen und phasenadäquat sind (vgl. Greenacre, 1953a). Greenacre hat die Vermutung geäußert, daß das mütterliche Versagen zur »fokalen Symbiose« führen kann. Eine Bewältigung ist in der Latenzzeit durch die fortgesetzte Bindung an die Mutter (bei unserer Patientin durch hypochondrische Ängste) und durch eine klammernde Haltung an den Vater möglich. Diese Verschiebung der präödipalen Bindung an die Mutter auf den Vater kann außerdem zur Entstellung und Abschwächung der ödipalen Wünsche beitragen. Der Penis wird dann auf der ödipalen Stufe als ein Brust-Objekt gesucht und damit in seinen eigenen Möglichkeiten und Funktionen bedroht. Die Spaltung der Penis-Imago in ein gutes idealisiertes Brust-Objekt und ein entwertetes und gefürchtetes aggressives Objekt, auf das die persönlichen oral-anal-urethralen sadistischen Impulse und Phantasien projiziert werden, führt beim heterosexuellen Objekt in eine Sackgasse. Das kann wiederum eine Ich-Verzerrung und eine pathologische Wahl von Liebesobjekten des anderen Geschlechts zur Folge haben (vgl. Reich, 1940, 1953; Riviere, 1929). Meine Patientin hat die Angst vor solchen mißglückten Abenteuern mit Männern, die aus ihrer verwirrten und konflikthaften Triebhaftigkeit herrührte, durch phobische Vermeidungen bewältigt. Wie wir in der Darstellung der dritten Phase bald sehen werden, fiel es ihr nach der Durcharbeitung ihrer mit der Mutter verknüpften inneren Konflikte und Verwirrungen sowie nach der Auflösung ihrer Körper-Ich-Pathologie und ihrer Angst-Situationen nicht schwer, ein männliches Liebesobjekt zu finden und in den Genuß orgastischer Befriedigung zu kommen. Was ich hier zu zeigen versuche ist, daß eine übermäßige prägenitale Erotik als Schutz gegen einen solchen Typ von Körper-Ich-Pathologie ausgebeutet werden kann. Auch eine stellvertretende Ausbeutung des erwachsenen Körpers durch das geistige Ich im Hinblick auf sein Potential, einen willkommenen Schutz gegen innere Ängste zu gewähren, kann zu Pseudo-Heterosexualität, Promiskuität und der Neigung zu perversen Praktiken bei homosexuellen Intimitäten führen (vgl. Glover, 1933, 1943; Lichtenstein, 1961).

Die Rolle der pathogenen Persönlichkeit der Mutter

Es kann gar nicht deutlich genug darauf hingewiesen werden, daß für die Entdeckung der Triebe und Ich-Kapazitäten durch das Kind der Mutter eine entscheidende Rolle zukommt. Das gleiche gilt für die Entdeckung des eigenen Körpers als Objekt und die Entdeckung der Nicht-Selbst-Objekte (vgl. Kris. 1951). Die Art des mütterlichen Einflusses ist daher insofern von schicksalhafter Bedeutung, als es von ihm abhängt, wie sich die inhärenten kindlichen Potentiale zu wirklichen Fähigkeiten und Funktionen differenzieren können (vgl. Greenacre, 1960c; Winnicott, 1960; Anna Freud, 1953). Die Persönlichkeit der Mutter spielt eine entscheidende Rolle und sie prägt die Vorgänge, durch die »der kleine Körper des Säuglings aus sich heraus den Beginn dessen schafft, was wir Psyche nennen« (Anna Freud, 1953, S. 1542). Ich möchte hier auf einen speziellen Typ von Pathologie bei der Mutter näher eingehen, der nach meiner klinischen Erfahrung das kleine Kind für Perversionen, vor allem homosexuelle Perversionen, prädisponiert (vgl. das dritte Kapitel). Einige Aspekte habe ich bereits in Zusammenhang mit Greenacres Konzept der »fokalen Symbiose« dargestellt.

Dieser Typ von Pathologie bei der Mutter ist mit einer latenten Depression oder einer offenen hypochondrischen ängstlichen Depressivität und einem Mangel an wirklicher Affektivität verbunden. Winnicott hat in seinem Aufsatz »Wiedergutmachung im Hinblick auf die organisierte Abwehr der Mutter gegen Depression« (1948a) eine ausgezeichnete Beschreibung dieses Typs von Mutter-Erfahrung gegeben. Ich möchte seine Argumente kurz wiedergeben:

> In unseren Analysen stoßen wir in Zusammenhang mit aggressiven und destruktiven Impulsen und Vorstellungen auf das Schuldgefühl, und wir können den Wunsch beobachten, Wiedergutmachung zu leisten, wenn der Patient dazu fähig wird, über seine Schuldgefühle Rechen-

schaft abzulegen, sie zu tolerieren und ihnen standzuhalten. Es gibt andere Wurzeln der Kreativität, aber die Wiedergutmachung stellt ein wichtiges Bindeglied dar zwischen den kreativen Impulsen und dem Leben, das der Patient führt. Der Erwerb der Fähigkeit zur Wiedergutmachung persönlicher Schuld ist einer der wichtigsten Schritte in der Entwicklung des gesunden Menschen ... Im klinischen Zusammenhang begegnen wir jedoch einer falschen Wiedergutmachung, die in keinem direkten Zusammenhang zur eigenen Schuld des Patienten steht ... Diese falsche Wiedergutmachung entsteht durch die Identifikation des Patienten mit der Mutter, und der beherrschende Faktor ist nicht die eigene Schuld des Patienten, sondern die organisierte Abwehr der Mutter gegen Depression und unbewußte Schuldgefühle.

Ich möchte behaupten, daß die Pathologie der Körper-Ich-Entwicklung eine der Möglichkeiten darstellt, wie diese »Identifikation mit der Mutter« sichtbar werden kann. Es kommt zu einer Spaltung und die geistige Ich-Entwicklung wird von der Körper-Ich-Entwicklung dissoziiert. Das sich entwickelnde Körper-Ich findet einen engeren und intimeren (unbewußten) Rapport mit den mütterlichen Stimmungen, denn es erlebt sie durch die ängstliche und hypochondrische Besorgtheit und das Fehlen einer affektiven und lebendigen Körpersprache bei der Mutter viel spürbarer. In der Entwicklung des geistigen Ichs, die unter diesen Umständen unvermeidlich eine frühreife Steigerung erfährt, kommt es in einer solchen Situation zu der Tendenz, die Erogenität der Körperöffnungen und der Körperoberfläche auszubeuten. Es ist dies eine Wiedergutmachung gegenüber der Mutter und dem deprivierten Körper-Ich und eine Abwehr gegen innere Ängste, die aus der Erbitterung über verstummte Wut und unterdrückten Zorn hervorgegangen sind. Ich glaube, daß bei dieser Patientin die Intensität der unmißverständlich sadistischen oralen und analen Tendenzen, auf die schon Freud, Deutsch, Jones usw. hingewiesen haben, auf die nicht geglückte Fusion mit den libidinösen Prozessen infolge des frühen Versagens der Mutter zurückzuführen ist. Wenn die mütterliche Fürsorge das libidinöse Potential des Säuglingskörpers nicht vollständig zur Verwirklichung führt, kann es zu einer reaktiven Ausbeutung von Körperoberfläche, Körperöffnungen und Erogenität durch das heranwachsende kleine Kind selbst kommen. Es handelt sich dabei dann nicht um die eigentliche Autoerotik, sondern um eine frühreife Form der Masturbation als einer Technik des Sich-selbst-Trost-Spendens. Die Masturbation verstehe ich auf dieser frühen Stufe als eine Ausbeutung des autoerotischen Potentials durch Ich-Techniken, die der Abwehr dienen. Das Kind wird aber unvermeidlich mit verbietenden und einschränkenden Maßnahmen der Mutter konfrontiert, die zwar den Konflikt und die »Schuld« verstärken, diese Aktivitäten aber zu einem omnipotenten Mittel machen, um eine Antwort der Mutter zu *provozieren*. Das sadomasochistische Schicksal solcher Prozesse kann eine starke Prädisposition für pathologische Objektbeziehungen und spätere Störungen im Triebleben und in den Ich-Funktionen hervorrufen (vgl. James, 1962; Lichtenstein, 1961).

Für ein Mädchen ist der Eingriff in die psychosexuelle Entwicklung durch eine Depression der Mutter wegen des affektiv und physiologisch besonders engen Rapports bedeutend schwerwiegender als für einen Jungen. Aus dem Material dieser Patientin – erinnerte Erfahrungen mit der Mutter, Übertragungsverhalten und homosexuelle Beziehung – läßt sich der pathogene Einfluß der depressiven hypochondrischen Stimmungen der Mutter folgendermaßen darstellen: (I) es kam zu einer Spaltung zwischen Körper-Ich-Entwicklung und geistiger Ich-Entwicklung; (II) die geistige Ich-Entwicklung nahm einen frühreifen Verlauf und suchte (in einer pseudo-ödipalen Beziehung) schon sehr früh den Vater als Identifikationsobjekt, z. B. im Studium und im Interesse an Büchern; (III) das Körper-Ich erfuhr eine

Dissoziation in sich selbst; ein Teil wurde an die Mutter übertragen, blieb mit ihren Stimmungen verbunden und bot sich als Ziel ihrer Wiedergutmachungsgesten an; ein anderer Teil, der mehr mit den Triebbedürfnissen und autoerotischen Erfahrungen verknüpft war, wurde verdrängt und vor der Mutter versteckt, zeitweise auch vor dem geistigen Ich; (IV) die Verzahnung mit der Depression und den Reaktionsbildungen der Mutter erzwang eine schwere und überstürzte Verdrängung aller aggressiven sadistischen Impulse und verhinderte dadurch die Entdeckung persönlicher Schuldgefühle; (V) die Flucht in eine intim-verführende Beziehung zum Bruder war wenig hilfreich. Seine überlegene Stärke und sein hyper-phallisches Verhalten traumatisierte die Patientin unablässig. Sie wurde sich ihrer Schwäche und ihres »Kastriertseins« massiv bewußt und es kam zu einem schweren Verlust ihres Selbstwertgefühls; (VI) sie versuchte, diesen Verlust durch eine bifokale Lösung zu bewältigen, nämlich durch (a) eine Regression zurück zur Mutter in ängstlich-masochistische, jetzt auch schuldbeladene, hypochondrische Zustände. Das bedeutete eine schwere Bedrohung für die aktiven phallischen Wünsche des sich entwikkelnden Ichs, so daß Schutzmaßnahmen getroffen werden mußten, die einerseits zu Unterwürfigkeit, andererseits zu affektiver Erstarrung führten. Als die Beziehung zu ihrer Freundin immer intensiver wurde und hinter der lebhaften und vitalen Fassade der Persönlichkeit der Freundin eine tiefe Depression zum Vorschein kam, konnte sich die Patientin an die Depression der Mutter und ihre eigene dumpfe Schwerfälligkeit, ihre armselige Spielfähigkeit und ihren mangelnden Einfallsreichtum als Kind erinnern. Die andere Möglichkeit einer Lösung war (b) der weitere Versuch einer intellektuellen Identifikation mit dem Vater. In welcher Form sich das darstellte, wird in der dritten Phase deutlich werden.

Die homosexuellen Praktiken verfolgten in diesem Kontext ein doppeltes Ziel. Dieses Ziel bestand in erster Linie darin, die Gesamtheit und Intensität des persönlichen Triebpotentials zu erweitern und zu erleben, und durch gemeinsame »autoerotische« Aktivitäten den Narzißmus des Körper-Ichs zu stärken. Ich habe den Ausdruck »autoerotisch« benutzt, um damit die gegenseitige Erforschung ihrer Körper zu charakterisieren; denn im wesentlichen dienten diese Aktivitäten dem Zweck der Selbst-Erforschung, d. h. der Entdeckung dessen, was der eigene Körper fühlen und tun kann. Daneben gibt es meiner Meinung nach den masturbatorischen Typ homosexueller Sexualität, der eine Abwehrorganisation gegen (psychotische?) innere Ängste ist, die mit sadistischen inneren Teilobjekt-Imagines und Besetzungen in Verbindung stehen. In diesem Fall stellt die masturbatorische Sexualtechnik ein Mittel dar, um ein anderes Objekt auf omnipotente Weise zu kontrollieren und auszubeuten. Dabei handelt es sich um jenen Typ perverser, der Abwehr dienender homosexueller Erotik, die beim Zusammenbruch dieser Abwehr zu paranoiden Zuständen und Verfolgungswahn führt. Bei meiner Patientin war das nicht der Fall (vgl. Rosenfeld, 1949).

Winnicott (1948a) hat sich über Kinder, deren Affektivität und psychosexuelle Entwicklung durch die Pathologie der Mutter gestört wurde, wie folgt geäußert (Greenacre nennt das nach meinem Verständnis eine fokale Symbiose): »Man wird gewahr, daß diese Kinder in Extremfällen eine Aufgabe vor sich haben, die niemals erfüllt werden kann. Ihre Aufgabe ist es zunächst, mit der Stimmung der Mutter fertigzuwerden. Wenn sie die unmittelbare Aufgabe erfolgreich lösen, gelingt ihnen zunächst nicht mehr als die Herstellung einer Atmosphäre, in der sie *ihr eigenes Leben beginnen* können« (S. 264). In der auf die Freundin verschobenen Beziehung zur Mutter hat sich meine Patientin mit »der Stimmung der Mutter« ausführlich auseinandergesetzt, und erst als dieses Thema erfolgreich abgeschlossen war, konnte sie mit ihrem eigenen selbständigen und unabhängigen heterosexuellen Leben beginnen. Ich habe bereits die

Depression ihrer Freundin erwähnt. Während einer bestimmten Phase wurde die Freundin in einer sehr primitiven Form von der Patientin abhängig und drohte, sie emotional zu ersticken. Sie wurde zudem akut depressiv und apathisch. Die Ambivalenz und Panik, die bei der Patientin damit ausgelöst wurde, war eindrucksvoll. Damals war die Hilfe und Einsicht, die ihr die analytische Beziehung gewährte, besonders wichtig, um diese Situation zu bewältigen und um überleben zu können. Hier wurde das Versäumnis des Vaters deutlich, der nicht in der Lage gewesen war, seiner Tochter zu Hilfe zu kommen. Auch die durch Zwangstechniken massiv abgewehrte Hilflosigkeit und innere Panik der Mutter wurde offenbar, die es der Patientin unmöglich gemacht hatten, mit Aggression oder Haß zu reagieren. Diese Verleugnung und Verdrängung des gesamten Aggressions- und Haßpotentials führte außer zu einem Übermaß an frei flottierenden sadistischen Impulsen auch zu einer extremen Abhängigkeit von der Mutter als einer Möglichkeit, deren Stimmungen zu »nähren«. In der Beziehung zu ihrer Freundin konnte sie ihre Distanz dank der Übertragungsbeziehung aufrechterhalten. Sie stellte sich ihrem eigenen Sadismus und ihrer Feindseligkeit und konnte eine positive libidinöse Bindung aufrechterhalten. Ein Traum ihrer Freundin, in dem diese den Kopf der Patientin in den Rinnstein stieß, verriet der Patientin viel und wirkte sehr *befreiend*. Die Patientin hatte letztlich das Gefühl, auf den unbewußten Haß und die Feindseligkeit der Mutter gestoßen zu sein und jetzt damit umgehen zu können. Ein Grund, weshalb ein solches Kind so sehr im Einvernehmen mit der »organisierten Abwehr« der Mutter lebt, ist die absolute Notwendigkeit dieser Beziehung für das Kind. Es ist vom Leben der Mutter vollkommen abhängig und muß deshalb alle Abwehren unterstützen, damit die Mutter leben kann. Die Erinnerung der Patientin an die verzweifelte Bemerkung, die die Mutter dem Vater gegenüber gemacht hatte, enthielt eine im Grund richtige Wahrnehmung. Was sie jedoch verdrängt hatte, waren die Scham- und Schuldgefühle über ihre eigene Unfähigkeit, in dieser bedrohlichen Situation und Stimmung, in der sich die Mutter befand, etwas Positives tun zu können. Bei ihrer Freundin gelang ihr das viel besser, und das befreite sie von der schuldhaften Fixierung an die Mutter. Sie konnte sich jetzt allmählich »entwöhnen« und ihre Freundin dazu bringen, daß sie diese »Entwöhnung« ertrug. An ganz subtilen Einzelheiten konnte man erkennen, daß die Mutter das Kind nie »entwöhnt« hatte. Jetzt aber entwickelten sich Ambivalenz, Liebe und Haß zu differenzierten Affekten, die in der Ganzheit und Totalität der Beziehung zur Freundin, in der sie selbst und die Freundin separate Personen waren, toleriert werden konnten. Diese Trennung in ein Selbst und eine affektive Beziehung zum äußeren Nicht-Selbst-Objekt ermöglichte es ihr, sich mehr der Übertragungsbeziehung und dem analytischen Prozeß überlassen zu können und ihren eigenen Triebbedürfnissen und Phantasien sowie ihrem Gefühl für Schuld näher zu kommen. Das hatte für sie die Bedeutung einer intrapsychischen Erfahrung in ihrem Ich (vgl. Milner, 1952; Winnicott, 1958b; Lichtenstein, 1961).

Aus dem Material, über das ich bisher berichtet habe, läßt sich bemerkenswerterweise kein klares Bild von den Abwehrmechanismen der Patientin gewinnen, obwohl ich die Modalitäten, wie sie Spaltung, Projektion und Verleugnung sowie phobische und Zwangsmechanismen als Mittel der Regulierung ihrer inneren Spannungen und sozialen Beziehungen einsetzte, des öfteren beschrieben habe. Das ist für diesen Typ von Charakterstörung kennzeichnend. Die Angstzustände sind so diffus, weil die Abwehrmechanismen mit Es-Spannungen vermischt sind. Die Abwehrmechanismen sind nicht differenziert und man sieht eine allgemeine defensive Persönlichkeitsstruktur. Winnicott hat darüber in seiner Arbeit »Die manische Abwehr« (1935) sehr überzeugend geschrieben: »Ihre charakteristischen Merkmale sind eine omnipotente Manipulierung oder Beherrschung und

eine verächtliche Abwertung; sie wird in Hinsicht auf die zur Depression gehörigen Ängste aufgebaut – diese Depression ist die Stimmung, die aus dem Nebeneinanderbestehen von Liebe, Haß und Gier in den Beziehungen zwischen den inneren Objekten herrührt. Die manische Abwehr zeigt sich auf verschiedene Weisen, die aber untereinander in Zusammenhang stehen« (S. 243; vgl. oben, S. 32). Ich glaube, man kann zu Recht sagen, daß Verhalten und Persönlichkeit der Patientin in Phase I durch eine manische Abwehr gekennzeichnet war. Die analytische Arbeit hatte das Ich bedroht, weil sie die Abwehren geschwächt hatte. Die Patientin hatte dagegen ihren inneren satellitenhaften Zustand einer »inneren Emotionalität« entwickelt. In Phase II ermöglichte ihr die Beziehung zur Freundin, mit Hilfe ihrer Übertragung alle inneren Verwicklungen und Ängste zu erleben und durchzuarbeiten und eine persönliche Identität zu gewinnen, die ihre eigene psychische Realität tolerierte und integrierte. Marion Milner (1952) hat das Problem der Entdeckung der Selbst-Grenzen, der separierten Identität und der Verwischung der Grenzen untersucht. Sie berichtet über die Bedeutung des Spiels bei einem ihrer kleinen Patienten und kommt zu dem Schluß: »Damit schälte sich der Kern einer Vorstellung dessen heraus, was der Junge mir sagen wollte. Es war die Vorstellung, daß die grundlegenden Identifikationen, die es möglich machen, neue Objekte zu finden, das Vertraute im Unvertrauten zu entdecken, die Fähigkeit voraussetzen, einen zeitweiligen Verlust des Selbstgefühls, eine zeitweilige Aufgabe des kritischen Ichs zu ertragen, das für sich steht und die Dinge objektiv und vernünftig und ohne emotionale Einfärbung sehen möchte.« Die homosexuelle Beziehung und deren Durcharbeiten in der Übertragung ermöglichte der Patientin, die defensive Rigidität ihres Ichs aufzulösen und eine größere intrapsychische Elastizität und affektive Freiheit zu gewinnen (vgl. Fain und Marty, 1960; Bouvet, 1958; Lichtenstein, 1961).
Ich habe mich in diesem Abschnitt vor allem mit der Rolle

der homosexuellen Beziehung zur Freundin beschäftigt. Aber die Befriedigung und Entwicklung, die ihr diese Beziehung brachte, und die schließliche Entwöhnung wären ohne die Übertragungsbeziehung und die Analyse nicht zu erreichen gewesen. Die homosexuelle Beziehung ermöglichte ihr fühlbare Körpererfahrungen und einen gemeinschaftlichen, überaus intensiven und primitiven Austausch mit der Freundin. Der Analyse war es jedoch zuzuschreiben, daß die regressive Bedrohung in Schach gehalten wurde und der Patientin eine psychische Anknüpfung an die Erfahrungen mit der Mutter in der Vergangenheit mit ihren Auswirkungen auf die Gegenwart gelang und daß sie durch Einsicht und Verstehen allmählich zu einer Identität und Unabhängigkeit gelangte. Die Patientin, die zu Beginn der Behandlung die verworrene Emotionalität eines pubertierenden Mädchens hatte, wurde reifer und entwickelte sich zu einer empfindsamen und lebhaften Frau (vgl. Arlow, 1954; Socarides, 1962).

Technische Probleme

Ich möchte mich im folgenden ausführlicher mit drei Aspekten der technischen Probleme befassen, die sich in Phase II der Behandlung dieses Falles ergeben haben. Es handelt sich dabei um (I) den Umgang mit dem Agieren; (II) die Regulierung und Deutung der Übertragungsneurose; (III) das Problem der Gegenübertragung.

(I) *Aspekte des Agierens*
In jeder Behandlung begegnet man auf dieser oder jener Ebene dem Problem des Agierens. Intensität und Ausmaß des Agierens hängen von der Art der Ich-Verzerrungen ab und von der Intensität der inneren Angstsituationen (vgl. Ekstein und Friedman, 1957; Greenacre, 1950a; Bychowski, 1954; Glover, 1955; Kanzer, 1957a). Bei allen Typen von

Perversionen oder perversen Sexualpraktiken spielt das Agieren in der Ökonomie und Dynamik des intrapsychischen Gleichgewichts des Patienten eine ganz zentrale Rolle (vgl. Gillespie, 1952, 1956; Arlow, 1954). Die Impulsivität des Perversen, seine oder ihre Unfähigkeit, Angst zu ertragen, und die Pathologie in der Beziehung zwischen Es, Ich und Über-Ich zwingen dazu, durch Dramatisieren und In-Szene-Setzen Lösungen herbeizuführen. Von Fenichel (1945) stammt der folgende konstruktive Beitrag zu diesem Problem bei, wie er sich ausdrückt, »triebhaften Charakteren«:

> Es gibt wohl mannigfache qualitative Anomalien des Über-Ich und der Stellungnahme des Ich ihm gegenüber, die für die Triebhaftigkeit bedeutsam sind ... Einen weiteren, allgemeineren Mechanismus, der sich diese »Bestechung« nutzbar machen kann, hat Reich als charakteristisch für triebhafte Charaktere beschrieben: die »Isolierung« des gesamten Über-Ich. Während sonst das Ich bestrebt ist, soweit wie möglich die Forderungen des Über-Ich zu erfüllen, und sie nur gelegentlich abwehrt, scheint das Ich hier das Über-Ich aktiv und konsequent von sich fernzuhalten ... Mit der »Isolierung des Über-Ich« eng verwandt ist das Phänomen der »Idealisierung« der Triebbetätigung, das gleichsam zu einem zweiten triebbejahenden Über-Ich führt, indem entweder die eigene Halsstarrigkeit als ein »Kampf für die gute Sache« rationalisiert wird oder der Einfluß triebbejahender Erwachsener sich geltend macht ... Mit dem Problem des impulsiven Verhaltens hängt das des Agierens in der psychoanalytischen Kur zusammen (Bd. 2, S. 256).

Das, was Fenichel hier beschreibt, und die sehr primitiven Störungen in der Mutter-Kind-Beziehung, die alle derartigen Fälle als innere emotionale Konstellation mit in die Analyse bringen, läßt das analytische Setting und Vorgehen mit seinem Schwerpunkt auf Frustration und zielgehemmtem Verbalisieren zu einer »traumatischen« Erfahrung für sie werden. Der Perverse beutet das mit masochistischer Willfährigkeit aus und lädt sich massive Entbehrungen auf, die ihn dazu zwingen, das Agieren als Erleichterung und Flucht zu sanktionieren. Ich habe diese besondere Erscheinungsform bereits an anderer Stelle darzustellen versucht (Khan, 1960a, 1960b, oben, Kapitel 3). Stone hat den Frustrationsaspekt der analytischen Situation in seinem Buch »Die psychoanalytische Situation« (1961) ausführlich behandelt. Ich zitiere daraus zwei einschlägige Passagen:

> In der psychoanalytischen Situation befinden sich zwei Individuen in dem bereits erörterten Zustand »intimer Trennung«; sie drücken in dieser Situation die ganze Skala von Spannungen, die zwischen ihnen entstehen mögen, fast ausschließlich im Medium der Sprache aus. Sie verzichten in dieser Situation nicht nur auf jegliche Ortsveränderung vermittels ihrer Gehwerkzeuge, sondern auch auf die Benutzung jenes spezifisch menschlichen Werkzeugs, das biologische Entlastung tiefsitzender oral-aggressiver Spannung verschafft, auf die Benutzung der Hände. Insofern besteht eine offensichtliche Ähnlichkeit mit bestimmten normalen Voraussetzungen des Träumens (S. 110; vgl. Khan, 1962).

Ich habe den breiten psychobiologischen Bereich der psychoanalytischen Situation, einen Bereich potentieller Wirkungen, der sich herleitet aus dem von ihr repräsentierten Zustand relativer physischer und emotionaler »Versagung in der Intimität«, und ihre sich beinahe ausschließlich durch die komplexe psycho-somatische Aktivität der Sprache vollziehende Vermittlung akzentuiert. Nach meiner Ansicht repräsentiert die analytische Situation in ihrem primären und weitreichendsten Einfluß für das Unbewußte die entscheidenden Trennungserfahrungen in der Beziehung des Kindes zu seiner Mutter. In diesem Schema vertritt der Analytiker die Mutter-der-Trennung, im Unterschied zum traditionellen Arzt, der die mit intimer körperlicher Pflege assoziierte Mutter darstellt. Diese latente unbewußte Kontinuum-Polarität erleichtert das Oszillieren von »psychosomatischen« Reaktionen und proximalen archaischen Impulsen und Phantasien bis hinauf zur Integration des Trieb- und Phantasielebens in den Bereich der Kontrolle des Ichs und seiner Aktivitäten. Dieser letztere Zustand hängt weitgehend von der Entwicklung wahrer integrativer Einsicht und der diese stützenden Phänomene, wie die autonomen Ich-Funktionen, ab (S. 127; vgl. Weigert, 1954).

Da bei dieser Patientin in der Ätiologie der Angst, die sie wegen der Entbehrung von Triebempfindungen und Ausdrucksmöglichkeiten hatte, die depressive Veranlagung der Mutter eine entscheidende Rolle spielte, förderte die Einschränkung von Motilitäts- und Kontaktaspekten in der analytischen Situation die Neigung zum Agieren. Es wäre aber sicher nicht richtig, wenn man daraus schließen würde, daß eine andere Form von therapeutischer Situation der Patientin dieses Dilemma hätte ersparen können. Der große Vorzug der analytischen Situation liegt darin, daß das Agierte der Beobachtung und Deutung zugänglich wird, wodurch der Patient die Möglichkeit erhält, dessen Bedeutung zu begreifen und allmählich zu integrieren. Nach Greenacre (1950a) ist das Agieren (I) »eine besondere Form von Erinnern« und (II) »ein Zwang, eher eine ganze Erfahrung oder Episode als nur einen Teil von ihr als repräsentierendes Zeichen stets neu zu reproduzieren«. Sie schließt sich Fenichels Hypothesen an und sieht in der Genese des Agierens starke Elemente oraler Fixierung, »eine besonders ausgeprägte visuelle Sensibilisierung, die eine Neigung zum Dramatisieren und einen weitgehend unbewußten Glauben an die Magie des Handelns bedingt«, »eine Verzerrung in der Beziehung zwischen Aktion und Sprache sowie verbalisiertem Denken, die meist auf einer schweren Störung im zweiten Lebensjahr beruht«, »eine unvermeidliche Verstärkung des Rapports durch Schauen«; »die Aktivität scheint durch den Kampf um die Kontrolle der Ausscheidungsfunktionen verstärkt zu sein«. Greenacre führt das zurück auf »eine narzißtische Schwäche im Ich, die eher mit einer überstarken Abhängigkeit von dramatischen als von zielgerichteten Aktivitäten als Ausdrucksmittel einhergeht«, und die »außerdem von Tendenzen zu übersteigerten und sozusagen losgelösten Phantasien begleitet ist, was wiederum den Realitätssinn beeinträchtigt oder zumindest die Wahrnehmung der Realität erschlaffen läßt« (vgl. Mittelman, 1955; Ekstein und Friedman, 1957).

Alle diese Elemente waren in der Beziehung der Patientin zu ihrer Freundin zu beobachten. Besondere Aufmerksamkeit in diesem Fall verdienen jene Aspekte des Agierens, die mit der Flucht vor der Hörigkeit (Anna Freud, 1952) und der Verleugnung der Abhängigkeit in Zusammenhang stehen. Für diese Patientin bedeutete die psychische Passivität eine ganz massive Bedrohung ihrer Ich-Funktionen. Die Umkehrung dieser Passivität in magische Aktion ist ebenfalls ein Element ihres Agierens. Dazu kam noch der innere Druck ihrer sadistischen Impulse und ihre verzweifelte und mit Schuldgefühlen beladene Angst, weil sie zu keiner Wiedergutmachungsgeste fähig war. Die Folge waren fast melancholische Verstimmungen mit dem Gefühl der Wertlosigkeit und einem Verlust von Selbstgefühl. Fast zwangsläufig war damit der Weg für Intimitäten bereitet, bei denen sie die Lust, die sie dem Liebesobjekt bereitete, genauso *sehen und fühlen* konnte wie die Lust, die sie selber in jenen Körperorganen erlebte, die in ihrem inneren Körperbild zu intensiv mit aggressiven und feindlichen Impulsen besetzt waren. Diese Libidinisierung durch gemeinsamen Genuß war zugleich ihr erster Versuch, die aggressiven und erotischen Komponenten ihrer prägenitalen Impulse miteinander zu verschmelzen. Sie empfand das als eine notwendige Voraussetzung für die Neutralisierung des Triebpotentials und dessen Verfügbarkeit für die Ich-Funktionen (das narzißtische Kapital des Ichs). Kann ein Patient solche sexuellen Aktivitäten aus akuter paranoider Angst vor dem Objekt und wegen innerer Verfolgungsängste nicht tolerieren, führt der analytische Prozeß nach meiner klinischen Erfahrung zu einer chronischen psychischen Blockierung und verstärkt durch diese Beeinträchtigung noch die Schuldgefühle und zwanghaften Techniken des Patienten. Es kommt dann häufig zu einem unveränderbaren emotionalen Klammern an der Übertragung (vgl. Anna Freud, 1954a; Stone 1954).

Ich möchte das Agieren als therapeutischen Kunstgriff keineswegs empfehlen. Wichtig ist jedoch, sich darüber im klaren zu sein, daß das Agieren therapeutisch fruchtbar gemacht werden kann, wenn es durch den analytischen Prozeß reguliert wird (Orr, 1954). In der Übertragung kann aber keine Form von Agieren nutzbar gemacht werden, wenn wir die mit dem Agieren verbundenen Aspekte von Aggression, Flucht vor Abhängigkeit und Aspekte von Verachtung außer acht lassen. Diese Aspekte sind es auch, die die Behandlung aller Formen von Perversionen der Behandlung von antisozialem Verhalten so ähnlich erscheinen lassen (vgl. Anna Freud, 1949; Schmideberg, 1956; Winnicott, 1956b). Anna Freud hat die Dynamik im Agieren phallisch masturbatorischer Phantasieinhalte durch antisoziales Verhalten in ihrer Arbeit »Über bestimmte Phasen und Typen der Dissozialität und Verwahrlosung« (1949) wie folgt beschrieben.

> Es ist für unsere Zwecke wichtig, zu betonen, daß in weniger normalen Fällen der Ausgang des Abwehrkampfes ein ganz anderer sein und zur vollen Unterdrückung der Masturbation führen kann. Die Masturbationsphantasie kann dann – gewöhnlich infolge überstarker Kastrationsangst – überhaupt keine körperliche Abfuhr finden, die an ihr haftenden libidinösen und aggressiven Besetzungen werden aufgestaut und schließlich aus dem Triebleben auf die Ichtätigkeit verschoben, wo sie sich mit voller Kraft ausleben und die Beziehung zur Außenwelt sexualisieren, verzerren und in jeder nur möglichen unerwünschten Weise zum Zweck der triebhaften Befrie-

digung mißbrauchen. Das Agieren von passiven und aktiven sadistischen und masochistischen, exhibitionistischen und Schaulust-Phantasien ist also als Abkömmling der phallischen Masturbation anzusehen und ist in den oben erwähnten Fällen ihr direkter Ersatz und Vertreter (S. 1092).

Winnicott führt in seiner Arbeit »Die antisoziale Tendenz« (1956b) aus:

> Der antisozialen Tendenz liegt eine gute frühe Erfahrung zugrunde, die verloren ging. *Ausschlaggebend dabei ist, daß der Säugling bereits zu der Wahrnehmung fähig gewesen war, daß der Grund für sein Unglück im Versagen der Umwelt lag.* Das sichere Wissen, daß ein äußerer und nicht ein innerer Grund die Depression oder Desintegration verursacht haben, ist für diese Persönlichkeitsverzerrung und für das Bestreben, in neuen Umweltbedingungen Heilung zu suchen, verantwortlich. Das Reifestadium des Ichs, das eine derartige Wahrnehmung möglich macht, entscheidet darüber, ob sich eine antisoziale Tendenz oder eine Psychose entwickelt (S. 235).

Meine Patientin suchte »die neuen Umweltbedingungen« in ihrer homosexuellen Liebesaffäre (vgl. Milner, 1952; Bird, 1957).

(II) *Übertragungsneurose*

Ich habe Anna Freud und Winnicott zitiert, denn nach meiner Überzeugung ist die Dynamik der pervers-sexuellen Praktiken auf eine Fusion und Konfusion von zwei frühen Entwicklungsstufen zurückzuführen: (a) auf die primitive Beziehung zur Mutter und die Verzerrung von Ich-Integration und libidinöser Entwicklung durch diese Beziehung, und (b) auf den Fehlschlag der Versuche, das Problem auf der phallischen Entwicklungsstufe durch magische Aktivitäten und eingeschränkte Motilität sowie ersatzhafte masturbatorische Erfahrungen und einen gehorsamen Sozialisierungsprozeß zu bewältigen (Anna Freud, 1954b; Greenacre,

1954; s. auch Kapitel 3). Wenn die der phallischen Phase (bei Mädchen und Jungen) zugehörige Aktivität keine Ausdrucksmöglichkeit findet und sich die primitiven Konflikte und die archaische Affektivität durch phasen-adäquates Verhalten psychisch nicht artikulieren können, wird eine regressive passiv-masochistische Lösung angestrebt. Bei meiner Patientin kann man das an ihrem gehemmten, einschmeichelnden Verhalten und ihren dissoziierten, von chaotischen prägenitalen Impulsen durchsetzten Phantasie-Symptomen deutlich erkennen. Außerdem fiel zu Beginn der Behandlung ihre kriecherische, ambivalente, mürrische Abhängigkeitshaltung älteren Frauen gegenüber auf (vgl. Loewenstein, 1950; Mittelman, 1955; Katan, 1960).

Die Übertragungsneurose dieser Patientin manifestierte sich in einer dissoziierten und bifokalen Form, d. h. in der Beziehung zum Analytiker und in der Beziehung zur Freundin. Die eigentliche Aufgabe der analytischen Arbeit bestand darin, beides miteinander zu verbinden und der Patientin allmählich zu einem integrierten persönlichen Ich und Es zu verhelfen. Als Konzept formuliert, klingt es unbeholfen, von der Entwicklung eines »persönliches Es« (»personal id«) zu sprechen, aber aus klinischer Sicht ist es richtig. Es-Prozesse und -Impulse werden durch Dissoziationen von frühester Kindheit an dem Bereich des Ichs ferngehalten und ich-fremd gemacht. Winnicott hat in seiner Arbeit »Der Ursprung der emotionalen Entwicklung« (Primitive emotional development) (1945) die frühesten Entwicklungsprozesse des Säuglings auf die Begriffe (a) Integration, (b) Personalisierung und (c) Realisation gebracht. Zum Begriff Personalisierung führt er aus: »Ebenso wichtig wie die Integration ist das Entstehen jenes Gefühls, daß man sich als Person in seinem Körper befindet. Wieder sind es die Trieberfahrungen und die immer wiederkehrenden beruhigenden Erfahrungen der Körperpflege, die allmählich etwas entstehen lassen, was man befriedigende Personalisierung nennen könnte.«

Meine Patientin erlebte die Körperintimitäten mit ihrer

Freundin als die erwachsene Version des »Personalisierungs«-Prozesses. Die Beziehung wäre jedoch lediglich zu einer perversen und magisch-defensiven Ausbeutung der prägenitalen Triebhaftigkeit degeneriert, um dem inneren Haß, der Angst und Ich-Schwäche zu entfliehen und sie zu verleugnen, wenn die analytische Arbeit ihr nicht eine analytische Beziehung und damit die psychische Assimilation und Integration dieser Gefühlserfahrungen im Ich möglich gemacht hätte.

Gerade dieses antisoziale Element und die sehr primitive Ebene der Körper-Ich-Pathologie, die früheste pathologische Anteile der Mutter mit einschloß, stellten für die Gegenübertragung des Analytikers eine schwere Belastung dar. Mit Gegenübertragung meine ich die affektiven Reaktionen des Analytikers und *nicht* seine unbewußten Konflikte. In jedem Aspekt des Agierens drückt der Patient einerseits Feindseligkeit und Verachtung aus und stellt gleichzeitig höchste Ansprüche an unser Verständnis und unsere Hilfe. Die Verleugnung der Abhängigkeit, das Vorhandensein archaischer Ich-Es-Prozesse und das phallische Herauskehren von Aktion und Aktivität, die sich gegen die Übertragung richten, lösen im Analytiker zwangsläufig feindliche Gefühle aus. Die perverse Sexualität verstärkt diesen Angriff auf den analytischen Prozeß insofern noch, als sie von ihrem Wesen her im Gegensatz zu unserer normalen Sozialmoral steht. Es fällt leichter, für einen leidenden, gehemmten, in seinen Konflikten gefangenen Menschen Mitgefühl zu empfinden als Sympathien für eine antisoziale Person zu entwickeln, die mit ihrer primitiven Sexualität wie ein in Ekstase geratener Berserker umgeht und sich vor uns damit auch noch brüstet. Es ist äußerst schwierig, den Kontakt zu der Hilflosigkeit des Patienten trotz seiner Omnipotenz aufrechtzuerhalten und sein Leiden und seine Verwirrung angesichts manischer Verleugnung und übersteigerter Erotik ernstzunehmen sowie seine Aktivitäten nicht mit indirekten und schroffen Deutungen zu beantworten, die höchstens Schuldgefühle wecken und mehr mit unseren moralischen Normen zu tun haben als mit der richtigen Wahrnehmung der psychischen Situation des Patienten (vgl. Shields, 1962).

(III) *Überlegungen zur Gegenübertragung*
Man muß den eigenen Haß und Ekel wahrnehmen und kontrollieren können, um solchen klinischen Krisen und Stürmen standhalten zu können. Solche Patienten verfügen während derartiger Episoden über enorme Möglichkeiten, Verdruß zu bereiten, und damit verhöhnen sie den Analytiker und fordern ihn heraus. In masochistischer Weise legen sie es darauf an, zurückgestoßen oder mit Vorwürfen bedacht zu werden. Damit bringen sie ihr Bedürfnis und ihre Forderung zum Ausdruck, daß man ihnen *widerstehen* möge, daß man ihnen den »Haß« und die Last zeigt, die sie einem aufbürden, damit sie die Bedeutung ihres Verhaltens und ihre eigene sadistische Abhängigkeit *realisieren* können. Wenn der Patient im Begriff ist, den unbewußten verdrängten Haß auf seine Mutter zu *entdecken*, ist es für ihn psychisch und emotional unbedingt wichtig, die Elemente von »Wut« im Erleben des Analytikers registrieren zu können, die durch sein Agieren ausgelöst wurden. Schleicht sich in die »Reaktionen der Wut« des Analytikers sein moralisches Vorurteil, sein Neid oder seine Unfähigkeit ein, die Verletzung seiner »omnipotenten Kontrolle der Emotionen des Patienten« zu tolerieren, verwirrt sich das klinische Bild und der Patient kann nur mit Panik und Rückzug oder Verwirrtheit und neurotischer Unterwürfigkeit reagieren. Winnicott hat in seiner Arbeit »Haß in der Gegenübertragung« (1947) ein extremes Beispiel für eine derartige Anforderung eines Patienten an die psychischen und emotionalen Kräfte des Analytikers geschildert. Spaltet ein Patient die idealisierten guten Erfahrungen mit einem Sexualobjekt ab und agiert sie, dann müssen die aggressiven, sadistischen Elemente der Abhängigkeit in der Übertragung besonders

intensiv und konsequent gedeutet werden. Letzten Endes sind es allein die »Unversehrtheit« und Kraft sowie das Verständnis des Analytikers, die dem Patienten dabei helfen, ein persönliches und differenziertes Ich zu entwickeln, mit dessen Hilfe er seine seelischen Konflikte mit seiner Triebhaftigkeit und den Nicht-Selbst-Objekten erforschen kann (vgl. Bird, 1957; Shields, 1962).

Die Untersuchungen von Gillespie (1952, 1956) haben sehr dazu beigetragen, daß ich viele wichtige Aspekte meines Materials verstehen konnte. Er hat vor allem auf die »eigenartige Übertragungssituation« hingewiesen, die man bei der Behandlung von Perversen antrifft: »die unpersönliche Qualität der Übertragungssituation, die der Perverse aufrechterhalten möchte« (1952). Ich habe das prägenitale Phantasieren und die Pseudo-Feindseligkeit der Patientin als Abwehr gegen Passivität, Hörigkeit und Abhängigkeit in Phase I und im ersten Teil von Phase II beschrieben. Die Angst dieser Patientin, man würde in sie eindringen und sie könnte gezwungen sein, sich auszuliefern, und die masochistische Erotisierung dieser Angst in der Übertragung führten nicht nur zu Spaltung und Kontrolle der analytischen Situation; sie war vor allem gegen die Deutungen des Analytikers gerichtet. Das Verlangen nach leidenschaftlicher erotischer Verschmelzung mit dem Analytiker ist eine weitere Form von Abwehr gegen die deutende Funktion in der analytischen Situation. Freud hat uns auf eine Abwehr durch »seelischen Vorbehalt« aufmerksam gemacht. Nach solchen feindseligen (sadistischen) Angriffen gegen die Rolle des Analytikers kommt es zu Angst- und Panikreaktionen, weil ein Objektverlust und ein ganz primitiver Typ von Trennungsangst droht. Der Patient befindet sich mit seiner Abwehr in einem circulus vitiosus: auf seine Angriffe gegen »die eindringenden Deutungen« folgt die Angst vor einem Verlust der Hilfe durch den Analytiker und weckt akute Schuldgefühle und Ängste. Die Versuche, diese wiederum zu bewältigen, führen zu dem sehr masochistischen erotischen

Eifer, sich dem analytischen Prozeß auszuliefern, was vom Ich des Patienten als totale Kastration und Vernichtung erlebt wird. Um die analytische Situation kontrollieren und regulieren zu können, bleibt daher nur die Möglichkeit, die gesamte Affektivität in zwei parallelen Beziehungen zu agieren und zu spalten. Meinen klinischen Erfahrungen zufolge läßt es sich kaum vermeiden, ein solches Verhalten und Agieren bis zu einem gewissen Grad zu dulden, wenn sich die psychisch erstarrten Abwehrpositionen des Patienten dem analytischen Prozeß erschließen sollen. Dabei muß stets und ständig das Ziel der analytischen Arbeit im Auge behalten werden, d. h. der Patient soll die Möglichkeit erhalten, seine psychosexuelle Identität zu integrieren und Einsicht in die unbewußten Konflikte und verdrängten ödipalen und präödipalen Objektbeziehungen zu gewinnen. Alle Erfahrungen des Patienten, die nichts zu diesem Ziel beitragen, sind für den Patienten schädlich, und jeder Parameter in der analytischen Technik, der dieses Ziel durch Beruhigung oder Billigung verwirrt oder umgeht, richtet sich gegen den analytischen Prozeß. Es ist ein großer Unterschied, ob man das Agieren duldet, um die Motivationen des Patienten zu verstehen und um ihm die Möglichkeit zu geben, genügend Ich-Stärke zu entwickeln, damit er Einsicht und Herrschaft über das Ich gewinnen kann, oder ob man das Agieren als therapeutischen Kunstgriff fördert oder gar dazu ermutigt. Wir können im therapeutischen Interesse unserer Patienten ihnen weder *korrektive Erfahrungen* aufdrängen noch in omnipotenter Weise vorschreiben, *wie* sich ihre Übertragungsneurose entwickeln soll.

PHASE III
Ödipale Beziehungen, Durcharbeiten und Integration

Auf der Ebene des Austausches körperlicher Intimitäten war die homosexuelle Beziehung gegen Ende des dritten Analysenjahres der Patientin zu Ende. Die Analyse dauerte noch zwei weitere Jahre und es kam in dieser Phase zu einer vollen genitalen orgastischen heterosexuellen Objektbeziehung und schließlich zur Heirat. Ich will hier nicht das komplexe und schwierige Material, das das Durcharbeiten in der post-phallischen Phase erbrachte, und die Ängste, die mit ihrer genitalen (vaginalen) Sexualität verbunden waren, sowie die intrapsychische Wandlung ihrer unbewußten Identifikationen mit der Mutter, die mit dem Erwerb einer separaten persönlichen Identität verbunden waren, erörtern. Dieses Material würde den Rahmen dieses Kapitels sprengen. Ich werde daher nur solche Aspekte auswählen, die die Genese und Psychodynamik der homosexuellen Beziehung beleuchten. Dieses Material möchte ich unter drei Gesichtspunkten behandeln: (I) die Beziehung zum Bruder in der phallischen Phase und ihre Konsequenzen; (II) die verspätete ödipale Beziehung zum Vater und ihr Zusammenbruch in Frustration und Verzweiflung; (III) das Schicksal der Körper-Ich-Entwicklung auf der genitalen Stufe.

(I) *Die Beziehung zum Bruder*
Als sich die Patientin aus der Beziehung zu ihrer Freundin zurückgezogen hatte und die Übertragungsbeziehung zum Analytiker neu besetzt hatte, wurde der traumatische Charakter ihrer Beziehung zum Bruder deutlich erkennbar. In ihrer frühen Kindheit war er von ihr sehr idealisiert worden. Sie sehnte sich danach, eine enge und innige Beziehung zu ihm zu haben, er aber behandelte sie mit Verachtung. Er quälte sie erbarmungslos, und in allen Episoden gemeinsamen Spielens, an die sie sich erinnern konnte, mußte sie sich völlig passiv verhalten; zum Schluß gab es stets Tränen. Aus ihren Träumen und ihrem Übertragungsverhalten, das recht häufig durch Weinen gekennzeichnet war, konnte man entnehmen, daß er sich über ihre stärker werdende und passive Annäherung ebenso lustig gemacht hatte wie über

ihre phallischen Identifikationswünsche. Das hatte, was die Ich-Entwicklung betraf, zu einer intensiven sadomasochistischen Beziehung mit Fluchtmöglichkeiten in zwei verschiedene Richtungen geführt: von ihrer Affektivität her gesehen in eine regressive weinerliche Beziehung zur Mutter und in eine intellektuelle Identifikation mit dem Vater. Es wurde auch ganz deutlich, daß sie den Bruder beim Masturbieren und Urinieren beobachtet hatte, und sie hatte eine ganz bestimmte Erinnerung, daß sie etwas damit zu tun hatte. Ein Traum aus dieser Phase der Analyse veranschaulicht diese Erlebnisse: »Ein kleiner Junge spielt mit ihr. Er spielt mit seinem Penis. Er legt ihn (das Organ ist im Traum nicht ganz deutlich) auf ihren Ärmel, und er ist feucht.«

Ihr fiel dazu ein, daß sie mit erregten feuchten Genitalien aufgewacht war. Sie war sich nicht sicher, ob sie im Schlaf nicht einen Orgasmus gehabt hatte. Andere Erinnerungen beschäftigten sich mit ihren kindlichen Ängsten vor dem Bettnässen (was in Wirklichkeit nie vorgekommen war) und einem gemeinsamen Spiel mit dem Bruder, bei dem sie weinend zur Mutter gelaufen und der Bruder vom Vater geschlagen worden war. Sie verknüpfte den Traum auch mit ihren eigenen Schlagephantasien vor dem Einschlafen während des vergangenen Jahres. Einen bestimmten Affekt in diesem Traum hatte sie besonders hervorgehoben: sie habe mit entsetzter Faszination auf den feuchten Ärmel geblickt, habe aber das Organ (Penis) des Bruders nicht richtig sehen können. So wie sie selbst den Trauminhalt verstand, wurde ihr bewußt, daß bei ihr zwischen ihren eigenen Körperorganen und denen des Bruders eine gewisse Gefühlsverwirrung bestand. Das »Feuchtsein« erinnerte sie auch an das depressive Weinen der Mutter. Ihren eigenen Körper hatte sie im Traum als kraftlos, plump, träge und von Angst erfüllt erlebt.

Sie hatte den Wunsch, wie der Bruder und mit ihm zusammen zu sein. Daß dieser Wunsch auf einer Flucht vor der Beziehung zur Mutter basierte, war ebenfalls deutlich.

Nachdem sie einmal Vertrauen in ihre eigene Fähigkeit gewonnen hatte, sinnliche Lust zu erleben und ihrer homosexuellen Partnerin zu bereiten, war in dieser Phase des Durcharbeitens vor allem wichtig, daß ihr nun das Erlebnis der masochistischen Faszination, die von der Sexualität und Anatomie des Bruders in der Kindheit ausging, möglich war. Das steigerte ihre Kastrationsängste und ihr Gefühl der Unzulänglichkeit und kam darin zum Ausdruck, daß sie sich plötzlich bewußt wurde, einen plumpen und völlig unattraktiven Körper zu haben. Greenacre hat uns in ihrer Arbeit »Faszination und ehrfürchtige Scheu vor dem Penis und deren Beziehung zum Penisneid« (Penis awe and its relation to penis envy) (1953b) mit dem Konzept der Faszination und ehrfürchtigen Scheu vor dem Penis bekannt gemacht. Dieses Konzept war für mein Verständnis der phallischen Entwicklung dieser Patientin sehr wertvoll. Nach Greenacre entwickelt sich eine Faszination und ehrfürchtige Scheu vor dem Penis, wenn eine oder alle vier der folgenden Bedingungen im Erleben eines Mädchens gegeben sind: (I) Beobachtung des väterlichen Organs; (II) Urszenen-Erlebnisse; (III) Erfahrungen kleiner Mädchen mit Exhibitionisten; (IV) zufällige Beobachtung von Männern oder älteren Jungen beim Urinieren oder Masturbieren. Ich erwähne hier zwei der Konsequenzen – die sich nach Greenacre aus der »außerordentlichen Faszination und prägenden ehrfürchtigen Scheu vor dem Penis« ergeben –, die solche Erfahrungen für ein Mädchen haben: (I) eine starke Körper-Phallus-Identifikation; (II) die übliche Form von Penisneid wird nie erlebt; er wird in Verachtung und Enttäuschung oder in eine spöttische oder lächerlich machende Haltung jenem Mann gegenüber verwandelt, der den Bruder oder damaligen Altersgenossen repräsentiert. Letzteres war in den Übertragungshaltungen der Patientin dem Analytiker gegenüber deutlich zu erkennen. Die erste der beiden genannten Konsequenzen war eine bestimmte bewußte Erfahrung ihres Körperbildes während und auch noch nach ihrer Pubertät.

Es entwickelte sich ganz deutlich eine mit dieser Körper-Phallus-Identifikation verknüpfte spezifische Angst, die einen heterosexuellen Verkehr vereitelte und sie veranlaßte, sich homosexuellen Intimitäten zuzuwenden. Die Angst bestand darin, beim Verkehr auseinanderzubrechen und in Stücke gerissen zu werden. Sie hatte zudem Angst, sich in einer heterosexuellen Beziehung als falsch und als Betrügerin vorkommen zu müssen und nicht zu wissen, was man von ihr erwartet (wie bei dem Mann auf dem Boot). In Phase I haben wir gesehen, daß sie so auch auf die Analyse reagiert hat. Aus dem Körper-Phallus wurde durch regressive prägenitale Besetzungen auch ein rektaler Penis, ein geheimes omnipotentes fäkales Objekt. Das mußte aber verborgen und geheim gehalten werden. Der größte Teil ihrer Hemmungen auf sportlichem Gebiet in der Pubertät, ihre krankhafte Schüchternheit und ihre diffusen Ekel- und Schamgefühle in Zusammenhang mit ihrem Körperbild sind darauf zurückzuführen. Jede heterosexuelle Beziehung hätte für sie eine Bloßstellung bedeutet. Die Existenz dieses Körper-Phallus als geheimer Besitz hatte die Entdeckung ihrer Genitalität in der Pubertät erschwert, denn das hätte bedeutet, daß sie die Kastrationsängste in ihrer ganzen Vehemenz hätte ertragen müssen. Depressionen, Ekel und Abscheu vor sich selbst begleiteten jedesmal ihre Menstruation. Die narzißtische Besetzung der Funktionen des geistigen Ichs war eine der Abwehrmöglichkeiten dagegen. Die Körper-Phallus-Identifikation war überdies eine omnipotente Abwehr gegen die Verleugnung ungelöster und regressiver Identifikationen mit der Mutter. In diesem Stadium der Analyse gelang es uns, »die geistige Emotionalität« von Phase I als einen spezifischen Affekt, der mit diesem geheimen Körper-Phallus-Bild des Selbst verknüpft war, zu identifizieren und zu analysieren. Wir verstanden jetzt die Nichtmitteilbarkeit und das Vermeiden von affektiven Beziehungen. Das Gefühl von Angst und ehrfürchtiger Scheu war als phobische Ausformung ebenfalls in die Ich-Haltungen und Abwehrformationen inkorporiert worden. Die klitoridale Masturbation als eine Möglichkeit, die innere Erregung und Spannung abzuführen, war für sie kein Ausweg, denn das hätte zur Entdeckung der Kastration geführt. Ehrfürchtige Scheu ist ein komplizierter Affekt, der sich aus libidinöser Neugier, Angst und Aggression zusammensetzt. So entsteht eine Fixierung auf das Objekt oder die Situation, die die ehrfürchtige Scheu auslöst. Dieses innere Bild des Körper-Ichs als »Körper-Phallus« verzerrte die passiven Wünsche der post-phallischen Phase. Die Patientin hatte die zärtlichen und liebevollen Angebote des Vaters während der ganzen Kindheit und Latenz trotzig zurückgewiesen. Aus direkten Beobachtungen und klinischer Erfahrung wissen wir, daß depressive Kinder dazu neigen, in das Schauen als Mittel des Fühlens, Wahrnehmens und »Handelns«, d. h. des sich Ausdrückens, übermäßig zu investieren. Die Erfahrungen mit dem Bruder und die daraus resultierende Faszination und ehrfürchtige Scheu vor dem Penis hatten bei dieser Patientin die Verwendung des Schauens als eine Ich-Funktion verstärkt und mit starken prägenitalen Besetzungen ausgestattet. Charakteristisch ist auch, daß »maskuline« phallische Strebungen als Reaktion auf den Penisneid und die Kastrationsangst nicht durch eine Ausbeutung von Motilität und Körpermuskulatur, d. h. durch eine Verstärkung des Körpernarzißmus, zum Ausdruck kamen. Die Schuldgefühle, die sie wegen des geheimen Körper-Phallus hatte, hemmten auf der phallischen Stufe alle exhibitionistischen Tendenzen und bewirkten statt dessen ein dissoziiertes Phantasieren, d. h. eine Art intrapsychischen Exhibitionismus. Eine weitere Folge der psychischen Errichtung eines Körper-Phallus war die Projektion aller aggressiven, sadistischen Phantasien auf den männlichen Phallus. Damit war eine Prädisposition für eine homosexuelle Lösung gegeben, bei der die Patientin den Körper-Phallus in einer Liebesbeziehung einer Frau (Mutter) zugänglich machen und damit für eine Wiedergutmachung benutzen konnte. Nur auf diese Weise konnte sie ihren eigenen weiblichen Körper, seine Attribute und seinen Narzißmus, wieder entdecken. Jetzt erst, in Phase III, kam es zu einer aktiven rezeptiven affektiven Beziehung zum Analytiker. Sie entdeckte erneut ihre mit dem männlichen Phallus verbundene Neugier und libidinösen Wünsche und sie verfügte nun über eine echte weibliche genitale Position.

(II) *Die Beziehung zum Vater*
Sowohl Freud (1931b, 1933a) als auch Deutsch (1932, 1944) haben mit Nachdruck auf die Existenz einer ödipalen Beziehung zum Vater und den Rückzug daraus als einen wesentlichen Faktor in der Genese der weiblichen Homosexualität hingewiesen. Freuds (1933a) Ausführungen sind eindeutig und klar: »Die weibliche Homosexualität setzt selten oder nie die infantile Männlichkeit gradlinig fort. Es scheint dazuzugehören, daß auch solche Mädchen für eine Weile den Vater zum Objekt nehmen und sich in die Ödipussituation begeben. Dann aber werden sie durch die unausbleiblichen Enttäuschungen am Vater zur Regression auf ihren frühen Männlichkeitskomplex gedrängt« (S. 139). Deutsch (1944) wies vor allem auf die verhängnisvolle Rolle des Vaters in der Pubertät für die homosexuelle Objektwahl bei Frauen hin: »Das Licht oder der Schatten des Vaters fällt immer in der Pubertät auf die ursprüngliche Beziehung zur Mutter« (Bd. 1, S. 120). Beides trifft bei meiner Patientin zu. Ihre Beziehung zum Vater läßt sich am besten anhand eines Traumes beschreiben, der in die letzten sechs Monate ihrer Analyse fiel: »Da ist eine Küste. Wunderbares blaues Meer. Da steht ein wunderschönes Gebäude; es ist eine Kirche. Davor steht ein schwarzer Häuptling, der sie (die Patientin) neugierig betrachtet, als sie die Kirche betritt. Sie hat überhaupt keine Angst.«
Mit einem Gefühl von Trauer erwachte sie nach diesem Traum und es kam ihr der Gedanke, daß diese Betonung des Wundervollen eine Verleugnung ihrer Traurigkeit gewesen

sein müsse. Der schwarze Häuptling ließ sich leicht als der Analytiker identifizieren. Ihr nächster Einfall beschäftigte sich mit ihrem Erlebnis in der gotischen Kirche vor ungefähr drei Jahren, als sie bei einer Darstellung von Christus am Kreuz ein Schaudern und Frösteln empfunden hatte. Sie fing in der Stunde zu weinen an. Ihr fiel die sanfte zärtliche Art ihres Vaters ein und daß sie ihn in der Latenzzeit gemieden hatte und sich an Mutter und Bruder gehängt hatte. Während der Pubertät hatte sie versucht, seine Bewunderung und Zuneigung zu gewinnen. Der Bruder hatte das Haus bereits verlassen und nur ihre Eltern und sie lebten noch zusammen. Sie hatte jedoch keinen Erfolg damit, denn der Vater hatte zu dieser Zeit eine tiefe religiöse Bekehrung erlebt, sich ganz dem kirchlichen Leben zugewandt und das Interesse an seinem Zuhause verloren. Mit diesem Thema hatten wir uns während der letzten Monate beschäftigt, und es war deutlich geworden, daß der Vater über den depressiven Zustand der Mutter allmählich verzweifelte. Für die Patientin gab es in ihrer subjektiven Rückerinnerung überhaupt keinen Zweifel, daß die Depression der Mutter die Hinwendung des Vaters zur Religion ausgelöst hatte. Alle Versuche der Patientin, sein Interesse neu zu wecken, schlugen fehl. Ihr fiel ihr früherer Traum mit den Leichen in der Kirche zu dem jetzigen Traum ein und eine merkwürdige Erinnerung tauchte auf: wenn sie einer Predigt ihres Vaters zuhörte, hatte sie häufig ein Übelkeitsgefühl empfunden und den Wunsch, sich zu erbrechen. Sie selbst brachte das mit masturbatorischen genitalen Erregungen in Verbindung. Sie erinnerte sich lebhaft und schmerzlich an die tiefen Qualen und die Verzweiflung, die sich damals im Gesicht und der ganzen Gestalt des Vaters widerspiegelten, und daß sie tief bekümmert war über ihre Unfähigkeit, daran etwas zu ändern. Jetzt konnte sie über seinen Tod und den großen Verlust, den sei dadurch erlitten hatte, Trauer empfinden, denn für sie war er ein besonders mitfühlender und zärtlicher Vater gewesen.

In der Adoleszenz hatte sie sich von beiden Eltern verächtlich und in höflicher Geringschätzung abgewandt. Ihre Gefühle von diesem Zeitpunkt an beschrieb sie einerseits als affektiv oberflächlich und unwirklich, andererseits habe sie eine ängstliche Erregtheit in sich verspürt.

(III) *Die Schicksale der Körper-Ich-Entwicklung auf der genitalen Stufe*
Die analytische Arbeit mit der Patientin in Phase III befaßte sich im wesentlichen mit der Entdeckung und dem Erleben der vaginalen Sexualität und mit ihren Objektbeziehungen. Diese Phase der Behandlung war so großartig und von einem solchen Engagement, daß ich ihr nicht ohne weiteres gerecht werden kann. Ich möchte mich hier auf ein Körperorgan beschränken, die Vagina, und die Wiederentdeckung und Assimilation dieses Organs in ihre gesamte psychosexuelle Integration und Funktionsweise beschreiben. Ich habe bereits erwähnt, daß die Patientin die Versuche ihrer Freundin, ihre Genitalien mit dem Finger zu untersuchen, schmerzhaft erlebt hatte. Ihre Erfahrungen beschränkten sich auf eine orale, visuelle, kutane und klitoridale Stimulierung. Sie wiederum hatte die Genitalien ihrer Freundin untersucht und dabei eine »identifikatorische« Befriedigung erlebt. Gerade dieser *Mangel* in ihrer Beziehung hat mit zu der geglückten »Entwöhnung« beigetragen. Dieser besondere Aspekt von Körper-Ich-Erfahrung, nämlich eine negative Empfindung von der Existenz eines Organs, das in seiner Erregung zu fühlen war, das sie jedoch für sich weder psychisch real noch psychisch sichtbar machen konnte, spielte bei ihrem Übergang zu einer heterosexuellen Objektwahl eine wichtige Rolle. Sylvan Keiser (1956, 1958) hat die Folgen, die sich aus der Unsichtbarkeit der Vagina für die weibliche psychosexuelle Entwicklung herleiten, großartig beschrieben. Keiser versucht, die *Bedeutung* der Vagina als ein im Inneren liegendes, unsichtbares Organ unter dem Aspekt des Körperbild-Bewußtseins und seinen Auswirkun-

gen auf die Ich-Entwicklung zu erklären. Keisers (1956) Hypothese lautet wie folgt:

Das, was aufgrund von Schlußfolgerungen gelernt wird oder von propriozeptiven Empfindungen hergeleitet wird, ist nicht dasselbe wie das, was durch den Gebrauch der sensorischen Organe, vor allem des Gesichtssinns, erworben wird. Das Körperbild der Frau muß man sich als von dem des Mannes verschieden vorstellen; es ist ein Körperbild, das geometrisch unvollständig ist, da der Gestalt ein unabgegrenzter Bereich verbleibt. Für die Frau ist das aber normal. Das könnte bei der Frau einen der Faktoren in ihrem Gefühl von Unvollständigkeit und der stärkeren Besetzung des übrigen Körpers darstellen. Die Wunde, die Kastration, könnte auch ein Riß in ihrem Körper-Ich sein, den sie unentwegt reparieren möchte. Der Penisneid könnte sich mit dem Wunsch vereinigen, das Körperbild zu vervollständigen, die Öffnung im Körperschema zu beseitigen. Das Ich kann auch ohne die klare Repräsentanz eines ausführenden Organs darum ringen, die Triebwünsche des Es zu bewältigen... Die Vagina ist hinsichtlich ihrer Empfindungen und was ihren Zugang zum Bewußtsein betrifft, gänzlich von einem äußeren Stimulus abhängig. Ohne den Penis gibt es keine richtige Definition der Vagina.

An einem faszinierenden Fallmaterial macht Keiser (1958) die Rolle deutlich, die die Verleugnung der Vagina-Imago bei der Hemmung der Ich-Funktionen spielt.

Wenn das Bedürfnis, die Vagina zu verleugnen, auf die anderen Köperöffnungen verschoben wird, kommt es zu einer Regression auf den frühesten, noch vor der Trennung von der Mutter liegenden infantilen Zustand... Um die Existenz der Vagina akzeptieren zu können, muß Vertrauen in ein aus Beschreibungen und Schlußfolgerungen gewonnenes Wissen vorhanden sein. Wird das Wissen von einer Vagina verdrängt, kommt es nicht nur zur Verdrängung des abstrakten Denkens; auch jedem anderen Wissen wird der Zutritt zum Körper verwehrt, da Zugänge nicht anerkannt werden.

Mit der Hypothese von Keiser als einem ausgezeichneten Bezugsrahmen möchte ich einige Aspekte der Entfaltung der Genitalität und deren Verhältnis zur homosexuellen Beziehung untersuchen. Im Bericht über Phase II haben wir gesehen, wie die intime Körperbeziehung zur Freundin wichtige archaische Aspekte ihrer gestörten Beziehung zur Mutter wiederholte. Ich habe sowohl die defensive wie auch die befreiende Rolle untersucht, die diese Aspekte im Hinblick auf Kastrationsangst und Penisneid sowie hinsichtlich der Wiedergutmachungsbedürfnisse gegenüber der Mutter und dem persönlichen Körper-Ich spielten. Als die Patientin in ihren libidinösen Befriedigungen einen Sättigungspunkt erreicht und Vertrauen in die Lebendigkeit ihres eigenen Körpers und die nährende, sich selbst und dem Objekt Lust spendende Qualität ihrer Triebe und Körperorgane gewonnen hatte, vollzog sie allmählich den Übergang zu einer heterosexuellen Objektwahl. Damit wurde eine spezifische, der Abwehr dienende Funktion des leidenschaftlichen »symbiotischen« Körperrapports und Körperdialogs mit der Freundin ihrer Einsicht zugänglich. Deren Ziel war die Verleugnung der Existenz einer affektiven Verwirrung wegen ihrer vaginalen Empfindungen. Jetzt konnte sie sich an meine früheren Deutungen erinnern und verstehen, was ich mit der Flucht vor ihrem erregten Körper gemeint hatte. Der »erregte Körper« war das erregte Genitale, von dem sie nichts *wußte*. Sie hatte das Gefühl, daß sie es eigentlich hätte wissen müssen, doch kam es nur zu einer regressiven Verwirrung zwischen den anderen Körperöffnungen und den damit verknüpften Phantasien. Ihr ganzes Leben lang habe sie das Gefühl gehabt, als gebe sie vor, Bescheid zu *wissen*: in Wirklichkeit sei nie ein Gedanke »in meinen Kopf eingedrungen«. Ihre Angst, sie täusche Wissen nur vor, und ihr sicheres Gefühl, sie sei total leer und dumm, haben hier ihre Wurzeln. Das gleiche gilt für ihr Gefühl, daß das, was sie in sich habe, Faeces und anal oder oral inkorporiertes nutzloses Zeug sei. Jetzt wollte sie die Vagina finden. Sie bekannte sich jetzt mit schmerzlicher Beschämung zu ihrem ursprünglichen Wunsch in der Übertragungsbeziehung und ihrer Analyse, nämlich genital masturbiert zu werden. Auch wenn sie das erst jetzt verbalisieren und fühlen konnte, muß dieser Wunsch schon ganz zu Beginn der Analyse vorhanden gewesen sein, als sie nur konfuse erregte Spannungen empfinden konnte. Sie hatte die Spannung als »ein Traum, der nicht zu sehen war« beschrieben. Ich glaube, wir können in der verfrühten genitalen Erregung in der Übertragungssituation eine Bestätigung für meine Behauptung erkennen, daß Deprivationen von Körperbesetzungen durch die Mutter zu frühreifen und zufälligen genitalen Empfindungen geführt haben, bei dieser Patientin vielleicht durch zufällige Erkundungen mit der Hand (s. Kapitel 3). Greenacre (1950b) hat auf ein durch Streß und Sauberkeitserziehung hervorgerufenes frühes vaginales Bewußtsein hingewiesen (vgl. auch Kestenberg, 1956a; Eissler, 1939). Nach meinen klinischen Erkenntnissen wird die Verleugnung der Vagina pathogen, wenn es in der Körper-Ich-Entwicklung des weiblichen Kindes ein frühreifes *Gewahrsein* vaginaler Empfindungen gegeben hat. Dies führt zu einer Konfusion über die Körperöffnungen. Die Zuflucht in einer körperlichen Verschmelzung mit der Mutter, so vermutet Keiser, dient dann als Abwehr. In der Beziehung zur Freundin verleugnete die Ekstase über das Einssein das Getrenntsein ihres jeweiligen Körper-Ichs. Das verfrühte Vorkommen der Vagina, das das kleine Mädchen psychisch nicht bewältigen kann, führt zur Verleugnung der Vagina im Körperbild und bewirkt ein Mißlingen der Neutralisierung jener larvenhaften genitalen Impulse, die der post-phallischen Phase zugehörig sind. In der späteren Charakterbildung formiert sich statt der weiblichen Aufnahmebereitschaft der leidenschaftliche, gierige Wunsch nach einer Einverleibung der Objekte und/oder eine verstockte Negativität.

Als die Patientin die primitiven Ängste vor einer Zerstörung ihres Körpers durchgearbeitet hatte, konnte sie sich mit Lust der Entdeckung und dem Gebrauch ihrer Genitalien zuwenden (vgl. Klein, 1932). Auch das Unbefriedigende der klitoridalen Erregung konnte sie zugeben.

Es scheint mir wichtig, über ihre Erfahrungen beim ersten genitalen Verkehr und die nachfolgenden Reaktionen zu berichten. Sie hatte das Gefühl, auf seltsame Weise erfüllt und befriedigt zu sein, und sie entdeckte, daß genitaler Verkehr nicht totale Passivität bedeutet: sie mußte nicht das gute Kind sein, das einen Schluck (Medizin) nimmt, um der Mutter zu gefallen; sie konnte aufnahmebereit und aktiv sein. Die vaginalen Spasmen hatten weder die beißende Kraft des Mundes noch die sadistische verschließende Qualität des Anus. Die Vagina sei wirklich ein einmaliges Organ mit einer einmaligen Funktion und der Fähigkeit, Lust und Befriedigung zu bereiten. Noch überraschter war sie, als sie die Realität des männlichen Penis entdeckte. Er sei weder überwältigend noch erschreckend. Wörtlich meinte sie: »Er muß schon recht umsorgt und ermutigt werden.« Kurz, sie war voll körperlicher und seelischer Zuversicht, die Genitalität als echte Funktion ihres Körper-Ichs nunmehr erleben zu können (vgl. Zilboorg, 1944).

In der Analyse veränderte sich ihr Verhalten zu einer ruhigen Aufnahmebereitschaft und der Fähigkeit zum Dialog. Deutungen konnte sie jetzt verstehen und mit ihnen arbeiten. Sie war eine Frau – physisch, affektiv, geistig und sozial eine ganze Person (vgl. Payne, 1935; Brierley, 1932, 1936).

(IV) *Aspekte der Entwicklung des Über-Ichs*
Über-Ich und unbewußte Schuldgefühle stellen in der Psychodynamik jeder Perversion einen wesentlichen Faktor dar. Trotzdem habe ich die Rolle, die das Über-Ich in der Ätiologie der homosexuellen Episode und Liebesbeziehung bei dieser Patientin spielte, kaum erwähnt. So wie ich die

Phasen I und II dieser Analyse klinisch verstand, konnte ich bei dieser Patientin keine Anzeichen für ein wirkliches Gefühl von Schuld oder einen strukturierten Über-Ich-Prozeß entdecken (vgl. Winnicott, 1958b). Das soll nicht heißen, sie sei amoralisch gewesen – ganz im Gegenteil; sie war in moralischer Hinsicht nur schwer zufriedenzustellen. Ich spreche hier von Schuld im Sinne eines Angstaffekts, den das Ich in seiner inneren Beziehung zum Über-Ich erlebt. Das, was die Patientin während der Phasen I und II als Äquivalent von Schuldgefühlen erlebte, war ein komplexer und diffuser Angstzustand, der sich hauptsächlich aus einem auffallenden Verlust des Selbstwertgefühls, einem Gefühl der Erniedrigung und Minderwertigkeit, aus Angst vor einem Objektverlust, Trennungsangst und einer erotisierten aufgeregten Ängstlichkeit zusammensetzte. In der sich preisgebenden und ekstatischen Art, in der sie sich in die körperlichen Intimitäten mit der Freundin stürzte, scheint mir das Fehlen von Schuldgefühlen auch erkennbar zu sein. Was vor allem in Erscheinung trat, war die akute Furcht vor dem Verlust der Freundin und eine extreme Form von bleierner Angst, sie könnte sexuell unzulänglich und deshalb nicht imstande sein, die Freundin zu befriedigen. Der Kummer über ihre Unfähigkeit, Lust zu bereiten und Wiedergutmachung zu leisten, ihr Schmerz über ihren Mißerfolg, die Freundin vor den depressiven Stimmungen, in die diese zu fallen pflegte, zu retten, sowie ihre Unfähigkeit, sie zu umhegen und glücklich zu machen, waren das beherrschende Thema. Wichtig scheint mir auch zu sein, daß weder Freud noch Deutsch, weder Fenichel noch Bergler oder Bacon die Rolle des Über-Ichs oder der unbewußten Schuldgefühle in der Psychogenese der Homosexualität bei ihren Patientinnen erwähnt haben. Der Hauptgrund dafür ist, daß die weibliche Homosexualität eine viel archaischere Ebene in der libidinösen Beziehung zur Mutter einnimmt als die männliche Homosexualität, ein Punkt, auf den Freud (1933a), Deutsch (1944), Fenichel (1945), Jones (1935) und

Bacon (1956) hingewiesen haben. Bei meiner Patientin stammten die Identifikationen mit dem Vater aus der phallischen Phase, und zwar aus den »aktiven« Elementen und Impulsen der phallischen Erogenität. Sie verstärkten die intellektuelle Entwicklung und stellten zugleich eine Abwehrfunktion gegen die Kastrationsangst im Hinblick auf den Bruder und eine zu starke regressive Bindung an die Mutter dar. Ich glaube, das schwächte die Entwicklung ihres Ödipuskomplexes noch mehr und führte infolgedessen zu einer archaischen Sphinktermoral mit schweren Reaktionsbildungen, die eher auf eine sehr ambivalente präödipale Beziehung zur Mutter zurückgeht als auf ein ödipales Über-Ich. In ihren Affektzuständen erkennt man eher Trennungsangst, Verlust von Selbstwertgefühl und Angst vor dem Verlassenwerden in Verbindung mit einer Erschöpfung der narzißtischen Zufuhren des Ichs als Hemmung und Angst, die auf echte Schuldgefühle hindeuten würden.

Freud (1925j) war davon überzeugt, daß das Über-Ich der Frau weniger absolut und abstrakt ist als das des Mannes. Er brachte das mit dem anatomischen Geschlechtsunterschied und dessen psychologischen Konsequenzen in Verbindung, insofern als der Ödipuskomplex beim Mädchen »eine sekundäre Bildung ist. Die Auswirkungen des Kastrationskomplexes gehen ihm vorher und bereiten ihn vor«. Freud sagt:

Beim Mädchen entfällt das Motiv für die Zertrümmerung des Ödipus-Komplexes. Die Kastration hat ihre Wirkung bereits früher getan, und diese bestand darin, das Kind in die Situation des Ödipus-Komplexes zu drängen. Dieser entgeht darum dem Schicksal, das ihm beim Knaben bereitet wird, er kann langsam verlassen, durch Verdrängung erledigt werden, seine Wirkungen weit in das für das Weib normale Seelenleben verschieben. Man zögert es auszusprechen, kann sich aber doch der Idee nicht erwehren, daß das Niveau des sittlich Normalen für das Weib ein anderes wird. Das Über-Ich wird niemals so unerbittlich, so unpersönlich, so unabhängig von seinen affektiven Ursprüngen, wie wir es vom Manne fordern (Freud, 1925j, S. 29).

Keiser (1958) nannte in seinen Untersuchungen über eine spezifische Angstsituation und deren Bezug zur weiblichen Körper-Ich-Entwicklung noch eine andere Quelle für diesen Mangel an Unabhängigkeit bei der Frau, nämlich die Unsichtbarkeit der Vagina.

> Betont wird die Bedeutung des Körperbildes und die Rolle, die visuelle Faktoren in der frühen Ich-Entwicklung spielen, wobei die penislosen weiblichen Genitalien eine gebührende Berücksichtigung finden. Was in die sorgfältigen Überlegungen jedoch nicht einbezogen worden ist, ist die Unsichtbarkeit der Vagina. Sie vermittelt dem Kind keine direkte sensorische Erfahrung, was nicht ohne Auswirkungen auf das Körperbild bleiben kann. Die Existenz der Vagina stellt immer eine von einer Autorität hergeleitete Schlußfolgerung dar oder muß von ihr akzeptiert werden (vgl. Greenacre, 1948).

Ich glaube, daß diese Abhängigkeit der Frau von einem äußeren Objekt für die *Realisierung* des wichtigsten Organs ihrer Triebregungen als Erwachsene ein weiterer Grund dafür ist, warum das weibliche Über-Ich diffuser, bestechlicher und gewährender bleibt (vgl. Brierley, 1936).

Ein spezifisches Schicksal der Über-Ich-Entwicklung bei dieser Patientin scheint mir noch wichtig. Aus der Analyse ihrer homosexuellen Beziehung kann man schließen, daß sich ihre Über-Ich-Entwicklung aus zwei sich ergänzenden Prozessen zusammensetzte. Der eine war die Flucht vor den phallischen Traumen angesichts des Bruders in eine aktive Serie von Identifikationen mit dem Vater auf geistiger Ebene, der andere die regressive geheime Herausbildung eines Ich-Ideals, das aus den archaischsten und positivsten Aspekten der Körperliebe bestand, die sie als Säugling und Kleinkind von der Mutter erfahren hatte (vgl. Sandler, 1960; Milner, 1952). Die archaischen Wünsche, die mit diesem Ich-Ideal verbunden waren, führten zu einer leidenschaftlichen Verschmelzung und körperlichem Einssein mit einem weiblichen Objekt. Die Abwehrfunktion einer solchen Verschmelzung diente der Patientin in der Kindheit als Schutz vor den zu regressiven Verstrickungen mit der Depressivität der Mutter. Dieses Ich-Ideal einer archaischen Körperliebe machte es der Patientin möglich, die Erfüllung in die Zukunft zu verschieben (vgl. Schafer, 1960) und begünstigte das Agieren der homosexuellen Lösung. Den akuten Verlust ihres Selbstwertgefühls konnten wir erst wirklich verstehen, nachdem wir ihn mit den absoluten Forderungen an das Ich verknüpfen konnten, die Diktate dieses Ich-Ideals zu erfüllen (Reich, 1960). Eine weitere intrapsychische Folge dieser geheimen Ausbildung eines Ich-Ideals von Körperliebe war zudem, daß es alle guten und positiven libidinösen Erfahrungen der Körperpflege und Körperliebe der frühen Säuglings- und Kinderzeit auf sich gezogen hatte. Damit verblieben dem Ich der Patientin nur jene Identifikationen mit der Mutter, die mit konflikthaften prägenitalen Erfahrungen (der Sauberkeitserziehung) in Verbindung standen. Die Abwehren gegen die mit der Mutter verknüpften Konflikte nahmen entweder die Form masochistischer Unterwürfigkeit oder affektiver Dürre und Negativität an. Die homosexuelle Beziehung stellte einen Versuch dar, diese Abwehren, die sich unerbittlich in ihrer Charakterstruktur festzusetzen drohten, zu durchbrechen. Man könnte in diesem Zusammenhang die homosexuelle Beziehung als eine Regression im Dienste des Körper-Ichs bezeichnen (vgl. Ferenczi, 1923; Kap. 3).

Wenn sich das Über-Ich aus der introjizierten Autorität der Eltern zusammensetzt und in der phallischen Phase aus Identifikationen besteht, die die inzestuöse Objekt-Besetzung des aktuellen Ödipuskomplexes mit einer korrespondierenden und komplementären Desexualisierung und Sublimierung der libidinösen Neigungen ersetzt haben (Freud, 1924d), kann man davon ausgehen, daß in der menschlichen Psyche auch noch ein archaischeres und primitiveres psychisches Agens existiert, nämlich das Ich-Ideal. Es vereint auf sich alle verdrängten oder aufgegebenen Körpererfahrungen, die mit der Säuglingspflege und guter mütterlicher Betreuung verknüpft sind, ist enger mit den Schicksalen der primitiven Körper-Ich-Entwicklung verbunden und ist auch Erbe des primären Narzißmus des Säuglingsalters. Die Pathologie dieses Ich-Ideals hängt von der Pathologie der frühen Beziehung zur Mutter ab. Das läßt den Schluß zu, daß aufgrund der biologischen Identität und verlängerten präödipalen Beziehung zur Mutter diesem Ich-Ideal in der weiblichen psychosexuellen Entwicklung eine größere Bedeutung zukommt als beim Mann. Vielleicht leitet sich die weibliche Fähigkeit, rezeptiv, empathisch und gegenüber primitiven Körpererfahrungen, die in der Fürsorge einer Mutter für ihren Säugling zum Ausdruck kommt, toleranter zu sein, aus der positiven Beziehung zwischen Ich und Ich-Ideal her. Die Präsenz dieses Ich-Ideals könnte auch der Grund dafür sein, warum die weibliche Homosexualität in ihren Wiederholungen der Mutter-Kind-Beziehung archaischere Formen annimmt und eine homosexuelle Erfahrung für das Ich der Frau weniger einen Bruch bedeutet und weniger ich-fremd ist als für den Mann. Es ist eine Tatsache, daß weibliche Homosexuelle in der Regel ihre psychosexuelle Störung in der Gesellschaft weniger offenkundig zur Schau stellen als männliche Homosexuelle. Sie unterliegen auch nicht dem Zwang der männlichen Homosexuellen, die Gesellschaft mit hineinzuziehen und sie zu zwingen, ihre Fehlanpassung mit Toleranz und Verherrlichung zu akzeptieren. Die Tatsache, daß die weibliche Homosexualität für die weibliche Persönlichkeit ich-syntoner und weniger destruktiv ist, könnte vielleicht der Grund dafür sein, daß die Gesellschaft keine übermäßige Notiz von ihr nimmt und sie nicht allzu streng verurteilt.

ZUSAMMENFASSUNG

Anhand klinischen Materials über eine junge Patientin wird dargelegt:
1. die Rolle der infantilen Sexualität in weiblichen homosexuellen Beziehungen;
2. die spezifische Bedeutung der gestörten und symbiotischen Mutter-Kind-Beziehung in der weiblichen Homosexualität;
3. die Rolle der Homosexualität als ein Versuch, die Konflikte einer solchen archaischen, kollusiven und gestörten Beziehung zur Mutter zu wiederholen und auszubauen;
3. der Beitrag der mütterlichen Pathologie zur Prädisposition für homosexuelle Erfahrungen bei der Frau;
5. die Rolle von Kastrationsangst, ehrfürchtiger Faszination vor dem Penis (penis-awe) und Modifikationen des Ödipuskomplexes;
6. die Auswirkung konflikthafter früher Objektbeziehungen (Mutter, Vater, Bruder) auf die Körper-Ich-Entwicklung mit besonderer Berücksichtigung der Schwierigkeiten, die mit der Entdeckung der Vagina und deren psychischer Assimilation bei der Identitätsbildung zusammenhängen;
7. die Verzerrung der Über-Ich-Entwicklung durch eine regressive Idealisierung früher Körperpflege-Erfahrungen durch die Mutter (Ich-Ideal);
8. die Rolle des Agierens bei der Behandlung der Homosexualität und das Problem der Übertragungsneurose.

5
Die Rolle des »montierten inneren Objekts« (»collated internal object«) bei der Perversionsbildung

> Es ist hier ein Stück seelischer Arbeit geleistet, dem man trotz seines greulichen Erfolges den Wert einer Idealisierung des Triebes nicht absprechen kann.
> *Freud, 1905d, S. 61*

> Es ist richtig, daß das Stückchen Wolldecke (oder was immer es sein mag) irgendein Teilobjekt, wie beispielsweise die Brust, symbolisiert. Dennoch ist seine Spezifität nicht so sehr sein Symbolwert als vielmehr sein tatsächliches Vorhandensein.
> *Winnicott, 1951, S. 299*

Freud hat schon zu Beginn seiner Forschungen darauf hingewiesen, daß der Perversionsbildung »ein Stück seelischer Arbeit« zugrunde liegt. Es verging mehr als ein halbes Jahrhundert, ehe die psychoanalytische Theorie den wahren Charakter und die Rolle dieser seelischen Arbeit als Ausdruck frühreifer Ich-Entwicklung erklären konnte (vgl. James, 1960). Winnicott ging von einem ganz anderen Aspekt aus und wies auf die Notwendigkeit und Rolle eines *zur Verfügung stehenden* (mütterlichen) Objekts hin, wenn das kleine Kind in den psychischen Genuß der angeborenen Reifungsfähigkeiten kommen soll. Vielleicht ist die Rolle, die diese beiden Faktoren spielen, in der Perversionsbildung dynamisch stärker wirksam als bei allen anderen Formen von Persönlichkeitsbildung.

Nach meiner Hypothese, die ich hier vorstellen möchte, kommt es in den frühkindlichen Entwicklungsstufen des Perversen zu einer spezifischen Qualität von Fehlanpassung und/oder einem übermäßigen Verstoß seitens der primären (mütterlichen) Umwelt, was durch eine frühreife Fähigkeit des Ichs zu seelischer Arbeit kompensiert wird. Dies führt zur Bildung einer inneren psychischen Realität eines »montierten inneren Objekts«, was beim Perversen dem entspricht, was Winnicott (1951) als das Übergangsobjekt in der üblichen normalen Entwicklung beschreibt. Dieses »montierte innere Objekt« kann der Perverse nur durch besondere sexuelle Geschehnisse erleben und verwirklichen. Diese Auffassung macht einen Hinweis auf drei grundlegende Merkmale bei Perversionen erforderlich: (I) die Notwendigkeit von Vorhandensein und Entgegenkommen eines äußeren Objekts; (II) Art und Qualität eines organisierten Phantasiesystems im Subjekt (dem Perversen), das unbewußt und nicht erkennbar ist; (III) das Vorhandensein einer Erlebnissituation, in der die oben erwähnten Faktoren aktualisiert werden können. Raum, Motilität, Sehen und Berühren sind wesentliche Bestandteile dieser Erlebnissituation.

Ein großer Teil der Verwirrung in der analytischen Theoriebildung über Perversionen rührt von der Tatsache her, daß diese drei Faktoren nicht im Zentrum der Überlegungen verbleiben. Perverse Phantasien ohne deren Ausübung sind keine Perversion. Andererseits können brutale, sadistische oder masochistische sexuelle Handlungen bei seelischen Defekten nicht als Perversionen bezeichnet werden, weil ihnen jene in der Phantasie stattfindende seelische Arbeit fehlt, die gemäß Freud und nach unseren klinischen Erfahrungen für die Perversionsbildung wesentlich ist. Der Perverse braucht ein Objekt und sein eigenes Phantasiesystem, um das sexuelle Geschehen zu aktualisieren, das im Leben einzig und allein seiner Erfahrung von sich selbst Wahrhaftigkeit und Gültigkeit verleiht.

Es ist ferner unerläßlich, unsere vorgefaßten Meinungen über den wahren Charakter und die Natur der Perversionen zu revidieren. Perversionen haben ihre eigene spezifische psychische Struktur, die einerseits neurotische und psychotische Elemente umfassen kann und andererseits mit einem normalen Leben vereinbar sein kann. Die rigide Tendenz, Perversionen entweder als das Gegenteil der Neurosen oder eine Abwehr gegen psychotische Zustände zu definieren, kann und muß unserem wirklichen Verständnis der Perversionsbildung hinderlich sein. Perversionsbildungen stehen kulturellen Artefakten sehr viel näher als Krankheitssyndromen. Das heißt natürlich nicht, daß Perversionsbildungen in ihrem Charakter nicht pathologisch sind; es unterstreicht nur, daß die Realität der eigenen Perversion in der Wahrnehmung des Perversen etwas ist, was seinem Empfinden und seinem Charakter nicht notwendigerweise als krank oder fremd erscheinen muß (vgl. Rosolato, 1967). Perversionsbildungen nehmen im gesamten Leben des ausübenden Perversen eine Rolle ein, die von derjenigen, die Neurosen und Psychosen im Leben psychiatrisch kranker Personen spielen, verschieden ist.

Der Perverse ist, bis zu einem gewissen Grad und in bestimmter Weise, von seinen perversen Handlungen distanziert und dissoziiert und widmet dem Genuß seiner Zwänge eine seelische Sorgfalt und Anstrengung, die in vielem mit dem vergleichbar ist, wie ein Künstler seinen Ideen und deren Verwirklichung nachgeht. Gerade dieser Faktor *versetzt* den Perversen in eine ganz besondere Beziehung zu seinen *sexuellen Geschehnissen*, und zum Teil entstammt die Untröstlichkeit des Perversen und sein Gefühl der Entfremdung gerade bei der tatsächlichen Verwirklichung seiner Wünsche eben diesem Faktor. Die Aufstellung einer persönlichen Gleichung zwischen dem privaten wahren Selbst des Perversen und seinen *sexuellen Geschehnissen* stößt oft auf die gleichen Schwierigkeiten wie bei einem Schriftsteller die Identifizierung, wie weit seine Personen er selbst und wie weit sie generalisierte Abstraktionen sind (vgl. Smirnoff, 1968).

Das Konzept des »montierten inneren Objekts«: eine Fallgeschichte

Mit einem Hinweis auf die Forschungen Freuds und Melanie Kleins hat Paula Heimann (1952) festgestellt: »Erhält das Ich Reize von außen, so absorbiert es sie und macht sie zu einem Teil seines Selbst, es introjiziert sie ... wir können den Beginn des Ichs mit den ersten Introjektionen eines anderen psychologischen Wesens definieren.« Es liegt nicht in meiner Absicht, hier auf die gesamte komplizierte Theorie über die inneren Objekte einzugehen. Ich möchte meine Überlegungen auf eine besondere Modalität dieses Prozesses bei der Perversionsbildung beschränken. In Kapitel 1 habe ich die Hypothese vertreten, daß das, was bei gewissen Formen von Mutter-Kind-Beziehungen das kleine Kind internalisiert, das *idolisierte* Bild seiner Mutter von ihm selbst ist. Dieses idolisierte Selbst des Kindes ist das »Ding-Geschöpf« (»created-thing«) der Mutter und unterscheidet sich von der gesamten Erfahrung des Kindes von sich selbst. Ich habe dann einige Konsequenzen aus der Beziehung des Kindes zu diesem idolisierten Selbst als innerem Objekt erwähnt. Ferner bin ich darauf eingegangen, wie dadurch die zukünftige Beziehung der Person sowohl zum Selbst wie auch zu anderen verzerrt wird (vgl. Stoller, 1968). Schließlich habe ich die Tatsache betont, daß die Beziehung zum idolisierten Selbst als einem inneren Objekt besonders bei der Perversionsbildung den größten Teil der Besetzung des reparativen Triebs gegenüber anderen Objekten usurpiert.

Hier möchte ich einen spezifischen Gebrauch des Introjektionsmechanismus untersuchen, der das bewirkt, was ich als das »montierte innere Objekt« bezeichne. Ich werde meine Hypothese mit einer Fallgeschichte veranschaulichen, die mir paradigmatisch zu sein scheint.

Ich werde über die Ereignisse in der klinischen Situation in ihrer chronologischen Abfolge berichten. Eine junge Frau von dreißig Jahren hatte eine Behandlung wegen ihrer akuten agoraphoben Ängste gesucht, die jetzt ihr ganzes Leben einschränkten. Sie war eine sehr hübsche und elegante Frau, die glücklich verheiratet war und zwei Söhne hatte. Zur ersten Sitzung war sie mit ihrem *au pair*-Mädchen gekommen, das knapp achtzehn Jahre alt war. Der überweisende Arzt hatte mich wissen lassen, daß sie große Schwierigkeiten habe, allein auszugehen und allein zu sein. Er äußerte die Hoffnung, ich möchte nicht zu streng klassisch vorgehen. So war ich darauf eingestellt, daß sie in Begleitung kam. Worauf ich aber nicht vorbereitet war, war die Tatsache, daß sie darauf bestand, daß das *au pair*-Mädchen während der ersten Sitzung dabei sein solle. Ich war ein wenig verwirrt, akzeptierte aber die Situation. Sie gab einen sehr guten und klaren Bericht über ihre Lebensgeschichte. Sie war ein Einzelkind. Ihr Vater war kurz nach ihrer Geburt durch einen Autounfall zum Krüppel geworden und starb, als sie sieben war. Sie hatte sehr glückliche Erinnerungen an ihn aus ihrer Kindheit, weil sie seine einzige »Gefährtin« war, während die Mutter außer Haus arbeitete. Die Mutter war eine ehrgeizige und tüchtige Frau. Nach dem Tod des Vaters hatte die Mutter sie sehr streng erzogen und darauf bestanden, sie müsse in der Schule hart arbeiten, eine Universitätsausbildung bekommen und einen angesehenen Beruf ergreifen. Die Mutter heiratete wieder als die Patientin dreizehn war. Ihr Stiefvater war jünger als ihre Mutter und nicht sehr kultiviert.

In der Pubertät war sie schnell zu einem sehr hübschen Mädchen erblüht und wurde ständig von Jungen belästigt. Um dieser Plage ein Ende zu machen, heiratete sie plötzlich mit siebzehn Jahren einen etwa zwanzig Jahre älteren Mann. Er war ein gütiger, feiner und wohlhabender Mann, und ihre Mutter hatte keine Einwände erhoben, was sie sehr überrascht hatte. Sie bekam ihren ersten Sohn mit achtzehn und den zweiten mit zwanzig Jahren. Die Erziehung hatte ihr Freude gemacht und die beiden sind zufriedene kräftige Jungen. Nur der jüngere hat eine ähnliche Schwierigkeit wie seine Mutter, insofern er den Weg zur Schule nicht allein gehen kann. Aber wenn er erst einmal dort ist, dann ist alles in Ordnung.

Während ich ihrer Erzählung zuhörte, bemerkte ich, daß das *au pair*-Mädchen auffallend traurig, apathisch und ängstlich geworden war. Als die Patientin unterbrach und mich fragte, ob es sonst noch etwas gebe, was ich von ihr wissen möchte, fragte ich sie nur, wie lange das *au pair*-Mädchen schon bei ihr sei. Sie sagte, seit zwei Jahren und sie hätten sie aus ihrem Heimatland mitgebracht. Dann fragte sie mich äußerst freundlich und unschuldig: »Glauben Sie, Sie könnten etwas machen? Keine der Tabletten meines Doktors hat viel geholfen.« Ich fragte sie, wie lange ihr Symptom sie schon quäle und sie antwortete, seit sie in London angekommen seien. Das war vor einem Jahr. Sie berichtete mir jetzt, daß sie in ihrem Heimatland aktiven Sport betrieben habe, was mit viel Geselligkeit verbunden gewesen sei, und daß sie nie glücklich gewesen sei, wenn sie sich selbst überlassen war.

Es war natürlich nicht möglich, in Gegenwart des *au pair*-Mädchens irgendwelche persönlichen Fragen zu stellen. Ich hatte ihr absichtlich den Vorsprung zugestanden, die klinische Situation nach ihren Wünschen zu arrangieren und zu organisieren, weil ich das Gefühl hatte, daß sie sehr lebhaft etwas agiere und daß ich das geschehen lassen sollte, selbst wenn ich dadurch ein wenig zum Narren gemacht würde. Sie fragte mich, wie eine analytische Behandlung *gemacht* würde. Ich erklärte es ihr ganz kurz und fügte hinzu, daß in ihrem Fall eine Schwierigkeit darin bestünde, wie man ihr dazu verhelfen könne, die Couch *allein* zu benützen. Sie meinte, das sei eine sehr lustige Art, es auszudrücken, und fügte hinzu, daß das *au pair*-Mädchen natürlich in Zukunft nicht dabeisitzen werde, nur heute sei das so gewesen, weil das Mädchen Psychologie studiere und sehr daran interessiert sei zu erfahren, was ein Analytiker mache, und sie habe ihr versprochen, daß sie dabeisitzen könne. Damit hielt sie mich noch mehr zum Narren, aber ich ging ohne einen

Kommentar darüber hinweg. Wir setzten die Stunden fest und kamen überein, die Analyse in der folgenden Woche zu beginnen. Als sie ging, bemerkte sie: »Ist es nicht eine große Schande, daß ich seit einem ganzen Jahr in London bin und noch nirgends gewesen bin, nichts gesehen und nichts gemacht habe? Aber ich fühle mich so voller Angst und hilflos.«

Sie begann die Behandlung, kam regelmäßig und hatte eine angenehme Weise zu sprechen. Es war eine jener Behandlungen, bei denen jede Sitzung recht gut verläuft: Material wird produziert, Deutungen werden gegeben, und doch passiert nichts. Nach ungefähr sechs Monaten brachte sie ihren ersten Traum in die Analyse.

Sie hatte mit Erfolg ihre erste Dinner-Party gegeben. Ihr Mann war sehr angetan davon und hatte ihr als Überraschung eine Uhr geschenkt. Geselliger Umgang war für ihren Mann nicht nur aus beruflichen Gründen sehr wichtig, er lud auch gerne Freunde zum Essen ein. Er war ein Mensch, den seine Freunde und Geschäftspartner sehr gut leiden konnten.

Hier ihr Traum: »Sie erwartet Gäste, ist unruhig und aufgeregt und hastet umher. Keiner kommt, auch ihr Mann ist nicht da. Plötzlich klingelt es an der Tür und sie wacht in Panik auf.«

In ihren Einfällen zum Traum betont sie, wie grundverschieden die Erfahrung im Traum von dem war, was am Abend zuvor wirklich stattgefunden hatte. Sie war tatsächlich ganz ruhig gewesen und hatte den Abend mit Anmut und Eleganz gestaltet. In meiner Deutung hob ich zwei Gesichtspunkte hervor. Erstens, daß sie mir durch den Traum zu verstehen geben wolle, daß sie große Angst habe, sie könnte ihre Symptome verlieren ohne in der Lage gewesen zu sein, mir ihre eigentliche traurige Situation mitzuteilen und mit mir zu teilen. Die Klingel, die sie im Traum geweckt habe, brachte ich mit der Klingel in Zusammenhang, die sie immer kurz vor dem Ende einer Sitzung hört und die den nächsten

Patienten ankündigt. Der zweite Punkt, den ich hervorhob, war, daß ich das Gefühl hätte, daß sie mir in diesem Traum einen erregbaren und ganz anderen Aspekt von sich zu zeigen versuche, den sie in ihren Mitteilungen über sich bis jetzt nicht habe mit einschließen können. Ich hatte das sichere Gefühl, daß sich der Traum auf wirkliche Erfahrungen und Erinnerungen bezog.

Es waren nur noch wenige Wochen bis zur Sommerpause und sie reagierte auf den Traum und die Deutungen mit zahlreichen Stundenausfällen – einige Male wegen einer Erkältung und dann wieder wegen irgendeiner Unpäßlichkeit der Kinder. In den drei Wochen, die auf den Traum folgten, sah ich sie nur ungefähr viermal. Wir waren uns beide darüber klar, daß sie etwas über die Sommerpause hinauszuschieben versuche und ich war nicht dafür, die Sache zu beschleunigen. Ich habe bei der Behandlung von Perversionen die Erfahrung gemacht, daß nichts dem Verlauf des klinischen Prozesses größeren Schaden zufügt als Neugier, wie rationalisiert sie seitens des Analytikers auch sein mag, um ein Geständnis von Phantasien und/oder wirklichen Erfahrungen des Patienten zu erzwingen, ehe dieser von sich aus bereit ist, in einer Weise daran teilnehmen zu lassen, die für ihn von Bedeutung ist. Für mich hatte es bis dahin viele Hinweise gegeben, die mich vermuten ließen, daß die Patientin ein äußerst organisiertes System perverser Phantasien oder Handlungen habe.

In der letzten Sitzung vor der Pause entschuldigte sie sich vielmals dafür, daß es ihr nicht wirklich gelungen sei, mir etwas über ihr »anderes Selbst« zu berichten, wie sie es nannte, aber das alles mache sie so sehr verlegen; sie hoffe aber, nach der Pause gelinge ihr das besser. Sie unterrichtete mich auch davon, daß sie in ihrem Heimatland ungefähr sechs Monate lang einen Psychiater konsultiert habe. Die Behandlung scheiterte daran, daß sie aufgrund seiner »Beschuldigung«, sie halte absichtlich Material zurück, nicht habe sprechen können.

Nach der Sommerpause, die ziemlich lange dauerte und sich ungefähr über acht Wochen erstreckte, weil sie mit den Kindern in ihre Heimat gereist war, kam sie in einer deutlich veränderten Stimmung wieder. Sie berichtete, ihre phobischen Zustände seien entscheidend zurückgegangen, doch sei sie zum ersten Mal in ihrem Leben echt depressiv gewesen und ohne Impuls, irgendetwas zu tun.

Die Arbeit der folgenden drei Monate führte dazu, daß sie allmählich über einen Zwischenfall vor ungefähr fünf Jahren berichten konnte. Ihr Mann war für eine Woche ins Ausland gereist, und sie hatte ihre Söhne zum Wochenende zu ihren Schwiegereltern gebracht, die gut 300 km von ihrem eigenen Wohnort entfernt lebten. Bei ihrer Rückkehr nach Hause verspätete sie sich, weil der Motor ihres Wagens einen Defekt hatte. Mit Mühe fand sie eine Werkstatt – eine recht schäbige, alte, baufällige Bude. Der Mann war bereit, sich den Motor anzusehen. Während er sich an die Arbeit machte, war sie ausgesprochen aufgekratzt und erregt, und sie hänselte ihn. Er sagte ihr, er werde sie gleich knebeln und fesseln, damit er mit seiner Arbeit vorankomme, er habe keine Lust, wegen ihren dauernden Störungen bis Mitternacht hier zu stehen. Sie provozierte ihn weiter mit den Worten »gut, probieren Sie es doch«. Daraufhin fesselte er ihre Hände und Füße und band ihr ihren Schal vor das Gesicht – alles im Spiel. Und dann natürlich »vergewaltigte« er sie, wie sie es nannte.

Als sie über dieses sexuelle Erlebnis berichtete, machte sie die wichtige Bemerkung, daß, obwohl dies alles völlig unerwartet passiert sei und sie anfangs sowohl sehr erregt wie auch erschreckt gewesen sei, sie zu einem gewissen Zeitpunkt das gleiche Gefühl empfunden habe, wie, wenn man ein Buch liest und, wenn man halb durch ist, entdeckt, daß man es früher schon einmal gelesen hat und das ganze einem wieder einfällt. Sie versicherte mir, daß sie bis dahin in ihrer Ehe völlig treu gewesen sei. Tatsächlich hatte sie sogar während der Adoleszenz keine ernsthafteren Erfahrungen mit Petting gemacht, was für ihre Gesellschaftsschicht recht ungewöhnlich war. Ein anderes Merkmal dieses sexuellen Erlebnisses war, daß sie zum ersten Mal einen Orgasmus erlebt hatte – und doch betonte sie in ihrer Beschreibung, daß sie im Grunde ein Zuschauer gewesen sei, obwohl sie in ihrem Körper alles sehr intensiv erlebt hatte. Sie berichtete außerdem, daß sie hinterher keine Schuldgefühle hatte und nach ihrer Rückfahrt nicht mehr daran gedacht habe. Der Mann hatte sich jedoch ihre Adresse notiert. Ein paar Wochen später kam er vorbei und bot ihr an, nach ihrem Wagen zu sehen. In den folgenden zwei Jahren trafen sie sich unter irgendwelchen Vorwänden recht häufig, und es kam jedesmal zu Intimitäten. Es wurde aber nie eine Beziehung daraus und ihre Beziehung zu ihrem Mann war dadurch nie bedroht.

Ich werde aus ihrem langen und komplizierten Bericht, der sich über drei Monate hinzog, nur jene Elemente auswählen, die für eine Zusammenfügung der Geschichte ihrer frühen Kindheitsentwicklung wichtig waren.

Als erstes fiel mir auf, daß sie bei allen sexuellen Szenen zuerst »geknebelt« wurde – um ihren Ausdruck zu gebrauchen – und sie dann mit entsetzter Faszination gespannt zuschaute, wie der Mann sich daran machte, sie vor dem tatsächlichen Vollzug in verschiedenen Stellungen zu fesseln. Ich fragte sie nach ihrem Vater und sie erzählte mir jetzt, daß er ein brillanter Wissenschaftler, aber auch Alkoholiker gewesen sei. Sie wußte das natürlich nicht, als sie ein Kind war. Der Autounfall war passiert, als er betrunken nach Hause fuhr. Er war ungefähr zehn Jahre älter als ihre Mutter, die ebenfalls sehr gebildet und Lehrerin war. Während der Zeit, die er noch lebte, wurde sie als Kind zu seiner Gesellschaft abgestellt. Die Kosten für seine Behandlung und seine Operationen hatten die Familie finanziell schwer belastet, und es gab daher keine Hilfskräfte. Er hatte schwere Rückgratverletzungen erlitten und beide Beine waren gelähmt. Tagsüber saß er deshalb immer in einem

Stuhl, und »um seine Schmerzen erträglicher« zu machen, so erzählte man ihr damals, nahm er riesige Schlucke aus einer großen Flasche. Er las ihr ununterbrochen aus Büchern vor, aber ihr fiel auf, daß gegen Abend seine Augen starr und glasig waren und seine Sprache undeutlich wurde. Erst lange nach seinem Tode hatte die Mutter ihr erzählt, wie tragisch der Alkoholismus des Vaters nicht nur seine Karriere ruiniert, sondern letztlich seinen Tod verursacht habe. Ihre eigenen Körperstellungen bei ihren heutigen sexuellen Intimitäten wiesen einige exakte Wiederholungen dessen auf, was sie als Kind bei ihrem Vater gesehen hatte. Gleichzeitig war er aber auch sehr geschickt darin, ihr kleine Spielzeuge zu basteln, die er zusammenklebte und mit Hilfe von Bindfäden beweglich machte, so daß sie mit ihnen spielen konnte. Sie hatte noch ein paar davon und zeigte sie mir. Sie waren wirklich gut gemacht. Die Patientin berichtete ferner, die Mutter habe strenge Anweisung gegeben, daß sie dem Vater gegenüber nicht laut und unruhig sein dürfe. Sie war daher ein sehr ruhiges, gezügeltes und willfähriges Kind.

Der Mann aus der Werkstatt, mit dem sie die Affäre hatte, war ein linkischer junger Mann, von dem sie sehr lebendig berichtete, wie er immer nach billigem Schnaps, Schweiß und Öl gerochen habe. Dann erinnerte sie sich allmählich mit großem Schmerz an eine weitere Einzelheit, die mit dem Leiden des Vaters zusammenhing – daß er nämlich nach dem Autounfall die Kontrolle über seine Blase verloren hatte und immer »in eine Flasche tropfte«, wie sie sich ausdrückte. Stets habe ihn ein schwacher Geruch von Urin umgeben. Anhand dieser Einzelheiten war es möglich, einen Teil der Komponenten ihres inneren Vaterbildes zusammenzumontieren – ein Bild, das ihr bis zu diesem besonderen Ereignis ganz verborgen und unbekannt geblieben war. Der Tod ihres Vaters hatte sie nicht sehr bekümmert, und bis zur Pubertät war sie ein sehr fleißiges und zurückgezogenes Kind. Erst in der Pubertät war aus ihr eine höchst erregbare lolitahafte Person geworden, und sie war in die Sicherheit einer Ehe geflohen.

Ein weiteres Merkmal ihrer Latenz war der Mangel an jeglichen kulturellen Interessen oder Spielen. Sie hatte in einem sozusagen somnambulen Zustand gelebt und konnte sich an keine Phantasien oder autoerotische Erfahrungen in der Pubertät erinnern. Einer der Gewinne, die die Affäre mit dem Automechaniker mit sich gebracht hatte, war, daß sie zum ersten Mal in ihrem Leben in ritueller Weise onanierte, wenn er gegangen war. Mit diesen masturbatorischen Aktivitäten waren keine großen Phantasien verbunden, es wurden nur einige Merkmale ihrer sexuellen Intimitäten mit diesem Mann wiederholt. Sie lag dann in der Badewanne, band ihre Hände und Füße zusammen und irgendwie gelang es ihr, das Wasser aus dem Hahn so über ihre Genitalien fließen zu lassen, daß sie womöglich eine Art Orgasmus erlebte.

Dieses Material beschäftigte uns ungefähr drei Monate. In dieser Zeit gelang es ihr, allein zur Analyse zu kommen, ohne Begleitung. In der letzten Sitzung vor der Weihnachtspause berichtete sie folgenden Traum: Sie kam zu einer Analysenstunde und mußte entsetzt feststellen, daß ich mit durchsichtigem Rock und Bluse bekleidet war. Obwohl sie wußte, daß ich das war, sah ich mir nicht ähnlich – ich hatte lange blonde Haare und war kleiner. Sie erwähnte, wie deutlich sie die Genitalien durch den transparenten Rock sehen konnte. Mein einziger Kommentar zu diesem Traum war, sie habe mir einen Hinweis gegeben, daß sie mich irgendwann in der nächsten Phase der Behandlung auf weibliche Art aber mit maskulinen genitalen Fähigkeiten brauchen werde.

Sie hatte darauf geantwortet: »Sie warten, bis Sie davon hören.«

Nach der Weihnachtspause kehrte sie in ausgesprochen manischer Stimmung zurück. Sie hatte es fertiggebracht, mit den Kindern ohne das *au pair*-Mädchen ins Ausland zu fahren; es sei sogar eine wirklich vergnügte Zeit für sie gewesen. Als sie sich wieder in die Behandlung gefügt und mir allen Klatsch aus den Ferien vorgesetzt hatte, erinnerte ich sie an den Traum, den sie mir in der letzten Sitzung erzählt hatte. Jetzt berichtete sie allmählich vom zweiten perversen sexuellen Vorkommnis in ihrem Leben. Ungefähr zwei Jahre vor dem Zeitpunkt, als sie mir das erzählte, teilte ihr Mann ihr mit, daß sie wahrscheinlich für drei Jahre nach Europa gehen würden. Das weckte in ihr den Entschluß, eine Fremdsprache zu erlernen – die Kinder waren groß, und sie hatte viel Zeit. Jemand erwähnte, daß er eine Französisch-Lehrerin kenne, die sehr gut sei, und schlug ihr vor, sie solle doch bei ihr Stunden nehmen. Und sie begann mit den Stunden. Die Lehrerin war eine Frau, die ein paar Jahre älter als sie, sehr intelligent und unverheiratet war. Der Patientin fiel es schwer, die Arbeit in Angriff zu nehmen, sie konnte sich nicht konzentrieren und sie »quatschten in den Stunden herum«, wie sie sagte. Eines Tages bemerkte die Lehrerin, sie benehme sich wie ein widerspenstiges Kind von fünf Jahren, und wenn sie nicht aufpasse, bekomme sie einen Klaps. Das regte sie enorm auf und bald hatte sie die Lehrerin so gequält und provoziert, daß diese sie schlug.

Von da an kam es zwischen ihr und der Lehrerin ganz schnell zu Intimitäten, und ehe sie realisieren konnte, wo sie sich in der Beziehung befand, so sagte sie, hatte die Lehrerin mit einem künstlichen Penis sexuellen Verkehr mit ihr. Sie hatte dieser Lehrerin von ihrer Affäre mit dem Mann aus der Werkstatt erzählt und deshalb hatte die Lehrerin sie ebenfalls gefesselt. An dieser Stelle war es uns möglich, wichtiges Material über ihre frühen Erinnerungen an ihre Mutter zusammenzufügen (to collate), und diese Elemente möchte ich aus dem ganzen Materialkomplex herausgreifen und untersuchen.

Ich fasse hier die Arbeit von sechs Monaten zusammen. Die Patientin berichtete in allen Einzelheiten und zunächst mit einer manischen Überschwenglichkeit. Sie hatte sich jede

Einzelheit eingeprägt. Sie ging jeden Tag zu ihren »Stunden«, die zum beherrschenden Zwang in ihrem Leben geworden waren. Sie lebte für sie. Sie beschäftigte sich den ganzen Tag damit und bereitete sich stets auf die nächste »Stunde« vor, wie sie sagte, obwohl diese Vorbereitung vorwiegend ein Körperzustand mit kaum bewußten Phantasien war. Sie hatte das Gefühl, sie bestehe aus zwei verschiedenen Personen: der Frau und Mutter, die für ihre Familie sorgte, und »der anderen Person«, in der es kochte und brodelte bei dem Gedanken, was in der nächsten »Stunde« passieren würde. Zum Ritual gehörte die stillschweigende Übereinkunft, daß während der ganzen Beziehung, die ungefähr acht Monate dauerte, nie ein Wort darüber verloren wurde oder auf andere Art zugegeben worden wäre, daß sie eine sexuelle Affäre miteinander hatten.

Sie ging scheinbar zu ihren Französisch-Stunden und die Lehrerin ließ sie tatsächlich intensiv arbeiten. Nur daß in den Stunden eine »Ungezogenheit« (ihr Ausdruck) oder ein anderer Fehler ihrerseits das *Spiel* beginnen ließ. Die Lehrerin bemerkte beispielsweise, daß sie einen kaputten Strumpf trug oder daß an ihrer Bluse ein Knopf fehlte. Ein anderes Mal arrangierte die Patientin die »Ungezogenheit«, indem sie keinen Büstenhalter oder keinen Slip trug. Das pflegte regelmäßig zu Züchtigungen, dann zu Liebkosungen und schließlich zum Verkehr mit dem künstlichen Penis zu führen. So wie der Gebrauch des Schals, um sie zu »knebeln«, reiche Hinweise auf die montierten (collated) Introjektionen von Aspekten ihres Vaters während der Beziehung zu jenem Mann erbrachte, war in diesem Fall der fetischistische Gebrauch des künstlichen Penis von hoher Symbolkraft und sehr aufschlußreich. Sie beschrieb, mit welch entsetzter Faszination sie zusah, wie die Lehrerin ihn umband und wie bizarr, autoritär und schrecklich das aussah. Sie war von ihm wie hypnotisiert und eingeschüchtert. Und er hatte eine unerschöpfliche Potenz, anders als der männliche Penis. Sie beschrieb eindrucksvoll, wie sie durch den Anblick und die Gegenwart der Lehrerin mit dem künstlichen Penis außer sich geriet. Die Beschreibung von Anblick und Ausdruck im Gesicht der Lehrerin war hier sehr hilfreich. Sie sagte nämlich, daß diese beim Verkehr sehr zartfühlend begonnen habe, daß sie dann aber beobachten konnte, daß allmählich eine heftige Spannung und Furcht das Gesicht der Lehrerin überzogen habe, und daß sie das mit hilflosem Entsetzen und akuter Sorge erfüllt habe. Sie hatte das Gefühl, die Lehrerin würde entweder platzen oder sich zu Tode erschöpfen.

Ein weiterer Aspekt der gleichen Situation waren plötzliche Angstgefühle, die Lehrerin könnte beim Versuch, zum Höhepunkt zu kommen, verrückt werden und daß der Vorgang sie vernichten könnte. Irgendwann brach die Lehrerin ab und verfiel in eine erschreckende Erschöpfung. Gerade diese Auswirkung, die sie an der Lehrerin feststellen konnte, beschäftigte die Patientin dann am meisten, wenn sie nicht bei ihr war. Sie wollte wenigstens einmal den Ausdruck von Befriedigung im Gesicht der Lehrerin wahrnehmen, aber dazu kam es nie. Sie selbst befriedigte mehr die Beobachtung, was die Lehrerin mit ihr machte, wie sie es wohl machen würde und wie es dann tatsächlich geschah, als die wirklichen Körpererfahrungen. Es war ein kompliziertes ritualisiertes Spiel, und sie spielten es mit fanatischer Ernsthaftigkeit und Loyalität. Sie erwähnte nie, daß sie ihre Lehrerin geliebt habe oder die Lehrerin sie. Nach ihrem Bericht sah es so aus, als ob beide ihre besten persönlichen Talente zur Verwirklichung eines *sexuellen Geschehnisses* eingesetzt hätten. Individuell und privat blieben sie unpersönlich und vom Geschehen distanziert. Hier kann man die eigentliche Paradoxie der meisten perversen sexuellen Geschehnisse und Situationen sehen. Gorer (1962a) hat in seinem Aufsatz über den Marquis de Sade die Hypothese vertreten, daß »eine enge Beziehung besteht zwischen Theatralik und wirklichem Sadismus ... der Sadist agiert ein

Spiel vor einem einzelnen als Publikum«. Nach der Beschreibung der Patientin gab es keinen Zweifel, daß in der Rolle der Lehrerin als Vergewaltiger mit dem künstlichen Penis fast ein Element von Wahnsinn enthalten war. Und die Patientin als das Opfer in diesem *Spiel* was ständig bemüht, die enorme Untröstlichkeit in der Erregung und Eingeengtheit der Lehrerin zu lindern. Eine Aufgabe, die sie nie erfüllen konnte. Schließlich litt ihre Gesundheit unter diesem manischen Furor in ihrem Inneren und unter den sexuellen Vorfällen so sehr, daß ihr Mann sich Sorgen machte und sie zwang, zum Arzt zu gehen, der sie dann zu jenem Psychiater schickte. Gerade in jener Zeit, in der sie den Psychiater aufsuchte, setzten ihre agoraphoben Symptome ein. Sie habe ihm über ihre Beziehung zu der Lehrerin doch nichts sagen können, meinte sie. Die Behandlung war schließlich zu Ende, als sie nach England übersiedelten. Gleichzeitig war auch die Beziehung zu jener Lehrerin zu Ende und sie empfand weder ein Bedauern noch ein Gefühl von Heimweh oder Verlust. Die phobischen Symptome hatten allmählich überhand genommen und ihr ganzes Leben gelähmt, ehe sie zu mir in Analyse kam.

Bevor ich im einzelnen über unsere Rekonstruktion ihrer Beziehung zur Mutter berichte, muß ich auf eine bestimmte Tendenz bei der Behandlung des Materials der Patientin hinweisen. Ich wußte, daß sie in sechs Monaten endgültig in ihre Heimat zurückkehren würde und daß wir nur noch diese Zeit für unsere Arbeit zur Verfügung hatten. Daher war ich entschlossen, mich auf die Bedeutung des fetischistischen Objekts zu konzentrieren – den künstlichen Penis – und ich benutzte ihn zur Rekonstruktion ihrer frühen Beziehung zur Mutter. Für meine Theorie stützte ich mich fast ausschließlich auf eine Arbeit von Winnicott (1948a). Er schreibt darin: »In extremen Fällen kann man sehen, daß diese Kinder eine Aufgabe haben, die sie nie bewältigen können. Ihre Aufgabe ist zunächst, mit der Stimmung der Mutter fertig zu werden. Wenn ihnen diese unmittelbare

Aufgabe glückt, gelingt ihnen damit nur, eine Atmosphäre zu schaffen, in der sie *mit ihrem eigenen Leben beginnen können.*« So wie ich im Fall ihrer Beziehung zu jenem Mann das Geschehen nicht als eine heterosexuelle Beziehung zwischen einem Mann und einer Frau betrachtet habe, sondern mich auf das Agieren von Aspekten der introjizierten Vateraspekte konzentrierte, deutete ich in diesem Fall die sexuellen Vorkommnisse als einen Weg des *Erinnerns*, und sah meine Aufgabe darin, der Patientin zu helfen, die Introjektionen ihrer Mutter in der frühesten Kindheit zu erkennen. Selbst auf die Gefahr hin, Winnicott (1952) zu parodieren, möchte ich sagen, daß ich in diesen sexuellen Geschehnissen die Inszenierung dessen sah, was vor den Objektbeziehungen ist – d. h. ein sexuelles Agieren, bei dem »nicht das Individuum, sondern eine Umwelt-Individuum-Konstruktion die Einheit darstellt«.

Nachdem ich von der Patientin genügend Einzelheiten über diese sexuellen Vorkommnisse erfahren hatte, deutete ich ihr, daß der fetischistische künstliche Penis der Lehrerin das dissoziierte Unbewußte ihrer Mutter repräsentiere, mit dem die Patientin die ganze Kindheit hindurch fertig werden mußte und von dem sie unmöglich eine bewußte und kognitive Kenntnis gehabt haben könne. Ausgehend von meinen Deutungen in Zusammenhang mit den Stimmungen und der Affektivität der Lehrerin bei den sexuellen Geschehnissen kamen nun sehr lebhafte und interessante Erinnerungen an die Person der Mutter zum Vorschein.

Ich habe schon erwähnt, daß die Patientin in der ersten Sitzung von ihrer Mutter als einer ehrgeizigen und tüchtigen Person gesprochen hatte. Sie berichtete nun sehr lebhaft darüber, wie ihre Mutter den ganzen Tag aktiv und beschäftigt gewesen sei. Sie konnte keine Minute ausruhen. Sehr gut erinnerte sich die Patientin daran, daß sie jeden Abend vor Erschöpfung umsank und sich kaum mehr bewegen konnte. Daß ihre Mutter eine kranke und getriebene Frau war, die stets mit irgendeiner Arbeit oder dergleichen beschäftigt war, brachte ich mit dem Ausdruck im Gesicht der Lehrerin in Verbindung. Sie berichtete auch, daß sie die Mutter nie habe freundlich mit dem Vater sprechen oder ihn zärtlich küssen sehen, obgleich sie dem Vater kaum mehr zugetan sein konnte oder ihn habe besser versorgen können, und daß sie sich immer vor ihrer Mutter gefürchtet habe, obwohl diese sie nie bestraft habe. Von frühester Kindheit an fürchtete sie, daß ihre Mutter eines Tages in die Luft fliegen könnte, weil sie so gespannt und eingeengt war. Die Stimmung ihres Vaters habe sich immer in dem Augenblick geändert, in dem die Mutter nach Hause kam: aus einem fröhlichen, verspielten, sanften Menschen schrumpfte er zu einem furchtsamen, winselnden Invaliden. Sie sagte sogar, sie merke jetzt, daß sich ihr Vater vor der Rückkehr der Mutter absichtlich betrunken habe. In einem anderen Zusammenhang bemerkte sie, sie habe ihre Mutter nie entspannt und glücklich gesehen, obwohl man sie nicht als einen unglücklichen Menschen beschreiben könne, weil sie immer etwas zu tun hatte. Die Mutter schenkte ihr auch kaum je ein Spielzeug oder etwas anderes, oder spielte mit ihr, obwohl sie auf die Kleidung und Körperpflege ihrer Tochter großen Wert legte. Wenn sie ihr etwas schenkte, war es immer etwas Nützliches – Kreide, Bücher, Zeichenbrett usw. Ehe der Stiefvater dazukam, hatten sie auch selten Gäste, und sie selbst hatte nach dem Tod des Vaters keine Freunde in ihrem Alter, mit denen sie spielen konnte.

Eine weitere Bedeutung des fetischistischen künstlichen Penis, den ihre Lehrerin benutzt hatte, wurde in einem Traum ganz deutlich, den die Patientin im letzten Monat ihrer Analyse hatte. »Sie stand da und trug diesen Penis. Ihre Mutter war im Zimmer und schaute sie an; die Patientin weinte.« In ihren Einfällen betonte sie, wie die Mutter sie während ihrer ganzen Kindheit in einer unbestimmten Art gekleidet habe – damit meinte sie, daß sie weder wie ein Mädchen noch wie ein Junge angezogen gewesen sei. Sie hatte auch immer das Gefühl, daß ihre Mutter sehr wenig

Verständnis für Mädchen hatte. Daraus konnte man entnehmen, daß der künstliche Penis auch das Bild der Mutter von ihrem ganzen Selbst als »phallischem Ding« repräsentierte. Bei der Patientin kam es gerade auf diesen Traum hin zu einer sehr intensiven Stimmung der Desillusionierung. Man kann sie nicht als Depression beschreiben. Sie hatte das bittere Gefühl, ihr Leben lang um etwas betrogen worden zu sein – angefangen bereits durch ihre Eltern; später dann in gewisser Weise durch ihren Mann, den sie – weil er viel älter war als sie – immer eher als eine Vaterfigur denn als einen Liebhaber betrachtet hatte; und schließlich durch die beiden Affären, bei denen sie das Gefühl hatte, daß sie durch sie keineswegs in die Nähe echter Gefühlsempfindungen gekommen sei, wenngleich sie ihr eine ungestüme Art von Leidenschaft und Erregung vermittelt hatten.

Diese Stimmung der Desillusionierung glaubte sie fast nicht ertragen zu können, und zeitweise klagte sie die Analyse an, sie habe ihr geschadet, weil sie ihre manische Lebenseinstellung zerstört habe. Und man kann tatsächlich sagen, daß sie durchs Leben gegangen war, indem sie alles ignorierte, was konflikthaft oder seelisch schmerzlich war. Parallel zu dieser Desillusionierung entstand ein Gefühl der Entfremdung und Distanz allem und jedem gegenüber. In diesem Zusammenhang bemerkte sie oft, daß sie ihr Leben lang gefühlt habe, daß ihre Art des Erlebens sich von der anderer unterscheide. Menschen und Dinge konnten sie erregen, ihr Interesse und ihre Leidenschaft erwecken, aber das war immer nur vorübergehend. Eines Tages sagte sie mit großer Trauer, »wenn ich wenigstens jemanden hassen könnte« – sie haßte wirklich niemanden. Ihr ganzes Leben hatte sich um libidinisierte Ich-Interessen statt um wirkliche Affekte und Gefühle oder Objektbeziehungen organisiert. Sie war zu jedem fair, aber sie ließ sich nicht ein.

Aus diesem Material konnte man sehr deutlich sehen, daß die Patientin während ihres ganzen Lebens zwei Personen gewesen war. Eine, die in der Wirklichkeit lebte und anderen gegenüber weitgehend reaktiv eingestellt blieb, die recht fröhlich war und dazu neigte, hin und wieder erschöpft zu sein, oder, wie sie es ausdrückte, »leer und ausgetrocknet«. Und dann die andere Person, die ihr bis zu diesen beiden Erlebnissen ganz verborgen und unbekannt war. Man kann das eigentlich nicht als eine Person bezeichnen – es ist das, was ich hier als ein »montiertes inneres Objekt« beschreibe, das aus Aspekten ihres Vaters, Aspekten ihrer Mutter und besonders dem dissoziierten Unbewußten ihrer Mutter bestand sowie einem Amalgam von Selbsterfahrungen aus der frühen Kindheit und dem, was ihre Mutter phantasierte, was sie sei. Von diesem »montierten inneren Objekt« in sich war ihr persönlich nichts bewußt, und es ist meine Überzeugung, daß es gerade eine der wichtigsten Funktionen solcher perverser sexueller Vorkommnisse und Intimitäten ist, das Setting und den Spielraum zu bieten, damit dieser Typ von intrapsychischer Struktur agiert, aktualisiert und erkannt werden kann.

Gegen Ende ihrer Behandlung und ihres Aufenthalts in England milderte sich ihr akuter Schmerz und die Bitterkeit ihrer Desillusionierung sowie ihr Gefühl, daß sie ihr ganzes Leben eine entfremdete Person und deshalb eine Schwindlerin gewesen sei. Sie sprach davon, wieder zur Universität zurückzukehren und ihren Abschluß zu machen. Das tat sie auch nach der Rückkehr in ihre Heimat. In den vier Jahren seit dem Ende der Behandlung war sie mit mir in Verbindung geblieben. Sie schrieb mir jedesmal zu Weihnachten und gab einen kurzen und zurückhaltenden Bericht über die Neuigkeiten in der Familie und bei sich. Sie ist dabei, in Literaturwissenschaft einen akademischen Grad zu erwerben und es scheint bei ihr alles gut gegangen zu sein – wenngleich sie hartnäckig behauptet, daß aus ihrem Leben ein gewisser Glanz verschwunden sei, und das kann ich ihr gut glauben.

Ich habe kaum etwas über die Übertragung dieser Patientin gesagt, weil ich glaube, daß man die Art von Gebrauch, den sie während ihrer ganzen Behandlung von mir machte, nicht mit dem Begriff der Übertragung in dem für uns üblichen Sinn bezeichnen kann. Sie war immer munter, manchmal feindselig und defensiv aus eigenem Schutzbedürfnis, und leicht mißtrauisch, aber man hatte das Gefühl, daß das alles Schwankungen ihres intrapsychischen Zustands waren. Mit mir als Person in der Übertragung hatte sie nicht allzuviel zu tun. Als sie ging, war sie traurig und bekümmert, aber das war wieder eine Art von resignierendem Akzeptieren. Das Fehlen von Trauer ist wie das Fehlen von Liebe in ihrem Leben nicht nur für sie charakteristisch, sondern meiner Meinung nach für Perversionen im allgemeinen.

SCHLUSSFOLGERUNG

Glover (1933) hat hinsichtlich der Perversionen die grundsätzliche Frage aufgeworfen:

> Es lohnt zu fragen, ob nicht je nach Fall eine Perversion häufig *das Gegenstück einer Symptombildung* oder Folge oder Vorläufer eines Symptoms ist – ein prophylaktischer oder heilender Kunstgriff?

Zu dieser Frage möchte ich aufgrund meiner klinischen Erfahrung einige *ad hoc*-Vorschläge formulieren:

1. Der Persönlichkeit des Perversen liegt eine *Dissoziation* zugrunde. Ich beziehe mich dabei auf das Konzept der Dissoziation bei Glover (1943). Er sagt:

> Wie fragmentiert das frühe Ich auch sein mag, so existiert doch von Anfang an eine synthetische Funktion der Psyche, die mit stetig zunehmender Kraft zu wirken beginnt. Während die Entwicklung voranschreitet, verschmelzen die Kerne mehr oder weniger ... und eine kohärente und komplizierte Ich-Struktur kommt zum Vorschein ... *der ursprüngliche Zustand der Kernbildung im Ich entscheidet über dessen spätere Stärke oder Schwäche.*

Glover fährt dann fort, das Konzept der Dissoziation sei brauchbarer als das der Kernbildung. In seiner Begründung führt Glover aus, daß man zusätzlich zum dynamischen, ökonomischen und strukturellen Gesichtspunkt
> die höchst individuellen Faktoren der *Entwicklung* und die *Beziehung des gesamten Ichs zu seiner unmittelbaren und möglichen Umwelt* berücksichtigen müsse,

und er schlägt vor, das Konzept der Fixierung dahingehend zu erweitern, »daß es die Fixierung des gesamten Ichs auf jeder möglichen Entwicklungsstufe mit einschließt«.

Ich möchte Glovers Konzept im Lichte der Winnicottschen Forschungen noch erweitern und eine Dissoziation in der »unmittelbaren und möglichen Umwelt« hinzufügen. Das zentrale Thema dieses Kapitels ist nämlich, daß das, was der Säugling, der später ein Perverser wird, introjiziert, ein dissoziiertes Primärobjekt ist (mütterlich, väterlich oder von beiden). Ich habe anhand des Materials meiner Patientin zu zeigen versucht, daß das, was sie introjiziert hatte, kein »anderes psychologisches Wesen« war, wie Heimann es formuliert, sondern verschiedenartige Aspekte ihres Vaters, ihrer Mutter (zusätzlich das mütterliche dissoziierte Unbewußte, das gegen das Kind aufgrund ihrer Reaktionsbildungen und anderer Abwehren verstößt) sowie archaische Elemente primitiver Körperzustände waren, die als verschwiegenes Nicht-Selbst-Wesen vom Objekt nicht unterscheidbar sind (vgl. Milner, 1952; Mahler, 1969). Die verschiedenartigen Introjekte verschmelzen intrapsychisch allmählich zu einem »montierten inneren Objekt«. Dieses »montierte innere Objekt« in der psychischen inneren Realität des Perversen entspricht dem, was Winnicott (1951) das »Übergangsobjekt« in der üblichen Entwicklung genannt hat. Nach der Theorie Winnicotts (1951) gehören Übergangsobjekt und Übergangsphänomene »in den Bereich der Illusion, die die Basis für den Beginn von Erfahrung ist. Diese frühe Stufe der Entwicklung wird durch die besondere Fähigkeit der Mutter ermöglicht, sich den

Bedürfnissen des Säuglings anzupassen und ihm die Illusion zu lassen, daß das, was er erschafft, wirklich existiert.« In der Erfahrungswirklichkeit eines potentiellen Perversen sind alle diese Faktoren umgekehrt. Er muß von Anfang an mit einer unzureichend angepaßten Säuglingspflege fertig werden; und was Freud als die Rolle »seelischer Arbeit« herausgestellt hat, betrachte ich als eine Fähigkeit in der Ausstattung des Perversen, in einem zweifachen Prozeß der Idealisierung frühzeitig jene Elemente einer Versorgung durch diese Umwelt zu kompensieren, die seine Bedürfnisse und Spannungen durch die seelischen Phantasien über partielle und unzureichende Körpererfahrungen in der mütterlichen Fürsorge zu einer *Collage* zusammenfügt, die ich hier als »montiertes inneres Objekt« bezeichne (vgl. Kapitel 2 und 6). Ich versuche, die Dissoziation in einem gegebenen Objekt in der frühen Erfahrung des Perversen vom späteren Gebrauch der Abwehrmechanismen und der Spaltung des Objekts zu differenzieren, was Payne (1939), Rosenfeld (1949) und Gillespie (1964) in der Psychopathologie der Perversionen ausführlich dargestellt haben.

2. Winnicotts Konzept vom Übergangsobjekt verhilft zu einer weiteren Differenzierung des spezifischen Charakters des »montierten inneren Objekts« in bezug auf seine Rolle in der inneren Realität des Perversen. Das Übergangsobjekt ist etwas Externes und bleibt als ein Wesen für sich etwas Externes, obgleich es unter der phantasierten und psychischen Omnipotenz des Erlebens des Säuglings steht. Das »montierte innere Objekt« ist im Gegensatz dazu etwas, was im wesentlichen intrapsychisch ist – daher der ständige innere Druck, es zu externalisieren. Diese Externalisierung konstituiert dann das sexuelle Geschehen. Es gehört zu diesem Prozeß, daß der Perverse eine vollkommene Verkörperung des »montierten inneren Objekts« in einem äußeren *gefundenen Objekt* nie wirklich erreichen kann. Bei jedem gegebenen Objekt, das beim Perversen die *Hoffnung* auslöst, daß in ihm dieses »montierte innere Objekt« verkörpert

und verwirklicht werden kann, kommt es mit Sicherheit zu einem Fehlschlag, weil im Verlauf des »Spiels« von sexuellem Geschehen und Intimität allmählich die eigenen Bedürfnisse und Eigenarten des äußeren Objekts dagegen zu verstoßen beginnen – das unvermeidliche Ergebnis ist daher die Desillusionierung, und der primäre Affekt in der inneren Realität des Perversen ist nicht so sehr die Depression als der Schmerz der Desillusionierung.

3. Glover (1933) hat die verschiedenen Angstsituationen, gegen die alle Perversionsbildungen sowohl eine Abwehrwie auch eine heilende Technik darstellen, ausführlich untersucht und die Rolle der Libidinisierung der Angst als die grundlegende Selbsrettungstechnik des Perversen herausgestellt. Ich bin der Meinung, daß es beim Perversen um zwei grundlegende Angstsituationen geht: (a) die Angst vor einer drohenden Vernichtung; (b) die Angst vor einer katastrophalen Desillusionierung. Eine Technik des Perversen gegen die Desillusionierung ist das Streben nach *Intensität* erotischer Erfahrungen. Diese *Intensität* ist für den Perversen auch ein Äquivalent für eine Objektbeziehung. Daher erreicht die affektive Integration beim Perversen selten die Fähigkeiten der depressiven Position.

4. Jetzt erst rückt Freuds nachdrückliche Betonung der »seelischen Arbeit« bei der Idealisierung des Triebs bei Perversionen ins rechte Licht. Die Intensität in der inneren Realität des Perversen und agierte sexuelle Geschehnisse sind sein Ersatz für Gefühle und Affekte. In diesem Zusammenhang und vor allem bei dem zuvor berichteten Fall kann man sehr gut feststellen, daß stets ein freischwebender erregter Zustand vorhanden war.

Dieser erregte Zustand hat ganz deutlich eine manische Qualität und zwingt den Perversen aus seinem inneren Raum heraus auf die Suche nach einem äußeren Erfahrungsraum, wo mit Hilfe eines anderen diese Erregung ihren Lauf nehmen und verwirklicht werden kann.

5. Aus einer anderen Sicht kann man das »montierte innere

Objekt« im Perversen als ein Gegenstück zum Prozeß der Personalisierung ansehen. Eine weitere Konsequenz der Existenz eines »montierten inneren Objekts« in der inneren Realität des Perversen liegt außerdem darin, daß jede weitere Introjektion von Ganzobjekten unmöglich gemacht wird. Daher kann man den Perversen aus dieser Sicht als eine Person definieren, die ihre eigene Erfindung ist und die sich ständig durch die personalisierte Teilhabe des Anderen zu verwirklichen sucht (vgl. Bychowski, 1956). Bak (1968) hat kürzlich die Hypothese vertreten, daß die Phantasie von der phallischen Frau eine ubiquitäre Phantasie bei Perversionen ist, und daß das Agieren bei Perversionen den Versuch einer »orgastischen Bestätigung der Wahrheit der Urphantasie darstellt ... durch das tatsächliche Engagieren der ›Dramatis Personae‹ wird die Phantasie unbestreitbare Realität«. Es ist wichtig, vor allem aufgrund des dargestellten Materials, erneut darauf hinzuweisen, daß die »unbestreitbare Realität« des fetischistischen künstlichen Penis ein Versuch war, zu einer anderen Realität, nämlich dem Unbewußten der Mutter, zu kommen. In diesem Zusammenhang war es die Funktion des Fetischs, ein neues Artefakt zu schaffen, nämlich den künstlichen Penis, der als etwas Getrenntes an sich erkannt und erfahren wird, und der gleichzeitig die unbewußte Bedeutung mit einschließt, das dissoziierte Selbst der Mutter zu repräsentieren.

Stoller (1968) hat in den eindrucksvollsten Beispielen seiner Arbeit mit transsexuellen Patienten dargelegt, wie Stimmung, unbewußte Phantasie und Erwartungen der Mutter die Geschlechtsidentität des Kindes stören können. Zu den Errungenschaften des »montierten inneren Objekts« in der psychischen Realität des Perversen gehört, daß es ihn dazu befähigt, ein Paradox in der inneren Realität zu errichten, das ihn davor schützt, daß seine Person durch die zudringliche Allgegenwart des mütterlichen Unbewußten in seiner Kindheitserfahrung überwältigt wird (vgl. Greenacre, 1968). Aber diese Überlebenstechnik mittels Dissoziation entfremdet den Perversen für immer von seiner Beziehung zu seinem eigenen wahren Selbst oder einer anderen Person. Es kommt bestenfalls zu intensiven Episoden von Intimität. Daher ist die Entfremdung vom Selbst das vorherrschende persönliche Dilemma des Perversen, wie das die Patientin, von der ich berichtet habe, so eindringlich gezeigt hat.

6. Als letzten Punkt möchte ich herausstellen, daß trotz unseres theoretischen Wissens, daß Sadismus und Haß die eigentliche Grundlage möglicher Affektivität des Perversen sind, der ganze Manipulationsmechanismus des Perversen gegenüber Selbst und Objekt das Erleben von Sadismus und Haß verneint. Was Außenstehenden ganz offenkundig sadistisch erscheint, ist in der persönlichen Erfahrung des Perversen nur ein Versuch, die von innen drohende Vernichtung durch die omnipotente Beherrschung des Objekts in ihr Gegenteil zu verkehren. Sartre (1952) hat in seiner großartigen Studie über Jean Genet klar gezeigt, wie die Unfähigkeit des Perversen, eine Personalisierung des Selbst zu erreichen, ununterbrochen zu dem führt, was er mit »das Sein weicht dem Tun« beschreibt. Diese Akzentuierung des Tuns absorbiert den Sadismus des Perversen und eignet sich im höchsten Maße für das libidinisierte Erleben sexueller Intimitäten, die für den Perversen einerseits einen Ersatz für Objektbeziehungen und andererseits seine Weise der Verleugnung der drohenden Vernichtung seines Seins darstellen.

7. Ich bin Winnicott dankbar, daß er mich auf eine sehr bedeutsame Implikation bei der Weise des Vorgehens, wie ich sie oben beschrieben habe, aufmerksam gemacht hat. Insofern alle perversen sexuellen Geschehnisse das Agieren einer intrapsychischen Situation darstellen, in der das »montierte innere Objekt« eine zentrale Rolle spielt, ist es von großer Bedeutung, bei dieser Art verwirklichter lebendiger Erfahrung die damit verbundene Lebensgefahr zu bedenken. Hier ist ein Paradox enthalten. Wenn zwei Menschen diese intrapsychische mögliche Situation im Perversen agieren, können sie damit umgehen. Wenn aber der Perverse durch

die analytische Arbeit seine intrapsychische Situation ausschließlich durch masturbatorische Aktivitäten *in solo* agiert, kann der Fall eintreten, daß die ganze Erfahrung als ein Mittel, um zum Orgasmus zu kommen, eine bedrohliche Steigerung erfährt, die sogar den Tod herbeiführen kann. Dies könnte der Grund dafür sein, warum bei einem mit Vorurteilen gegen das Agieren behafteten klinischen Umgang die Behandlung einer Perversion eines potentiellen Perversen sich sehr festfahren kann, weil nämlich die Gefahr besteht, daß in einer Ein-Mann-Situation der Prozeß die Möglichkeiten des Ichs, ihn zu kontrollieren und zu regulieren, übersteigt. Dies kann in Bereiche führen, in denen Tod und Selbstvernichtung ein Nebenprodukt auf der Suche nach der vollkommenen sexuellen Erfahrung darstellen.

6
Der Fetisch als Negation des Selbst
Klinische Bemerkungen
über Vorhaut-Fetischismus
bei einem Homosexuellen

Die beiden Abschnitte, aus denen sich dieses Kapitel zusammensetzt, beziehen sich auf die zwei verschiedenen Phasen einer analytischen Behandlung. Teil I berichtet über die ersten fünf Jahre einer Analyse. Nach dieser ersten Phase der Behandlung war der Patient aus beruflichen Gründen ins Ausland gegangen. Sechs Jahre später sah ich ihn wieder, und Teil II schildert die einjährige analytische Arbeit nach seiner Rückkehr.
Ich möchte aus diesen beiden Teilen keineswegs eine künstliche Einheit konstruieren. Ich hoffe jedoch, daß die innere Logik beider Phasen deutlich wird, soweit eine solche Logik formuliert werden kann. Aus der Behandlung dieses Patienten habe ich unter anderem gelernt, daß manche Patienten in einen Selbstheilungsprozeß verstrickt sind, der sich nur allmählich manifestiert und seinen eigenen Lauf nimmt. Alle therapeutischen Bemühungen, die den Bedürfnissen und dem Charakter dieser Patienten gerecht werden wollen, müssen von der Fähigkeit getragen sein, diesen Prozeß der Selbstheilung wirklich zu berücksichtigen. Der Titel dieses Aufsatzes spiegelt weitgehend das Verständnis der fetischistischen Phantasien und Praktiken wider, wie wir sie in der zweiten Phase der Analyse allmählich begreifen konnten.

TEIL I

Die psychoanalytische Literatur beschreibt den Fetisch ausschließlich als Hilfsobjekt oder als Hilfsmittel im Dienste heterosexueller Befriedigung und als Abwehr gegen echte

Perversionen, vor allem die Homosexualität. Freud (1927e) hat die Ätiologie des Fetischismus von der der phallischen Phase entstammenden Kastrationsangst abgeleitet. Er sah in den psychischen Inhalten des Fetischs die Verleugnung der Kastration und bemerkte: »Der Fetisch ist der Ersatz für den Phallus des Weibes (der Mutter), an den das Knäblein geglaubt hat und auf den es nicht verzichten will.« Freud (1927, 1938) verwies auf die einzigartige Bedeutung der Verleugnungs- (Nichtanerkennung) und Spaltungsmechanismen bei den Versuchen des Ichs, die Kastrationsdrohung zu bewältigen. Zugleich legte er damit auch die Grundlagen für die Forschungen auf dem Gebiet der Ich-Pathologie und deren Beziehung zu Perversionen. Die Ätiologie des Fetischismus ist seither beträchtlich erweitert worden. Dazu gehören:

(a) die primäre präödipale Beziehung zur (Brust-)Mutter (Lorand, 1930; Wulff, 1946; Buxbaum, 1960);
(b) die inneren Objekte und die frühe Ich-Entwicklung (Payne, 1939; Gillespie, 1940, 1964; Hunter, 1954);
(c) die Übergangsobjekt-Phänomene und die primitiven seelischen Abläufe (Winnicott, 1951; Lacan und Granoff, 1956; Fraser, 1963);
(d) die Trennungsangst und die Angst vor dem Verlassenwerden (Bak, 1953; Weissmann, 1957);
(e) die pathologische Körper-Ich-Entwicklung und drohende Desintegration als Folge einer gestörten Mutter-Kind-Beziehung (Greenacre, 1953a, 1960a; Mittelmann, 1955);
(f) die primären bisexuellen Identifikationen mit der Mutter und der Wunsch, ein Kind zu gebären (Kronengold und Sterba, 1936; Kestenberg, 1956b; van der Leeuw, 1958; Socarides, 1960);
(g) die Flucht vor dem Inzest (Romm, 1949)
(h) eine Abwehr gegen archaische Ängste, die die Beziehung zur Realität bedrohen, und die von der Angst begleitet sind, in psychotische Zustände zu verfallen (Glover, 1932, 1933, 1939; Socarides, 1959; Katan, 1964).

In der Literatur wird meines Wissens nur ein einziger Fall berichtet (Bak, 1953), bei dem der Patient eine Vorliebe für Masturbationspraktiken mit fetischistischen homosexuellen Phantasien entwickelt hatte, die sich auf Jungen mit besonders geformten und glatten Hinterbacken bezogen. Ich möchte hier Material über einen manifesten Homosexuellen darstellen, dessen sexuelle Aktivitäten und Interessen sich ausschließlich auf eine fetischistische Beziehung zur Vorhaut unbeschnittener junger Männer konzentrierte. Dabei möchte ich versuchen, die Psychodynamik dieses Vorhaut-Fetischs und seine im Dienste der Abwehr stehende Rolle als Selbstschutz gegen die schwere latente Ich-Pathologie zu beschreiben, die sich von einer schwer gestörten und intimen Beziehung zur Mutter während der Kindheit herleitet.

Die frühe Lebensgeschichte des Patienten

Der Patient, ein vierzigjähriger Mann, hatte drei Geschwister. Er hatte einen älteren Bruder und eine zweieinhalb Jahre jüngere Schwester. Als er sieben Jahre alt war, ließen sich die Eltern scheiden, und die Mutter heiratete kurz darauf wieder. Ein Jahr später wurde noch ein Sohn geboren. Beide Ehen waren leidenschaftlich, lärmend und hysterisch unglücklich, und die Mutter hatte den Patienten in all ihre Leiden und Gefühlsschwankungen hineingezogen. Sie war eine schöne, ehrgeizige Frau, die sich mit ihren Ehen beide Male verschätzt hatte. Als sie ihren Sohn später ins Vertrauen zog, ließ sie ihn wissen, daß sie ihren ersten Ehemann, den sie nach der Scheidung als gewöhnlichen Menschen mit widerlichen sexuellen Gewohnheiten verunglimpfte, nie geliebt habe. Nach ihren Angaben waren alle drei Söhne Kinder ihres zweiten Ehemanns (der jüngste stammte aus dieser zweiten Ehe), und um das deutlich zu machen, ließ sie allen Söhnen den Familiennamen des zweiten Ehemanns geben. Die Tochter stammte von einem

anderen Mann. Ihr zweiter Mann, der bedeutend älter war als sie, war ein reicher, geachteter Bürger. Er verlor jedoch sein ganzes Vermögen im ersten Jahr ihrer Ehe. Dadurch verstärkte sich ihre Angst vor Armut und Krankheit noch mehr, und die Kinder wurden Zeugen ihres wortreichen Klagens und Lamentierens gegen ihr Schicksal und die beiden Ehemänner. Anstatt ihre wirtschaftliche Lage zu verbessern, mußte sie nun mit recht bescheidenen Mitteln auskommen. Dem Patienten, der sie während seiner ganzen Kindheit idealisierte, war sie sehr zugetan. Er empfand für sie tiefe Liebe und Zuneigung bis zu seiner Adoleszenz.
Der Patient, den man nach der Geburt beschnitten hatte, konnte sich erstaunlich lebhaft an einzelne Ereignisse und Phantasien aus seiner Kindheit erinnern. Er gab in der ersten Woche seiner Behandlung einen schematischen Bericht darüber. Die Ereignisse bezogen sich vorwiegend auf die Zeit zwischen dem dritten und sechsten Lebensjahr. Ich fasse sie hier kurz zusammen:

Erinnerungen aus der Zeit um das dritte Lebensjahr:
1. Er saß auf einem Porzellanei und hatte die Vorstellung, er habe es gelegt. Als er entdeckte, daß das nicht stimmt, war er sehr enttäuscht.
2. Er interessierte sich sehr für den Penis von Wallachen und stellte sich vor, mit ihnen durch die Urethra verbunden zu sein. (Diese Phantasie bestand bis ins vierzehnte oder fünfzehnte Lebensjahr und ging dann in seinen Masturbationsphantasien auf).
3. Während des Melkens probierte er Milch direkt vom Euter der Kuh und ekelte sich sehr.
4. Aus Erzählungen wußte er – persönlich konnte er sich nicht mehr daran erinnern – daß seine Eltern eines Tages feststellten, daß alle Rhabarberstauden an den Wurzeln angeknabbert und zerbissen waren. Zunächst hatten sie es für das Werk von Ratten gehalten, dann aber entdeckt, daß er es gewesen war.

5. Er und sein Bruder krochen morgens immer ins Bett der Eltern. Er entwickelte allmählich den zwanghaften Wunsch, am Penis des Vaters zu saugen und wünschte, seine Mutter wäre nicht da. Eines Tages unternahm er tatsächlich einen vorsichtigen Versuch, wurde aber zurückgewiesen. Als er sieben Jahre alt war und seine Mutter und ihr zweiter Mann über seinen Vater als einen Mann mit abstoßenden Angewohnheiten lästerten, offenbarte er der Mutter, daß er tatsächlich am Penis seines Vaters gesaugt habe, was sie ihm bereitwillig glaubte.

6. Die einzige Erinnerung, die er außerdem noch an seinen Vater hatte, war, daß dieser ihm aus Versehen mit den Zinken einer Gabel in den Fuß gestochen hatte, als er im Garten Kartoffeln erntete. Darüber hinaus hatte er nur eine vage Vorstellung von seinem Vater; er meinte aber, er sei ein liebenswürdiger Mensch gewesen.

7. Er erinnerte sich, daß er eine Decke in Brand gesetzt hatte, als er mit seiner Schwester, die noch ein Baby war, am Kamin spielte. Er verbrannte sich die Hand, und das Kindermädchen kühlte sie mit einer nassen Windel. An diesem Kindermädchen hing er sehr. Als die Mutter wieder heiratete, hatte man sie entlassen, weil sie den Kindern erzählt hatte, daß nicht ihr Vater ein unanständiger Mensch sei, sondern ihre Mutter eine liederliche Moral habe.

8. Seine lebhafteste Erinnerung an seine Mutter war, daß sie ihn während seiner ganzen Kindheit häufig vor allem an den Fußsohlen kitzelte und er sich vor Hilflosigkeit ganz elend fühlte.

Erinnerungen aus dem fünften Lebensjahr:
9. Seine Mutter sang ein Lied von Fischern, die im Meer ertranken, und er mußte weinen.

Erinnerungen ungefähr vom achten Lebensjahr an:
10. Die Mutter beschwerte sich bitter über die Sexualgewohnheiten ihres ersten Mannes und beklagte sich auch

über den zweiten; der Patient ergriff jedesmal ihre Partei.
11. Nach der Geburt ihres letzten Kindes waren die Brüste der Mutter schmerzhaft gespannt. Er bot sich an, daran zu saugen und fühlte sich sehr erleichtert, als das abgelehnt wurde.
12. Beim ersten Zusammentreffen mit dem Stiefvater empfand er große Angst vor ihm und wünschte, er würde gehen und sie in Ruhe lassen (er lernte ihn nie wirklich kennen).
12. Er war zutiefst unglücklich, als die Mutter eine Hochzeitsreise machte. Er begann sexuelle Spiele mit dem Bruder und drohte anschließend, ihn zu verraten.
14. Während dieser Zeit (die Mutter war sechs Wochen abwesend) stellte er fest, daß sein beschnittener Penis anders war als der anderer Jungen.
15. Als er acht war, übersiedelten die Eltern ins Ausland. In diese Zeit, in die die Scheidung und Wiederverheiratung seiner Mutter und der Umzug fielen, setzte sein zwanghaftes Interesse an der Vorhaut ein. Zuerst hatte er geglaubt, daß Jungen mit Vorhaut eine Abnormität hätten. Mit zehn schrieb er an den Vater eines Klassenkameraden einen anonymen Brief mit dem Rat, er solle seinen Sohn beschneiden lassen, denn dessen Vorhaut habe eine Mißbildung. Er wurde als Schreiber entdeckt, aber nicht bestraft.
16. Als er zehn war, hatte seine Mutter zu Hause eine Fehlgeburt. Er sah die Krankenschwester, Schüsseln voller Blut und andere Geräte.
17. Mit elf begann er seine masturbatorischen Aktivitäten, während er den hysterischen Streitereien zwischen seiner Mutter und dem Stiefvater zuhörte.
18. Als er neunzehn war, kehrten die Mutter und ihr Mann ohne ihn in die Heimat zurück. Er blieb in einem College. Aus dieser Zeit datiert sein Pruritus Ani, der bis zum Zeitpunkt seiner Analyse andauerte.
Der Patient schilderte diese Erinnerungen beinahe leidenschaftlich. Obwohl er behauptete, sich gut an seine Kindheit erinnern zu können, war er während der ersten sechzehn

Monate der Analyse kaum in der Lage, etwas zu berichten, was darüber hinausging. Phyllis Greenacre (1955) hat auf die eingeschränkte Phantasiewelt der Fetischisten hingewiesen. Das galt auch für diesen Patienten. An irgendwelche Beziehungen zu anderen Personen als zu Mutter, Bruder und Vater während der Kindheit und Adoleszenz konnte er sich kaum erinnern, und alle Masturbationsphantasien kreisten von der Pubertät an fast ausschließlich um diesen Vorhaut-Fetisch. Bei der Untersuchung seiner Ich-Pathologie wird später deutlich werden, wie sehr dieses blasse affektlose Bild seiner Jugend die schwer gestörte und verkrüppelte Ich-Entwicklung und seine Unfähigkeit zu Objektbeziehungen verschleierte (vgl. oben, Kapitel 4).

Die Psychodynamik des Vorhaut-Fetischs

Der Patient suchte eine Behandlung, weil er, wie er ironisch formulierte, »eine theoretische Abneigung gegen die Homosexualität« habe. Damit hatte er zu verstehen gegeben, daß er weder ein »Schwuler« sei noch dafür gehalten werden möchte, d. h. er wollte nicht als echter Homosexueller gelten. Sein gegenwärtiges Dasein beschrieb er euphorisch als der sexuellen Liebe und der sexuellen Verführung Jugendlicher mit Vorhaut gewidmet. Die Suche nach der Vorhaut an Körpern schöner junger Männer war zu seiner heimlichen und persönlichen Hauptbeschäftigung geworden, die er geschickt in seine angesehene berufliche Tätigkeit integriert hatte. Er war ein gebildeter, gepflegter Mann, der sich höflich und gewandt ausdrückte und ausgesucht feine Manieren hatte. Die sexuellen Wünsche und Strebungen dieses Patienten und ihre Beziehung zu seiner Identitätsdiffusion während der ersten sechzehn Monate seiner Analyse habe ich in einer früheren Arbeit bereits beschrieben (Khan, 1969). In der vorliegenden Arbeit möchte ich nun die Phänomenologie seines spezifischen sexuellen Wunsches und seiner diesbezüglichen Aktivitäten darstellen, wobei es darum ging, einen jungen Mann mit Vorhaut zu finden, Fellatio mit ihm zu praktizieren und anschließend in seine Vorhaut zu masturbieren. Die erste Phase seiner Analyse war voller euphorischer und exhibitionistischer Berichte über sein nächtliches Herumstreifen auf der Suche nach Komplizen. Ich verwende das Wort »Komplize« absichtlich, denn der Patient hat nicht ein einziges Mal einen Jugendlichen, der nicht selbst ähnliche Erlebnisse suchte, zu sexuellen Intimitäten gezwungen. Seine Beziehung zum Sexualobjekt hatte auch kaum wirklich abstoßende, sadistische oder auch nur unangenehme Züge. Die Suche nach einem geeigneten Sexualobjekt, die Technik der Verführung und die Beziehung zu der Person, die ihm sexuelle Befriedigung brachte, war zwanghaft ritualisiert. Er fühlte in sich den Zwang, ein Vorhaut-Objekt zu finden, und wenn das mißlang – was sehr selten geschah – mußte er sich auf die Masturbation beschränken. Auf sie reagierte er stets mit Abscheu, Apathie, akutem Verlust der Selbstachtung und einem Gefühl der Sinnlosigkeit.

Als der Patient die Analyse begann, hatten seine sexuellen Aktivitäten einen Höhepunkt orgiastischer Ausschweifung erreicht. Er war sich durchaus der Gefahren bewußt, die ihm gesellschaftlich und rechtlich drohten. Deshalb wollte er mich schon kurz nach Beginn seiner Analyse sozusagen »beruhigen«, indem er mir mitteilte, er besitze genügend Gift für den Fall, daß er durch eine Erpressung oder Polizeiaktion in eine ausweglose Situation gerate. Diese Form der Spaltung und Verleugnung war für ihn typisch. Obwohl er in seinem Beruf tüchtig und gewissenhaft war, war er beunruhigt, denn er habe keinen Ehrgeiz mehr, lebe nur in den Tag hinein und habe das Interesse an seiner Zukunft verloren.

Der Patient hatte bereits in einem anderen Land eine sechzehn Monate dauernde Analyse gemacht. Erst während dieser Behandlung war es zu sexuellen Erfahrungen gekommen, an denen er innerlich beteiligt war. Bis dahin hatte er allein zwanghaften sexuellen Phantasien nachgehangen, die mit zwanghafter Masturbation einhergingen, was ihm Ekel vor sich selbst einflößte. Nach seinen ersten sexuellen Abenteuern entdeckte er jedoch sein großes Talent für solche Aktivitäten, und als er zu mir in Behandlung kam, konnte er mit einigem Recht damit prahlen, daß kein Jugendlicher, den er verführen wolle, ihm widerstehen könne.

Der Patient hatte mir in der ersten Behandlungsphase zwar seine umfangreichen Erinnerungen präsentiert; er brachte jedoch kaum Material, das klinisch zwingend mit seinen Kindheitserlebnissen in Verbindung zu bringen war. Natürlich ließ sich seine manische, mit Feuereifer und Leidenschaft betriebene sexuelle Jagd auf junge Männer, seine lyrischen Berichte über ihre Schönheit und seine gierige Einverleibung ihres Samens nur zu leicht in die Muster seiner Kindheitserfahrungen mit Mutter und Vater einordnen. Ich wollte mich aber nicht zu dieser Art intellektueller Analyse verführen lassen. Auch das Schicksal seiner ersten Analyse mahnte mich zur Vorsicht. Was mich gleich zu Beginn seiner Behandlung besonders beeindruckt hatte war die Tatsache, daß er sich eine ahistorische, schützende »Alsob«-Identität hinsichtlich seiner Praktiken und seiner Jagd nach Vorhaut-fetischistischen Objekten geschaffen hatte. Ich habe diesen Aspekt seines Verhaltens in Kapitel 2 theoretisch dargestellt. Die analytische Arbeit konzentrierte sich in den ersten sechzehn Monaten auf die Schwächung seiner in den Sexualpraktiken zum Ausdruck kommenden manischen Abwehr (Winnicott, 1935). Ein anderes Ziel bestand darin, ihm dabei zu helfen, kleinere Angstzustände ertragen zu können, ohne sogleich Zuflucht in erotischen oder zwanghaften Abwehrmanövern zu suchen (Khan, 1964). Als der Patient seine hektische wilde Jagd nach sexuellen Abenteuern allmählich einschränkte, ließen sich die seelischen und affektiven Inhalte seines Vorhaut-Feti-

schismus genauer untersuchen. In diesem Stadium verdüsterte sich seine Stimmung, seine Affekte wurden apathisch und drepressiv und seine Abhängigkeit von mir und der analytischen Situation wurde größer.
Phyllis Greenacre (1953a) hat in ihrer Definition des Fetischs darauf hingewiesen, daß »in manchen Fällen nicht nur der Besitz des Objekts sondern sein ritualisierter Gebrauch Bedeutung hat«. Im Verhalten dieses Patienten war vor allem das Ritual in der Beziehung zu der Person, die den Vorhaut-Fetisch an sich hatte, aufschlußreich. Ebenso wichtig war das affektive innere Klima, das ihn zu seinen nächtlichen Streifzügen und seiner Suche nach dem Vorhaut-Fetisch zwang. Bei diesem affektiven inneren Klima handelte es sich um einen amorphen und verwirrten Zustand von Erregung und Angst, der an psychisch nicht zu erklärende Panik grenzte, sowie die Angst, in totale Untätigkeit und Negativismus zu verfallen (vgl. Khan, 1964).
Ich fasse im folgenden zusammen, was über eine lange Zeit hinweg klinisch mühsam zusammengetragen werden mußte. Die fetischistische Phantasie und die Suche nach einem Objekt organisierte die larvenhafte verwirrte aufgeregte Affektivität des Patienten zu einer lebhaften und aktiven Form von Hochstimmung. Diese fetischistische Suche nach einem Objekt organisierte somit die amorphe Affektivität des Patienten. Durch Umwandlung dieser Affektivität in eine aktive Verhaltensmodalität rettete sie ihn gleichzeitig vor Apathie und Untätigkeit. Der erhaltende Aspekt dieses Agierens in der Realität als Flucht vor einer endopsychischen Krise, die der Patient nicht bewältigen konnte, hatte eine ausgesprochene Selbstschutz-Funktion. In den frühen Phasen der Analyse wurde gelegentlich deutlich, wie ungeheuer hilflos und paralysiert er war, wenn er wegen schlechter Wetterverhältnisse daheim bleiben und sich auf masturbatorische Abfuhraktivitäten beschränken mußte.

Die Beziehung zum fetischistischen Objekt

Die gesamten fetischistischen Praktiken dieses Patienten lassen zwei Aspekte erkennen: (a) die Beziehung seines Ichs zum fetischistischen Objekt, d. h. zu unbeschnittenen jungen Männern mit Vorhaut; (b) die intime körperliche sexuelle Beziehung zum eigentlichen Fetisch, d. h. zur Vorhaut selbst. Auch der Patient war sich dieser Dualität in seinem Erleben und der Beziehung zu den Jugendlichen und deren Vorhaut bewußt. Er hatte stets seine Form von Interesse und Vorliebe für diese Jugendlichen als Person idealisiert und damit geprahlt, während er seine Vorhaut-Aktivitäten als eine Art »kindische und absurde Spiele« verstand. Mir wurde bei dieser Analyse schon sehr früh klar, daß in der Beziehung des Patienten zum fetischistischen Objekt ganz andere Affekte und Abwehrmechanismen eine Rolle spielten als in den sexuellen Vorhaut-Spielen. Die Bedeutung und der psychische Inhalt der mit den Vorhaut-Aktivitäten verknüpften Affekte und Abwehrmechanismen ließ sich erst durch die Analyse seiner Beziehung zum fetischistischen Objekt entschlüsseln, nachdem der Patient sich *selbst* im fetischistischen Objekt erkennen konnte.

Ich habe bereits die amorphe, von Unruhe und latenter Erregung, Angst und Apathie geprägte Stimmung erwähnt, die den Patienten zu seinen nächtlichen Abenteuern veranlaßte. Sein Ich wurde durch das Agieren einer inneren Krise in die Lage versetzt, von seiner objektivierenden und antizipierenden Funktion Gebrauch zu machen (Hartmann, 1956). Die Suche nach einem fetischistischen Objekt mobilisierte bestimmte Ich-Funktionen und der Patient brauchte nicht länger in einem phobischen negativistischen Zustand von Apathie zu verharren. Er hatte während seiner Latenzzeit, während der Adoleszenz und als junger Mann durch schwere apathische Zustände und einen phobisch-paranoiden Rückzug schweren Schaden genommen. Seine einzige Befriedigung war damals die unmittelbare Abfuhr durch masturbatorische Aktivitäten mit stereotypen fetischistischen Phantasien über die Vorhaut. Nun gab ihm die Suche nach Jugendlichen und seine Beziehung zu ihnen das Gefühl, ein lebendiges, aktives, wirklich existierendes menschliches Wesen zu sein. Das hatte allmählich zu einer fast manischen Überschätzung seines Selbstvertrauens und einem übersteigerten Selbstwertgefühl geführt. Er hielt sich jetzt für omnipotent und unerschütterlich und sah sich als Retter und Beschützer schöner, verlassener junger Männer. Der Patient fühlte sich nicht nur in Einklang mit der Realität, sondern kam sich zudem omnipotent großzügig vor. Er behauptete, daß er diesen jungen Männern dabei helfe, sich ihrer angeborenen Würde und Überlegenheit bewußt zu werden. Er war der Auffassung, daß er damit ihre Selbstachtung stärke.

Als fetischistisches Objekt wählte der Patient einen ganz bestimmten Typ von jungem Mann: er mußte unbeschnitten sein und eine kräftige, schöne Gestalt haben. Was die Gefühlslage anging, so sollte er gleichgültig und depressiv sein. Außerdem sollte er keiner geregelten Arbeit nachgehen und auf der Suche nach einer sympathischen Bekanntschaft sein. Das fetischistische Objekt durfte kein offen praktizierender Homosexueller sein, d. h. der junge Mann durfte homosexuelle Beziehungen nicht für die ich-syntone Form sexueller Befriedigung halten. Ganz im Gegenteil: er sollte seinen Widerwillen gegen derartige Praktiken offen zum Ausdruck bringen. Hatte der Patient das Gefühl, daß der junge Mann selbst schon erregt war und nach homosexueller Befriedigung Ausschau hielt, ließ er ihn sofort fallen. Diese Mischung von Unbehagen, Apathie und Negativität in der Stimmung eines jungen Mannes war für den Patienten sehr wichtig, denn sie allein bewirkte (unbewußt) die Identität des jungen Mannes mit ihm selbst. Meiner Meinung nach gehört dieser Typ von projektiver Identifikation als Vehikel der Objektbeziehung zur Ich-Pathologie des Perversen. Das von Socarides (1959) dargestellte klinische Material läßt deutlich die Rolle der projektiven Identifikation bei der pädophilen Perversion eines männlichen Homosexuellen erkennen. Ich möchte hier meinen späteren Überlegungen zur Ich-Pathologie des Patienten vorgreifen und darauf hinweisen, daß der Ausdruck projektive Identifikation für eine solche Beziehung eigentlich falsch ist. Es handelt sich nämlich bei dieser Art von Ich-Interesse und Ich-Besetzung einer anderen Person eher um eine Art Übergangszustand zwischen einer Beziehung zum Selbst und einer Beziehung zum Objekt, in dem sich weder das Selbst noch das Objekt zu separaten Entitäten voll differenziert haben. Ich bin der Auffassung, wir sollten den Begriff der projektiven Identifikation als Bezeichnung für eine affektive Beziehung verwenden, bei der eine innere Objektrepräsentanz auf ein äußeres Objekt verschoben wird und diesem Objekt außerdem die eigene psychische und existentielle Realität abgesprochen wird. Für meinen Patienten war jedoch die existentielle Realität des äußeren Objekts und seine empathische Wahrnehmung von entscheidender Bedeutung.

Hatte der Patient beim Objekt die wesentlichen Merkmale (Vorhaut und passende Stimmung) erkennen können, verwickelte er es in eine verbale Beziehung. Die Jugendlichen, die er auflas, waren durchwegs »Verlorene«, die verbittert und mißtrauisch waren. Sie fühlten sich verlassen, vom Leben schlecht behandelt und glaubten, etwas Besseres verdient zu haben. In der Regel waren sie völlig ungebildet und häufig auch recht derb. Die erste Aufgabe, die der Patient sich in seiner Beziehung zum fetischistischen Objekt vornahm, war der Abbau des Mißtrauens und der negativen Stimmung und die Schaffung einer Basis von Vertrauen und Kooperation. Das gelang ihm immer bemerkenswert leicht und schnell. Er verleugnete lange Zeit, daß seine Erfolge hauptsächlich auf der simplen Tatsache beruhten, daß er den jungen Männern in einer ausgesprochen sexuell akzentuierten Situation begegnete und daß ihre sexuelle Notlage sie ihm zutrieb. Als er eines Tages dieser Einsicht nicht mehr ausweichen konnte, verfiel er in tiefe Verzweiflung und gab allmählich seine Abenteuer auf. Er versuchte stets, die Jugendlichen davon zu überzeugen, (a) daß sie einzigartige wertvolle Menschen seien und (b) daß sie sich selbst mit Würde, Zurückhaltung und Achtung begegnen und eine solche Behandlung auch von anderen erwarten sollten. Ich brauche wohl kaum zu sagen, daß der Patient eben dies für sich selbst wünschte. Zur Förderung dieser narzißtischen Selbstachtung erklärte er sich diesen Jugendlichen gegenüber bereit, ihnen eine gepflegte Sprache, gute Manieren und andere Gepflogenheiten unserer Kultur beizubringen. Er lud sie zum Essen ein und unterwies sie in der richtigen Körperpflege, denn die jungen Männer waren in der Regel verwahrlost, schmutzig und unterernährt. Er schenkte ihnen außerdem kleinere Geldbeträge. Und all das innerhalb weniger Stunden! Den Abschluß bildeten unweigerlich körperliche Intimitäten. Bevor ich jedoch näher auf diese zu sprechen komme, möchte ich einige Bemerkungen über die Bedeutung einer derartigen Beziehung zum fetischistischen Objekt einschieben.

Daß das fetischistische Objekt die Aspekte des Patienten repräsentierte, nämlich selbst ein Verlorener, Deprivierter und Verlassener, gleichzeitig aber eine idealisierte und ganz besondere Person zu sein, war ganz deutlich. Wichtig für den Patienten war, daß die agierte Beziehung ihn dazu befähigte, sowohl dem Ich wie auch dem äußeren Objekt gegenüber Wiedergutmachung zu leisten. Das stand in auffallendem Gegensatz zu der hoffnungslosen inneren Beziehung zu sich selbst und zu der ebenso fruchtlosen Beziehung zur Mutter während seiner ganzen Kindheit. In seiner Rolle als Spender von Trost und Nahrung war er überdies mit der primären guten Mutter identifiziert, die aktiv, omnipotent und eine zuverlässige Nahrungsquelle ist (vgl. van der Leeuw, 1958). Ich glaube, daß gerade diese Art von Beziehung zum fetischistischen Objekt dem Patienten die Wiederbelebung einer guten frühen Mutterbeziehung möglich machte, die etwa ab dem vierten Lebensjahr durch das Schicksal seiner Familie verlorengegangen war. Winnicott (1956b) ist der Meinung, daß der antisozialen Tendenz eine *Erinnerung* an eine zunächst vorhandene gute Beziehung (zur Mutter) zugrunde liegt, die verlorengegangen ist, und daß der in der antisozialen Tendenz verborgene Zwang darin besteht, in diesen Zustand zurückzufinden und ihn zu neuem Leben zu erwecken. In seiner Beziehung zum fetischistischen Objekt war der Patient aktiv die gute Mutter, die sich um das verlassene ideale Kind (den jungen Mann) kümmerte.

Bei dem fetischistischen Objekt handelte es sich zudem um eine ganze Person: sie war intakt und zugleich von ihm getrennt. Die Möglichkeit, eine Beziehung zu einem solchen Objekt aufzunehmen, nährte in ihm die Hoffnung, daß noch nicht alles und für immer verloren sei. Der illusionäre Wert seiner Form von Beziehung als Abwehr gegen einen psychotischen Typus von Depression, Apathie und Verzweiflung kann nicht hoch genug veranschlagt werden. Darüber hinaus stellte die Beziehung auch ganz konkret die Realität einer Identifikation des Patienten mit der guten Mutter her. Während der kurzen Dauer einer solchen Beziehung war er die gute Mutter. Man kann davon ausgehen, daß bei solchen Patienten die früheste Beziehung zur Mutter nicht internalisiert worden ist. Sie ist nur in Form von Identifikationen und nicht über eine stabile innere Repräsentanz der guten Mutter verfügbar. Konnte der Patient somit nicht in dieser identifikatorischen Weise tätig werden, empfand er sein Selbst als ein trostloses, morbides Nichts. Die Unfähigkeit des Ichs zur Internalisierung von Erfahrungen wird auch in dem großen Bedürfnis nach zwanghafter Wiederholung von Erfahrungen deutlich. Das Mißlingen einer guten und tragenden Beziehung zur Mutter während seiner Kindheitsentwicklung wiederholte sich dramatisch in jeder Begegnung im regressiven Zusammenbruch der Ich-Besetzung des fetischistischen Objekts als Person und ihrer Auflösung in archaische und primitive sexuelle Praktiken mit dem Vorhaut-Fetisch.

Freud (1927e) hat auf die Mischung aus Zuneigung und Feindseligkeit dem Fetisch gegenüber hingewiesen. Die Aggression gegenüber dem fetischistischen Objekt nahm bei meinem Patienten eine besondere Form an. Er erregte die jungen Männer indirekt und auf Umwegen so intensiv, bis sie auf dem Höhepunkt sexueller Spannung um befreiende Abfuhr flehten. Das geschah auf so subtile Weise, daß man es kaum wiedergeben kann. Mit seiner Wortgewandtheit und der narzißtischen Verherrlichung der Selbstachtung dieser Jugendlichen konnte er sie »sexuell aufheizen«, wie er es nannte. Wichtig dabei war, die Wirksamkeit dieses Faktors in der ersten Phase der Aktivitäten zu verleugnen. Verbal wurde bei den Jugendlichen sogar ein psychischer Widerstand gegen sexuelle Intimitäten aufgebaut. Seine Aggression kleidete sich in die Form einer völligen Beherrschung des Erregungszustands der jungen Männer. Diese Erregung durfte nicht personalisiert werden. Sie wurde heimlich und indirekt herbeigeführt. Die jungen Männer sollten sie auf dissoziierte Weise erleben: mit ihrem Eingehen auf seine Ich-Bedürfnisse erfuhr ihre narzißtische Selbstachtung eine Steigerung, und später mußten sie im Erleben ihres Selbst mit der Erregung wie mit einem Fremdkörper und beiläufigem Zynismus umgehen. Daß sie gewöhnt waren, von ihren »Beschützern« sexuell ausgebeutet zu werden, wurde strikt verleugnet, und zwar vom Patienten mit Absicht und von den Jugendlichen durch die Kollusion mit seiner Technik der Beziehung. Sie protestierten daher stets, wenn er die Richtung, die die Episode genommen hatte, änderte und von der Ich-Unterstützung zur sexuellen Verführung umschwenkte. Er wußte ganz genau, wann ihre Erregung auf dem Höhepunkt angelangt war. Sehen und Beobachten spielten hierbei eine äußerst wichtige Rolle. Er registrierte in Gesicht und Körperhaltung der Jugendlichen jedes kleinste Anzeichen von Erregung und Spannung, bis er bei ihnen eine »kolossale Erektion« bewirkt hatte. In diesem Moment war sein Werk vollendet, sein Triumph und seine Herrschaft über das fetischistische Objekt am Ziel. Besorgt und voller Mitgefühl bot er ihnen an, sie abzusaugen und/oder zu masturbieren. Die erregte Hilflosigkeit dieser derben, kräftigen und aggressiven jungen Männer bereitete dem Patienten besonderes Vergnügen. Damit führte er ein ausgesprochen aggressiv-sadistisches Element in die Beziehung ein. Insgeheim weidete er sich an ihnen, denn sie waren ihm ausgeliefert. Je erregter und gieriger sie durch die sexuelle Spannung wurden, desto ruhiger und sanfter wurde er. Häufig zwang er sie, ihm zuzusehen, wie er sie masturbierte und zur Ejakulation brachte. Ihr Sperma schluckte er stets hinunter. Der junge Mann auf dem Höhepunkt der Erektion war gleichzeitig die Mutter und das erregte Selbst. In diesem Augenblick änderte sich seine innere Situation sowie die psychische Bedeutung des Objekts. Er war jetzt das Baby, das sich am erregten Brust-Penis der jungen Männer (Mutter) nährte. Er hatte immer die schuldbewußte Vorstellung, dieses Stadium sexueller Erregung sei für die Jugendlichen unangenehm. Hier war die Identifikation der Jugendlichen in Erektion mit seiner Mutter und ihrer schmerzhaft gespannten Brust komplett. Der junge Mann in Erektion war gleichzeitig die phallische Brust-Mutter. Während er die Jugendlichen masturbierte oder an ihnen saugte, hielt er sie ganz eng umschlungen. Seinem Gefühl nach konnte die Umarmung gar nicht innig genug sein und er war jedes Mal enttäuscht, daß das für die Jugendlichen ohne große Bedeutung war. Hier setzte bereits die Desillusionierung des fetischistischen Objekts ein. Ihm war übrigens die Demütigung dieser Jugendlichen und ihre elende passive Rolle, die sie bei den masturbatorischen Aktivitäten spielten, durchaus bewußt. Die jungen Männer, die er anfangs dazu ermuntert hatte, mit ihren heterosexuellen Neigungen und ihrer Männlichkeit anzugeben, und nun merkten, daß sie homosexuell verführt worden waren, verleugneten die Situation durch eine grobe und zynische Haltung gegenüber diesen Aktivitäten. Der Patient fühlte sich deswegen sehr gekränkt. Es war ihm auch nie gelungen, sie soweit zu bringen, daß sie eine positive Erfahrung in diesen Aktivitäten sehen konnten. Das empfand er als sehr schmerzlich. War jedoch andererseits ein Jugendlicher durch das Masturbationserlebnis sehr erregt und fand großen Gefallen daran, verlor der Patient das Interesse; er bekam Angst vor dem erregten und erregenden Objekt und zog sich zurück. Der Erregungszustand im fetischistischen Objekt mußte abgekapselt, lokalisiert und unter seiner Kontrolle bleiben (vgl. A. Freud, 1952).

Nach der Ejakulation des jungen Mannes kam die Beziehung zum Fetisch selbst voll zur Wirkung. Das trifft allerdings nicht ganz genau zu, da der Beziehung zur Vorhaut eine doppelte Bedeutung zukam, nämlich als Zubehör des erigierten Penis und als Behälter, in den er masturbierte. Der gesamte fetischistische Vorgang verlief in drei Stadien: (I) Ich-Beziehung zum fetischistischen Objekt als Person; (II) sexuelle passiv-orale und manuelle Beziehung zum erigierten Penis und zur Vorhaut; (III) aktive eindringende ejakulatorische Beziehung zur Vorhaut als einem Behälter.

Ehe ich die psychischen Inhalte des eigentlichen Vorhaut-Fetischs näher untersuche, möchte ich die Bedeutung unterstreichen, die die Beziehung zum fetischistischen Objekt für den Patienten hatte. Beim heterosexuellen Fetischismus hat der Fetisch die Funktion einer Absicherung gegen Ängste (Kastration), die mit dem weiblichen Sexualobjekt und den Sexualorganen verbunden sind. Bei meinem Patienten fungierte die Ich-Beziehung zum homosexuellen fetischistischen Objekt als eine Rückversicherung gegen die archaische und regressive Form der Beziehung zum Fetisch selbst. Allmählich wurde dem Patienten und mir klar, daß der eigentliche Anlaß für die Aufnahme einer Behandlung die innere Bedrohung seines Ichs und seiner Persönlichkeit durch die chaotischen und archaischen Gefühle und Erregungen war, die die fetischistischen Vorhaut-Praktiken begleiteten. Im ersten Jahr seiner Analyse und auch später noch verschleierte die idealisierte und ekstatische Jagd auf das fetischistische Objekt seine Angst vor dem, was dann bei den eigentlichen sexuellen Praktiken passierte. Er beschönigte diese wilden sexuellen Aktivitäten und bezeichnete sie als »Heilung durch Erschöpfung«. Das Hochgefühl und die Gier, die er in seiner Beziehung zum Vorhaut-Fetisch erlebte, jagten ihm Angst ein. In der ersten Zeit seiner Analyse waren seine Träume die kaum verhüllte primitive Wunscherfüllung seines Verlangens, an einem Penis mit Vorhaut zu saugen und das Sperma hinunterzuschlucken. Daß er nie wirkliche Befriedigung erlebte, blieb ihm verborgen und wurde in den Berichten über seine sexuellen Großtaten völlig verleugnet.

Die Psychodynamik des Vorhaut-Fetischs

Ich möchte zunächst die Bedeutung des Vorhaut-Penis im Zustand der Erektion und die Beziehung des Patienten zu ihm schematisch darstellen. Der Vorhaut-Penis hatte für ihn im Stadium der Erektion eine ganz spezifische magische Bedeutung. Er war für ihn der ideale Brust-Penis der frühen oralen Stufe und erfüllte ihn mit einem Gefühl ehrfürchtiger Scheu, Faszination und quälender Erregung. Wenn er den Vorhaut-Penis zu drangvoller Lebendigkeit erweckt hatte, empfand er ihn als seine »Schöpfung« und dementsprechend behandelte er ihn auch. Anschauen, Berühren und Riechen spielten in seiner Beziehung zu ihm eine große Rolle. Die lustvollen Möglichkeiten dieser Situation schienen ihm unerschöpflich, und er wünschte sich, ganz darin aufzugehen. Das Ganze glich eher einem halluzinatorischen Bild als einer Wahrnehmung eines separaten Organs einer anderen Person oder der Wahrnehmung dieses Organs als symbolischem Vehikel für eine Beziehung. Lacan und Granoff (1965) sind in ihrer wichtigen Untersuchung der Rolle, die das Symbolische, Imaginäre und Reale im Fetischismus spielen, auf dieses Thema eingegangen. Mit dem regressiven Beziehungsmodus zum Vorhaut-Penis-Fetisch war der Zusammenbruch der symbolischen und sekundärprozeßhaften seelischen Aktivitäten verbunden. Der Patient hatte das Gefühl, dieses magische Objekt *erschaffen* zu haben, und durch Ansehen und Berühren sowie orale Inkorporation *wurde* er dieses Objekt. Für den Patienten hatte es die Bedeutung, daß er die ursprüngliche Einheit mit der omnipotenten nährenden Brust-Mutter ganz konkret wiederfand und wieder neu erschuf. Nunberg (1947) hat in seiner Arbeit »Circumcision und Probleme der Bisexualität« (Circumcision and problems of bisexuality) auf die Tatsache hingewiesen, daß die Beschneidung den Verlust der Mutter bedeuten kann. Außerdem wies er auf die Bedeutung der Vorhaut als Symbol für Vagina, Rektum und Weiblichkeit hin. Der Wunsch, am Penis des Vaters zu saugen, war beim Patienten nach der Geburt der jüngeren Schwester aufgetreten. Sein Beschnittensein hatte er stets als eine defiziente, unzulängliche und verstümmelte Geschlechtsidentität empfunden (vgl. Greenson, 1964; Stoller, 1964). Die Verschmelzung mit dem Vorhaut-Penis stellte die verlorengegangene omnipotente Einheit zwischen dem infantilen Lust-Ich und der Brust-Penis-Mutter wieder her. Gleichzeitig hatte diese Verschmelzung auch die Funktion der Verleugnung der späteren traumatischen Trennung von der Mutter infolge ihrer Heirat und der Verneinung seiner Entdeckung, daß sie ein penisloses kastriertes Objekt ist. Nunberg (1947) hat bei einem seiner Patienten die Phantasie untersucht, die weiblichen Labien seien eine Art Vorhaut, die den weiblichen Penis verbergen und schützen. Das traf auch für den Vorhaut-Penis in der Phantasievorstellung meines Patienten zu. Er war das ideale bisexuelle Organ, das aus Eichel-Penis und Vorhaut-Vagina bestand und zu einer untrennbaren (nichtkastrativen) Einheit verbunden war. Seine überschwengliche

Freude und sein Entzücken über dieses Organ hatte hier ihren Ursprung. Der von der Vorhaut geschützte Eichel-Penis, den er manipulieren konnte, ohne ihm Schaden zuzufügen, stellte zudem das primitive kindliche Selbst des Patienten im idealen schützenden und nährenden Umfeld der Mutter (Vorhaut) dar, das ihm einen sicheren und lustvollen Halt bot.

Der orale Wunsch nach Verschmelzung mit dem Vorhaut-Penis und die Idealisierung seines tranceähnlichen Wonnegefühls stützen die Hypothesen von Greenacre (1953a), Bak (1953) und Socarides (1960), daß die Trennungsangst und die Angst vor dem Verlassenwerden die primären Angstaffekte des Fetischisten sind. Mein Patient verleugnete die Trennung von der Mutter durch die ständige Wiederbelebung dieses illusionären Einsseins mit ihr durch die konkreten körperlichen Besonderheiten seiner oralen und manuellen Beziehung zur Vorhaut. Gleichzeitig setzte er ein neues vorübergehendes *Geschehen* in Gang, das seine eigene Realität hatte und die Affekte verleugnete, die mit der (inneren) Mutter-Imago verbunden waren.

Diese Fähigkeit der fetischistischen Praktiken, mit widersprüchlichen Affekten und Motivationen einherzugehen, scheint sie für Abwehrmanöver des Ichs gegenüber primitiven archaischen emotionalen Bedürfnissen besonders geeignet zu machen. Hier spielt das zeitliche Element eine wichtige Rolle. Das Voraus-Wissen, daß das von ihm initiierte Geschehen nur kurz sein und mit der Abfuhr (Ejakulation) ein Ende haben würde, verringerte die Angst des Patienten, es könnten höchst primitive Körperbedürfnisse und -erfahrungen mit traumatischen genetischen Assoziationen durchbrechen. Das Element Lust durch Befriedigung und die kurze Zeitdauer sowie das Als-Ob des ganzen fetischistischen sexuellen Spiels ermöglichte dem Ich die Spaltung: war der eine Teil des Ichs involviert, sah der andere mit versonnener Objektivität zu. Diese Dissoziation machte jedoch die regressive Absicht der Verschmelzung mit der Brust-Mutter zunichte, und dem Patienten blieb rückblickend kein befriedigendes internalisiertes Bild von dem ganzen Erlebnis.

So wie die Versuche einer Verherrlichung der narzißtischen Selbstachtung des fetischistischen Objekts, der Jugendlichen, damit endeten, daß er sie zu sexuellen Orgien und damit in eine Erniedrigung zwang, endete auch die oral-manuelle Beziehung zum Vorhaut-Penis mit ihrer übersteigerten und idealisierten Erregung und Inbrunst in einem Kollaps (Detumeszenz) des omnipotenten Organs infolge Ejakulation. Der Patient hatte gegenüber den jungen Männern immer ein Gefühl von Mitleid und Schuld und glaubte sie verletzt und gekränkt zu haben. Hier zeigte sich ganz deutlich die unbewußte Absicht, das geliebte Objekt im Zustand höchster Leidenschaft auf kannibalistische Weise zu ermorden (vgl. Payne, 1939).

Ehe ich die dritte Phase der ganzen fetischistischen Aktivitäten, d. h. die eindringende (aggressive) Beziehung zur Vorhaut, schildere, möchte ich auf die Bedeutung zu sprechen kommen, die das Hinunterschlucken des Samens für den Patienten hatte. Er war fest davon überzeugt, das Sperma sei eine besonders wirksame Substanz mit magischen Eigenschaften und bilde die Essenz aus der Stärke und Schönheit dieser jungen Männer. Teils im Scherz, teils mit pathetischem Ernst versuchte er ihnen das Versprechen abzuringen, ihren Freundinnen die Fellatio an ihnen nicht zu gestatten. Die Rationalisierung, die er dafür bereithielt und die deutlich die sadistische, gierige und feindselige Absicht seines Verhaltens verriet, lautete, die Mädchen würden sich anschließend nicht mehr respektieren. Der Patient hatte einmal von dem gierigen Zwang, den Samen zu schlucken, als einer Sucht gesprochen. Er hatte recht, es war wirklich eine Sucht. Unbewußt bedeutete dieses Hinunterschlucken des Spermas die Einverleibung einer guten Substanz, um damit seine schlechten inneren Substanzen zu neutralisieren. Auf die magische heilende Wirkung dieser Einverleibung als Abwehr gegen hypochondrische Zustände werde ich später zu sprechen kommen. Glover (1932) hat darauf hingewiesen, daß gelegentlich fetischistische Phänomene auftauchen, wenn ein Alkoholiker das zwanghafte Trinken aufgibt. Bei meinem Patienten kann man feststellen, daß eine Sucht in die Struktur fetischistischer Praktiken Eingang gefunden hat. Die unendliche Komplexität archaischer Körperprozesse, prägenitaler Impulse und archaischer primärprozeßhafter Vorgänge und Affekte, die der Fetischist in einem unorganisierten Zustand ertragen kann, ist ein bemerkenswertes Phänomen, das noch nicht zureichend geklärt ist.

Die dritte Phase der fetischistischen Aktivitäten begann erst nach der Ejakulation der jungen Männer und nach dem Beginn der Detumeszenz. Der Patient schwenkte nunmehr von einer passiv-oralen in eine aktiv-eindringend-phallische Beziehung um. Sein Wunsch bestand darin, die Vorhaut-Öffnung mit seinem Penis zu penetrieren. Dies stellte eine andere Variante symbiotischer Verschmelzung dar, diesmal jedoch auf phallischer Ebene. Da die jungen Männer seine Gefühle nie erwiderten, erlebte er jetzt seine schmerzlichsten Enttäuschungen. Er wollte in den Arm genommen und geliebt werden, aber die Jugendlichen waren zu diesem Zeitpunkt meist gelangweilt und innerlich abwesend. Sein Penis wurde deshalb nie als ein gutes Objekt geschätzt. Diese dritte Phase lief daher für ihn auf eine bloße Abfuhrbefriedigung hinaus, die ihn traurig und ungetröstet zurückließ. Eine wichtige Phantasie bei dieser Aktivität war der Wunsch, in den Schoß der Mutter vorzudringen und von ihm ganz umfangen und verschlungen zu werden. Das Eintauchen seines Penis in die Vorhaut war zugleich Wunscherfüllung und Abwehr. Er hatte große Angst vor seinem passiv-masochistischen Wunsch, sich der durch die Vorhaut repräsentierten phallisch-omnipotenten Mutter zu überlassen. Das zeigten seine Träume, in denen klaustrophobische Ängste eine wesentliche Rolle spielten und er das Gefühl hatte, gefangen und dem Ersticken nahe zu sein.

Da er beim Orgasmus nie Lust empfand und ihm vor seinem eigenen Sperma ekelte, bereitete seine Ejakulation den fetischistischen Aktivitäten ein trauriges und freudloses Ende. Dem armseligen Abschluß des aufregenden Abenteuers versuchte er mit ritualisierter Fürsorge für das fetischistische Objekt entgegenzuwirken. Er wusch und säuberte die Jugendlichen und versicherte ihnen, daß nichts Schlimmes passiert sei. Mit Worten und Gesprächen breitete er wohltuendes Vergessen über die ganze Episode. Nur selten wiederholte er diese Aktivitäten mit der gleichen Person. Die Person, die sein erstes festes, vertrautes und zärtliches Liebesobjekt wurde, war ein beschnittener junger Mann. Zu diesem Zeitpunkt waren seine fetischistischen manischen nächtlichen Jagden einem depressiven, hypochondrischen Rückzug gewichen, der die wahre Natur und das ganze Ausmaß seiner Ich-Pathologie voll erkennen ließ. Ehe ich jedoch darauf eingehe, möchte ich eine Zusammenfassung der drei wesentlichen Beweggründe geben, die in der Beziehung zum fetischistischen Objekt und dem Vorhaut-Fetisch auf vielfältige, amorphe und fragmentierte Weise agiert wurden: (I) der Wunsch, ein Baby zu haben, d. h. zu gebären; (II) die Erotisierung und Kontrolle der Wut sowie Mordimpulse gegenüber Mutter, Vater und Geschwistern; (III) das Verlangen nach und die Angst vor passiv-masochistischer sexueller Hingabe; dies stellte den zwingendsten unbewußten Wunsch und gleichzeitig die Bedrohung von Einheit und Existenz des Ichs dar.

Der Wunsch nach einem Baby bei einem Jungen und seine spezifische Bedeutung für den Fetischismus ist von Kestenberg (1956b), van der Leeuw (1958) und Socarides (1960) untersucht und auch mit Winnicotts (1951) Konzept vom Übergangsobjekt in Verbindung gebracht worden. Van der Leeuw ist der Ansicht, daß »das Übergangsobjekt nicht nur Brust und Phallus ist, sondern auch das von der Mutter gemachte Kind«. In der Ich-Beziehung meines Patienten zu den fetischistischen Objekten äußerte sich der Wunsch nach einem Baby in dem Bemühen, die Jugendlichen mit einer neuen Identität und einem neuen Selbst-Gefühl auszustatten und einer »psychologischen Geburt« den Weg zu bereiten. Sie waren während des erregten Austauschs seine *Schöpfungen*, seine Babies. Durch seine psychologischen Aktionen und Aktivitäten kam es zur Geburt seines eigenen idealen Selbst in der Gestalt und den Konturen dieser Jugendlichen. Die Identifikation mit der erzeugenden, aktiven und omnipotenten Mutter wurde hier deutlich. Gleichzeitig war ihm jedoch klar, daß dies absurd war. Die Folge waren Wut und sadistische Angriffe, die sich in dem Zwang ausdrückten, die Identität des unversehrten fetischistischen Objekts zu einem regressiven Partialobjekt, dem Vorhaut-Fetisch, zu zerschlagen. Das psychologisch verstärkte Selbstgefühl des »geschaffenen« Jugendlichen wurde durch den sexuellen Angriff »ermordet«. Die gleiche Thematik kam in der Beziehung zum Vorhaut-Fetisch zum Ausdruck. Die kannibalistische Hand-Mund-Beziehung zum Eichel-Penis war das Vehikel für den Wunsch nach oraler Schwängerung. Die unbewußten Phantasien, die sich hinter dem Hinein- und Heraustauchenlassen des Eichel-Penis in der Vorhaut unter dem erzwungenen Zusehen der jungen Männer, sowie hinter dem Vordringen und Zurückziehen des Eichel-Penis in bzw. aus seinem eigenen Mund (Vagina) verbargen, stellten – mit dem Penis als Symbol – Variationen zum Thema Gebären dar und bezogen sich auf das eigene Selbst wie auch auf die Jugendlichen. Der Vorgang stellte zudem eine Rückversicherung gegen das Verschlungenwerden (Überwältigt-Werden) durch die Mutter dar, das mit zu den Elementen der Kastrationsangst bei diesem Patienten gehörte.

Die Ejakulation endete auch in dieser Hinsicht mit einem Fiasko, und die sadistische Freude über die Hilflosigkeit der Jugendlichen im Augenblick des Orgasmus und der nachfolgenden Detumeszenz des Penis war in seiner unbewußten Phantasie ein Angriff auf die schwangere Mutter und ihren Baby-Phallus. Das Hinunterschlucken des Samens verlieh ihm die magische Kraft des Schwängerns, und der Gebrauch der Vorhaut als (Vagina-Mund-)Behälter für seinen »Geschlechtsverkehr« war sowohl der Wunsch zu schwängern wie aus diesem Vorhaut-Uterus geboren zu werden. Auch diese Phantasie löste sich nach der Abfuhr in einem Gefühl von Sinnlosigkeit auf. Nun kam es zur psychologischen Fürsorge für das fetischistische Objekt. Gleichzeitig entstand ein Bedürfnis nach Beschwichtigung und Wiederherstellung der psychischen Distanz zwischen Selbst und Objekt. Als drittes Element erkennt man in dem Zwang, die Jugendlichen zu einem unerträglichen Gipfel sexueller Erregung zu stimulieren, den masochistisch-passiven Wunsch nach völliger Hingabe sowie die gleichzeitige Angst davor. Nicht sein, sondern ihr Ich erlebte das Ausgeliefertsein an die Erregung. Die masochistisch-passiven Wünsche so abzuspalten und auf die Jugendlichen zu projizieren, die er diese Wünsche durch seine hilfreichen sexuellen Dienste *erleben* ließ, war eine der Selbstschutz-Funktionen der fetischistischen Praktiken (vgl. Kapitel 2 und 3).

Melanie Klein (1932) hat die Komplexität der Phantasien kleiner Jungen in der »weiblichen Phase« der Entwicklung beschrieben. Sie hat diese Phase als »die Periode des maximalen Sadismus« bezeichnet und führt dazu aus: »In dieser Phase hat der Knabe ebenso wie das Mädchen eine orale Saug-Fixierung an den Penis des Vaters. Diese Fixierung ist, wie ich glaube, die Basis der wahren Homosexualität in ihm.« In den fetischistischen Phantasien und Praktiken meines Patienten ist die Regression aus der phallischen Phase in diese weibliche Phase an den omnipotenten sadistischen Wünschen, in den Penis des Vaters einzudringen und ihn zu besitzen und das Körperinnere der Mutter anzugreifen, deutlich zu erkennen. Zu den Folgen der regressiven Intensivierung dieser der »weiblichen Phase« zuzurechnenden Phantasien und Partialobjekt-Beziehungen gehörte die Auflösung seiner sich entfaltenden phallischen Identität. Payne (1939) hat sich in ihrer Arbeit über den Fetischismus wie folgt geäußert: »Die Schwäche der Ich-Entwicklung ist einer der Aspekte der Schwäche der Genitalität und bedeutet eine Störung der Libidinisierung und Herausbildung sowie Integration des Körper-Ichs, vor allem der *Penis-Imago*. Es kommt zu einer Überbetonung der frühesten Mechanismen und einer übertriebenen Abhängigkeit von den introjizierten Objekten, jedoch zu keiner dauerhaften Identifikation mit ihnen.«

Die Regression der phallischen Strebungen führte bei meinem Patienten zu einer fundamentalen Diffusion der *Penis-Imago* als eines narzißtischen Modells des Selbst, und seine verstohlenen sexuellen Beziehungen zu den Jugendlichen waren ein Versuch, Sicherheitsvorkehrungen gegen die Desintegration der *Penis-Imago* zu treffen. In diesem Sinne war die Beziehung zum fetischistischen Ganzobjekt eine Abwehr gegen Verfolgungsängste, die mit zu den Phantasien um den Vorhaut-Fetisch gehörten. Das Betrachten des Ganzobjekts als sexualisiertes phallisches Objekt schützte den Patienten außerdem vor Ängsten, die mit der sich verändernden Größe des Phallus bei den sexuellen Aktivitäten verbunden waren (vgl. Greenacre, 1953a).

Die Ich-Pathologie und die gestörte Mutter-Kind-Beziehung

Die analytische Arbeit der ersten sechzehn Monate machte es dem Patienten allmählich möglich, die panikartigen inneren Angstzustände zu ertragen, ohne sich sofort in die idealisierte erotische Rückversicherung seiner Sexualpraktiken mit dem Vorhaut-Fetisch flüchten zu müssen. Gleichzeitig schwanden seine Illusionen über seine Beziehung zu den fetischistischen Objekten; schließlich handle es sich gar nicht um so ideale, liebenswerte Menschen. Er konnte erkennen, daß sein Programm, den »Ausgestoßenen, für die das Leben nichts bereit hielt«, mit Liebe zu begegnen, aus drei Gründen scheitern mußte: (I) wegen seiner Unfähigkeit zu lieben; (II) wegen ihrer Unfähigkeit, Liebe entgegenzunehmen; und (III) wegen seiner Wahl, die er unter den jungen Männern traf. Es handelte sich bei ihnen nämlich um psychopathische, delinquente Persönlichkeiten am Rande der Kriminalität. Die Erkenntnis, daß er ihnen gleichgültig war, daß sie ihm Geld und Gut gestohlen und ihn mit Hohn und Spott behandelt hatten, verletzte ihn tief.

Er konnte jetzt sagen, daß er nicht länger wollte, daß andere von ihm abhängig waren. Er wollte selbst abhängig, geliebt und umsorgt sein. Mit dieser Einstellung begab er sich auf die Suche nach einer menschlicheren und, wie er sagte, »ansehnlichen« Beziehung. Er lernte auch einen jungen Mann kennen, zu dem er eine Beziehung anknüpfte, die weder fetischistisch noch zwanghaft sexuell war (Khan, 1969). Der junge Mann war beschnitten und machte einen guten Eindruck. In dieser Beziehung enthüllte sich nun das eigentliche Wesen seiner Ich-Pathologie und das ganze Ausmaß seiner Identifikation mit seiner Mutter. Schon bald nach Beginn dieser Beziehung stellte der Patient fest, daß er die Aktivitäten des jungen Mannes mit wahnhafter und hysterischer Eifersucht beobachtete. Er erlebte alptraumhafte Angstzustände, wenn der Junge abwesend war, und mußte sich zwanghaft vorstellen, er werde gerade von jemandem verführt. Seine Gelassenheit wich einer rasenden Eifersucht und Besitzgier. Er fragte dann den Jungen aus, stritt endlos mit ihm herum und untersuchte sogar seine Wäsche nach Spuren sexueller Aktivitäten usw. Insgeheim betrog er aber den jungen Mann mit anderen – genau wie es seine Mutter gemacht hatte.

Nun konnte er erkennen, daß sein Verhalten genau dem glich, das er bei seiner Mutter gegenüber ihrem zweiten Mann beobachtet hatte. Sie hatte sich ungerecht behandelt und betrogen gefühlt, war eifersüchtig und kaum zu trösten. Der Patient war ihr engster Vertrauter gewesen und hatte ihre Stimmungen und ihre Kümmernisse geteilt. Sein Stief-

vater hatte ihn des öfteren ermahnt, nicht jede ihrer Äußerungen wie Gottes Wort zu nehmen.
Die Beziehung des Patienten zu jenem jungen Mann ließ seine beiden früheren Symptome, anales Jucken und Alpträume, wiederaufleben. Nachts mußte er sich entsetzlich kratzen und zudem ließen ihn seine Alpträume nicht schlafen; sie erschreckten ihn so sehr, daß er sie nie erinnern konnte. Meist handelte es sich dabei um Körpergefühle, die eine Verstümmelung und/oder phantastische Vergrößerung bestimmter Gliedmaßen beinhalteten, wobei er letzteres auch im Wachzustand flüchtig wahrnahm (Greenacre, 1954). In diesem Zusammenhang ließ sich als weiteres Motiv der fetischistischen Vorhaut-Praktiken der sadistische Wunsch identifizieren, in den Körper eines anderen einzudringen und die Wahrheit zu entdecken – und ihm seinen kostbaren Inhalt zu entreißen, der eigentlich ihm zustand, ihm aber vorenthalten wurde. Sein anales Jucken löste zudem einen allgemeinen hypochondrischen Zustand aus. Gillespie (1940) und Greenacre (1953a) haben auf die Bedeutung hypochondrischer Zustände bei fetischistischen Perversionen hingewiesen. Die hypochondrischen Zustände dieses Patienten ließen zwei unterschiedliche Stimmungen erkennen, die (a) das akute Gefühl persönlicher Wertlosigkeit und den Verlust der Selbstachtung und (b) den Ekel vor dem eigenen Körper und seinen Ausscheidungen zum Inhalt hatten. Zwischen diesen Stimmungen und den Eifersuchts- und Wutanfällen über den neuen Freund sowie der Angst vor dem Verlassenwerden bestand ein innerer Zusammenhang. Die Angst vor dem Verlassenwerden war auch ein ständig wiederkehrendes Thema im Gefühlsleben seiner Mutter gewesen. Zwei Schreckensbilder hatten ihr Leben beherrscht, nämlich (a) von ihren Ehemännern verlassen zu werden, und (b) arm und hilflos zu sein.
Ich möchte nun die aus seinen Erinnerungen, seinem Agieren und seiner Übertragungsbeziehung rekonstruierte Geschichte seiner Beziehung zur Mutter darstellen.

Für seine Mutter, eine schöne junge Frau, hatte das Leben als Erwachsene recht traumatisch begonnen. Ihr Vater hatte Selbstmord begangen und das ehrgeizige Mädchen war fest entschlossen, eine reiche und sorglose Ehe einzugehen. Sie hatte einen wohlhabenden Landwirt geheiratet, dem sie nach ihren Angaben nie treu war. Als der Patient zweieinhalb Jahre alt war, kam es zu einer außerehelichen Empfängnis. Dies führte zu offenen Unstimmigkeiten in ihrer Ehe. Aus Schuldgefühlen und Angst wegen dieser Schwangerschaft wandte sie sich leidenschaftlich ihrem jüngsten Kind (dem Patienten) zu. Sie überließ das Kind nicht mehr der Fürsorge eines Kindermädchens, das bis dahin seine Betreuung übernommen hatte. Das Kindermädchen blieb jedoch noch weitere vier Jahre im Haus, bis es zur Scheidung kam und sie entlassen wurde, weil sie den Kindern erzählt hatte, nicht der Vater sei ein übler Charakter, sondern die Mutter sei eine leichtfertige Frau mit lockerer Moral.

Erst in diesem Zusammenhang ergaben die drei Erinnerungen, nämlich der Wunsch, am Penis des Vaters zu saugen, der Wunsch nach Vereinigung mit der Urethra von Wallachen und das Sitzen auf dem Porzellanei mit der Vorstellung, er habe es gelegt, einen sinnvollen Zusammenhang. Der Patient hatte als kleines Kind gerade die phallische Phase erreicht, als sich die Mißstimmung zwischen den Eltern und die Schwangerschaft der Mutter traumatisch auswirkten. Er reagierte darauf (a) mit dem Wunsch, wie seine Mutter zu sein und vom Vater ein Kind zu bekommen; (b) mit Angst und Wut über den väterlichen Penis (und über das Baby als Penis des Vaters), was sich im Zerbeißen der Rhabarberstauden ausdrückte; (c) mit seiner Flucht in eine magische Phantasie von Vereinigung mit der Urethra von Wallachen als Antwort auf den plötzlichen Ausbruch von Unsicherheit bei der Mutter und ihr Bedürfnis, ihn in ihre Schwierigkeiten mit hineinzuziehen. Die Urethra bedeutet den Penis des Vaters als hohler, Bauch-ähnlicher, sicherer Ort und ebenso das sichere Innere der Mutter.

Der Patient hatte als Kind wiederholt den Körper seiner Mutter und das Genitale seiner jüngeren Schwester beobachten können. Seine Mutter hatte sich einen merkwürdigen Mythos von der kindlichen Unschuld bewahrt und sich bis zu seinem elften Lebensjahr häufig, wenn auch unbeabsichtigt nackt gezeigt. Das hörte auf, als sie eines Tages argwöhnte, er habe zu masturbieren begonnen. Sie erzählte ihm aus freien Stücken, daß eine weiße Flüssigkeit aus dem Penis komme, wenn ein Junge an ihm reibe. In der Behandlung des Patienten war die Beziehung zwischen diesen Elementen seiner Kindheitserfahrung mit der Mutter und den fetischistischen Praktiken deutlich erkennbar.

Die gegenwärtige Beziehung zu jenem jungen Mann entwickelte sich zu einer relativ stabilen und herzlichen Bindung. Er mußte akzeptieren, daß der junge Mann ihm mehr half als er ihm. Die ganze Aussichtslosigkeit seines Bemühens in der Kindheit, der Mutter zu helfen, sie während ihrer leidenschaftlichen hysterischen Anfälle zu besänftigen und sie in ihrer Angst vor Armut und Verlassenwerden zu trösten, wurde deutlich. Wir konnten erkennen, daß bei seinen Bemühungen, dem fetischistischen Objekt sexuelles Vergnügen zu bereiten, das Element der Wiedergutmachung von größter Bedeutung für ihn war. Er war mit dem Gefühl und der Erfahrung aufgewachsen, daß Menschen einander nur traumatisieren und verletzen und daß es keinen Trost gibt. Er versank allmählich in völlige Apathie, in Trägheit und hilflosen, traurigen Rückzug. Auch seine Phobien kamen wieder. Er glaubte, Leuten nicht gegenübertreten zu können, und er empfand sein Dasein als armselig und völlig unzulänglich. Weil er zu keiner Arbeit mehr fähig war, bat er um einen zweijährigen unbezahlten Urlaub, der ihm auch gewährt wurde. Er nahm zu seinem Vater, den er über dreißig Jahre nicht gesehen hatte, Kontakt auf, und dieser war bereit, für seinen Lebensunterhalt aufzukommen.

Der Patient geriet in eine tiefe regressive Abhängigkeit, und nur die Behandlung ließ ihn durchhalten. Diese Phase, die fast ein Jahr dauerte, stellte in allen wesentlichen Elementen eine Wiederholung seiner Lebensumstände als Jugendlicher bis zum Zeitpunkt seines sexuellen Agierens dar. Als er das Elternhaus verließ und in ein Internat kam, wurde aus ihm ein scheuer, ängstlicher und in sich gekehrter Junge. Er freundete sich mit niemandem an und lebte nur für seine fetischistischen Phantasien und für die Masturbation. An der Universität erbrachte er gute Leistungen und er schaffte auch einen guten Abschluß. Trotzdem fühlte er sich dem harten Wettbewerb des Berufslebens nicht gewachsen. Nach seinem Studium befiel ihn eine so große Angst, verrückt zu werden, daß er sich entschloß, als Arbeiter in ein Kohlebergwerk zu gehen, wo er bis zu Kriegsbeginn beschäftigt war. Er wurde sehr bald eingezogen und geriet in Kriegsgefangenschaft. Das extrem harte und elende Dasein in einem japanischen Lager überstand er, ohne sich der Gefahr bewußt zu sein, in der er schwebte. Er sprach einmal davon, daß er damals das Gefühl gehabt habe, im Irrenhaus zu sein, weiter nichts. Die finstere Realität des japanischen Kriegsgefangenenlagers gab seinen schlimmsten Ängsten eine Rationalisierungsmöglichkeit. Seine apathische Stimmung und sein mechanischer Gehorsam retteten ihn davor, zum Opfer der japanischen Soldaten zu werden. Als er nach Kriegsende zurückkehrte, erhielt er eine gute Stellung und den Rat, sich in psychiatrische Behandlung zu begeben. So kam es zu seiner ersten Analyse und dem Agieren seiner fetischistischen Masturbationsphantasien in einer wirklichen Beziehung.

Während der regressiven Erkrankung im Verlauf seiner jetzigen Analyse faßte der Patient erneut den Entschluß, eine Beschäftigung als einfacher Arbeiter zu suchen, weil er die Leere in seinem Leben nicht ertragen konnte. Es war schmerzlich mitanzusehen, wie er lebte, aber nur so war die Bearbeitung der Traumen in seiner Beziehung zur Mutter möglich.

Nun wurde deutlich, daß die seiner kindlichen Entwicklung gemäßen emotionalen Bedürfnisse infolge der mütterlichen

Verführung, auf die das Kind leidenschaftlich reagiert hatte, unberücksichtigt geblieben waren. Er hatte sich ungeliebt, verlassen und schrecklich geängstigt gefühlt. Hinzu kam noch die Belastung durch die hysterische Emotionalität der Mutter. Er hatte diese Situation dadurch bewältigt, daß er sich einerseits ihren Stimmungen und ihrer Verführung unterwarf und andererseits sein persönliches Selbst insgeheim in die masturbatorischen fetischistischen Phantasien abspaltete. So schuf er sich den einzigen privaten Bereich, zu dem seine Mutter keinen Zutritt hatte und über den ihr auch die Kontrolle verwehrt blieb. Auf Einzelheiten aus dem Material und der analytischen Arbeit während dieser Phase kann ich hier nicht eingehen. Als seine depressive Apathie, sein phobischer Rückzug und sein Gefühl von totalem Zusammenbruch auf einem Tiefpunkt angelangt waren, hatte der Patient folgenden Traum, der die gesamte Entwicklung lebhaft wiedergibt:
»Auf einem Tisch steht eine rechteckige, acht bis zehn Zentimeter hohe Schale, wie man sie gewöhnlich für Obst oder Blumen verwendet. Sie ist voller Kot, der wie Würste und Bananen aussieht. Er hat die Befürchtung, der Schein könnte sich im nächsten Moment verflüchtigen und der Kot als das erscheinen, was er wirklich ist. Ein Stück ragt über den Rand der Schale hinaus und er hat Angst, es könnte wegen seiner weichen Konsistenz abbrechen und herunterfallen. Er entfernt es mit einem Silberlöffel, damit es nicht auf das Tischtuch fällt. Er tut so, als sei es eine Wurst und schiebt es in den Mund; er entdeckt, daß es Kot ist und spuckt ihn aus.«
Der Traum schildert in knappen Worten die innere emotionale Wahrnehmung der Beziehung zur Mutter (den Löffel im Traum hatte ihm seine Mutter geschenkt) und zum Vorhaut-Fetisch. Hinter den Idealisierungen und der Verleugnung taucht das wahre Bild der verzweifelten Gefühle des depressiven und deprivierten Kindes auf (vgl. Spitz und Wolf, 1949).

Dieser Traum aus dem vierten Jahr seiner Analyse leitete die Auseinandersetzung mit seiner *negativistischen Haltung* ein. Er beschrieb sich nunmehr als *Un-Person*, als einer, der nie existiert und nie wirklich etwas erlebt habe. Sein ganzes Leben lang habe er die Ereignisse nur heraufbeschworen. Dabei sei er allein und auf Distanz geblieben – ein Zuschauer, der Fürsorge weder erhalten noch gewährt habe. Neben dieser negativistischen Haltung stand seine geheime Vorstellung im Mittelpunkt, daß er etwas Besonderes sei und etwas ganz Kostbares in sich habe, das er mit keinem Menschen teilen und daher auch nicht selbst erfahren könne. Diese Illusion war für den Patienten lebenswichtig und kann in dieser Bedeutung gar nicht hoch genug veranschlagt werden. Sie half ihm, die Adoleszenz und die Phase regressiver, depressiver Apathie während der Analyse durchzustehen. Er hatte des öfteren ganz sachliche Überlegungen angestellt, ob sein Weiterleben überhaupt einen Sinn habe; sich töten konnte er aber nicht. Er stand außerhalb dieses idealen inneren Selbst und hatte kein Recht, es zu zerstören.

Damit näherten wir uns seinen Ängsten, die um folgende Themen kreisten:

(I) Die Überstimulierung durch die Identifikation mit der Mutter, und zwar mit der kastrierten sexuellen Mutter;

(II) die Angst, entleert zu werden und nur noch als leere Hülse zu existieren, d. h. das primäre Selbst und die Brust-Mutter zu verlieren;

(III) das Entsetzen vor dem eigenen Wunsch, sich der sadistischen Mutter zu unterwerfen, und eine akute Angst vor passiver Vernichtung;

(IV) die Angst vor Männern und eine archaische Form von Kastrationsangst.

Die fetischistischen Praktiken hatten diese Ängste in ihr Gegenteil verkehrt. Der Patient konnte allmählich erkennen, daß seine leidenschaftliche kindliche Liebe zur Mutter recht oberflächlich gewesen war. Er hatte sich eigentlich abgekapselt und über die Identifikation mit ihren Stimmungen eine

Pseudoexistenz gelebt. Diese Identifikation wiederum verhinderte eine männlich-phallische Entwicklung. Er war nie wirklich beteiligt. Schon sehr früh hatte eine Spaltung in zwei verschiedene Personen stattgefunden, und zwar in das phobisch klammernde ängstliche Kind, das eng an die Mutter gebunden war, und den negativistisch in sich zurückgezogenen Jungen, der an seine fetischistischen inneren Objekte fixiert war. Seine Haltung gegenüber den Mitmenschen war durch eine Phobie und paranoiden Argwohn geprägt. Später kam ein geschickter Umgang mit der Sprache hinzu und seine verbalen Spötteleien zerstörten alle Beziehungen.

Als Kind hatte der Patient auf die häßlichen Zwistigkeiten der Eltern mit einer Regression in einen ganz privaten abgekapselten Phantasiezustand reagiert. Das bewiesen seine schematischen Erinnerungen und seine fetischistischen Praktiken. Charakteristisch für solche Phantasiezustände war ein nicht integriertes Konglomerat aus sehr archaischen Gefühlen, Partialobjekt-Beziehungen und übermäßiger Erotisierung. Payne (1939) und Gillespie (1940) haben die Bedeutung erwähnt, die dem Sadismus und den Introjektions- und Projektionsmechanismen zukommt. Gillespie (1940) hat außerdem darauf hingewiesen, daß zu den phallischen Strebungen inkorporative Tendenzen hinzukommen. In den Inhalten der fetischistischen Phantasien meines Patienten konnte man alle diese Elemente leicht entdecken. Ich bin sogar überzeugt, daß eine der wichtigsten Funktionen der Hervorbringung dieser fetischistischen Vorhaut-Phantasien die Abkapselung und die Kontrolle dieser äußerst primitiven sadistischen Impulse war. Die besondere Bedrohung für das Ich des Fetischisten liegt in der regressiven Verschmelzung von Strebungen, die der phallischen Phase zuzurechnen sind, mit oralen und analen Impulsen und Partialobjekt-Beziehungen. Im vorliegenden Fall hatten die offene Feindseligkeit der Mutter dem Vater gegenüber, die Entwertung des Vaters durch die Mutter sowie die plötzliche und stürmische Auflösung des Haushalts folgende Konsequenzen für das Kind:

(I) Identifikation mit der Mutter, einmal weil sie einen Hort der Sicherheit darstellte, zum anderen, weil sie die Verleugnung der vom Vater ausgehenden Kastrationsdrohung ermöglichte;

(II) feminine Identifikation mit der Mutter, um sich damit den inneren Besitz des Vaters (Penis) sichern zu können;

(III) Regression zu Partialobjekt-Aspekten der Eltern (Vater als Penis, Mutter als Vagina-Vorhaut) und der Versuch, durch eine Verschmelzung dieser beiden Partialobjekte zu einem Vorhaut-Penis ein Elternpaar zu erschaffen;

(IV) Kollusion mit der leidenschaftlichen Emotionalität der Mutter, wobei die daraus resultierende übermäßige Stimulierung zu einer übermäßigen Sexualisierung der fetischistischen Phantasien führte.

Die Angstzustände, die dieser Patient in seiner Kindheit erlebt hatte, waren heftig und diffus und stets einer Panik nahe und doch ohne wesentliche psychische Inhalte. Nur allzu rasch fühlte er sich entpersonalisiert und von Angst gejagt; er reagierte dann mit depressiver Apathie, mit Agieren oder Hypochondrie. Das Gefühl einer drohenden inneren Auflösung und Vernichtung quälte ihn ständig. Diese Art von Angst hatte seine Kastrationsangst noch gesteigert. Greenacre (1953a), Payne (1939) und Gillespie (1952) haben betont, daß es eher archaische Ängste sind, die die Kastrationsangst beim Fetischisten in der phallischen Phase überfrachten. Das Ich des Patienten hatte mit Dissoziationen reagiert. Diese Dissoziationen im Ich sind durch Verleugnung, omnipotente Idealisierung der Mutter, regressiven Gebrauch und Sexualisierung der Inkorporationsmechanismen sowie völlige Unterdrückung von sadistisch-aggressiven Verhaltensweisen aufrechterhalten worden.

Payne (1939) hebt die besondere Bedeutung des Sadismus für den Fetischisten hervor. Sie weist auf seine Unfähigkeit hin, den Sadismus in seine Sexualität und seine Ich-Prozesse zu integrieren. Sie ist davon überzeugt, daß die Tötung des Liebesobjekts das sexuelle Ziel des Fetischisten ist. Ich habe bereits beschrieben, wie in den fetischistischen Praktiken des Patienten die Ejakulation des Partners und die nachfolgende Detumeszenz unbewußt als »sexueller Mord« am Penis erlebt wurde. Das Bewußtwerden dieses mörderischen Wunsches führte dann zu den Versuchen, mit zärtlicher Pflege und Fürsorge alles ungeschehen zu machen. In diesem Punkt besteht eine große Ähnlichkeit zwischen dem Ich des Fetischisten und dem eines Zwangscharakters: es oszilliert zwischen dem archaischen Wunsch nach sexueller Verschmelzung und dem mörderischen Angriff auf das Objekt. Beide Prozesse verstärken das Bedürfnis des Ichs nach Selbstschutz. Das führt beim Fetischisten zur Ausbeutung phobischer Haltungen und der Abstumpfung seiner Affektivität. Die Beziehung des Fetischisten zu seinem Objekt ist eher ein sexualisiertes Ich-Interesse als eine Triebbesetzung und Liebe. Von Gillespie (1940) stammt die zutreffende Bemerkung, daß beim Fetischisten »die Befriedigung von der Frustration oder mehr noch von einer Art partieller Frustration abhängt« und daß der Schutz, auf den der Fetischist angewiesen ist, »gerade darin besteht, daß er Frustration braucht«. Mein Patient erlebte auch nicht ein einziges Mal eine richtige sexuelle Befriedigung. Die Befriedigung hätte die Auslöschung und Vernichtung bedeutet, d. h. sie hätte entweder die Auslieferung des Ichs an einen masochistisch-archaischen Wunsch nach völliger Einverleibung oder die Preisgabe des Objekts im Zustand der Erregung an die sadistische Vernichtung nach sich gezogen. Die Sexualität wurde nur für die Erotisierung der Abwehren und der archaischen, furchterregenden Partialobjekt-Beziehungen ausgebeutet. Was Anna Freud (1952) beim Perversen als Negativismus und Furcht vor emotionaler Hörigkeit beschrieb, ist ein zusätzlicher Aspekt dieser Vernichtungsdrohung.

Im Falle meines Patienten sabotierte die Trennung vom

Vater und die Verquickung mit der Emotionalität der Mutter die phallischen Strebungen und Entwicklungsmöglichkeiten und führte im Verlauf von Kindheit und Adoleszenz zur Fixierung an fetischistische Phantasien und zur Diffusion seiner Identität als Mann und als Person.

SCHLUSSFOLGERUNGEN

Ich habe in diesem Kapitel Material aus der Behandlung und Lebensgeschichte eines homosexuellen Patienten untersucht. Der Patient litt an einer akuten Ich-Verzerrung infolge einer pathogenen Verstrickung mit der Gefühlswelt und der Persönlichkeit seiner Mutter vom dritten Lebensjahr an. Zwei Fragen scheinen mir wichtig:
(I) Warum hat der Patient als Kind keine schwere Psychose entwickelt?
(II) Was befähigte ihn, schon so frühzeitig eine fetischistische Phantasie zu entwickeln, die ihm Schutz gewährte und ohne die er dem pathologischen Eindringen seiner Mutter in seine Persönlichkeit völlig ausgeliefert gewesen wäre?
Man kann die erste Frage, glaube ich, dahingehend beantworten, daß eben diese Fähigkeit des Ichs, die fetischistische Phantasie zu dissoziieren und hervorzubringen, das Ich davor bewahrte, ganz in der mütterlichen Pathologie aufzugehen. Aber auch die von der Mutter ausgehende Erotisierung ermöglichte die Stabilisierung des Fetischs. Die fetischistische Phantasie schützte das Ich vor einem psychotischen Zusammenbruch. Was den Patienten veranlaßte, sich einer Behandlung zu unterziehen, war sein unbewußtes Wissen von der Bedrohung seines Ichs durch das Agieren der fetischistischen Phantasien.
Die zweite Frage, nämlich was ein Kind dazu befähigt, sich einen Fetisch zu schaffen, ist nicht so leicht zu beantworten. Mein Patient hatte ganz sicher eine gute frühe Beziehung zur nährenden (Brust-)Mutter und seinem bewährten und ge-

sunden Kindermädchen. Erst zu Beginn der phallischen Phase setzten die Traumen ein. Die sich entfaltenden negativen und positiven ödipalen Beziehungen wurden durch diese Traumen unterbrochen, und an ihrer Stelle entstand in Form einer Kollusion eine präödipale regressive Beziehung zur Mutter. Die Reifungs- und Wachstumsprozesse versetzten das Ich jedoch in die Lage, mit Hilfe von Dissoziation und Regression einen Abwehrkampf zum Schutze des Selbst zu führen. Ich habe zu zeigen versucht, wie das fetischistische Objekt und der Vorhaut-Fetisch das frühe infantile Selbst und das Primärobjekt (die Mutter) mit umfaßte. Der Fetisch hat Ähnlichkeit mit einer *Collage*. In ihm vereinigen sich komplizierte archaische Affekte, psychische Prozesse und innere Partialobjektbeziehungen, die in einem unintegrierten Zustand ertragen werden. Ich neige der Ansicht zu, daß die Fähigkeit, einen Fetisch zu schaffen, eine im Ich des Kleinkinds vorhandene Möglichkeit und Kraft ist, sich vor der Desintegration und einem völligen Zusammenbruch zu schützen. Die Fähigkeit, einen Fetisch zu schaffen, setzt voraus, daß sich das Ich so weit entwickelt hat, daß der Weg zu seinen synthetischen Funktionen frei ist und Spaltung, Verleugnung, Isolierung, Idealisierung, Somatisierung, Objektivierung und Sexualisierung als elementare Mechanismen zur Anwendung gelangen können. Die primären Angstaffekte beinhalten vorwiegend die Angst vor dem Ausgeliefertsein, und zwar dem Ausgeliefertsein an die Erregung und das erregende Objekt, an den Sadismus und drohende körperliche Auflösung, an Vernichtung und Verlassenwerden. Der Fetisch stellt sowohl ein phobisches wie ein kontra-phobisches Phänomen dar. Diese Dualität der fetischistischen Phänomene rückt sie sehr in die Nähe von Zwangszuständen. Das Ich versucht mit Hilfe des Fetischs, einen Ausweg aus der Negativität und dem paranoiden Rückzug zu finden, und der Sexualisierungsprozeß hat die Aufgabe, die aggressive, sadistische, unkontrollierbare Wut zu binden. Der Fetisch ermöglicht nicht nur das Funktionieren des Ichs, sondern auch die Aufrechterhaltung von Objektbeziehungen; das extreme Gegenstück wäre der autistische Rückzug.

Bei meinem Patienten fällt das Ineinanderspiel von zwei ganz bestimmten psychischen Prozessen auf. Der eine ist mit den Ich-Funktionen verknüpft, der andere mit der sexuellen Erregung. Die Ich-Funktionen des Patienten waren von der Kindheit über die Adoleszenz bis ins frühe Mannesalter von schweren apathischen und phobischen Haltungen gelähmt worden. Er befand sich während dieser ganzen Periode in einer hochorganisierten Erregung und Emotionalität. Masturbationsphantasien über den Vorhaut-Penis waren der vorherrschende integrierende Faktor. Die Fallgeschichte zeigt, daß der Patient als Kind eine rudimentäre phallische Phase in seiner psychosexuellen Entwicklung erreicht hatte. Diese intensiven phallisch-genitalen Erregungen waren von der versorgenden Umgebung und den Objektbeziehungen gefördert und ermutigt worden. Der Zusammenbruch seiner gewohnten elterlichen Umgebung hatte jedoch zu einer chaotischen Regression zu prägenitalen Formen oral-analer Inkorporationsphantasien geführt. Die Penis-Imago behauptete sich aber trotz dieser Schicksale, allerdings in einem pathologisch dissoziierten fragwürdigen Zustand. Die innere Realität des Patienten war fortan von einer intensiven amorphen Erregung gekennzeichnet, die von dieser Vorhaut-Imago mobilisiert wurde. Ich habe darüber hinaus die Meinung vertreten, daß diese phallisch-sexuellen Erregungszustände als manische Abwehr fungierten (Winnicott, 1935) und daß sie als Abwehr gegen eine Anerkennung der zerstörerischen Umwälzungen in seiner Kindheit und der daraus resultierenden Bedrohung durch Persönlichkeitszerfall und Desintegration des Ichs ausgebeutet wurden. Das Agieren dieses abgekapselten phallisch-prägenitalen Amalgams aus innerer Erregung und sexueller Besessenheit öffnete ihm später den Weg in die Realität und zu den Objektbeziehungen. Damit erreichte der Patient eine pathologische

Ich-Herrschaft über seine Triebe und das Objekt. Außerdem eröffnete sich ihm die Möglichkeit, sein Ich aus einer phobisch-paranoiden Haltung apathischen Mißtrauens herauszureißen. Obgleich das Agieren als Rettungsaktion fungierte, stellte es gleichzeitig auch eine Bedrohung durch den totalen Selbstverlust infolge Unterwerfung unter die sexuellen Triebe und das Objekt dar. Dieser amorphe Zustand fehlender Identität und Lebensbejahung war der Anlaß für die Aufnahme einer Behandlung. Ich möchte sogar behaupten, daß eine derartige innere Angstsituation das eigentliche Dilemma des Fetischisten ist. Der Fetischismus entspricht einer auf omnipotente, aber riskante Weise kontrollierten Manie und wird daher höchst lustvoll erlebt. Dieser Zustand ist aber gleichzeitig überaus verwundbar. Von der Behandlung erhoffte sich der Patient die Assimilation dieser manischen sexuellen fetischistischen Erregung und Affektivität in Ich-Kapazitäten, die sich mit Selbst, Objekt und Umwelt in Beziehung bringen ließen. Das hat die Analyse sicher auch erreicht. In den seit der Analyse vergangenen zehn Jahren hat der Patient beruflich und geistig ein aktives, kreatives Leben geführt und im Gefühl gesellschaftlicher Zugehörigkeit zu seinem Kulturkreis einen wichtigen Beitrag geleistet. Freud hat schon sehr früh auf die entscheidende Rolle der Kastrationsangst in der Genese des Fetischismus hingewiesen. Spätere Forschungen, insbesondere von Glover, Payne, Gillespie und Greenacre, unterstrichen sowohl die Rolle früher internalisierter Angstsituationen und Objektbeziehungen wie auch die Bedeutung der Schicksale der Körper-Ich-Entwicklung, die die eigentümliche Intensität der Kastrationsangst des Fetischisten charakterisieren. In dem von mir dargestellten Fall treten alle diese Faktoren deutlich in Erscheinung. Diese Fallgeschichte soll zeigen, wie die frühen Angst- und Erregungszustände beim Fetischisten die Kastrationsdrohung verstärken. Darüber hinaus kann sie den Nachweis dafür erbringen, weshalb die gleichsam »erwachsene« Qualität im Verhalten und den sexuellen Großtaten des Fetischisten den Eindruck vermittelt, ich-synton zu sein. Der dynamische Schlüssel dafür liegt in der phallisch-genitalen Erregung (vgl. Katan, 1964). Bei meinem Patienten hatten zum Zeitpunkt der Kindheitstraumen sowohl das Ich wie die psychosexuelle Entwicklung das phallische Stadium erreicht, ohne sich allerdings schon stabilisiert zu haben. Der regressive Prozeß ließ prägenitale Impulse und archaische psychische Funktionsabläufe einfließen und wurde durch die Kollusion, die dem mütterlichen Verhalten inhärent war, in vielfältiger und subtiler Weise verstärkt (vgl. Greenacre, 1960a). Das Bizarre und zugleich Hoffnungsvolle und Absurde der fetischistischen Phänomene hat hier seinen Ursprung. Der mutative Faktor beim Fetischisten bleibt aber die Intensität der phallischen affektiven Erregung und das regressive Eindringen prägenitaler Partialobjektbeziehungen. Die omnipotente Kontrolle des Objekts zum Zweck der Abfuhr dieser manischen phallischen Erregung gehört zu den wichtigsten Merkmalen der fetischistischen Persönlichkeit. Damit werden die archaischen Partialobjektbeziehungen in Schach gehalten, was aber die Bedrohung der Ich-Stabilität keineswegs verringert. Sie wird im Gegenteil sogar noch verstärkt. So setzt gerade das Mittel, das die inneren Ängste und Impulse des Fetischisten beschwichtigen soll, nämlich die Kollusion mit Außenobjekten und äußerer Realität, das Ich schweren permanenten Gefahrensituationen aus. Deshalb bedeuten Kastration (Vernichtung) und Ich-Kollaps für den Fetischisten eine enorme Bedrohung. Das Ich ist niemals ganz Herr der inneren Krisen oder äußeren Objekte. Die Ausbeutung primitiver Mechanismen, wie beispielsweise Spaltung, Projektion, Inkorporation und Idealisierung durch das Ich im Dienste der Aufrechterhaltung der Illusion von omnipotenter Kontrolle beeinträchtigt die normalen Funktionen. Der Fetischist entwickelt sein Gefühl von Sicherheit, Selbstachtung und Wohlbefinden ausschließlich durch Manipulation der leichten Erregbarkeit der Penis-Imago und der damit verbundenen komplexen archaischen prägenitalen Impulse und Objektbeziehungen. Eine solche Ausbeutung primitiver Mechanismen erhöht die Gefahr der Überstimulierung für das Ich und bringt es in das Dilemma totaler Erschöpfung und Vernichtung oder masochistischer Hörigkeit gegenüber dem Objekt. Die mißglückte Neutralisierung der sadistischen Impulse und die Verschmelzung dieser Impulse mit libidinösen Strebungen, ohne daß eine Modifizierung ihrer mörderischen Intentionen stattgefunden hätte, erhöhen zudem die Bedrohung für das Objekt und vergrößern die Strafandrohung gegenüber dem Selbst (Payne, 1939).

In dieser für den Fetischisten charakteristischen inneren Konstellation aus prägenitalen sexuellen Impulsen, primitiven Objektbeziehungen und primitiver Affektivität enthüllt sich die Bedeutung der Mutter-Imago als phallisches Objekt. Freud (1927e) hat ausdrücklich darauf hingewiesen, daß der psychische Inhalt der fetischistischen Praktiken die Fixierung an die phallische Mutter-Imago ist: »Der Fetisch ist der Ersatz für den Phallus des Weibes (der Mutter) an den das Knäblein geglaubt hat und auf den es, wir wissen warum, nicht verzichten will.« Aus dem Material dieses Falles kann man schließen, daß die phallische Mutter-Imago, an die der Fetischist fixiert ist, aus Gefühlen besteht, die sich vom erregten Selbst-Phallus sowie dem mütterlichen Objekt herleiten, dem diese Gefühle gelten. Dazu kommen noch passive Wünsche nach dem Penis des Vaters. Mit einer *tour de force* seiner psychischen Abläufe erschafft sich der Fetischist in seiner Kindheit eine einheitliche Imago aus Erfahrungen und Merkmalen, die eigentlich zwei verschiedenen Personen gehören, nämlich dem Selbst und dem Objekt. Ich habe gezeigt, daß der Vorhaut-Fetisch meines Patienten Attribute von Selbst, Mutter und Vater aufwies. Sobald diese Züge miteinander verschmolzen sind, werden sie von der Realitätsprüfung dem äußeren Objekt gegenüber dissoziiert. In dieser Phase spielt die Verleugnung eine besonders wichtige Rolle in der Psychodynamik des Fetischismus. Hierin besteht auch die spezifische Ähnlichkeit fetischistischer Phänomene mit übergangsobjekthaften psychischen Abläufen (vgl. Winnicott, 1951). Die Triebregression wird durch die Regression des Ichs zu eher archaischen und magischen psychischen Funktionsweisen verstärkt. Die Bedrohung des Körper-Ichs durch Vernichtungsängste (Kastration) wird durch die Projektion der Penis-Imago auf die Mutter abgewendet, die dann als omnipotentes phallisches Objekt inkorporiert wird. Dies hat zudem noch den Vorteil, daß die bedrohte Penis-Imago unversehrt bleibt und die archaische feste Bindung an die Mutter wiederhergestellt wird. Der Penis des Vaters als magisches »Nahrungs-Objekt« wird in ähnlicher Weise internalisiert. Die Aufrechterhaltung einer solch komplizierten Affektivität und psychischen Funktionsweise bringt schwerwiegende Einschränkungen von Wachstum und Entwicklung des Ichs mit sich. Der Fetischist ist daher ein Mensch, der sich in der trügerischen Sicherheit wiegt, Zugang zu einem magischen Objekt zu haben und dieses Objekt auf omnipotente Weise besitzen und kontrollieren zu können.

Die Fixierung an das innere magische Objekt beeinträchtigt beim Fetischisten die Neutralisierung der aggressiven und sexuellen Impulse. Es besteht daher ein Zusammenhang zwischen der spezifischen Ich-Pathologie des Fetischisten und seinem Unvermögen, eine »sekundäre Autonomie« zu errichten. Hartmann (1964) hat sein Konzept der »sekundären Autonomie« so formuliert:

> Andererseits können viele, wenn auch nicht alle Ich-Aktivitäten genetisch auf Determinanten im Es oder auf Konflikte zwischen Ich und Es zurückgeführt werden. Im Lauf der Entwicklung allerdings erwerben sie normalerweise einen gewissen Betrag an Autonomie von diesen genetischen Faktoren. Die Errungenschaften des Ichs können unter manchen Umständen reversibel sein, aber es ist wichtig zu wissen, daß unter normalen Bedingungen viele von ihnen das nicht sind. Das Ausmaß, in dem ihre

Aktivitäten funktionell unabhängig von ihren Ursprüngen geworden sind, ist wesentlich für das ungestörte Funktionieren des Ichs, und so ist es das Ausmaß, in dem sie gegen Regression und Triebhaftwerdung geschützt sind. Wir sprechen von den Graden dieser Unabhängigkeit des Ichs als den Graden der sekundären Autonomie (S. 11).

In Anlehnung an Hartmann könnte man daher sagen, daß der Fetischismus das pathologische Äquivalent der »sekundären Autonomie« ist. Diese spezifische Form von Ich-Pathologie ist für die komplexen und bizarren Qualitäten der fetischistischen Phänomene verantwortlich.

TEIL II

Als der Patient nach sechsjähriger Abwesenheit zurückkehrte, wünschte er, die Analyse fortzusetzen. Im folgenden schildere ich den klinischen Verlauf der weiteren Behandlung. Der Patient hatte während der ersten vier Jahre den Kontakt zu mir durch gelegentliche Mitteilungen über sein Befinden aufrechterhalten. Die fetischistischen Sexualpraktiken hatte er ganz aufgegeben und auch seine fetischistischen Phantasien hatten beträchtlich nachgelassen. Es war ihm gelungen, in einem neuen Forschungsbereich Fuß zu fassen und seine Arbeiten waren allmählich veröffentlichungsreif. Dann hörte ich zwei Jahre lang nichts mehr von ihm. Eines Tages rief er mich an; er sei in der Stadt und wolle mich sprechen. Der Mann, der mir entgegentrat, beeindruckte mich durch seine völlig veränderte äußere Erscheinung. Er war in den zehn Jahren, seit ich ihn zum erstenmal gesehen hatte, natürlich älter geworden. Aber nicht das Alter beeindruckte mich, sondern eine besondere Art von Ruhe, ein Ausgebrannt-Sein. Er setzte sich und berichtete über die beiden letzten Jahre.

Vor zwei Jahren war er an einem schwülen Abend spazieren

gegangen. Er stieß dabei auf einen herumlungernden jungen
Mann, der offensichtlich mitgenommen werden wollte. Der
Patient sprach ihn an und nahm ihn mit in seine Wohnung.
Dort praktizierte der Patient Fellatio an ihm, ohne von dem
Erlebnis wirklich erregt zu sein. Er zahlte dem Jungen einen
kleinen Betrag und schickte ihn weg. Etwa zwei Stunden
später klopfte die Polizei an seine Tür. Der Patient geriet in
die größte Panik und beging alsbald den ersten Fehler. Er
bat, mit einem Rechtsanwalt sprechen zu dürfen, ehe er eine
Erklärung abgebe. Noch im gleichen Augenblick begriff er,
daß er damit seine Schuld zugegeben hatte. Seiner Ausbildung zufolge war der Patient Jurist, hatte aber nie einen
juristischen Beruf ausgeübt. Die Polizei war einverstanden,
und die Sache nahm ihren Lauf. Der junge Mann hatte ihn
bei der Polizei angezeigt, weil er ihn verführt und obszöne
Handlungen an ihm begangen habe. Die Polizei war eigentlich nur gekommen, um ihn zu fragen, ob der Junge nicht
gelogen habe. Zunächst bestand noch gar keine Absicht, ihn
anzuklagen. Der Patient nahm sich einen Rechtsanwalt und
beging einen zweiten Fehler. Der Rechtsanwalt riet ihm, die
Verteidigung unter ausschließlich juristischen Gesichtspunkten zu betreiben. Während des Prozesses wurde dem
Patienten immer klarer, daß überhaupt keine Chance für
einen Freispruch bestand, weil seine Verteidigung auf einer
falschen Einschätzung der Situation basierte. Er unternahm
jedoch nichts. Er wurde in seinem Heimatland – es war nicht
England – zu zwei Jahren Gefängnis verurteilt. Das Urteil
nahm er mit ungewöhnlicher Gelassenheit und Resignation
an. Mir war während des Zuhörens ganz deutlich geworden,
daß er dieses Urteil sehnlichst herbeigewünscht hatte. An
dieser Stelle unterbrach er seinen Bericht und erinnerte mich
an eine Bemerkung von mir zu Beginn der Behandlung vor
ungefähr zehn Jahren. Ich hätte ihm damals gesagt, er suche
nach einer Zufluchtsstätte, wo er sich ganz sicher fühlen
könne sowohl vor dem Zwang, seine fetischistischen Phantasien agieren zu müssen, wie vor einem nicht faßbaren

Angst- und Erregungszustand. Er wurde in ein recht streng geführtes Gefängnis verlegt, in dem die meisten Mitgefangenen wirkliche Kriminelle waren. Auf seine Bitte erhielt er eine Einzelzelle, in der er fünfzehn Monate verbrachte, dann wurde er wegen guter Führung entlassen. Nach Darstellung des Patienten waren diese fünfzehn Monate die friedlichste Zeit in seinem Leben. Man hatte ihm auch erlaubt, seine Forschungen fortzusetzen, und er empfand es als merkwürdige Ironie, daß ein Teil seiner Arbeit publiziert und international anerkannt wurde, während er im Gefängnis saß.

Als er ungefähr fünf Monate vor Wiederaufnahme seiner Analyse entlassen wurde, richtete er es so ein, daß er nach England zurückkehren und die Analyse fortsetzen konnte. Während ich ihm so zuhörte, sah der Patient mir an, daß mich sein Bericht zutiefst bekümmerte. Er meinte, er habe viel gelitten, aber das habe ihm auch geholfen, ein Mensch zu werden; zum ersten Mal könne er sich als menschliches Wesen akzeptieren und brauche nicht ständig nach einem anderen zu suchen, der es ihm erst ermögliche, sich selbst zu erleben.

Diese Begebenheiten lagen vor dem Wiederbeginn der Analyse. Er bat lediglich um eine Stunde pro Woche, denn er wollte nur das assimilieren, was sich zugetragen hatte. Ich stimmte zu. Der Patient bewohnte ein Zimmer in einer Pension und arbeitete dort auch an seinen Forschungen.

Was mir in den ersten drei Monaten dieser wiederaufgenommenen Behandlung besonders auffiel, war das völlige Fehlen von Objektbeziehungen oder sonstigen menschlichen Kontakten in seinem Leben. Dieser überaus lebendige Mensch hatte seinen Glanz verloren. So wie er früher von seinem Vorhaut-Fetischismus besessen war, so beanspruchte ihn jetzt die Forschung und füllte ihn ganz aus. Ich war betroffen, welches Ausmaß an Isolation und Verlassenheit ein Mensch ertragen kann. Er war weder deprimiert oder apathisch und auch nicht anderweitig krank. Er lebte lediglich ganz isoliert und wie ein Fremder in seiner menschlichen Umgebung.

Drei wichtige Punkte wollte er verstehen können:

(I) weshalb hatte er, der in der Verführung von Jugendlichen so erfahren war, die Sache damals so falsch angepackt, daß der junge Mann zur Polizei ging;

(II) weshalb hatte er in sich den Zwang verspürt, trotz seiner juristischen Kenntnisse auf eine Verurteilung hinzuwirken;

(III) wieso waren Gefängnisaufenthalt und Einzelhaft der Anlaß, daß er sich als menschliches Wesen akzeptieren konnte?

Als wir die Episode mit dem Jugendlichen, den er damals mit nach Hause nahm, genauer untersuchten, stellte sich heraus, daß sie sich von seinen früheren Erlebnissen durch sein fehlendes Interesse unterschied. Er hatte sozusagen reflexhaft auf das Sich-Anbieten des jungen Mannes reagiert. Später hatte er ihn beleidigt, und deswegen war dieser zur Polizei gegangen. Nach der Fellatio hatte er nämlich die Bemerkung gemacht: »Dein Same schmeckt ranzig.« In der Verhandlung war diese Bemerkung zitiert worden. Als ich ihn bat, nochmals zu überlegen, warum er jene Bemerkung wohl gemacht habe, meinte er, daß er rückblickend eigentlich habe sagen wollen, wie absurd und sinnlos das ganze Verführungsritual sei. Aus dem Gefühl, der junge Mann würde das nicht verstehen, habe er diese dumme Bemerkung gemacht. An dieser Stelle fragte ich ihn, warum er mir nicht geschrieben habe, daß er in Schwierigkeiten sei. Er meinte, daß er das oft erwogen habe, aber daß ihn zwei Gründe davon abgehalten hätten. Einmal wollte er mir nicht wehtun und mir Sorgen machen, weil er überzeugt war, verurteilt zu werden. Zweitens hatte er den heimlichen Verdacht, ich könnte mich womöglich einschalten oder seinem Rechtsanwalt den Rat geben, bei seiner Verteidigung medizinische Gesichtspunkte geltend zu machen, was vielleicht zu einem Freispruch geführt hätte. Er selbst hatte tatsächlich weder seinem Rechtsanwalt gegenüber noch im Kreuzverhör etwas von einer früheren psychiatrischen oder psychoanalytischen Behandlung erwähnt und nicht den geringsten Versuch unternommen, sich zu verteidigen.

An dieser Stelle beschäftigte uns natürlich seine Sehnsucht nach einem Zufluchtsort. Der Gefängnisaufenthalt hatte Vorläufer in seinem Leben. Als junger Mann hatte er sich nach Abschluß seines Studiums gegen eine glänzende Karriere entschieden, die ihm von allen Seiten vorausgesagt worden war, weil er intelligent und als Student sehr erfolgreich war. Statt dessen arbeitete er unbekannt und fern von zu Hause in einer Mine. Diese Tätigkeit wurde durch seine Einberufung zum Kriegsdienst unterbrochen. Es folgten zwei qualvolle Jahre in einem japanischen Kriegsgefangenenlager. Er war einer der wenigen, die dieses Sonderlager überlebten. Beide Begebenheiten stellen Vorläufer seines Gefängnisaufenthalts dar. Als der Patient nach Beendigung des Krieges aus der Kriegsgefangenschaft ins Zivilleben zurückgekehrt war und die Behandlung bei seinem ersten Analytiker aufgenommen hatte, begann er mit seinen Sexualpraktiken, wovon in Teil 1 die Rede war. Wichtig für ihn war jetzt aber nicht der Beginn der Sexualpraktiken, sondern sein Leben als Bergarbeiter und die beiden Jahre als Kriegsgefangener. Damals habe er in einem düsteren Zustand geistiger Stumpfheit gelebt, wie er sich ausdrückte. Er erledigte gewissenhaft alle Anordnungen, hielt anschließend inne und verharrte so. Seinen eigenen Worten nach bestand eine große Ähnlichkeit mit einem katatonen Zustand. An Phantasien konnte er sich nicht erinnern. Seine besondere Fähigkeit, die Umgebung nicht wahrzunehmen, hatte ihm während der Kriegsgefangenschaft das Leben gerettet. Die Japaner waren überaus grausam und sadistisch gewesen und hatten jeden Vorwand benutzt, um Körperstrafen gegen die Gefangenen zu verhängen. Die Verluste unter den Gefangenen waren in diesem Lager besonders hoch, aber der Patient hatte die Zeit ohne einen einzigen tätlichen Übergriff seitens der Soldaten überstanden. Seinem Bericht zufolge war er der einzige Gefangene gewesen, der ohne körperliche Schikane oder Verletzungen davonkam.

Das hatte ihn allerdings auch beunruhigt und ihn schließlich dazu bewogen, seine erste Analyse aufzunehmen. Er befürchtete, alle Kontakte zur Realität zu verlieren, ohne einen Bezug zu sich selbst zu finden. Nach seiner Überzeugung und Darstellung war seine letzte Gefangenschaft, d. h. sein Gefängnisaufenthalt, insofern ganz anders gewesen, als seine Beziehung zu mir in ihm sehr lebendig geblieben sei. Ich fragte ihn daher, was ihm diese fünfjährige Beziehung zu mir bedeutet habe, denn seine distanzierte, abweisende Art der Übertragung hatte mich stets sehr beeindruckt. Ich hatte sie aber stets respektiert und nie durch Widerstands- oder Abwehrdeutungen gestört. Nach seiner Darstellung war ich der erste Mensch in seinem Leben, der sich wirklich um ihn kümmerte und dabei völlig unaufdringlich war. Dann äußerte er sich sehr einsichtig über das seiner Meinung nach einzige unvermeidbare Versagen der analytischen Beziehung. Er sagte, er habe sich nur fünfzig Minuten am Tag, fünfmal die Woche, sicher gefühlt und sei dennoch jener außerordentlichen Panik ausgesetzt gewesen, die ich ihm zwar oft interpretiert hätte, für die ihm aber damals die Wahrnehmung gefehlt habe, weil es in seinem Erleben nur die von den fetischistischen Phantasien und Praktiken ausgehende Besessenheit gegeben habe. In seiner Zelle habe er in einer sicheren, geregelten, ihn schützenden Welt gelebt. Für ihn sei es eine wirklich heilsame Erfahrung gewesen und zum erstenmal habe er die Lebendigkeit seiner Psyche und seines Selbst gespürt, ohne von jener unfaßbaren Angst gequält oder von den fetischistischen Phantasien gehetzt zu werden. Auch die Zeit sei für ihn zu etwas Greifbarem und Realem geworden.

In diesem Zusammenhang begann er auch über seine Mutter zu sprechen. Als er nach England zurückkehrte, war sie schon sehr alt und zudem krank. Er hatte sie aber nicht wissen lassen, daß er wieder im Lande war, und seine

Familie glaubte, er sei nach wie vor im Ausland. Was ihm in der Beziehung zu seiner Mutter rückblickend besonders bedeutungsvoll erschien, war ihre enorme Lebensangst. Obwohl beide Ehemänner vermögend waren und ihr ein sicheres Auskommen boten, litt sie während der ganzen Kindheit des Patienten unter einer entsetzlichen Angst vor Not und Elend. Sie drängte ihm ihre rastlosen, ängstlichen Stimmungen auf und nur die Dissoziation seines eigenen wahren Selbst gab ihm Schutz.

Später konnte er nur mit Hilfe seiner düsteren gedanken- und affektlosen Zustände mit diesem Selbst in Kontakt kommen. Wir entdeckten, daß seine fetischistischen Phantasien und Praktiken sein Versuch waren, etwas vom Leben einzufangen und ein paar Erfahrungen zu sammeln, weil der regressive Drang, sich völlig hinter diesem extrem einsamen Zustand zu verbergen, einer Vernichtung des Ichs gleichkam. In diesem Zusammenhang ließen sich die fetischistischen Erfahrungen nunmehr als hochorganisierte »manisch Abwehr« verstehen. Ich verwende hier den Begriff manischer Abwehr, wie Winnicott (1935) ihn verstanden hat. Sein Konzept der manischen Abwehr enthält drei Hauptkomponenten. Er sagt: »Die Unfähigkeit, die Bedeutung der inneren Realität voll und ganz zu begreifen, ist Teil unserer eigenen manischen Abwehr«; und weiter: »Omnipotenzphantasien sind weniger die innere Realität an sich; sie sind vielmehr eine Abwehr gegen das Akzeptieren dieser inneren Realität.« Er fährt fort: »Bei der manischen Abwehr wird die Beziehung zu einem äußeren Objekt zu dem Versuch benutzt, die Spannung der inneren Realität zu verringern ... denn die Wiedergutmachung kann nur erreicht werden, wenn die Destruktion anerkannt wird.« Ich habe die wichtigsten Merkmale der manischen Abwehr, wie Winnicott sie darstellt, oben, S. 32 bereits erwähnt. Dieses Konzept konnte ich nunmehr in seinem ganzen Umfang zur Anwendung bringen. Ich zeigte dem Patienten, daß es in seinem Fall *gar keine innere Realität geben konnte*, weil die eindringlichen

Übergriffe seiner Mutter ihn daran gehindert hatten, eine eigene innere Welt zu errichten. Was ihm statt eines eigenen Selbst verblieben war, war ein Zustand düsterer Abwesenheit von Körper und Geist. Seine Entscheidung, diesen Weg zu wählen, bedeutete eine maximale Bedrohung seiner eigenen Existenz. Das war das eigentliche Paradox seiner Persönlichkeit. Während seiner ersten Behandlung hatte er mit den fetischistischen Praktiken seine eigene Selbstheilung eingeleitet. Von dieser Form der Selbstheilung hatte ich ihn abgebracht und ihm ermöglicht, ein gewisses persönliches Weiterexistieren zu ertragen. Dennoch fühlte er sich durch das bloße Vorhandensein einer menschlichen Umgebung außerordentlich geängstigt.

In seiner Gefängniszelle und jener garantierten Routine, die dort das Leben und die persönlichen Mußestunden regelte, konnte er auf seine internalisierte Beziehung zu mir zurückgreifen. Mit dieser internalisierten Beziehung, die ihn weder stimulierte noch von ihm forderte, konnte er die Erfahrung seines Selbst als einer Person aufbauen. Grund für die Wiederaufnahme seiner Analyse war der Wunsch gewesen, die Bedeutung dieser Erfahrungen durch die zwischenmenschliche Beziehung zu mir noch besser und in ihrem ganzen Umfang assimilieren zu können.

Während uns diese Aufgabe beschäftigte, erhielt der Patient die Nachricht, daß seine Mutter gestorben war. Als er von ihrem Tod erfuhr, lag das Begräbnis bereits vierzehn Tage zurück. Seit seiner Rückkehr nach England hatte er in der ständigen Angst gelebt, seine Familie könnte davon erfahren, so daß seine Teilnahme an der Beerdigung unumgänglich gewesen wäre. Ihm war bekannt gewesen, daß seine Mutter schwer krank war. Nach dem Erhalt der Todesnachricht hatte er folgenden Traum:

»Ich mache mit meiner Mutter eine Auslandsreise auf einem Frachtschiff. Plötzlich fühlt sich meine Mutter schwer krank. Das Schiff legt in einem verlassenen Hafen an. Ich trage meine Mutter in meinen Armen ans Ufer und lege sie

dort nieder. Ich ziehe meinen Mantel aus und lege ihn ihr unter den Kopf. Als ich sie ansehe, merke ich, daß sie gestorben ist. Ich decke sie mit meinem Regenmantel zu. Es regnete jetzt heftig.«
Seine Stimme zitterte beim Erzählen des Traumes vor innerer Erschütterung. Das hatte ich früher noch nie bei ihm erlebt. Er hatte sich aber sehr schnell wieder gefangen und bemerkte: »Sie werden sagen, daß der Regen meine Tränen sind«, und damit hatte er natürlich recht. Ich wünschte, ich hätte ihm Paul Ricœur (1969) zitieren können:

Noch auf eine dritte Weise appelliert die Symbolik des Bösen an eine Wissenschaft der Interpretation, an eine Hermeneutik: sowohl auf semantischer wie auf mythischer Ebene sind die Symbole des Bösen immer die Kehrseite einer umfassenderen Symbolik, einer Symbolik des Heils. Dies gilt bereits auf semantischer Ebene: dem Unreinen entspricht das Reine, der Abirrung der Sünde die Vergebung in ihrem Symbol der Wiederkunft, der Sündenlast die Erlösung und, allgemeiner, der Symbolik der Versklavung die der Befreiung. Noch deutlicher ausgedrückt: im Bereich der Mythen verleihen die Bilder des Endes denen des Anfangs ihren wahrhaften Sinn ... (S. 52).

Aber das war gar nicht nötig, er fand von sich aus die Erklärung. Er fühlte, daß dieser Traum die gesamte Beziehung zu seiner Mutter widerspiegelte. Sie hatte in ihm die Illusion erzeugt, daß er und sie eins seien und die übrige Welt etwas Separates und Feindliches. Deshalb hat der Frachter auch keinen Kapitän und keine Mannschaft, fügte ich hinzu. Er pflichtete mir bei; das sei ihm entgangen. Die Zärtlichkeit seiner Mutter gegenüber hatte ihn jedoch tief beeindruckt, denn seit seiner Pubertät hatte er auf ihre körperliche Nähe mit einem Widerwillen reagiert, der in ihm fast Übelkeit verursachte. Er unterstrich, daß er nach dem Erwachen aus diesem Traum das ganz klare und eindeutige Gefühl gehabt habe, daß seine Mutter nun *wirklich* tot sei.

Eine Bemerkung von mir aus seiner »ersten Analyse«, wie er es nannte, fiel ihm ein. Ich hätte ihm damals gesagt, daß er sich nie wirklich frei fühlen werde, sein eigenes Leben zu leben, solange seine Mutter nicht gestorben sei. Ich selbst konnte mich an diese Bemerkung nicht mehr erinnern.

Nach diesem Traum mußte er bis zur nächsten Sitzung drei Tage warten. Er berichtete, er habe diese Zeit in der gleichen Stimmung verbracht wie damals in japanischer Kriegsgefangenschaft, d. h. er vegetierte in einem düsteren abwesenden körperfernen Zustand vor sich hin. Aber dieser Zustand hatte ihn nicht in Panik versetzt. Im Gegenteil, er hatte ihn sogar mit einer gewissen Neugier wahrgenommen. Er war nicht in der Lage gewesen, etwas zu arbeiten oder zum Essen auszugehen. Sein Zimmer hatte er in diesen drei Tagen überhaupt nicht verlassen und das gegessen, was noch vorrätig war. Es war ein völlig ruhiges und friedliches Dasein, in dem sich nichts ereignete. Jetzt war er sich ganz sicher, daß er diesem Zustand seit seiner frühesten Kindheit hatte entfliehen wollen. Nach seinem Verständnis waren alle seine Kindheitserinnerungen sowie seine fetischistischen Phantasien und Praktiken die Flucht vor diesem Zustand gewesen. Er fragte mich, wie ich darüber denke. Noch bevor ich antworten konnte, fügte er ergänzend hinzu: »Der Unterschied zwischen diesem und einem katatonen Zustand ist so minimal wie sich nur denken läßt.« Ich wies ihn darauf hin, daß er eher einen autistischen als einen katatonen Zustand beschrieben habe. Der Traum habe mich beeindruckt, weil darin alles so perfekt gemimt sei; es gebe darin kaum einen Affekt und kaum eine Beziehung. Selbst sein Schmerz werde von Wolken für ihn geweint. Ich sagte ihm, daß die Stunde jetzt zu Ende sei. Ich wolle alles, was er mir gesagt habe, überdenken und ihm beim nächsten Mal mehr darüber sagen. Er solle aber jetzt schon wissen, wie traurig ich darüber sei, daß ich ihm zu Lebzeiten seiner Mutter nicht zu einer Beziehung zu ihr habe verhelfen können, denn sie sei offensichtlich die einzige Person gewesen, die er in seinem Leben je geliebt habe.

In den folgenden Wochen erforschte der Patient die Phänomenologie jenes düsteren, abwesenden, körperfernen Daseinszustands noch intensiver. Als er sein Leben neu überdachte, konnte er zum ersten Mal erkennen, daß er von frühester Kindheit an die Neigung besaß, in diesen Zustand hineinzugleiten, und daß dies sein wahres Selbst konstituierte. Gleichzeitig hatte er aber diese Neigung als eine Bedrohung erlebt. Mein Versuch, mir und ihm den tieferen Sinn, der hier verborgen war, zu entschlüsseln, ging von folgenden Überlegungen aus: In seiner frühen Beziehung zur Mutter und während der ganzen Kindheit hatte er so viele eindringende Übergriffe seiner Mutter hinnehmen müssen, daß die einzige Möglichkeit eines privaten und persönlichen Existierens ein Zustand war, in dem keiner seiner Ich-Apparate in Tätigkeit waren. Gleichzeitig wurden seine ganzen Ich-Kapazitäten vorzeitig dazu verführt, sich um die Mutter zu kümmern. Obgleich ihn diese Sorge um die Mutter von sich selbst trennte, hatte sie doch einen Vorteil: sie bot ihm einen Erfahrungs- und Handlungsspielraum, in dem er seine Ich-Es-Kapazitäten und -Funktionen erweitern und differenzieren konnte. Daher kam es schon vom frühesten Beginn seines Lebens an zu einer tiefen Spaltung. In dem Bereich, in dem er sich wirklich als er selbst fühlte, war er nicht existent. Alle Ich-Funktionen, einschließlich der Es-Spannungen, usurpierte von Anfang an seine Mutter. Später erschuf ihm die manische Maschinerie seiner fetischistischen Phantasien und letztlich auch die fetischistischen Sexualpraktiken eine Satellitenexistenz, in der er seitdem lebte. Die fetischistischen Erfahrungen hatten demnach eine doppelte Abwehrfunktion. Sie schützten ihn davor, daß aus der Sorge um die Mutter eine affektive Hörigkeit entstand; gleichzeitig entfremdeten sie ihn von jenem autistischen, leeren, geheimen Zustand seines Selbst, das einer Nicht-Existenz gleichkam.

Einige Hypothesen, die ich im ersten Teil dieses Kapitels über Wesen, Rolle und Funktion des Fetischs im Leben des Patienten aufgestellt hatte, wurden natürlich durch die Arbeit aus diesem letzten Abschnitt der Behandlung erneut überprüft. Aber nichts von dem, was heute gesagt werden kann, widerspricht diesen Hypothesen. Es unterstreicht vielmehr die Ansicht, daß bei gewissen Mutter-Säugling-Beziehungen so starke Übergriffe auf den Säugling stattfinden können, daß in Verbindung mit der Verführung seiner Ich-Es-Kapazitäten zu einer frühreifen Hyper-Funktion ein düsterer Zustand von »Nicht-Sein« zum wahren Selbst einer Person werden kann. Die Perversionsbildung sollte die Person des Patienten vor einem solchen Selbst schützen, und dennoch entfremdete gerade der Erfolg dieses Mechanismus den Patienten von seinem Selbst.

Zu einer Aussage, wie sich der Patient in Zukunft zu seiner menschlichen Umgebung einstellen wird, ist es noch zu früh. Gewisse Anzeichen sprechen dafür, daß er zu spüren beginnt, daß eine menschliche Umgebung auch für ihn eine nährende Funktion hat. Der Patient führt zur Zeit jedoch ein Leben, das nach herkömmlichen Maßstäben sehr arm an menschlichen Kontakten ist, und es besteht kein Zweifel, daß mit der manischen Abwehr auch eine gewisse triebhafte Glut und Dynamik aus seinem Dasein verschwunden ist. Darin ist vielleicht das große Risiko einer analytischen Behandlung der Selbstheilung eines Perversen zu sehen. Heute ist der Patient jedoch eine Person, die kreativ in ihrer geistigen Arbeit und in sich selbst unabhängig ist. Jene ungreifbare Angst quält ihn nicht mehr. Er hat mit einem Leben angefangen, das für ihn eine Bedeutung hat und wahr ist, das Empfindungen kennt und seiner Zukunft Ziel und Richtung gibt.

7
Kannibalistische Zärtlichkeit in der nicht-genitalen Sinnlichkeit

> Les philosophes ordinaires ont soumis l' homme à la nature
> pour s'accomoder aux idées recues: prenant un vol plus rapide,
> je te prouverai, quand tu voudras, qu'il n'en depend nullement.
>
> *De Sade*

In den *Drei Abhandlungen zur Sexualtheorie* (1905d) hat Freud dem Kannibalismus-Konzept eine neue Dimension hinzugefügt. Er entdeckte kannibalistische Züge in der infantilen Sexualität. Freud war der Auffassung, daß eine enge Beziehung besteht zwischen den kannibalistischen Wünschen der infantilen Sexualität und dem Sadismus sowie dem aggressiven Faktor der Libido. Darüber hinaus erweiterte er die kannibalistische prägenitale Sexualorganisation durch die Ziele der Inkorporation und Beherrschung des Objekts.

In Fortsetzung der von Freud eingeschlagenen Linie möchte ich auf eine weitere Bedeutung der kannibalistischen Merkmale der Sexualität des Erwachsenen eingehen, etwa in dem dem Geschlechtsverkehr vorangehenden Vorspiel oder bei echten Perversionen, wo diese Merkmale den Anspruch auf Ausschließlichkeit erheben. Fast alle Analytiker haben sich eng an Freud gehalten und zu großes Gewicht auf den sadistischen und zwingenden Charakter der kannibalistischen Impulse gelegt. Ich möchte zeigen, daß sie auch zärtliche Züge enthalten, die anderen Funktionen dienen als der Inkorporation und Beherrschung des Nicht-Selbst-Objekts. Freud hat selbstverständlich das Adjektiv »kannibalistisch« zur Kennzeichnung der besonderen Eigenart und Absicht einer Komponente der infantilen Sexualität gebraucht und war sich durchaus bewußt, daß sich deren Ziel und Charakter von jenem menschlichen Begehren unterscheiden, das das Substantiv »Kannibalismus« kennzeichnet.

KLINISCHES MATERIAL

Bei der Sichtung meines klinischen Materials erregten vier Fälle meine Aufmerksamkeit, bei denen das sexuelle Erleben ein Element enthielt, das ich noch nicht einordnen und einschätzen konnte. Einen dieser Fälle habe ich im vorhergehenden Kapitel beschrieben. Der Patient, ein Homosexueller, der den Zwang verspürte, unbekannte junge Burschen abzusaugen, die er wahllos von der Straße auflas, empfand leidenschaftliche Zärtlichkeit, wenn er ihre erregten Genitalien im Mund hatte und ihren Samen hinunterschluckte. Seine über den Mund gehenden genitalen Erfahrungen mit diesen Jugendlichen waren von einer idolisierenden Affektivität begleitet, die diese jungen Burschen für die Dauer des Akts fast zu heiligen Objekten erhob. Charakteristisch für den Patienten war außerdem, daß sein sexueller Appetit und seine Leidenschaft im gleichen Verhältnis abnahm, wie seine Vertrautheit mit den Jugendlichen als Person zunahm, was nur selten und eher zufällig vorkam.

Wenn ich andere Beispiele solcher klinischer Daten überprüfe, beeindruckt mich, daß die Vertrautheit mit dem Objekt weniger Verachtung als vielmehr Hemmungen hervorruft. Es scheint, als ob die Fähigkeit zu einer gewissen unpersönlichen Distanz dem Objekt aber auch dem Selbst gegenüber eine Vorbedingung für bestimmte Arten sexueller Intimitäten und Lust ist. Das gilt beispielsweise für Perversionen oder das Vorspiel, d. h. die Schaffung eines für einen befriedigenden heterosexuellen Geschlechtsverkehr erforderlichen Umfelds. Die Ursache vieler Störungen in der sogenannten normalen genitalen Sexualität ist die Unfähigkeit, die Beziehung zum Objekt auf diese zweifache Weise zu gestalten, nämlich unpersönlich und distanziert zu einer Körper-Ding-Person und affektiv zu einem zärtlich geliebten Wesen. Ich hoffe, daß die folgenden drei Fallberichte mit zur Klärung der Frage nach einer kannibalistischen Zärtlichkeit bei sinnlichen Intimitäten beitragen können.

Die erste Fallgeschichte handelt von einer jungen Frau Ende zwanzig, der wegen einer akuten Phobie eine analytische Behandlung empfohlen worden war. Sie litt unter der Vorstellung, daß sich in ihrer Gegenwart jemand erbrechen könnte oder daß sie in U-Bahn oder Bus auf Erbrochenes stoßen könnte. Die Phobie hatte inzwischen ein solches Ausmaß erreicht, daß die Patientin sich zwingen mußte, zur Arbeit zu gehen. Manchmal waren ihre Ängste aber stärker und sie blieb zu Hause. Die Patientin war eine gutaussehende, attraktive, üppige junge Frau. Sie kam aus der Arbeiterklasse und war Analphabetin.

Der Vater der Patientin starb, als sie ein Kind war. Sie wuchs bei einer promiskuösen Mutter auf, die sich von frühester Jugend an allein durchs Leben schlagen mußte. Mit fünfzehn begann die Patientin ein unstetes, leidenschaftsloses Sexualleben. Als sie siebzehn war, bekam sie ein uneheliches Kind, das sie auf Drängen ihrer Mutter im Alter von sieben Wochen in der U-Bahn aussetzte; Schuldgefühle oder Gewissensbisse empfand sie deswegen kaum. Ein paar Jahre später lernte sie einen Soldaten kennen, den sie nur heiratete, um einen Mann im Haus zu haben. Er erwies sich als Faulenzer, und meist mußte die Patientin für seinen Lebensunterhalt aufkommen. Ihrer Darstellung nach war er »sexbesessen« (ihr Ausdruck) und sie gab sich ihm lust- und freudlos hin. Sie hatte eine Vorliebe und angeborene Begabung für Gesellschaftstanz und allmählich hatte sie es zu einer solchen Könnerschaft gebracht, daß sie in einer Tanzschule eine Anstellung fand.

Bestimmte Einzelheiten ihrer Analyse habe ich noch deutlich in Erinnerung, obgleich dieser Fall ungefähr dreiundzwanzig Jahre zurückliegt. Die Patientin war mein erster Ausbildungsfall und ich hatte deshalb ausführliche Notizen gemacht. Sie war eine sehr schweigsame und ängstliche Patientin, die weder schwierig noch aufsässig war. Das Ritual des analytischen Prozesses – Liegen, freie Assoziation etc. – verwirrte sie und machte sie verlegen.

Ich meinerseits ging mit der militanten Strenge eines Anfängers zu Werke. Die Behandlung lief nicht sehr gut. Die Patientin schwieg viel und kam selten zu allen fünf Stunden in der Woche. Sie blieb aber immerhin die vorgeschriebene zweijährige Ausbildungszeit über, verschwand dann jedoch plötzlich. Ich war ihr stets für die Geduld dankbar, mit der sie meine damaligen Arbeitsmethoden über sich ergehen ließ.

Mehr als ein Jahr hörte ich nichts von ihr. Dann klingelte sie eines Tages und fragte, ob sie mich sprechen könne. Sie habe mich nicht benachrichtigen können, weil sie ja nicht schreiben könne. Im Laufe des vergangenen Jahres habe sie ihren Mann verlassen; sie lebe jetzt mit einem jungen Mann zusammen, der einer geregelten Arbeit nachgehe und der sie gut behandle. Sie kam dann ungefähr sechsmal, saß während den Stunden und schwieg nicht mehr. Ich war beeindruckt, wie sehr sie ihr Leben verbessert hatte. Den Tanzunterricht für junge Leute hatte sie aufgegeben und eine feste Arbeit als Platzanweiserin in einem Kino angenommen. Sie wirkte sehr zufrieden.

Sie konnte nun über etwas sprechen, das die Fortsetzung der Behandlung in ihren Augen damals unmöglich machte. Sie hatte zu große Schuld- und Peinlichkeitsgefühle deswegen. Es ging darum, daß sie sich ab und zu von jungen Burschen zwischen fünfzehn und zwanzig Jahren angezogen fühlte, wenn sie ihnen den Tango beibrachte. Sie »rieb den jungen Mann dann hoch«, wie sie es nannte, bis er akut sexuell erregt war, nahm ihn mit in den Waschraum und saugte ihn zärtlich ab. Sehr lebendig und witzig schilderte sie, wie lieb und rührend die jungen Burschen dastanden, die Hosen um die Knöchel, und verschämt wegsahen, während sie sie mit dem Mund liebkoste und zur Ejakulation brachte. Sie habe sich sehr glücklich gefühlt, wenn sie sich »entspannt« hätten und hinterher einfältig triumphierend dreinsahen. Der Gedanke, etwas Unmoralisches zu tun, war ihr nicht gekommen; sie fürchtete aber, ich könnte sie deswegen tadeln oder ihr meinen »Phantasie-Kram« erzählen, den sie nie verstanden habe. Sie verglich die Zärtlichkeit und lustvoll-schüchterne Verspieltheit und die Freude an diesen sinnlichen Intimitäten mit dem »Entsetzen«, das sie ergriff, wenn ihr Mann in sie »hineinstieß«. Erst als sie jenen jungen Mann kennenlernte, der im übrigen der Fellatio den Vorzug gab, konnte sie eine innere Beziehung herstellen und sexuelle Lust empfinden. Sie hatten gelegentlich Geschlechtsverkehr, aber meist zogen sie es vor, sich mit dem Mund zu befriedigen. Nach ihrer Feststellung »lernt man sie besser mit dem Mund kennen als mit der Scheide.«

Ich habe die Patientin nie mehr wiedergesehen und bis zum heutigen Tage ist mir nicht recht klar geworden, weshalb sie noch einmal für ein paar Stunden gekommen war. Ich habe die vage Idee, daß sie sich bei mir bedanken und mich gleichzeitig trösten wollte, weil sie mich zwei Jahre lang zu täuschen versuchte, worüber ich mir damals durchaus klar war.

Der zweite Fall, von dem ich berichten möchte, ist ein Mann, den ich im Verlauf von drei Monaten ungefähr dreißig Stunden gesehen habe. Er war Amerikaner, Anfang vierzig, und suchte Hilfe während seines London-Aufenthalts, der geschäftlich bedingt war. Seine fünfte Ehe drohte zu zerbrechen und zum ersten Mal fühlte er sich deprimiert und bestürzt darüber. Der Patient war ein wohlhabender, sehr gebildeter Mann, der seit seiner Adoleszenz mehrere Therapieformen an sich erprobt hatte. Gleich zu Beginn berichtete er mir, daß er keine seiner Ehen vollzogen habe. Sein Verhaltensmuster sah, in wenigen Worten, folgendermaßen aus.

Er suchte die Bekanntschaft sexuell unerfahrener, naiver junger Mannequins – was ihm die spezielle Branche, in der er tätig war, sehr erleichterte – und reizte sie sinnlich zu masturbatorischen Praktiken, Fellatio und Cunnilingus. Eine unabdingbare Forderung seiner Strategie der Leidenschaft war, daß das Mädchen im umfassendsten Sinn des

Wortes *Jungfrau* sein mußte, d. h. sexuell ahnungslos und zurückhaltend naiv. Der Patient »verführte« sie, indem er sie leckte, an ihnen saugte und sie biß; er drang aber nie in sie ein. Er heiratete sie, »weil es pervers und promiskuös wäre, wenn man nicht der Besitzer ist«, wie er sich ausdrückte. Allmählich erwachten natürlich diese Mädchen zur Frau, was er durchaus wohlwollend registrierte. Er hatte auch nichts gegen »richtige Liebhaber« einzuwenden, solange er das Gefühl hatte, daß die Mädchen ihren eigentlichen sinnlichen Genuß und ihre Lust aus den nicht-genitalen sinnlichen Intimitäten mit ihm herleiteten. Unausbleiblich kam aber der Tag, an dem sie einen Mann kennenlernten, in den sie sich verliebten. Sie erpreßten ihn dann wegen Grausamkeit und verlangten die Scheidung. Er hatte bereits einen großen Teil seines Vermögens durch Unterhaltszahlungen verloren.

Ein Satz von ihm hatte mich besonders beeindruckt. Während wir darüber sprachen, weshalb er den Verkehr ablehne, meinte er: »Mein Penis ist noch nicht mißbraucht, genau wie bei einem Siebzehnjährigen.« Meinen spärlichen Notizen entnehme ich, daß er ebenso wie die Patientin, von der ich vorher berichtet habe, die kognitive Fülle der über den Mund gehenden Erfahrungen des eigenen und fremden Körpers den Erfahrungen des Geschlechtsverkehrs gegenüberstellte. Zum Verkehr fiel ihm ein Vergleich mit zwei Blinden ein, die aufeinanderstoßen und sich gegenseitig zu identifizieren suchen. Diese Bemerkung hatte mich offensichtlich beeindruckt, denn ich hatte sie mir notiert. Ein weiterer Hinweis des Patienten scheint mir bedeutungsvoll. Er betonte immer wieder, die Ablehnung des Geschlechtsverkehrs sei für ihn wichtig, weil dadurch ein gewisser »Mangel an wohliger Vertrautheit« zwischen dem Mädchen und ihm aufrechterhalten würde. Er fürchte, so sagte er, die Selbstverständlichkeit, die er bei allen seinen verheirateten Freunden feststellen könne, die genitalen Verkehr mit ihren Frauen haben. Er habe das Gefühl, sie verlören die Wachheit füreinander und seien nur mit ihren Genitalien beschäftigt; dabei würden sie den anderen als Person ausklammern. Er war stolz auf seine äußerst feinfühligen und differenzierten Einblicke in die körperlichen Reaktionen seiner Frauen, und er kultivierte, förderte und aktualisierte diese speziellen Eigenschaften mit Zartgefühl und geduldiger wissender Sorgfalt.

Er hatte das Gefühl, daß er allein das ganze Potential der Sinnlichkeit seiner Frauen aktualisiert habe. Die anderen beuteten es später nur aus. Der Hinweis dürfte sich erübrigen, daß eine Veränderung seiner Gewohnheiten therapeutisch kaum zu erreichen war. Allerdings konnte ich ihn davon überzeugen, daß der durch eine Eheschließung erworbene Besitz nicht so zwingend mit seinen sinnlichen Gewohnheiten verknüpft sein müsse, wie er offensichtlich glaube. Er habe sicher Schuldgefühle den Mädchen gegenüber, weil er sie genital »frustriere«, und kompensiere das mit Unterhaltszahlungen. Dieser spärliche und naheliegende Kommentar schien ihn zu verblüffen und er meinte, in Zukunft komme er vielleicht ohne Heirat aus. Nach seiner Rückkehr nach Amerika hörte ich nichts mehr von ihm. Ich weiß daher nicht, wie es ihm weiterhin ergangen ist.

Der dritte Fall, den ich hier darstellen möchte, betrifft eine intelligente Frau mit Hochschulbildung. Sie war Ende vierzig und suchte mich nur zwölfmal auf. Sie hatte therapeutische Hilfe gesucht, weil sich ihre Beziehung zu ihrem Mann nach ungefähr dreißigjähriger glücklicher Ehe verschlechtert hatte. Die drei Kinder, die sie ihrem Mann geboren hatte und die sich erfreulich entwickelt hatten, waren erwachsen und studierten bereits. Ihrer Beschreibung nach war ihr Mann immer ein aggressiv viriler Mann gewesen, und sie »unterwarf sich seinen Erektionen« (ihre Formulierung), was ihr auch stets ohne Groll und lustvolle Beteiligung gelungen war. In den letzten Jahren war ihr Mann, was das Vorspiel betraf, anspruchsvoller geworden. Sie meinte, sie sei deshalb sogar in ihrer nichtsexuellen

Beziehung zu ihm reizbar und ablehnend geworden. Sie befürchtete, ihr Mann werde sich nach anderen Frauen umsehen und ihre Ehe könnte zerbrechen, wenn sie ihre Prüderie hinsichtlich der von ihm verlangten Fellatio nicht überwinden könne. Sie wies ganz besonders darauf hin, wie gut sie ihren Mann als Person kenne und daß sie während ihres ganzen Ehelebens gute Freunde gewesen seien. An dieser Stelle hatte ich sie unterbrochen: »Sie scheinen aber seinen Körper als Teil seiner Person nicht mit einbezogen zu haben.« Sie war bestürzt, und der Gedanke, daß der menschliche Körper als etwas Eigenständiges *empfinden* und *empfunden werden* könne, faszinierte sie. Sexualität hatte sie stets als eine Art lokalisierten genitalen Angriff empfunden, dem sich eine Frau gehorsam und ohne Murren zu unterwerfen habe. Als ich sie nach ungefähr vier Wochen wiedersah, machte sie einen merkwürdig glücklichen und zugleich verschämten Eindruck. Sie berichtete, daß sie den Vorsatz gefaßt und sich gezwungen habe, die Genitalien ihres Mannes zu berühren und an ihnen zu saugen und daß sie das gleiche bei sich zugelassen habe. Als sie ihren Ekel überwunden habe, habe sich ihre Einstellung zum eigenen Körper und dem ihres Mannes »dramatisch verändert.« Ich fragte sie, was sie mit »dramatisch verändert« meine und sie erklärte mir, daß sie nun nicht nur mit Worten miteinander in Beziehung stünden, sondern auch über das Berühren und Schmecken. Seit sie diese Art Vorspiel eingeführt hätten, habe sie bei sich und ihrem Mann eine viel größere Zärtlichkeit entdeckt.

DISKUSSION

Ich bin mir durchaus im klaren, daß sich das hier dargestellte klinische Material keineswegs durch besondere metapsychologische Tiefe auszeichnet. Der Bericht beschränkt sich absichtlich auf bestimmte sinnliche Details in der sexuellen

Erfahrung dieser Patienten. Zusätzliche Einzelheiten würden jedoch keineswegs zum größeren Verständnis dieser kannibalistischen Züge beitragen, sondern nur das Problem, auf das es mir ankam, durch langatmige und nicht zur Sache gehörige Überlegungen verwischen.

Die Rolle kannibalistischer oral-sadistischer Phantasien als Ursache vieler Syndrome, die von Impotenz und Frigidität bis hin zu Melancholie und Suizid reichen, ist in der psychoanalytischen Literatur seit Freud und Abraham und später Melanie Klein ausführlich beschrieben worden. Für meine Untersuchungen waren aber *nicht Phantasien* maßgebend, sondern *tatsächliche sinnliche Zustände und Handlungen*, die den Mund und die Sexualorgane sowie den ganzen Körper der betreffenden Person bei ihrer echten sinnlichen Befriedigung umfassen.

René Spitz (1955) hat die Rolle des Mundes als *kognitives* Organ sehr gründlich untersucht. Er argumentiert, »daß die Stufe coenästhetischer Wahrnehmung zu dem gehört, was ich die Erlebniswelt der Urhöhle nennen möchte« (S. 664) und fährt fort: »Der Mund in seiner Eigenschaft als Urhöhle ist die Brücke zwischen dem inneren Hineinnehmen und dem äußeren Wahrnehmen; hier ist der Ursprung und die Grundvorstellung aller äußeren Wahrnehmungen; es ist der Ort des Übergangs für die Entwicklung bewußter zielgerichteter Aktivität, für das erste aus der Passivität auftauchende Wollen« (S. 666).

Meiner Meinung nach sind in der analytischen Literatur die destruktiven und aggressiven Elemente der Phantasiesysteme, die sich auf orale Aktivitäten und den Mund beziehen, zu sehr betont worden. Spitz erschließt uns über die experimentellen Aktivitäten des Mundes neue große Forschungsmöglichkeiten bezüglich der kognitiven und integrativen Rolle von Oralität und Mund.

Ich glaube, daß sich bei bestimmten Varianten des Vorspiels und einigen Perversionsformen Hinweise dafür finden lassen, daß die wirklich kreative Funktion des Mundes erst in der Sexualität und den Ich-Funktionen des Erwachsenen entdeckt wird. Wenn wir den im vorhergehenden Kapitel beschriebenen Fall mit berücksichtigen, läßt sich sagen, daß allen vier Patienten eine typische Angst gemeinsam ist, die Angst nämlich, das Selbst oder das Objekt durch den Geschlechtsverkehr aus den »Augen« zu verlieren. Die Mund-Aktivität integriert manuelle, taktile und visuelle Elemente in die Intimität mit dem Objekt. Damit wird nicht nur eine differenzierte Eigenständigkeit von Körper-Ich und Selbst-Zustand (self-state), sondern auch die Identität des Objekts gewährleistet. In diesem »Übergangsbereich« (um Winnicotts Konzept aufzugreifen) wird ein wechselseitiger Austausch möglich; Distanz und Getrenntsein werden jedoch aufrechterhalten. Den kannibalistischen Impulsen eröffnet die Sinnlichkeit des Erwachsenen ein sehr viel größeres Betätigungsfeld als bisher angenommen wurde. Sie können überdies eine Zärtlichkeit erwecken, bei der keine Verschmelzung und folglich auch nicht der Verlust der separaten Körper-Selbst-Existenz droht.

In diesem Zusammenhang möchte ich die Überlegungen von Willi Hoffer (1949) zitieren. Er schreibt:

Die Differenzierung des Ichs vom Es zeigt sich auf der Körperoberfläche des Kindes, wenn im Dienste des oralen Partialtriebes und zum autoerotischen Lustgewinn zwei Empfindungen, eine orale und eine taktile, gleichzeitig durch das Fingerlutschen geweckt werden. Dazu kommt es gewöhnlich nicht vor der 12. Woche. Etwa von diesem Zeitpunkt an wird die Hand willkürlich und nicht länger reflektorisch in den Mund gesteckt, um die orale Spannung herabzusetzen.

Von den Funktionen der Hand untersuchte die allgemeine Psychologie hauptsächlich die Greiffunktion. Ich glaube jedoch nicht, daß die Hand, bevor sich diese Greiffunktion ausbildet, nur ein Anhängsel des Mundes ist. Vielmehr glaube ich, daß sie vom intrauterinen Leben an zur Spannungslösung dem Mund eng verbunden ist und daß in dieser Verbindung die ersten Leistungen des primitiven Ich erzielt werden. Von da an kann die Hand die Funktion der Spannungslösung nicht mehr aufgeben. Auf diese Weise wird sie zum nützlichen und vielseitigen Diener des Ich (S. 82).

Hoffer entwickelt seine Hypothese weiter:

Ich neige zu der Annahme, daß die Hände, nachdem sie während der Periode des intensiven Fingerlutschens libidinös besetzt wurden, nunmehr unabhängiger vom oralen Bereich funktionieren, zunehmend unter den Einfluß des Auges kommen und die Rolle eines Vermittlers zwischen Auge und Mund übernehmen. Sie haben sich von einem Mittel, das der Spannungsentladung diente, zu Werkzeugen entwickelt, die die äußere Welt kontrollieren. Durch die neu erworbenen Funktionen hat sich in diesem Stadium der Bereich des Ich erheblich erweitert (S. 86).

Meine Hypothese, die ich hier zur Diskussion stelle, ist, daß Mund und Hand im Übergangsbereich des sinnlichen Vorspiels, das der Herstellung eines geeigneten Umfeldes für die echte genitale Sexualität dient, eine kognitive Rolle spielen und bei Perversionen das gesamte Erfahrungsterrain bilden. Die Differenzierung und Definierung der kreativen Rolle, die die kannibalistische Zärtlichkeit in der nichtgenitalen Sexualität spielt, soll ihr nicht zu einem neuen, eigenen und autonomen Status verhelfen. Sie soll lediglich durch die Aspekte erweitert werden, die als ein positiver, zusätzlicher Faktor betrachtet werden können. Ich bin mir der einfältigen Idealisierung und Ausbeutung der prägenitalen Sexualität als Selbstzweck in unserem gegenwärtigen kulturellen Klima bewußt. Wahrnehmung des Selbst und des Anderen umfaßt psychische, affektive, die Beziehungen betreffende sowie körperliche Faktoren, wobei die körperlichen Faktoren nicht unsere unvoreingenommene Aufmerksamkeit gefunden haben. Trotz des heroischen Versuchs von Freud, die Sexualität von vorgefaßten sozialen Meinungen und Antipathien zu befreien, bleibt der Eindruck bestehen, daß die

Tendenz analytischer Autoren, die »prägenitale Sexualität« ihrem Ursprung und ihrem Wesen nach als regressiv und primitiv einzustufen, die kulturellen Vorurteile in versteckter Form überdauert hat.

Wir sollten ein neues Konzept ins Auge fassen, das des »metonymischen Kannibalismus«, bei dem ein Teil des ganzen Körpers entweder symbolisch oder konkret gegessen wird. Mein klinisches Material läßt den Schluß zu, daß sich beim »metonymischen Kannibalismus« eine spezifische Umwandlung der aggressiven und sinnlichen Absichten – nämlich denen der Inkorporation und Beherrschung – in Zärtlichkeit vollziehen kann.

Wenn wir der Aufgabe gerecht werden wollen, die Komplexität menschlicher sexueller Erfahrungen als für die wahre psycho-soziale Gesundheit wesentlich und sinnvoll zu begreifen, sollten wir verstehen, was Walt Whitman in einem Gedicht ausdrückt:

Arme und Hände der Liebe,
Lippen der Liebe, phallischer Daumen der Liebe
Brüste der Liebe, Bäuche, von der Liebe aneinander
gepreßt und geklebt.

8
Der Ich-Orgasmus in der bisexuellen Liebe

> Werk des Gesichts ist getan,
> tue nun Herz-Werk
> an den Bildern in dir, jenen gefangenen; denn du
> überwältigtest sie: aber nun kennst du sie nicht.
> Siehe, innerer Mann, dein inneres Mädchen,
> dieses errungene aus
> tausend Naturen, dieses
> erst nur errungene, nie
> noch geliebte Geschöpf.
>
> *R. M. Rilke (Wendung)*

Die bisexuelle Liebe wird in der psychoanalytischen Literatur kaum erwähnt, weil zwischen ihr und der latenten homosexuellen Liebe meist kein Unterschied gemacht wird. Freud hat dieses Thema aber schon sehr früh in seiner Arbeit »Hysterische Phantasien und ihre Beziehung zur Bisexualität« (1908a) aufgegriffen. Im folgenden möchte ich meine Auffassung zur Diskussion stellen, daß für bestimmte Menschen die bisexuelle Liebe eine authentische und notwendige menschliche Erfahrung ist, die ebenso wie die heterosexuelle Liebe durch Verdrängungen und Reaktionsbildungen verzerrt werden kann. Charakteristisch für die bisexuelle Liebe ist, daß es sich dabei fast ausschließlich um eine Ich-Erfahrung handelt, d. h. um die Art und Weise, wie sich das Ich mit einem Objekt der gleichen Geschlechtsidentität in Beziehung setzt und diesem zärtlich zugetan ist. In einer solchen Beziehung ist die Es-Energie neutralisiert und in ein leidenschaftliches *Interesse* des Ichs für ein Objekt verwandelt. Der Höhepunkt einer solchen Objektbesetzung ist der Ich-Orgasmus. Hier können die pathologischen Verzerrungen Ich-Perversionen (ego-perversities) in der Objektbeziehung auslösen, so wie sie im Bereich der Es-Erfahrung zu echten Perversionen führen können.

KLINISCHES MATERIAL

Das Material, das ich zu diesem Thema darstellen möchte, stammt aus Behandlungsphasen von zwei meiner Patienten. Meine Überlegungen konzentrieren sich dabei mehr auf die Phänomenologie der betreffenden Prozesse als auf deren Ätiologie. Ich habe die Erfahrung gemacht, daß unsere Vorliebe, die neuen Erfahrungen eines Patienten im Sinne unserer gewohnten ätiologischen Konzepte zu bewerten, uns der Chance beraubt, aus unserem klinischen Material zu lernen.

Zunächst möchte ich über den Fall einer jungen, dreißigjährigen Frau berichten. Sie war seit ungefähr zwei Jahren in Analyse, weil sie mit der *Qualität* ihrer Erfahrungen mit sich und anderen unzufrieden war. Sie war von eher schizoiddepressivem Temperament und empfand die Intensität und den Umfang ihrer Beziehungen recht mager verglichen mit dem Potential, über das sie zu verfügen glaubte. Sie war eine sensible Person mit künstlerischen Neigungen, aus denen sie nicht viel gemacht hatte. Mit zwanzig Jahren hatte sie geheiratet. Als sie die Analyse begann, hatte sie sich gerade von ihrem Mann getrennt, weil sie der Meinung war, sie würden sich in einer behaglich etablierten Unbezogenheit, die nach gesellschaftlichen Maßstäben vollauf respektabel und adäquat war, nur sinnlos verbrauchen. Sie hatte das lebhafte Gefühl, daß sie ihr ganzes Leben ungenutzt vergeuden würde, wenn sie nichts dagegen unternehme. Nach der Trennung wurde sie sehr depressiv und vollkommen unfähig, ihre Möglichkeiten zu nutzen, um eine positive Wendung in ihrem Leben einzuleiten. Es folgte eine längere Phase promiskuöser Experimente mit Männern, die sie sinnlich wenig befriedigten. Ungefähr acht Monate vor der Episode, von der ich berichten möchte, lernte sie einen ungefähr zehn Jahre älteren Mann kennen, mit dem sie von da an zusammenlebte. In dieser Beziehung fand sie eine wirklich lustvolle genitale Befriedigung und sie konnte sich allmählich ihrer weiblichen Sinnlichkeit hingeben und seine Männlichkeit genießen. Sie klagte aber über das Fehlen einer sich gegenseitig ergänzenden emotionalen Fülle in dieser Beziehung und glaubte, sie habe sich zu eng an diesen Mann gebunden und sei zu abhängig von ihm. Das mache sie erneut träge und unentschieden. An diesem Punkt ihrer Beziehung entschloß sie sich, ihren künstlerischen Neigungen eine Chance zu geben. Sie meldete sich in einer Kunstakademie an, um zeichnen und malen zu lernen. Diese Initiative bedeutete für sie bereits einen Schritt nach vorn. Nachdem sie ungefähr zwei Monate diese Akademie besucht hatte, sah sie sich eines Tages im Zeichenkurs einem jungen Mädchen gegenüber, das ihnen nackt Modell stand. Die Patientin war vom Körper und der Präsenz dieses Mädchens merkwürdig fasziniert. Sie gab sich beim Zeichnen große Mühe, die Figur des Modells realistisch exakt wiederzugeben. Zu ihrer eigenen Überraschung trat sie in der Teepause auf das Mädchen zu und verwickelte es in ein Gespräch. Es stellte sich heraus, daß sie eine Ausländerin und kein Berufsmodell war. Während ihres London-Aufenthalts verdiente sie sich ein zusätzliches Taschengeld. Sie studierte in ihrem Heimatland. Ihr eigener Mut, sich dem Mädchen zu nähern, überraschte die Patientin, denn vom Temperament und Charakter her war sie eine schweigsame und scheue Person, die mit anderen Menschen meist nur redete, wenn sie angesprochen wurde. Nachdem das Modell für den Rest der Sitzung wieder an seinen Platz zurückgekehrt war, fühlte sich die Patientin sehr merkwürdig und »innerlich ganz aufgeregt.« Sie konnte nicht mehr zeichnen, weil »ich mich ganz in meinen Augen befand und nicht in meinen Händen«, wie sie sich ausdrückte. Nach ein paar Versuchen hatte sie für diesmal das Zeichnen aufgegeben, hatte sich zurückgelehnt und intensiv das Modell betrachtet. Nach Unterrichtsschluß ging sie zu ihrer weiteren Überraschung auf das Mädchen zu und lud sie zum Dinner ein, was das Mädchen recht bereitwillig annahm.

Soweit hatten sich die Dinge an diesem Tag entwickelt, als
die Patientin zu ihrer Analysenstunde kam. Sie war auf recht
seltsame Weise erregt und verwirrt. Die Patientin war nicht
der Mensch, der in Analysenstunden viel sprach. In dieser
Stunde jedoch kochte und brodelte es hinter ihrem Schweigen.
Sie hatte mir zunächst erzählt, was sich bis dahin
zugetragen hatte, dann war sie zu Überlegungen übergegangen,
was sie kochen und anziehen sollte. Diese Nebensächlichkeiten
waren für mich interessant, denn bis dahin hatten
solche Dinge bei ihr keine große Rolle gespielt. Sie war eine
Frau, die immer elegant gekleidet war. Ich äußerte mich in
dieser Stunde überhaupt nicht, sondern beobachtete nur
behutsam eine gewisse mobilisierte Fähigkeit in ihr, das
andere Mädchen in sich wahrzunehmen.

Zur nächsten Stunde kam die Patientin mit einem Elan, wie
ich ihn noch nie an ihr beobachtet hatte. Sie wirkte
ausgesprochen heiter und mehr als glücklich, und sie sprach
mit einer für sie neuen Leidenschaft und Begeisterung. Sie
gab einen minutiösen Bericht über jenen Abend, so als
genieße sie die Stunden noch einmal. Das Modell war in
einem langen Abendkleid gekommen und hatte sehr hübsch
ausgesehen. Die Patientin hatte sich für einen Hosenanzug
entschieden. Sie hatte ein vorzügliches Abendessen zubereitet
und Champagner serviert; es war wirklich ein Fest
gewesen. Der Freund der Patientin hatte für diesen festlichen
Anlaß leider keine besondere Begeisterung aufbringen
können und hatte der Patientin vorgeworfen, zu viel Wirbel
um das Mädchen zu machen. Ich war überrascht, daß nicht
einmal das Mißvergnügen ihres Freundes die Patientin
entmutigt hatte. Er war früh zu Bett gegangen, während sie
lange aufgeblieben war und sich mit der jungen Frau
unterhalten hatte. Das alles berichtete sie mir in einer recht
lebhaften und überschwenglichen Weise. Ich hatte das
sichere Gefühl, daß sie mich in dieser Sache auch gar nicht
zu Wort kommen lassen wollte.

Das Mädchen hatte erneut Modell gestanden und wieder

hatte die Patientin nur gedankenlos vor sich hingekritzelt. Sie war von der körperlichen Präsenz der jungen Frau völlig in Anspruch genommen. In ihrer Schilderung über deren Aussehen ging sie mit Genuß auf ihre körperliche Gestalt ein. Gegen Ende der Stunde verblüffte sie mich mit der kurzen Mitteilung, das Mädchen habe erwähnt, sie müsse aus der Jugendherberge ausziehen und sich eine andere Bleibe suchen. Sie habe sie auf der Stelle zu sich eingeladen und das Mädchen habe akzeptiert. Der Patientin kam gar nicht in den Sinn, erst ihren Freund zu fragen, was ein ganz ungewöhnliches Verhalten für sie war.
So ging das die ganze Woche. Ihre Mattigkeit war völlig verschwunden und sie war wie verwandelt. Sie interessierte sich für das Leben dieser jungen Frau und wollte genau wissen, was sie studierte und wie sie ihre Tage zubrachte. Gemeinsam gingen sie ins Kino, ins Theater und zum Einkaufen. Die Patientin war durch das junge Mädchen völlig in Anspruch genommen und ihre Erfahrungen mit ihr trugen eindeutig ekstatische Züge. Sie hatte das junge Mädchen in gewissem Sinne übernommen und begleitete sie nun mit einem Ich-Interesse und einer Energie, die in keiner ihrer früheren Beziehungen zu entdecken gewesen waren. Ihr Freund war übellaunig von ihr abgerückt, und mir gab sie in den Stunden wenig Raum für Deutungen. Sie war ganz erfüllt von dem tiefen Wohlbehagen, das sie in dieser Beziehung empfand. Das Modell war offensichtlich eine sehr intelligente, aufgeschlossene Person und begegnete der Begeisterung der Patientin mit der gleichen großzügigen Zuneigung.
Die junge Frau hatte sich nur für eine Woche als Modell verpflichtet. An ihrem letzten Tag machte sich die Patientin im Unterricht ernstlich daran, das Modell zu zeichnen und brachte auch eine wirklich gute Arbeit zustande, die ihr die Anerkennung des Lehrers eintrug. Auch ich war beeindruckt, als ich die Zeichnung sah. Das Modell war eine sehr schöne, üppige junge Frau mit einem sanften, fröhlichen

Gesicht, und die Patientin hatte sie mit großem Feingefühl und mit Lust gezeichnet. Ich war sehr versucht, sie auf ihre offensichtlich homosexuellen Interessen an dem Modell aufmerksam zu machen, unterließ dies aber. Das junge Mädchen blieb noch eine Woche bei der Patientin und es entstand eine tiefe Freundschaft zwischen ihnen. Man hätte von einem gewissen manischen Element in der überschwenglichen Beziehung der Patientin zu dieser jungen Frau sprechen können, aber das Wort »manisch« hätte meiner Beschreibung eine bestimmte Richtung gegeben und dem wirklichen Erleben der Patientin die besondere Note genommen.

Als die Freundin nach zwei gemeinsamen Wochen abreiste, war die Patientin traurig und sie vermißte die Gesellschaft des Mädchens. Sie reagierte aber nicht mit einer Depression. Das war für meine Beurteilung der Gesamterfahrung der Patientin wichtig. Als wir zum Rhythmus ihrer Analyse zurückgefunden hatten, konnte ich ihr sagen, daß ich früher von ihrer sinnlichen Hingabe und dem sexuellen Orgasmus in ihrer Beziehung zu ihrem Freund gehört hätte, daß aber das, was sie mir vor allem in der zweiten Woche ihrer Beziehung zu der jungen Frau gezeigt habe, das Erleben eines anhaltenden Ich-Orgasmus gewesen sei. Sie war außerordentlich erleichtert, daß ich ihr keine Deutung im Sinne einer lesbischen Affäre gegeben hatte, die der Freund ihr in gewissen streitsüchtigen Momenten unterstellt hatte. Sie fühlte sich innerlich befreit. Ihr Freund versuchte, ihr Schuldgefühle zu machen, weil es in diesen beiden Wochen keine Sexualität zwischen ihnen gegeben hatte. Sie war sich über das Fehlen sexueller Wünsche während dieser Zeit auch durchaus im klaren. Sie meinte, ihre ganze Energie sei in ihre Beziehung zu diesem jungen Mädchen geflossen. Sie beteuerte, daß sie auch nicht ein einziges Mal den Wunsch verspürt habe, das Mädchen zu berühren oder an sich zu drücken und daß ihr die über das Sehen mögliche Versenkung in die Körperlichkeit des Mädchens genügt habe. Als sie allmählich die feineren und eher latenten Details ihrer Erfahrung entzifferte, merkte sie, wie »potent« und tüchtig sie sich in diesen beiden Wochen gefühlt hatte. Sie war zu einer ganz anderen Erfahrung ihrer Ich-Kapazitäten und -Interessen gelangt und fühlte sich fähig und mit einer ihr neu zugewachsenen Autorität durchdrungen. In diesem Zusammenhang konnte ich ihr deuten, daß sie ihr weibliches Element (ihre Geschlechtsidentität) auf das junge Mädchen projiziert hatte. Sie habe deshalb konfliktfrei aus ihrem männlichen Element heraus handeln können. Dieses männliche Element habe sie als einen inneren Wert ohne jegliche Rivalität oder kastrative Absicht den Männern gegenüber personalisieren können. Das mißgünstige und zänkische Verhalten ihres Freundes ihr gegenüber klammerte ich dabei absichtlich aus. Er war sich ausgeschlossen und verschmäht vorgekommen. Das hatte die Patientin aber gar nicht beabsichtigt. Ihr Gewinn aus dieser Beziehung war die Aktualisierung ihres männlichen Elements durch ein Erlebnis, das man eine bisexuelle Liebesaffäre nennen könnte. Ich glaube, daß es klinisch überaus wichtig ist, eine solche bisexuelle Verliebtheit mit dem damit einhergehenden Ich-Orgasmus von einer echten Homosexualität zu unterscheiden. Einen weiteren Gewinn aus dieser Beziehung stellte die echte Erfahrung emotionaler Hingabe an eine andere Person ohne Intimitäten oder sexuelle Ausbeutung dar. Die Patientin schöpfte daraus neues Vertrauen in ihre eigenen Emotionen und ihre Fähigkeit, diese Emotionen zu bewahren und an ihnen teilhaben zu lassen.

Man sollte dabei jedoch auf gar keinen Fall außer acht lassen, daß der erfolgreiche Abschluß dieser Affäre weitgehend dem Schutz zuzuschreiben war, den ihr die Übertragung auf mich vermittelt hatte. Die Übertragungsbeziehung zu mir war für sie nahezu eine Garantie dafür, daß es sich zeitlich wie von der Tragweite her um eine begrenzte Erfahrung handelte. Ich bin der Meinung, daß ähnliche Erfahrungen, die unter sonst üblichen Lebensbedingungen in Gang kommen und gelebt werden, im Gegensatz zur sexuellen Perversion eine Grundstruktur von Ich-Perversität entstehen lassen, die der affektiven Fülle der heterosexuellen Objektbeziehungen ausgesprochen abträglich sein kann, weil diese dann durch eine Spaltung zwischen den sexuellen und affektiven Erfahrungen aufrechterhalten werden muß.

Beim zweiten Fall, über den ich berichten möchte, handelt es sich um einen einundvierzigjährigen Mann. Vor ungefähr drei Jahren suchte er aus zwei Gründen therapeutische Hilfe. Sein Hauptmotiv war, daß ihn seine Frau, die seit einigen Jahren Analyse machte, ebenfalls zu einer Analyse drängte, weil seine emotionale Anteilnahme an ihrem Leben und dem der Kinder recht oberflächlich und schal war. Der zweite Grund war sein unbehagliches Gefühl, daß er sich trotz Wohlstand und großer beruflicher Erfolge als Person nicht weiterentwickelte. Ich verabredete mit ihm, daß ich ihn einmal wöchentlich sehen würde. Diese Begegnungen, die sich inzwischen über drei Jahre erstrecken, konnte er in positiver und kreativer Weise für sich fruchtbar machen.

Im Rahmen seiner kulturellen Wertvorstellungen konnte man ihn als normal diagnostizieren. Er wurde als Kind einer wohlhabenden Familie der Mittelschicht geboren und erlebte eine glückliche Kindheit mit allen Merkmalen eines puritanischen christlichen Familienlebens. Nach der Universität, an der er gute Resultate erzielte, gründete er ein florierendes eigenes Unternehmen. Mit dreiundzwanzig heiratete er, und sein Familienleben mit seiner Frau und drei Kindern war erfreulich und glücklich. Zwischen ihm und seiner Frau hatte nie eine tiefe, leidenschaftliche Beziehung bestanden, aber das war in seinen Kreisen nicht ungewöhnlich. Vom Temperament her war er ein fleißiger, korrekter und aufrichtiger Mann. In seinem Leben hatte ihn kaum etwas tief bewegt und er genoß das meiste in routiniert-herkömmlicher Weise. Seine genitalen Beziehungen zu seiner Frau waren stets befriedigend; er liebte seine Familie und hing sehr an ihr. Die gelegentlichen Beschuldigungen

seiner Frau, daß es ihm an Intensität und Leidenschaft fehle, waren ihm ein Rätsel. Er konnte sich nichts Rechtes darunter vorstellen.
Zu seinen Kollegen unterhielt er angenehme, ausgesprochen freundschaftliche Beziehungen. In ihrer Gesellschaft fühlte er sich sogar wirklich wohl. Er war ein kultivierter und gebildeter Mann, der von sich sagte: »Wenn man eines in einer englischen Public School lernt, dann das Sublimieren homosexueller Männerfreundschaften.« Er hatte auch tatsächlich eine ganze Reihe enger Freunde, mit denen er auf die Jagd usw. ging. Mit dem Ethos seiner Kultur vertrug es sich natürlich auch ganz gut, wenn sie dann hier und dort leichte Mädchen auflasen und »umlegten«, ohne daß dies die Ehe ernstlich gefährdete oder zu große Schuldgefühle verursachte.
Man kennt ja den schwierigen klinischen Umgang mit Personen, die weder ein Symptom noch einen bestimmten Bereich in ihrem Leben haben, der ihnen Schwierigkeiten bereitet. Da der Patient aber bereit war, mit mir zu arbeiten, war ich ebenfalls an der Arbeit mit ihm interessiert.
Wenn man einen Patienten nur einmal in der Woche sieht, entfalten sich die Grundstrukturen seines Lebens nur langsam. Im Laufe der Zeit wurde deutlich, daß sich das Leben dieses Mannes aus drei verschiedenen Teilbereichen zusammensetzte: sein Leben mit Frau und Kindern, angenehm und liebevoll; sein Leben im Beruf, fleißig und korrekt; sein Leben mit seinen Freunden, sorgenfrei und fröhlich. Gleichzeitig war aber eine gewisse Vorsicht und Zurückhaltung zu spüren. Er war nicht der Mensch, der dem Zufall eine Chance ließ, und das war ihm auch bewußt. Mit Ausnahme seiner sexuellen Vergnügungen war alles gut organisiert. Was ihn von Zeit zu Zeit irritierte, war die akute Eifersucht seiner Frau auf seine Freundschaften mit Männern. Er wußte nichts damit anzufangen und konnte auch die Gründe nicht begreifen, die sie dafür nannte.
Die massive und erfolgreiche Assimilierung (egotization)

seiner Affekte ins Ich und seine Fähigkeit, Triebspannungen durch den Geschlechtsverkehr mit seiner Ehefrau sowie anderen Frauen unproblematisch und unkompliziert zu entlasten, war eindrucksvoll. Er war ein gutaussehender Mann, dem sein Körper und seine Figur nicht gleichgültig waren. Eines möchte ich noch betonen. Obgleich seine Erzählungen eher oberflächlich waren und nur wenig enthielten, was das klinische Interesse erweckte, langweilte mich die Alltäglichkeit seines Materials keineswegs. Ich hatte das vage Gefühl, daß er nach etwas Bestimmtem suchte und daß er dies eines Tages aktualisieren würde, wenn man ihm unaufdringlich therapeutische Ich-Stützung gewährte.

Als der klinische Prozeß ganz langsam in Bewegung kam, begann er, die »fehlende Intensität in seinen emotionalen Antworten« – wie er es formulierte – in allen seinen Beziehungen und Lebensbereichen zu ergründen. Er konnte allmählich erkennen, daß sich andere Menschen anders verhalten und ein innigeres Verhältnis zueinander haben; daß es in seinem Leben keinen Zuwachs an Erfahrung gab, er an anderen Menschen wohl interessiert war, aber keine wirkliche Beziehung mit ihnen hatte. In einer solchen Stimmung, in der er sich selbst in Frage stellte, befand er sich, als sich die Episode ereignete, von der ich berichten möchte.

Der Patient war zu einem seiner üblichen Jagdausflüge für eine Woche ins Ausland gereist. Nach einer Woche erhielt ich ein Telegramm, er habe sich entschlossen, seinen Urlaub um vierzehn Tage zu verlängern. Nach seiner Rückkehr berichtete er mir folgende Geschichte.

Die Jagdgesellschaft war ganz international; die Teilnehmer kamen aus den verschiedensten Ländern und gingen mehr oder weniger den gleichen Geschäften nach. Am zweiten Tag fühlte sich der Patient zu einem Mann hingezogen, den er für etwas jünger als sich hielt. Er schloß sich ihm an und fühlte sich von seiner Gegenwart hingerissen. Sie verbrachten viele Stunden in gemeinsamem Gespräch. Der jüngere

Mann war ebenfalls verheiratet und hatte Kinder. Er war ein kultivierter und gebildeter Adeliger aus dem Ausland mit einem kühnen, feingeschnittenen, anziehenden Gesicht. Der Patient beschrieb die Gestalt und vor allem das Gesicht dieses Mannes in allen Einzelheiten. Während er berichtete, wurde er unsicher und meinte: »Ich rede wie ein Mädchen, das von seinem ersten Schwarm erzählt!« Mir aber war die Intensität seiner visuellen Erfahrungen mit dem Objekt aufgefallen und ich erinnerte mich an den Bericht der jungen Frau über ihre Begegnung mit dem Modell.

Der Patient entwickelte in dieser Woche eine enge Freundschaft zu diesem Mann, und eine zwanghafte Phantasie bemächtigte sich seiner. Er wollte den Mann zu einem gemeinsamen zweiwöchigen Urlaub auf den Bahamas einladen, wo die Sonne schien und sie sich gemeinsam erholen könnten. Obgleich ihm unbehaglich zumute war, gelang es ihm, das Thema zur Sprache zu bringen. Der Freund schlug vor, der Patient solle ihn doch für vierzehn Tage nach Marokko begleiten, wo er sich mit seiner Frau und den Kindern treffe und sie ein Haus hätten. Der Patient war einverstanden und fuhr mit.

Nach seiner Rückkehr berichtete der Patient, er habe mit seinem Freund zusammen in Marokko zwei idyllische Wochen verbracht. Er habe sich auch mit dessen Frau und den Kindern ausgezeichnet verstanden. Sein Freund und er seien viel zusammengewesen; ähnliches habe er noch nie zuvor erlebt. Er habe das Gefühl, daß er diesen Mann ausgesprochen bewundert habe und während dieser Zeit völlig von ihm gefesselt gewesen sei. Sie hätten vieles unternommen und Spaß dabei gehabt. Nach Ablauf der beiden Wochen war der Patient froh, abreisen zu können, weil er den Eindruck hatte, daß dieses Erlebnis seinen absoluten Sättigungsgrad erreicht hatte.

Als er sich von seinem Freund trennte, war er nicht traurig. Er empfand auch später keine Wehmut und kein Heimweh nach ihm. Er hatte das Gefühl, daß er sich zum ersten Mal einer Beziehung hingegeben und den Dingen ihren Lauf gelassen habe, ohne zuvor alles zu arrangieren. Seine Erfahrung mit diesem Freund enthielt ohne Zweifel ekstatische Elemente. Nach seiner Rückkehr nach London dachte er häufig über diese Beziehung nach und verstand jetzt, was seine Frau mit ihren Klagen über seine fehlende Leidenschaft und innere Beteiligung gemeint hatte. Die sexuellen Beziehungen zu ihr hatten sich nach seiner Rückkehr verändert und an Tiefe gewonnen.

In meinen Kommentaren griff ich seine Worte auf »wie ein Mädchen reden, das von seinem ersten Schwarm erzählt.« Zögernd gab ich ihm zu verstehen, daß man aufgrund der Intensität und Sättigung seines emotionalen Interesses an seinem Freund von einem Ich-Orgasmus sprechen könnte. Er verstand mich sofort und meinte, er könne jetzt den *Mangel* in seinen sexuellen Erfahrungen erkennen. Ich fügte hinzu, daß er bis dahin die sinnliche Hingabe nur im Geschlechtsverkehr lokalisiert erlebt habe, ohne daß er die Bereicherung durch die gleichzeitige affektive Hingabe an das Objekt empfunden habe.

Der Patient war sich des therapeutischen Gewinns bewußt, insofern er durch die Lockerung seiner Kontrollen in die Lage versetzt wurde, sich seiner affektiven Hingabe und seinen intensiven Ich-Interessen für seinen Freund zu überlassen. Er hatte das Empfinden, seine bisherigen Beziehungen zu seinen Freunden und Kollegen hätten eigentlich ein perverses Element enthalten, denn er blieb in sich dissoziiert. Die »Affäre« mit seinem Freund, wie er sich scherzhaft ausdrückte, sei von wesentlicher Bedeutung für ihn gewesen, weil sie einen weiteren Schritt in seiner Selbstverwirklichung darstelle.

DISKUSSION

Ich möchte auf einen besonderen Typus von Dissoziation aufmerksam machen, der in Analysen selten bemerkt wird und durch den analytischen Prozeß sogar verstärkt werden kann. Die Dissoziation besteht zwischen den männlichen und weiblichen Elementen einer Persönlichkeit. Wenn diese Dissoziation nicht aufgelöst wird, kann es der Person durchaus möglich sein, im Sinne einer lokalen genitalen sinnlichen Hingabe an ein Objekt des anderen Geschlechts ein angemessenes Funktionieren ohne affektive Hingabe zu erlernen. Die dissoziierte Affektivität wird dann in Ichpromiskuösen – wie ich es nennen möchte – flüchtigen Bindungen an Objekte des gleichen Geschlechts agiert. Diese impulsiven Freundschaften bedeuten eine ernsthafte Beeinträchtigung und Verarmung der affektiven Hingabe und des Zugehörigkeitsgefühls zu heterosexuellen Beziehungen.

Anna Freund (1952) hat das im Zusammenhang mit der Fähigkeit bzw. Unfähigkeit zu Objektbeziehungen unter dem Aspekt von affektivem Negativismus und Angst vor emotionaler Hörigkeit untersucht. Sie bezog sich dabei auf Analysen homosexueller und impotenter Personen, bei denen selbst nach der Rückgewinnung physischer Potenz durch die analytische Behandlung weiterhin »eine emotionale Impotenz« bestand, und schloß daraus:

> Bei gründlicherer Analyse wird offenbar, daß die Angst vor Passivität einer tieferen, nicht-sexuellen Erklärung fähig ist. Die passive Hingabe an das Liebesobjekt mag eine Regression von der eigentlichen Objektliebe zu ihrem Vorläufer in der Gefühlsentwicklung des Kleinkindes bedeuten: eine Regression zur primären Identifizierung mit dem Liebesobjekt. Dieser Rückschritt wird als eine Gefahr für die Intaktheit der Ichstruktur erlebt, als ein Verlust persönlicher Eigenschaften, die mit den Eigenschaften des Liebesobjekts verschmelzen. Aus Angst vor einem Zerfall seiner Persönlichkeit, aus Angst vor dem Realitätsverlust verteidigt sich das Individuum gegen diese Regression durch die Ablehnung aller Objekte schlechthin (affektiver Negativismus) (S. 1256).

In den beiden von mir dargestellten Fällen lag vor der Verliebtheitserfahrung mit der Freundin bzw. dem Freund eine ausgesprochene Affektblockade und ein negativistischer Vorbehalt gegen affektive Verstrickungen vor. Anna Freud (1954a) weist in einer anderen Arbeit auf einen wichtigen Unterschied zwischen Objektbindung und Ich-Interesse hin. Sie schreibt über die Übertragung einer Patientin: »Sie schien ihre Leidenschaft für die Studioatmosphäre zumindest zum Teil durch eine ähnliche Leidenschaft für die analytische Situation zu ersetzen. Aber diese Hinwendung erstreckte sich nicht auf meine Person; was eine Objektbindung hätte sein sollen, verkehrte sich in ein Ich-Interesse« (S. 1361).

Ich bin der Meinung, daß dies eine wesentliche und schicksalhafte Verzerrung der Ich-Fähigkeiten ist, sich mit einem Objekt in Beziehung zu setzen und affektiv beteiligt zu sein. Nur allzu oft sieht man in Beratungsgesprächen Patienten, die eine angeblich erfolgreiche Analyse hinter sich haben. Ihre Genitalfunktionen sind zwar dadurch wiederhergestellt worden, aber diese subtile Verzerrung der Ich-Funktionen blieb unbemerkt. Diese Patienten wechseln ziellos von Objekt zu Objekt und halten mit einem heterosexuellen Objekt eine Art von genitaler Konstanz aufrecht. Es wäre irreführend, ihr Dilemma als Hemmung homosexueller Interessen anzusehen.

Winnicotts (1966) Hypothese von den »bei Männern und Frauen feststellbaren abgespaltenen männlichen und weiblichen Elementen« scheint mir in diesem Zusammenhang überaus instruktiv zu sein. Nach der Darstellung eines Falles schreibt er: »Ich hatte die vollständige Dissoziation zwischen dem Mann (oder Frau) und dem Persönlichkeitsaspekt, den das andere Geschlecht hat, eigentlich nie ganz akzeptiert.« Winnicotts Argument ist zu kompliziert und schwerwiegend, als daß ich hier näher darauf eingehen könnte. Doch hat mir gerade diese Hypothese die hier beschriebene Arbeitsweise ermöglicht. Wir sollten das all-

mähliche Entstehen bisexueller Grundstrukturen tolerieren und sie nicht mit jener Entfaltung prägenitaler Sexualität verwechseln, der wir in der Homosexualität begegnen.
Das Konzept des Ich-Orgasmus stammt ebenfalls von Winnicott. Er setzte sich damit in seiner Arbeit »Die Fähigkeit zum Alleinsein« (1958a) auseinander. Da dieses Winnicottsche Konzept wenig bekannt ist und er es selbst nur dieses eine Mal erwähnte, möchte ich es hier ausführlich und mit seinen eigenen Worten wiedergeben.

Ich möchte jetzt in meinen Spekulationen über die Ich-Bezogenheit und die Möglichkeiten des Erlebens in dieser Beziehung noch ein wenig weiter gehen und das Konzept eines *Ich-Orgasmus* betrachten. Es ist mir natürlich klar, daß, falls es etwas wie einen Ich-Orgasmus gibt, diejenigen, die in der Trieberfahrung gehemmt sind, dazu neigen werden, sich auf solche Orgasmen zu spezialisieren, so daß es eine Pathologie der Tendenz zum Ich-Orgasmus gäbe. Im Augenblick möchte ich das Pathologische unberücksichtigt lassen, wobei ich die Identifizierung des ganzen Körpers mit einem Teilobjekt (Phallus) nicht vergesse, und nur fragen, ob es von Wert sein könnte, sich die *Ekstase* als Ich-Orgasmus zu denken. Beim normalen Menschen kann ein höchst befriedigendes Erlebnis, wie man es in einem Konzert oder im Theater oder in einer Freundschaft erlangen kann, eine Bezeichnung wie Ich-Orgasmus verdienen, die auf die Klimax und die Wichtigkeit der Klimax aufmerksam macht. Man kann es für unklug halten, in diesem Zusammenhang das Wort Orgasmus zu verwenden; ich glaube trotzdem, daß eine Erörterung des Höhepunkts angebracht ist, der bei befriedigender Ich-Bezogenheit vorkommen kann. Man kann fragen: Wenn ein Kind spielt, ist das ganze Spiel eine Sublimierung von Es-Impulsen? Könnte es nicht von einigem Wert sein, wenn man glaubt, es gebe sowohl einen Unterschied in der *Es-Qualität* als auch in der *Es-Quantität*, wenn man das befriedigende Spiel mit dem

Trieb vergleicht, der dem Spiel unverhüllt zugrunde liegt? Das Konzept von der Sublimierung wird völlig akzeptiert und hat großen Wert, aber es ist schade, wenn man es unterläßt, von dem großen Unterschied zu sprechen, der zwischen dem unbeschwerten Spiel von Kindern und dem Spiel von Kindern besteht, die zwanghaft erregt werden und denen man ansehen kann, daß sie einem Triebererlebnis sehr nah sind. Es trifft zu, daß man selbst beim unbeschwerten Spiel des Kindes alles als Es-Impuls deuten kann; dies ist möglich, weil wir in Symbolen reden, und wir befinden uns zweifellos mit unserem Gebrauch der Symbolik und unserem Verstehen jedes Spiels in Form von Es-Beziehungen auf sicherem Boden. Trotzdem lassen wir etwas Wesentliches aus, wenn wir nicht bedenken, daß das Spiel eines Kindes nicht unbeschwert ist, wenn es durch körperliche Erregungen und ihre physischen Höhepunkte kompliziert wird.

Das sogenannte normale Kind kann spielen und sich beim Spiel erregen und sich *durch das Spiel befriedigt* fühlen, ohne sich durch einen physischen Orgasmus aufgrund lokaler Erregung bedroht zu fühlen. Im Gegensatz dazu ist ein Mangel-Kind mit antisozialen Tendenzen oder ein Kind mit ausgeprägter Ruhelosigkeit auf Grund manischer Abwehr unfähig, das Spielen zu genießen, weil der Körper physisch hineingezogen wird. Ein physischer Höhepunkt wird gebraucht, und die meisten Eltern kennen den Augenblick, in dem nichts mehr ein erregendes Spiel zu Ende bringt als ein Klaps – der einen falschen Höhepunkt herbeiführt, aber einen sehr nützlichen. Ich meine, wenn wir das unbeschwerte Spiel eines Kindes oder das Erlebnis eines Erwachsenen in einem Konzert mit einem sexuellen Erlebnis vergleichen, ist der Unterschied so groß, daß wir keinen Schaden anrichten würden, wollten wir einen anderen Ausdruck zur Beschreibung der beiden Erlebnisse zulassen. Was auch die unbewußte Symbolik sein mag, die Quantität der wirklichen physischen Erregung ist bei dem einen Erlebnistyp minimal, beim anderen maximal. Wir können der Bedeutung der Ich-Bezogenheit an sich Tribut zollen, ohne die Vorstellung aufzugeben, die dem Konzept von der Sublimierung zugrunde liegt (S. 43).

Die bisexuelle Liebe ist im wesentlichen ein *Spielen*. In beiden berichteten Fällen kann man die Qualität von Ich-Interesse als ein Spielen mit einem Objekt identifizieren. Dieses Spielen war zeitlich begrenzt. Ich möchte behaupten, daß wir ein völlig falsches Schuldgefühl im Sinne homosexueller Implikationen hervorrufen, wenn es uns nicht gelingt, solche Erfahrungen aus der Sicht der vorstehenden Überlegungen zu bewerten, denn diese homosexuellen Begleiterscheinungen würden zu einer reaktiven Verstärkung der lokalen genitalen sinnlichen Hingabe mit entsprechenden gelegentlichen, jedoch zwanghaften Bindungen an Partner des gleichen Geschlechts führen. Ich glaube nicht, daß Personen, die eine so intensive Erfahrung von Ich-Orgasmus in der bisexuellen Liebe brauchen, um zu ihrer personalisierten Ganzheit zu gelangen, dies ohne die schützende Übertragung auf den Analytiker als einem Hilfs-Ich erreichen können. Dies hat weitgehend mit dem zu tun, was Anna Freud zu Recht als Bedrohung der Unversehrtheit von Person und Ich infolge Desintegration durch das regressive Potential der Erfahrung beschreibt.

Zum Abschluß möchte ich auf Freuds (1905d) Bemerkung über Perversionen zurückkommen: »Es ist hier ein Stück seelischer Arbeit geleistet, dem man trotz seines greulichen Erfolges den Wert einer Idealisierung des Triebes nicht absprechen kann« (S. 61). Als logische Schlußfolgerung möchte ich hinzufügen, daß in der bisexuellen Liebe ein neutralisiertes Triebelement zum Ich-Interesse am Objekt hinzukommt, das zur *Idolisierung* des Objekts führt. Beide von mir berichteten Fälle zeigen dies ganz deutlich.

9
Die Rolle von Wille und Macht in der Perversion

> Wer in die private Sphäre der Menschen vordringt, verdirbt sie.
> *Mohammed*

Die einen haben aus *Verlangen* sexuellen Verkehr, die anderen aus *Absicht*. Letzteres sind die Perversen. Laut Begriffsbestimmung schließt nämlich eine Absicht die Ausübung von Willen und Macht zur Erreichung ihrer Ziele mit ein, während die Befriedigung von Verlangen mit einem gegenseitigen Austausch verbunden ist. Auf diesen Unterschied wurde ich durch den freimütigen Bericht einer jungen Patientin über eine bestimmte Phase in ihrem Leben aufmerksam gemacht.

KLINISCHES MATERIAL

Die Patientin, eine junge verheiratete Frau, berichtete über eine bestimmte Episode in ihrem Leben, als sie ungefähr dreiundzwanzig Jahre alt gewesen war. Sie hatte damals gerade ihre Karriere als Mannequin begonnen und lebte mit einem Mann zusammen, an den sie sich ernsthaft gebunden fühlte. Ihrer Jugend, Intelligenz und faszinierenden, zerbrechlichen Schönheit wegen wurde sie des öfteren zu Dinner-Parties vornehmer Kreise eingeladen. Bei einer dieser Gesellschaften hatte sie einen ältlichen, ziemlich ungestalten und unansehnlichen Mann als Tischherrn. Er hörte zufällig, wie sie ihrem anderen Tischnachbarn erzählte, daß sie am nächsten Morgen nach Rom fliege und dort als Mannequin arbeite. Sie war aufgeregt wegen der neuen Möglichkeiten, die sich für ihre Karriere boten. Der Mann fragte beiläufig, wann und mit welcher Maschine sie fliege.

Zu ihrer großen Überraschung wartete er anderntags auf dem Flugplatz auf sie. Unbefangen und lässig, dabei aber unaufdringlich erklärte er ihr, daß er sich entschlossen habe, einen Tag in Rom zu verbringen, weil er diese Stadt liebe. Er bot ihr an, mit ihm in der ersten Klasse zu fliegen, wohlwissend, daß sie Economy Class flog. Die plötzlich veränderte Situation verwirrte sie so, daß sie sein Angebot annahm. Nach der Ankunft in Rom begleitete er sie in ihr Hotel, verabschiedete sich von ihr, damit sie ihren Verpflichtungen nachkommen konnte, und lud sie ein, mit ihm zu Mittag zu essen. Im Anschluß an das gemeinsame Mittagessen sagte er ihr, daß er kein Hotelzimmer gebucht habe, weil er noch am gleichen Abend nach London zurückkehre. Sie hatten gut gegessen und reichlich Wein getrunken und sie fühlte sich verpflichtet, ihn in ihr Hotel einzuladen. Er hatte keine Annäherungsversuche unternommen und sie war von seiner Unterhaltung und dem Interesse, das er für sie zeigte, fasziniert. Als sie in ihrem Zimmer waren, fühlte sie sich merkwürdig sexuell erregt und sie empfand ein dringendes Verlangen, mit ihm zu schlafen. Für sie war es selbstverständlich, daß er ihr »einen hineinstecken« wollte, wie sie sagte, warum hätte er sich sonst die ganze Mühe gemacht. Sie gab ihm ihren Wunsch zu verstehen und war verblüfft von seiner höflichen und liebenswürdigen Weigerung und seiner taktvollen Erklärung, daß er sie durch Zufall kennengelernt habe und daß das des Guten viel zu viel wäre; er beabsichtige nicht, ihre arglose Großzügigkeit auszunutzen und wolle sie nicht verführen. Falls sie sich aber in London wiedersehen würden und sie einverstanden sei, mit ihm ein Wochenende in Rom zu verbringen, werde er sie nicht enttäuschen.

Als sie wieder in London war, wartete sie ein paar Wochen lang, daß er etwas von sich hören lasse. Aber nichts dergleichen geschah. Allmählich nahm sie der gewohnte berufliche und private Alltag und das Zusammensein mit ihrem Freund wieder völlig in Anspruch. Als jedoch nach ungefähr sechs Monaten wieder eine berufliche Verpflichtung in Rom bevorstand, rief er sie an und teilte ihr mit, er werde diese Woche in Rom verbringen und habe gehört, daß sie gleichfalls dort sein werde. Sie könnten wieder zusammen Essen gehen. Da er sie zu Hause angerufen hatte und ihr fester Freund während des Gesprächs im Zimmer war, schien es ihr ratsam, dem Treffen zuzustimmen. Ruhig und bestimmt nannte er ihr das Restaurant, in dem er sie an dem verabredeten Tag erwarten werde.

Trotz böser Ahnungen und akuter Schuldgefühle erschien sie wie verabredet zum Essen. Im Anschluß daran überredete er sie, ihrer Tätigkeit fernzubleiben und statt dessen mit ihm einen Stadtbummel zu machen. Sie aßen zusammen zu Abend und kehrten in sein Hotel zurück, wo sie sich die ganze Nacht liebten, wie sie es noch nie erlebt hatte. Seine Häßlichkeit, die sie beim Wiedersehen so entsetzt und abgestoßen hatte, war bedeutungslos geworden. In seinem Wesen kam eine bestimmte Art von Autorität zum Ausdruck, die sie zwang, seinen Wünschen nachzukommen. Lügen gab es bei ihm nicht. Er hatte ihr offen erklärt, er sei glücklich verheiratet, habe aber die Entdeckung gemacht, daß eine Ehe nur Bestand haben könne, wenn ein *Dritter* dazukomme. In dieser Woche erlebten sie eine sexuelle Orgie kalkulierter Lust; ihre berufliche Tätigkeit vernachlässigte sie schmählich. Er ließ ihr dafür auch weder Zeit noch Energie.

Nach ihrer Rückkehr nach London änderte ihr Liebhaber seine Taktik. Er ließ sie in ihrem leidenschaftlichen Verlangen zappeln, verabredete sich dann unverhofft mit ihr zum Essen, hatte Verkehr mit ihr und verschwand erneut. Sie fand seine eigenwillige Art, in ihr Leben einzubrechen, unwiderstehlich. Allmählich gelang es ihm, ihre Beziehung zu ihrem festen Freund, einem recht ruhigen, traurigen jungen Mann, zu zerstören. Er besorgte ihr eine kleine Wohnung, aber seine Besuche waren auch jetzt nie vorhersehbar. Einerseits bestand er darauf, daß sie ihren Beruf

weiter ausübe, andererseits verhöhnte und verspottete er ihre beruflichen Anstrengungen. Damit erreichte er sein Ziel, sie hinsichtlich ihrer beruflichen Fähigkeiten zu demoralisieren und völlig von ihm abhängig zu machen.
Im Laufe der Zeit machte er sie auch mit einigen seiner Freunde bekannt. Sie schätzte die Rolle einer Geliebten ganz und gar nicht, aber sie akzeptierte sie mit der gleichen Passivität wie die anderen Rollen, die er ihr zu seinem Amüsement zugedacht hatte. Er zwang sie, ein ihr total fremdes Leben zu führen. Ihr Verhältnis zueinander war einzig und allein von der Leidenschaft bestimmt.
Eines jedoch war ihr schon sehr früh aufgefallen, nämlich sein *Bedürfnis nach einem gewissen Widerstand* von ihr. So bestand er auch darauf, daß sie arbeitete, obwohl er ihr weder Zeit noch Energie dafür ließ. Er konnte sie nur lieben, wenn er fühlte, daß sie sich ein wenig sträubte und er ihren Widerstand brechen konnte. Obgleich sie sich nicht sehr viel anders als ein lebender Leichnam vorkam, mußte sie den Schein von Unabhängigkeit und – paradoxerweise – von Freiwilligkeit wahren. Ihre Erniedrigung war für ihn eine diabolische Steigerung seines sinnlichen Vergnügens. Gelegentlich packte sie die Wut; er war dann außerordentlich befriedigt, wenn er ihre Wutanfälle mit seinem Willen und seiner Leidenschaft niederzwingen konnte. Dieses bizarre Leben währte ungefähr ein Jahr. Sie fühlte sich immer stärker depersonalisiert und gleichzeitig wie süchtig ihrer Rolle als Opfer verfallen. Allmählich jedoch sickerte Langeweile in ihre orgiastischen Intimitäten. Da zwang sie ihr Liebhaber, bei Intimitäten zu dritt mitzumachen. Es gelang ihm, die widerwärtigsten Partner für den Geschlechtsverkehr mit ihr herbeizuschaffen. Das war es dann auch, was sie plötzlich aus ihrer tranceähnlichen ungewöhnlichen Faszination und ihrer ergebenen Unterwerfung unter seinen Willen erwachen ließ. Eines Tages verließ sie ihn ganz plötzlich.
Dieser kurze Bericht ist eine Zusammenfassung des Mate-

rials, das mir die Patientin im Laufe einer Woche mitteilte. Das Material war von ganz anderer Geschlossenheit und Qualität als ihre übrigen Erfahrungen. Sie konnte selbst gar nicht begreifen, wie ihr das alles hatte passieren können, dazu noch mit dieser Intensität und stillschweigenden Passivität. An einer Stelle ihres Berichts hatte ich beiläufig bemerkt, das ganze erinnere mich an Pauline Réages Buch *Geschichte der O*. Sie hatte gelacht und mir erzählt, daß sie damals ebenfalls daran gedacht habe; sie habe das Buch ihrem Liebhaber sogar zum Lesen gegeben und dieser habe die darin beschriebenen »Methoden« ernst genommen. Sie hatte sarkastisch hinzugefügt: »Nur die pornographische Literatur ist wirklich belehrend und idealistisch!«

Zwei Besonderheiten in Kindheit und Adoleszenz der Patientin sollten hier erwähnt werden, weil sie die *Notwendigkeit* dieser perversen Episode in ihrem Leben deutlich werden lassen. Zum einen handelt es sich darum, daß die Patientin während ihrer Schulzeit und Pubertät eine sehr gefügige und hervorragende Schülerin war, jedoch in der Zeit zwischen Schule und Universität eine ungefähr acht Monate anhaltende Depression durchmachte. Als sie ihr Universitätsstudium begann, änderte sich ihr ganzer Lebensstil. Sie vernachlässigte ihr Studium und ließ sich vom geselligen Leben davontragen. Sie war sich durchaus klar, daß ihre sexuellen Abenteuer während ihrer Universitätsjahre zwanghafte und beinahe manische Züge trugen. Nach den Abschlußprüfungen, die sie nur knapp bestand, versank sie in eine merkwürdige Apathie. An einer intellektuellen Beschäftigung war sie überhaupt nicht mehr interessiert und als Mannequin betätigte sie sich nur, um eine Anregung zu haben. Aus einer gewissen Klugheit heraus war sie ihre erste ernsthafte und zuverlässige Beziehung zu jenem Freund, einem traurigen jungen Mann, eingegangen. Sie waren aber beide seelisch verkrüppelt und ihre Beziehung blieb saft- und kraftlos. Sie hüteten sich gegenseitig. Als sie ihrem Liebhaber begegnete, lebte sie in der Sorge, sie könnte einen totalen Zusammenbruch in Form einer akuten Depression erleiden und alle Hoffnungen und jede Initiative für die Zukunft verlieren. Der *Ausbruch* in die Perversion war das Gegenteil eines ohnmächtigen *Zusammenbruchs* in einer akuten Depression. Die zweite Besonderheit in ihrer Kindheit und Adoleszenz war der Krieg, der das Familienleben der Patientin völlig zerstörte. Der Vater war zum Militärdienst eingezogen worden und für die Patientin, ihre Mutter und die Geschwister hatte ein unstetes Wanderleben von Ort zu Ort begonnen. Sie wußten nie im voraus, wie lange der Zustand diesmal dauern würde. Als sie in ein Internat kam, flüchtete sie in intellektuelle Beschäftigungen. Sie fing an, mit großer Gier zu lesen, und Bücher stellten beinahe die einzige Realität für sie dar. Wie sich die traumatische Ungewißheit während ihrer Kindheit in ihrer perversen Episode in sexualisierter und veränderter Form wiederholt hat, soll später untersucht werden.

THEORETISCHE DISKUSSION

In der psychoanalytischen Literatur wird das Thema Perversion meist unter dem Aspekt der Intensität prägenitaler Impulse, der Ich-Schwäche und daraus resultierender geringerer Angsttoleranz sowie eines strengen, archaischen, Druck ausübenden Über-Ichs diskutiert. Solche Überlegungen möchte ich hier jedoch unberücksichtigt lassen und mich statt dessen auf die Rolle von *passivem* und *aktivem* Willen bei Perversionsbildungen konzentrieren. Leider erschwert ein ernstzunehmendes Hindernis derartige Untersuchungen. Alle Perversionen entstehen aus einer symbiotischen, sowohl unbewußten wie empathischen Komplizenschaft zwischen zwei Personen. Was wir als Analytiker zu sehen bekommen, ist eine Dynamik einzig und allein aus dem Blickwinkel einer Seite. Das bleibt nicht ohne Einfluß auf unsere Theorien. Der *aktive* Wille des Liebhabers der

Patientin wäre ganz uneffektiv geblieben, wäre er nicht mit ihrem *passiven* Willen und dem gleichen Verlangen zusammengetroffen. Das gleiche gilt für den *passiven* Willen meiner Patientin, der für sich allein nur ein Krankheitsherd für ihre Apathie und ihre Depression geblieben wäre.

Jean Paulhan sagt in seinem Vorwort zu *Geschichte der O,* dem er die Überschrift »Das Glück in der Sklaverei« gibt:

> ... sich ganz dem Willen eines anderen ergeben (wie dies Liebende und Mystiker tun), ermangelt nicht der Größe und schafft seine eigenen Freuden, so die Freude, sich – endlich! – befreit zu wissen von den eigenen Neigungen, Interessen und Komplexen (S. 6).

Da wir uns in der klinischen Psychoanalyse bei Perversionen vorwiegend mit deren Pathologie beschäftigen, ist uns der Blick für bestimmte Zusammenhänge psychischer Abläufe und sinnlicher Lust, die im guten und bösen ihre eigenen spezifischen Qualitäten haben, etwas getrübt worden. Während ich dem Bericht meiner Patientin zuhörte, wunderte ich mich über ein bestimmtes Fremdheitsgefühl, das die Patientin ihrem eigenen Körper gegenüber erlebt hatte. Die Patientin selbst hatte während dieser Phase einen ausgesprochenen Ich-Widerstand überwinden müssen, um ihrem »passiven« Willen zum Durchbruch zu verhelfen und die Unterwerfung unter den »aktiven« Willen ihres Liebhabers möglich zu machen. Nur so konnte eine Begierde, die sich durch »Unerklärliches, Unerträgliches« auszeichnete, um Paulhan zu zitieren, in eine Erfahrung münden, in der ganz offensichtlich »ein geheimes Gleichgewicht der Gewalttaten existiert« (ebenfalls ein Zitat aus den diagnostischen Überlegungen Paulhans über *Geschichte der O).* Ich bin nun der Überzeugung, daß das Zusammentreffen von »aktivem« und »passivem« Willen zweier Personen, die autonom und separat, aber mit symbiotischem Einfühlungsvermögen ausgestattet sind, die Aktualisierung dieser Faktoren in Erfahrung ermöglicht.

Es ist nicht mein Ziel, ein schlüssiges Strukturkonzept

anzubieten. Ich hoffe vielmehr, daß die Darstellung dieses Problems einen Anreiz darstellt, die Psychodynamik der Perversionen neu zu überdenken. Ich möchte auf eine bestimmte Qualität und Distanz aufmerksam machen, die in der Art, wie eine Person das Objekt und den eigenen Körper *benutzt*, zum Ausdruck kommt. Die Funktion des aktiven und passiven Willens dient dazu, eine aufs Spiel gesetzte unpersönliche Haltung gegenüber dem Begehren und dem Objekt (eigener Körper oder der des anderen) aufrechtzuerhalten.

Für meine Zwecke genügen zwei einfache Definitionen von Wille:

Kraft des Geistes und moralische Stärke (The Penguin English Dictionary)

Innere Kraft, die den Menschen, ebenso die Tiere, veranlaßt, etwas zu tun oder nicht zu tun (Littre)

Ich betrachte daher den Willen als eine spezielle Funktion und Fähigkeit eines Individuums. Die Frage erhebt sich nun, ob es beim Perversen Anhaltspunkte gibt, aus denen auf die Entstehung von aktivem oder passivem Willen geschlossen werden kann. Die Behandlung meiner Patientin führte mich auf eine Spur.

Im Anschluß an ihren Bericht über die Episode mit ihrem Liebhaber wandte sich die Patientin abrupt von diesem Thema ab und beschäftigte sich mit Überlegungen, die ihre gegenwärtige Situation betrafen. Drei Wochen später erzählte sie einen Traum, den sie am Wochenende gehabt hatte. Es war für sie ein sehr zermürbendes Wochenende gewesen. Die Kinder waren besonders widerspenstig und anspruchsvoll, und sie hatten viele Gäste im Haus gehabt. Ihr Mann hatte sie sehr wütend gemacht, weil er sie provoziert und mit der Behauptung geärgert hatte, sie sei nicht in der Lage, die Gesellschaft ihrer Gäste zu genießen. Sie war dann am Sonntag sehr früh zu Bett gegangen, um einen Wutausbruch gegen ihn zu verhindern. In dieser Nacht hatte sie folgenden Traum: »Ich war mit meinem Liebhaber zusammen und wir hatten leidenschaftlichen Verkehr.« Der Traum war physisch akut wahrnehmbar gewesen und als sie aufwachte, erinnerte sie sich lebhaft an ihn. Er hatte Angst und Schuldgefühle in ihr erweckt. Sie war sich sehr im Zweifel, ob sie mir den Traum überhaupt erzählen sollte. Nachdem sie sich dann doch dazu entschlossen hatte, wandte sie sich sehr schnell ihrer frühesten Kindheit kurz nach der Einberufung ihres Vaters zu. Zunächst glaubte ich, sie wolle sich vor diesem Traum in eine harmlose Phase ihrer Vergangenheit retten. Als sie jedoch ausführlicher von ihren Erinnerungen erzählte, fiel mir auf, daß sie durch ein wichtiges Merkmal, nämlich Wut, gekennzeichnet waren. Sie erinnerte sich deutlich, daß die kleinste Frustration bei ihr zu einem Wutanfall geführt hatte und sie von ihrer Mutter solange in ihrem Zimmer eingesperrt wurde, bis sie sich entschuldigte. Streitigkeiten mit ihren Geschwistern nahmen für sie immer ein böses Ende, weil die anderen ihr, der Jüngsten, körperlich überlegen waren. Im Alter von fünf oder sechs Jahren wurde sie plötzlich ein nachgiebiges, fügsames Kind, das sich fast süchtig dem Lesen hingab.

Im Zusammenhang mit diesen Assoziationen konnte ich der Patientin zeigen, daß ihr Traum der Bewältigung ihrer Wut gedient hatte, die die Familie und ihre Beziehung zu ihrem Mann zu überfluten und zu beeinträchtigen drohte. Mir fiel an dem Traum die fehlende Bearbeitung in Symbolen auf und auch die Patientin selbst war von seiner intensiven Körpernähe überrascht. Ich machte sie auf dieses Phänomen aufmerksam. Der Patientin fielen nun die Jahre »heftiger Masturbation« im Alter zwischen vierzehn und siebzehn Jahren ein. Wenn sie ärgerlich oder deprimiert war, zog sie sich in ihr Zimmer zurück und masturbierte, viele Male pro Tag. Phantasien und sinnliche Lust waren mit diesen masturbatorischen Aktivitäten kaum verbunden. Es handelte sich eher um mechanische und automatische Aktivitäten, die sie in einem depersonalisierten Zustand praktizierte.

Als ihr Vertrauen in den analytischen Prozeß und mich

wuchs, begann sie allmählich, Bruchstücke eines verschwommenen, aber zwanghaft wiederkehrenden Themas, das ihre masturbatorischen Stimmungen und Praktiken begleitet hatte, zusammenzufügen. Wie sie selbst sagte, handelte es sich um »das lästige, unromantische und ständig wiederkehrende Thema, von einer körperlich unattraktiven Person zum Geschlechtsverkehr gezwungen zu werden.« Manchmal kamen auch noch weitere Personen vor, die zusahen, »wie sie erniedrigt wurde« (ihre Worte), und einige Male zwangen diese Personen sie der Reihe nach zum Verkehr. Von dieser letzten Wendung der Geschehnisse schreckte sie jedoch oft zurück und konzentrierte sich nur auf den erzwungenen und erniedrigenden Geschlechtsverkehr. Die Patientin war fest davon überzeugt, daß sie während ihrer ersten akuten Depression vor Beginn ihres Studiums nicht mehr masturbieren konnte und daß diese Phantasien verblaßten. In dieser depressiven Phase war sie nicht mehr in der Lage, ihre Sinnlichkeit zu mobilisieren.

Von diesem Zeitpunkt an konnte ich mit der Patientin ein tieferes Verständnis für die *Notwendigkeit* – und ich gebrauche dieses Wort absichtlich! – der perversen Komplizenschaft mit ihrem Liebhaber während einer gewissen Phase ihrer Entwicklung erarbeiten. Als sie zum ersten Mal über diese Phase berichtete, hatte sie deutlich zum Ausdruck gebracht, daß sie sich in einer depressiven, lustlosen Stimmung befunden hatte, als sie ihrem Liebhaber begegnete. Nun konnte sie viel deutlicher beschreiben, wie sie ihre Depression erlebt hatte. Damals sei sie mehr als deprimiert gewesen, nahezu gelähmt von einer lustlosen, apathischen Gleichgültigkeit. Sie mußte alle ihre Kräfte zusammenraffen, um ihren Beruf ausüben zu können und mehr oder weniger automatisch an die Arbeit zu gehen. Ihr emotionales und sexuelles Leben mit ihrem ständigen Freund hatte weder Farbe noch Schwung. Häufig hatte sie den Drang verspürt, sich mit Hilfe der Masturbation abzulenken, aber sie wollte sich darauf nicht einlassen. Sie hatte auch ernsthaft daran gedacht, Selbstmord zu begehen; oft hatten ihr flüchtige düstere Gedanken an den Tod Angst eingejagt. Zu Beginn ihrer Affäre mit ihrem Liebhaber war sie von der Leidenschaft und sinnlichen Glut überrascht, die er in ihr heraufbeschwor, indem er sie zappeln ließ. Ihre Orgien waren maßlos und sein Erfindungsreichtum an sexuellen Techniken überraschte sie in ihrer Unwissenheit. Im Vergleich zu seiner erotischen Könnerschaft kamen ihr ihre masturbatorischen Phantasien monoton, trist und leidenschaftslos vor. Auf seine Forderungen war sie mit gieriger, überschwenglicher Empathie eingegangen. Sie kam von dem Gefühl nicht los, daß sie alles, was er sexuell in ihr mobilisieren konnte, in vager und verborgener Form bereits »kannte«. Manchmal hatte sie sich sogar gefragt, ob er nicht nur mit ihr und für sie das in Szene setze, was sie sich immer gewünscht hatte, was ihr aber bis dahin nicht faßbar gewesen war und was sie nicht in Gewahrwerden und Begehren hatte umsetzen können. Sie waren für das, was sie zusammen als sexuelle *Happenings* aktualisierten, aufeinander angewiesen; die Rolle aber, die jeder von ihnen spielte, war verschieden. Nur ihr passiver Wille aktualisierte seine Absichten in gemeinsamen sinnlichen Erfahrungen. Als nach und nach das Bild ihrer Beziehung an Deutlichkeit gewann, war ich sehr beeindruckt. Die Patientin hatte zunächst durchaus den Eindruck des »Opfers« der ausgefallenen sexuellen Phantasien und Forderungen ihres Liebhabers gemacht. Nun zeigte sich, daß seine Phantasien und sein aktiver Wille genaugenommen nur die unausgesprochenen Forderungen ihres stummen und transparenten passiven Willens widerspiegelten und zur Ausführung brachten. Selbst die massiven Qualen, die ihr Liebhaber ihr mit seiner brutalen Gleichgültigkeit, seinen unvorhersehbaren plötzlichen Besuchen und seinem tyrannischen Verhalten bereitete, schienen mit den geheimnisvollen Forderungen ihres passiven Willens in Einklang zu stehen. Was sie zunächst nur dunkel gewünscht hatte, reifte in ihm zu einem Plan, den er bereitwillig ausführte.

Mit fortschreitender klinischer Erfahrung verstärkt sich mein Eindruck, daß eine bestimmte Intensität seelischer Wut und Qual bei allen Perversionen eine entscheidende Rolle spielen. Bei einer fertig ausgebildeten Perversion verbirgt sich das nur allzu gekonnt hinter der bizarren Sexualisierung der auslösenden Ereignisse. Zum besseren Verständnis der Rolle, die diese Faktoren in der von der Patientin berichteten Episode spielten, kehre ich zum Beginn ihrer Analyse zurück.

Die Patientin war wegen eines Zustands akuter agitierter Depression an mich überwiesen worden. Alle Versuche, die Depression medikamentös zu lindern, waren erfolglos geblieben. Die Patientin befürchtete einen ähnlichen Zusammenbruch wie vor Beginn ihres Studiums, nur mit dem Unterschied, daß sie diesmal das Gefühl hatte, keinen Fluchtweg mehr zu haben. Sie war sich bewußt, daß ihr wieder eine entscheidende Entwicklungskrise bevorstand, die sie nur mit psychotherapeutischer Hilfe überwinden zu können glaubte. Sie war seit ungefähr zehn Jahren verheiratet und hatte ihre Kinder in einem erfreulichen Einvernehmen mit ihrem Mann erzogen. Allmählich wuchsen sie heran und sie mußte ihren ganzen Einfallsreichtum einsetzen, um sich ein neues autonomes Leben aufzubauen. Sie hatte natürlich schwerwiegende Bedenken gegen eine lange analytische Behandlung und es fiel ihr nicht leicht, sich in eine so ausgeprägte Abhängigkeit zu begeben. Bei der Patientin handelte es sich um eine eigenwillige, resolute Frau. Bei unserem ersten Gespräch war sie zu depressiv gewesen, um ausführlich über ihr Leben berichten zu können, und ich hatte sie auch nicht dazu gedrängt. Als ich sie bei unserem ersten Gespräch so vor mir sitzen sah, fiel mir jedoch eine gesunde Vitalität und Zielstrebigkeit an ihr auf, deren eigentliche Form und Richtung bis dahin in ihrer Person noch nicht verwirklicht waren. Ich hatte zudem den Eindruck, einen Menschen vor mir zu haben, der das Leben kennengelernt hatte. Meiner Meinung nach gehörte sie nicht zu den Neurotikern, die ihr Leben in einer Sphäre von Untätigkeit zubringen, in der ausschließlich Hemmungen und Phantasien über die Existenz entscheiden. Unter dieser Prämisse akzeptierte ich sie als Analysandin. Rätselhaft war mir allerdings geblieben, warum diese intelligente Frau so lange gewartet und gelitten hatte, bis sie therapeutische Hilfe suchte. Erst die Aufklärung jenes Zusammenhangs zwischen ihren depressiven Zuständen und der perversen Episode brachte eine Antwort auf diese Frage.

Dem Bericht der Patientin zufolge war sie durch ihre Depressionen vor ihren Erfahrungen mit ihrem Liebhaber zu einem Zustand totaler Untätigkeit verurteilt. Sie konnte weder von sich aus eine Beziehung anknüpfen noch auf Beziehungsangebote gleich welcher Art eingehen. Sie zog sich in eine allumfassende Apathie zurück, in der sie nur dumpfen Schmerz und ausgebrannte Wut empfand. Das änderte sich, als sie mit ihrem Liebhaber liiert war. Ihr dumpfer Schmerz, der sich in echtes Leiden und echte Qual verwandelte, verband sich nun mit einer realen Person. Ihre Wutanfälle beruhten auf Empfindungen, die sie deutlich zum Ausdruck bringen konnte, und zu ihren mörderischen Gefühlen konnte sie sich mit ungewöhnlicher Heftigkeit in Stimmung und Sprache bekennen. Ihr Liebhaber ermöglichte ihr die Externalisierung von Schmerz und Wut, die er durch Hinzufügung des sinnlichen Elements erträglich machte.

Unter diesen Bedingungen war es nicht schwer, ihr die *Notwendigkeit* ihrer perversen Affäre nahezubringen. Hätte sie einen depressiven Zusammenbruch statt dieses Ausbruchs in eine perverse Allianz erlebt, müßte man sich fragen, ob ein Therapeut mit der Beanspruchung fertiggeworden wäre, die ihre hoffnungslose Regression mit ihrer alles verschlingenden Apathie an ihn gestellt hätte. Die Beziehung zu ihrem Liebhaber brachte Erfahrungen in Gang und gab ihrem Leben Halt. Sie verhalf ihr nicht nur zu der Einsicht, daß es ihr überlassen bleibt, in sich und für sich

Initiativen zu entwickeln. Ich habe den Eindruck, daß wir Therapeuten recht unzureichend dafür ausgerüstet sind, den »passiven Willen« einer Person zu mobilisieren. Im Vergleich zu uns ist der Perverse im Vorteil, denn er kann Erfahrungen in Gang setzen und sie mit Hilfe seines »aktiven Willens« ausführen. Das trifft zumindest für die Erfahrungen dieser Patientin zu. Der Perverse als Therapeut befindet sich selbstverständlich dann in einem erheblichen Nachteil, wenn es darum geht, in der von ihm begründeten Komplizenschaft von der eigenen Bedürftigkeit und Verwundbarkeit freizukommen.

An dieser Stelle möchte ich kurz auf ein Detail in der Erfahrung der Patientin eingehen, das mich sehr beschäftigt hat. Es handelt sich dabei um die Tatsache, daß die Beziehung zu ihrem Liebhaber zu bröckeln begann, als er sie zu sexuellen Erfahrungen mit anderen Männern zwang, was ausdrücklich mit zu ihren Masturbationsphantasien in der Adoleszenz gehört hatte. Die Verwirklichung ihrer Phantasien durch ihren Liebhaber brachte ihr weder Schmerz noch Vergnügen, sondern nur ernüchternden Ekel und peinliche Scham, so daß sie sich nicht darauf einlassen konnte. Er *verlor* dadurch seine *Macht* über sie und alle Tricks, sie durch den Entzug seiner Zuwendung oder durch die vernichtende Kritik an ihrer Prüderie einzuschüchtern, zeigten bei ihr kaum eine Wirkung. Sie geriet dadurch nicht in Panik, was ihn noch machtloser und wütender machte. Plötzlich erkannte sie, daß er eine recht klägliche Person war, die sich – ohne Macht – nicht durchsetzen konnte. Meiner Meinung nach kann der aktive Wille des Perversen nur in einem Bereich der Illusion wirksam werden, in dem das Opfer durch seinen passiven Willen den aktiven Willen des Komplizen herausfordert und billigt. Die Machtlosigkeit löst im Perversen die gleiche Panik und Wut aus wie die Hilflosigkeit bei anderen Syndromen.

Als die analytische Arbeit immer neue Bereiche erschloß, wurde deutlich, daß die Patientin das Bedürfnis hatte, in den

Menschen ihrer Umgebung nach Macht zu suchen, um sich selbst integrieren und verwirklichen zu können. Dieses Bedürfnis spielte in den drei wichtigen, kontraktähnlichen Beziehungen, die sie bis dahin eingegangen war, eine entscheidende Rolle. Die erste dieser drei Beziehungen war die zu ihrem Liebhaber (die perverse Beziehung), die zweite die zu ihrem Mann (die Ehe-Beziehung). Ihre dritte wichtige Beziehung war die zu mir (die analytische Beziehung).
Auf ihre perverse Beziehung, die ich bereits beschrieben habe, war die Patientin ausführlich eingegangen. Zu ihrer Ehe-Beziehung äußerte sie sich sehr viel verschwommener. Sie hatte einen sehr klugen Mann von hohem Rang und Ansehen geheiratet. Eine ängstliche Feinfühligkeit und ein fast übersteigertes Gefühl kultureller und sozialer Unterlegenheit begleitete ihre tiefe Liebe zu ihm. Der Mann war ein liebenswürdiger und großzügiger Mensch mit einem besonderen Lebensstil. Sie hatte das Gefühl, endlich doch noch einer Person zugehörig zu sein und ein Zuhause zu haben. Ihr Unvermögen, unbeschwert und selbstverständlich Kontakte anzuknüpfen und zu pflegen, machte sie dennoch in schmerzlicher Weise unsicher. Die Ehe-Beziehung hatte in ihr die elementare Zuversicht reifen lassen, daß Zugehörigkeit auch für sie erreichbar ist. Sie hatte ein Heim, wurde geliebt und ihre Ängste bewegten sich auf dem niedrigsten, für sie denkbaren Niveau. Ihre übergroße reaktive Anpassungsfähigkeit und Versöhnlichkeit ließen sie jedoch bei kleinen, unwichtigen Anlässen innerlich vor Wut schäumen. Ihre Versuche, diesen Zorn zu zügeln und zu verbergen, machten sie depressiv und kraftlos. Während einer dieser Krisen kam es zum Abschluß ihres dritten Kontrakts, der therapeutischen Übertragungsbeziehung.
Ich beschränke mich in den folgenden Ausführungen auf einen einzigen Übertragungsaspekt, nämlich das Bedürfnis der Patientin, bei ihrem Analytiker die Ausübung seines Willens und seiner Macht zu entdecken. In der analytischen Literatur wird die Rolle des Analytikers vorwiegend so

dargestellt, als verhalte er sich stets neutral und passiv und beschäftige sich in seinen Gedanken mit dem, was der Patient auf ihn projiziert. Das stimmt aber nur teilweise. Die analytische Situation ist eine höchst anspruchsvolle und künstliche Konstruktion, in der der Analytiker Willen und Macht einsetzt und eine schicksalhafte Rolle spielt. Sie kommt dadurch zustande, daß der Analytiker bestimmte Forderungen stellt, die der Patient zumindest in bescheidenem Maße erfüllen können sollte, wenn der therapeutische Prozeß in Gang kommen soll. Unsere Forderung an den Patienten, sich hinzulegen, ohne uns anzusehen, zu sprechen, ohne daß zu ihm gesprochen wird, alle ihm in den Sinn kommenden Gedanken und Erinnerungen zu verbalisieren ohne zu fragen, was wir denken – das alles sind Funktionen von Wille und Macht des Analytikers. Die Tatsache, daß der klinische Prozeß diese Bedingungen verlangt, sollte uns nicht blind werden lassen gegenüber Natur und Bedeutung unserer Forderungen. Es ist nur natürlich, daß der Patient auf unsere Forderungen mit Gegenforderungen antwortet, die wir gewöhnlich als Widerstand des Patienten gegen den analytischen Prozeß betrachten. Wir üben unseren Willen auch dann aus, wenn wir dem Patienten bei der Auflösung seines Widerstandes, den die analytische Situation in ihm provoziert, helfen.
Bei dieser Patientin beeindruckte mich von Anfang an ihr Bedürfnis, Fragen zu stellen. Fast jede Stunde fragte sie mich in irgendeiner Angelegenheit ihres täglichen Lebens um Rat. Zunächst behandelte ich ihre Fragen mit dem üblichen ausweichenden Schweigen oder leutseligen Brummen. Darauf reagierte sie aber jedesmal mit Niedergeschlagenheit und Angst. Ich versuchte, ihr Bedürfnis nach Bestätigung vor allem von ihren latenten negativen Gefühlen her zu interpretieren. Diese Deutungen blieben jedoch fast ohne Wirkung. Allmählich entstand in mir das Gefühl, mein Verhalten sei scheinheilig. Meist fragte sie mich ganz vernünftige und alltägliche Fragen, die nicht schwer zu beantworten waren.

Ihre Fragen hatten eines gemeinsam: sie wollte wissen, was sie in einer bestimmten gesellschaftlichen oder familiären Situation tun oder wie sie sich verhalten sollte. Als ich mich entschlossen hatte, ihre Fragen zu beantworten, war ihre Reaktion sehr aufschlußreich. Sie akzeptierte ohne zu zögern meine Antworten und pflichtete mir bei. Dann aber *spielte* sie mit dem, was ich ihr gesagt hatte: sie zog meine Antworten in Zweifel und berichtigte sie, bis sie die passende Lösung für sich herausgefunden hatte. Ihre Fähigkeit, sich spielerisch mit den verschiedenen Verhaltensmöglichkeiten zu beschäftigen, nachdem ich ihr einen Weg gezeigt hatte, beeindruckte mich sehr. Hielt ich mich jedoch zurück, versank sie unaufhaltsam in Gleichgültigkeit, und ihre Einfälle blieben aus. Diese Handhabung von Wille und Macht, mit der sich die Patientin identifizieren und die sie internalisieren konnte, erwies sich als besonders hilfreich.

In dieser Phase der Analyse fiel der Patientin der große Unterschied zwischen dem Spiel ihrer Kinder und dem, was sie aus ihrer eigenen Kindheit erinnerte, auf. Das Spiel ihrer Kinder war spontan, voller Phantasie und gemeinsamem Vergnügen. Sie selbst hatte als Kind weitschweifigen monotonen Phantasien nachgehangen und kaum richtig gespielt. Winnicotts Worte (1971), nämlich daß sie sich »in der Fixierung an ihre Phantasien festgefahren« hatte, bieten sich hier als ausgezeichnete Beschreibung an. Mir war der Gedanke gekommen, daß sich die Patientin mit ihren Fragen ein Spielfeld innerhalb der analytischen Situation schaffen wollte. Ich erinnere mich an Winnicotts (1971) Bemerkung: »Die Psychotherapie findet in der Überschneidung von zwei Bezirken des Spielens statt, nämlich dem Bezirk des Patienten und dem des Therapeuten. Psychotherapie hat zu tun mit zwei Leuten, die miteinander spielen« (S. XXVI). Ich fragte mich, ob das Spielen in der analytischen Beziehung für diese Patientin etwas anderes bedeutete als ihre Teilnahme an jenen »Spielen«, für die sie ihr Liebhaber während ihrer perversen Beziehung als Komplizin gewonnen hatte. Ohne

Zweifel hatte ihr Liebhaber ihre latenten sexuellen Phantasien und Wünsche mit einzigartiger Empathie gespürt und ihr Unbewußtes aktualisiert. Welche Unterschiede bestanden nun zwischen dieser Aktualisierung und der Aufgabe der analytischen Beziehung, nämlich der Bewußtmachung des Unbewußten? Die entscheidende Differenz schien mir in dem unterschiedlichen *Gebrauch* zu liegen, den der Liebhaber und der Analytiker von der Patientin als Person machten. Als sie und ihr Liebhaber eine gemeinsame Ausgangsbasis für ihre sexuellen Phantasien gefunden hatten, zwang ihr Liebhaber sie in die Rolle seines »subjektiven Objekts«. Er mußte in ihr alle Funktionen entwerten und zerschlagen, die ihr eine separate Identität und Existenz gaben. Sie war nur noch eine Puppe, die nach seinem Willen und auf seine Befehle hin seine Intentionen und Phantasien verwirklichte. Erst als sich ihre Beziehung dem Ende zu neigte, merkte sie, daß ihre eigenen sexuellen Phantasien eine gleich wichtige Rolle in ihrer Beziehung gespielt hatten. Erlebt hatte sie aber nur die leidenschaftlich erregte, passive Unterwerfung unter seinen Willen. Dieser Spaltungsmechanismus spielt eine wichtige Rolle in der Aufrechterhaltung jenes Hauchs von Unschuld, der das »Opfer« einer perversen Beziehung umgibt. Außerdem bewirkt diese Spaltung, daß das Opfer in einer solchen Beziehung eine unpersönliche Haltung seinem Schicksal gegenüber einnimmt, und schließlich führt sie zur Idolisierung von Wille und Macht des aktiven Perversen. Die Rolle des »Opfers« in einer perversen Beziehung ist daher durch dürftigen wechselseitigen Austausch gekennzeichnet. Die weiblichen Gestalten De Sades mit ihrer zutiefst hoffnungslosen inneren Teilnahmslosigkeit unterstreichen das. Anders die Patientin, die in der analytischen Beziehung Hilfe suchte, um zu ihrem eigenen Willen und ihrer eigenen Macht Zugang zu finden. Die Empathie, die sie dafür brauchte, stand im Dienste der Aktualisierung ihrer eigenen Fähigkeiten und Funktionen und dem Erwerb ihrer persönlichen Autonomie.

Damit komme ich zum letzten Punkt meiner Ausführungen. So wie der Neurotiker kraft seiner bewußten und unbewußten Phantasien lebt, so lebt der Perverse durch seine Aktionen. Die innere Notwendigkeit zum *Agieren* macht den Einsatz von Willen und Macht für den Perversen zwingend. Die psychische Energie, die der Neurotiker für die Bewußtwerdung seiner selbst benötigt, wird dem Perversen durch seinen Willen zur Herrschaft über ein Objekt zugänglich. Der Perverse kennt sich selbst nur dann, wenn sein Opfer seine Absichten verwirklicht. Gerade hierin beruht die eigentliche Armut der perversen Erfahrungen. Alles, was ihm wichtig ist, geschieht streng genommen beim anderen und wird ausschließlich von diesem erlebt. Der Perverse bleibt ein Zuschauer bei den Handlungen, die er durch den anderen begeht.

10
Vom Masochismus zum seelischen Schmerz

> Mon art est une impasse.
> *Mallarmé*

Meinen Überlegungen möchte ich drei Aussagen von drei verschiedenen Patienten des gleichen Tages, einem Montag, vorausschicken. Ein junger Mann Mitte zwanzig begann die Stunde mit der Feststellung: »Ich habe ziemliche Angst; heute abend sehe ich zum ersten Mal die Eltern meiner Freundin.« Der zweite Patient, ein Geschäftsmann Ende vierzig, sagte gleich zu Anfang: »Wir haben am vergangenen Freitag einen guten Abschluß erzielt und das am Wochenende ausgiebig gefeiert; trotzdem bin ich heute deprimiert.« Der dritte Patient, eine Frau Ende dreißig, kam herein, legte sich hin und schwieg etwa zwanzig Minuten. Ich merkte, daß sie leise zu weinen begonnen hatte. Schließlich sagte sie: »Ich bin bekümmert und weiß nicht warum. Meine Kinder sind vergangenen Freitag aus dem Internat zurückgekommen; sie waren letztes Quartal so gut, daß wir alle zusammen ausgingen und feierten. Ich habe mich so darauf gefreut, Ihnen das zu erzählen, und nun bin ich unglücklich und weine und weiß nicht warum.« Dem jungen Mann zu erklären, warum er Angst hat, wäre sicher keinem von uns schwergefallen. Er hatte seit einigen Monaten mit der jungen Frau sexuelle Beziehungen, und seine Assoziationen verrieten sehr bald seine ödipalen Gefühle. Seine Angst konnte man als einen Konflikt zwischen Ich und Es verstehen. Auch die Depression des Geschäftsmannes war nicht schwer zu erklären. Er war ein Selfmademan, und jeder finanzielle Erfolg verursachte ihm Schuldgefühle. In diesem Fall bot sich das Konzept eines Konflikts zwischen Ich und Überich an. Den Schmerz der Patientin konnte ich allerdings nur schwer verstehen. Zu meiner eigenen Verwunderung hörte ich mich sagen, daß eine gute Familienerfahrung die Voraussetzung dafür gewesen sei, daß sie ihr Bekümmert*sein* in eine Analysenstunde habe einbringen können. Es sei ein Schmerz, den sie seelisch nicht ausdrücken könne. Jetzt aber sei sie in der Lage, das Wagnis einzugehen, einen *Anderen* als Zeugen zuzulassen, jemand, der keine zudringlichen Erklärungen abgibt oder das voreilige Bedürfnis hat, ihren Kummer für sie zu stillen.

Mein religionsgeschichtliches Wissen vor allem auf dem Gebiet der drei monotheistischen Religionen läßt mich vermuten, daß eben dieses Bedürfnis des Menschen, ein *Anderer* möge in Schweigen und Zurückhaltung Zeuge seines seelischen Schmerzes sein, den Gedanken der Allgegenwart Gottes im menschlichen Leben schuf. In den vergangenen zwei Jahrhunderten – wenn nicht schon früher – trat Gott als der allgegenwärtige *Andere* im inneren Umgang des Menschen mit sich selbst in zunehmendem Maße zurück. Damit verwandelte sich die Erfahrung seelischen Schmerzes als einem tolerierten und akzeptierten Leiden in seine pathologischen Substitute. Der Bedarf nach psychotherapeutischen Interventionen zur Linderung dieser krankhaften masochistischen Zustände stieg rapid. Alle Symptombildungen sind weitgehend masochistisch, wie Freud (1895d) als erster entdeckte und in seinen *Studien über Hysterie* darlegte:

Ich habe wiederholt von meinen Kranken, wenn ich ihnen Hilfe oder Erleichterung durch eine kathartische Kur versprach, den Einwand hören müssen: Sie sagen ja selbst, daß mein Leiden wahrscheinlich mit meinen Verhältnissen und Schicksalen zusammenhängt: daran können Sie ja nichts ändern; auf welche Weise wollen Sie mir denn helfen? Darauf habe ich antworten können: – Ich zweifle ja nicht, daß es dem Schicksale leichter fallen müßte als mir, Ihr Leiden zu beheben; aber Sie werden sich überzeugen, daß viel damit gewonnen ist, wenn es uns gelingt, Ihr hysterisches Elend in gemeines Unglück zu verwandeln. Gegen das letztere werden Sie sich mit einem wiedergenesenen Seelenleben besser zur Wehr setzen können (S. 311).

Unser psychoanalytisches Wissen und unsere klinische Erfahrung ist in den vergangenen siebzig Jahren sehr viel breiter und effektiver geworden. Daher vermittelt die psychoanalytische Literatur den Eindruck, als seien wir allzusehr dem Ehrgeiz erlegen, Leiden zu heilen und möglichst auch noch der Unvermeidbarkeit seelischen Schmerzes im menschlichen Leben entgegenzuwirken. T. S. Eliot (1934) hat dies in seinem Buch *After Strange Gods* vorweggenommen:

> An dieser Stelle möchte ich das Risiko der Verallgemeinerung eingehen und behaupten, daß mit dem Verschwinden des Begriffs der Erbsünde, mit dem Verschwinden der Vorstellung leidenschaftlichen moralischen Ringens, die in der zeitgenössischen Poesie und Prosa präsentierten menschlichen Gestalten immer unwirklicher werden. Man kann das bei seriösen Autoren deutlicher erkennen als in den Niederungen der Literatur. In Wahrheit aber ist bei Männern und Frauen die Nähe zur Wirklichkeit in Augenblicken moralischen und geistigen Ringens, das auf den Sanktionen des Geistes basiert, sehr viel größer als in jenen »erregenden Augenblicken«, in denen wir uns alle recht ähnlich sind.

Zweiundvierzig Jahre später bedauert Louis Dupré (1976) in einem unlängst erschienenen Essay: »Der therapeutische Erfolg der Tiefenpsychologie ist unglückseligerweise eines der Haupthindernisse, die der restlosen theoretischen Erforschung des unbewußten Selbst im Wege stehen.«

Im Zusammenhang mit dem Thema dieses Kapitels mögen diese Überlegungen vielleicht recht unsinnig und metapsychologisch irrelevant klingen. Zur Untersuchung von seelischem Schmerz eignen sich aber weder topographische Modelle noch Strukturmodelle. Gehen wir jedoch von der Voraussetzung eines Selbst aus, geraten wir in die gefährliche

Nähe von Mystik und Literatur, weil, wie Dupré sagt: ». . . das Selbst die Grenzen individueller Personhaftigkeit überschreitet.« Ich möchte nicht den Eindruck erwecken, als wollte ich die Religion und die Rolle Gottes im menschlichen Leben idealisieren. Der Mensch besitzt jedoch die einmalige Gabe, von seinen eigenen größten Erfindungen und Schöpfungen falschen Gebrauch zu machen; Gott und die Religion sind solchem Mißbrauch nicht entgangen.

Kehren wir zur Metapsychologie zurück. Freud mühte sich sein Leben lang um die Definition und Erläuterung der Psychodynamik pathogener Veränderungen von seelischem Schmerz, wie Trauer und Melancholie (1917e), Angst (1926d) und Masochismus (1924c). Sein Ziel, die Bedeutung und das Wesen seelischen Schmerzes festzulegen, hat er jedoch nicht ganz erreicht. Einer der Gründe dafür könnte meiner Meinung nach darin zu suchen sein, daß Freud (1923b) nach Einführung der intrapsychischen Strukturen von Es, Ich und Über-Ich (Ich-Ideal) diesen zentralen Formulierungen nicht durch die Einführung eines Selbst-Konzepts die Klarheit nehmen wollte.

Hier beginnen nun die Schwierigkeiten, denn selbst eine versuchsweise Definition von seelischem Schmerz verlangt eine klare Definition des Selbst. Nach meiner Überzeugung, die sich aus klinischen Erfahrungen und dem Studium der Literatur herleitet, wird seelischer Schmerz vom Selbst erlebt, während die verschiedenen schmerzlichen Affekte in den Erfahrungsbereich des Ichs gehören. Wenn ich auch nicht irgendeine oder gar eine schlüssige Definition von Selbst oder seelischem Schmerz zu formulieren vermag, kann ich doch zumindest eine Hypothese als Diskussionsgrundlage vorschlagen: *Masochismus ist eine besondere Variante der manischen Abwehr, die das Ich benutzt, um das Selbst vor einem seelischen Schmerz zu schützen, der das Selbst – und damit das Ich – auszulöschen droht.* Ich möchte in Parenthese hinzufügen, daß ich das Konzept des Masochismus nicht nur als sexuelle Perversion, sondern als einen

Affekt verwende, den das Ich mit wirklichen oder imaginären Gestalten im *Raum der Phantasie* schafft, um Paul Ricoeurs (1976) vorzügliches Konzept zu benutzen. Mit diesem Affekt wird eine Atmosphäre von Schmerz erschaffen und aufrechterhalten, die der Kontrolle des Ichs unterliegt und libidinisiert werden kann. In solchen Fällen gehört es zur Aufgabe der Analyse, dem Ich eine Lockerung seines omnipotenten Kontrollsystems zu ermöglichen, so daß das Selbst der Person ohne die Angst vor drohender Vernichtung seelischen Schmerz erleben kann.

Zu allen masochistischen Erfahrungen, ob intrapsychisch oder interpersonell, gehören stets drei Personen: das Subjekt, der ersehnte *Andere,* der ihm Schmerz zufügt, und der *Zeuge,* der einen Ich-Anteil des Subjekts darstellt und – im Sinne des Smirnoffschen (1969) Konzepts – die schmerzlichen Affekte eines solchen Bündnisses aktualisiert. Als ich den Zustand meiner Patientin mit »Bekümmertsein« beschrieb, sagte ich ihr damit, daß sie einen Zeugen und einen *Anderen* brauche, um dieses »Bekümmertsein« erfahren zu können. Daraus kann man schließen, daß die Grundinhalte der Erfahrung seelischen Schmerzes und masochistischer Pein die gleichen sind. Es wäre zu untersuchen, warum das Ich in bestimmten Fällen seinen Erfahrungsbereich von einer psychischen Ebene auf eine andere verschieben und damit einer manipulativen Kontrolle unterwerfen kann.

Ich glaube, wir sollten heute wieder wie Freud 1895 damit beginnen, genaue phänomenologische Beschreibungen über unsere klinische Begegnung mit dem Patienten zu geben, und die Mehrdeutigkeit des therapeutischen Dialogs nicht dadurch beeinträchtigen, daß wir sie in die Zwangsjacke unserer vorgefaßten metapsychologischen Ansichten pressen. Darum hoffe ich auf Nachsicht wegen einer gewissen Naivität in meinem Bericht über das Fallmaterial der Patientin, die sagte »ich bin bekümmert«, und bei meinem Versuch, meine Hypothese darzulegen.

Die Patientin war von einem Arzt an mich überwiesen

worden, nachdem sie eine Überdosis eines Barbiturats eingenommen hatte. Bei unserem ersten Gespräch erzählte sie mir kurz und klar ihre Lebensgeschichte. In den letzten fünf Jahren sei sie immer depressiver geworden; die Medikamente, die der Arzt ihr verschrieben habe, hätten ihr nicht viel geholfen. Die Überdosis habe sie nach der Rückkehr ihrer beiden Söhne ins Internat eingenommen, weil sie zu apathisch und völlig unfähig gewesen sei, auch nur das geringste für ihre Söhne oder ihren Mann zu tun. Sie habe das Gefühl gehabt, daß sie ihnen jetzt eher schade.

Ihre Vergangenheit schilderte sie mit unpersönlicher Offenheit und Akkuratesse. Sie sprach langsam, aber anschaulich. Im Alter von drei Jahren hatte sie ihre Eltern verloren und war von engen Freunden ihrer Eltern aufgenommen worden. Sie sprach von ihnen in Achtung und Dankbarkeit. Sie hob hervor, daß sie sich nicht ausgesprochen unglücklich gefühlt habe, daß sie aber weder zu »Tante« noch zu »Onkel« – wie sie die Pflegeeltern nannte – noch zu sonst jemandem emotionale Beziehungen gehabt habe. Sie war eine gute Sportlerin und wuchs früh zu einem hochaufgeschossenen, ausgelassenen Mädchen heran. Für Lernen und Lesen fehlte ihr aber die Ausdauer. Ihre besonderen Leistungen in Leichtathletik ermöglichten es ihr jedoch, trotz ihrer miserablen Noten in den anderen Fächern die verschiedenen Schulen, die sie besuchte, zu passieren. Zu Hause wie in der Schule war sie ein gefügiges und umgängliches Mädchen.

Sie war auf dem Lande aufgewachsen. Mit siebzehn Jahren fragte sie »Tante« und »Onkel«, ob sie nicht die Schule verlassen und versuchen könnte, in London ihren eigenen Weg zu finden. Sie waren zuvor ihretwegen ganz verzweifelt gewesen und hatten sie zu Ferien mit ins Ausland genommen, wo sie aber genauso apathisch war. So stimmten sie zu. In London übte sie in den folgenden zwei Jahren verschiedene Beschäftigungen aus, wie Halbtags-Kellnerin, au pair-Mädchen, Ladenhilfe usw. Mit neunzehn lernte sie einen ungefähr zwölf Jahre älteren Mann kennen und heiratete ihn

ein paar Wochen später. Sie betonte, daß sie bei der Hochzeit Jungfrau gewesen sei. In den folgenden drei Jahren brachte sie zwei Söhne zur Welt und kümmerte sich auch selbst um sie, obwohl ihr Mann wohlhabend war und genügend Personal zur Verfügung stand. Erst als die Söhne in ein Internat kamen, weil es in der Umgebung keine guten Schulen gab, fiel sie wieder in ihre Apathie zurück.
Ihr Arzt habe sie gewarnt, berichtete sie mir, daß ich sie vielleicht nicht zu einer Psychotherapie annehmen würde, wenn sie nicht fünfmal die Woche komme. Sie wohne aber ziemlich weit entfernt und könne nur zweimal die Woche kommen. Ich erklärte mich mit einer zweistündigen Psychotherapie einverstanden.
Als ich nach ihrem Weggang noch einmal über unser Gespräch nachdachte, fiel mir auf, daß ich bestimmte Dinge ganz anders gehandhabt hatte, als ich das in Erstgesprächen zu tun pflege. Diese Frau hatte mit ihrem Wagen fast 250 km zurückgelegt, um mit mir zu sprechen, und war dann kaum zwanzig Minuten geblieben; ich hatte keinen Versuch unternommen, das Gespräch zu verlängern. Ich hatte sie auch nicht nach Einzelheiten ihrer Lebensgeschichte gefragt, beispielsweise nach der Todesursache ihrer Eltern oder danach, welche Gründe sie so plötzlich bewogen hatten, mit siebzehn nach London zu gehen und selbständig das Leben zu entdecken. Ich war stark davon beeindruckt, wie sie mir ihre Lebensgeschichte erzählte: als spreche sie von einer anderen Person. Ich hatte auch nicht so sehr den Eindruck, als sei sie depressiv, sondern eher das Gefühl, als mache sie mich zum Zeugen einer Person, die mit ihrer eigenen Existenz nichts zu tun hat. Paula Heimann (1950) hat als erste festgestellt, daß die Gegenübertragung mehr ist als eine affektive subjektive Antwort; sie ist außerdem noch ein Instrument der Wahrnehmung. Ich möchte noch ergänzend hinzufügen, daß dies vor allem für die Wahrnehmung solcher psychischer und affektiver Zustände gilt, die ein Patient nicht verbalisieren kann. Nach meiner Erfahrung

funktioniert die Gegenübertragung als Werkzeug der Wahrnehmung dann am besten, wenn sie in der Stille und ganz unaufdringlich wirkt, wie Balint (1968) sich ausgedrückt hatte. Übereilte Gegenübertragungs-Deutungen können einen reaktiven als-ob-Dialog zwischen Analytiker und Patient in Gang setzen, aus dem die Person des Patienten für immer ausgeschlossen bleiben kann (vgl. Castoriadis-Aulangier, 1975). Während des ganzen ersten Gesprächs hätte ich auch gar nicht gewußt, *an wen* ich meine Fragen hätte richten sollen.

In den darauffolgenden vier Monaten entsprach die Banalität im Material der Patientin ihrem freundlichen Wesen und dem scheuen, aber bereitwilligen Vertrauen, das sie mir entgegenbrachte. Im Laufe der Zeit wuchs in mir die Überzeugung, daß sie mich eine totale seelische Passivität und Blockierung erleben lassen wollte. Meinem Gefühl nach entsprach das ihrer Lebenseinstellung bis zum Alter von siebzehn Jahren. Hinsichtlich ihrer jetzigen Lebenssituation erfuhr ich nur von Ärger mit dem Personal, von der großen Trockenheit und daß der Garten wegen des fehlenden Regens leide usw. Ich konnte mich aber nicht dazu entschließen, die Bruchstücke ihrer Erzählungen in eindringende Deutungen zu übersetzen, sondern ertrug meine Unzulänglichkeit. Gleichzeitig fiel mir aber an ihren Erzählungen auf, daß ihr Interesse an der Führung ihres Haushalts zunahm.

Eines Tages hatte ich den Eindruck, als sei sie seelisch und körperlich eher mit sich in Einklang. Ich wußte auch, daß sie am Wochenende ihre Söhne für die ausgedehnten Sommerferien zurückerwartete und wollte nicht, daß sich Ähnliches wie beim letzten Besuch wiederholte. So entschloß ich mich zu der Frage, was sie mit siebzehn plötzlich dazu bewogen habe, nach Leben zu suchen, statt weiter bloß zu existieren. Sie schwieg, und ihre Verlegenheit stand fast greifbar im Raum. Dann aber meinte sie, der Grund sei ein ganz lächerlicher Zwischenfall gewesen und ich würde sie aus-

lachen, wenn sie ihn erzählte. Ich sagte ihr, ich würde nicht so schnell in Heiterkeit ausbrechen. Mit Absicht hatte ich etwas Persönliches von mir gesagt, weil ich hoffte, sie werde dann Mut fassen, auch von sich etwas Persönliches mitzuteilen. So war es auch.
Es gibt bei Shakespeare eine Stelle, die lautet:
> So voll von Phantasien ist Liebe,
> daß nur sie phantastisch ist.
>
> *(Was Ihr wollt*, I, 1, 14)

Was ich nun zu hören bekam, war kaum weniger »phantastisch«. Im Alter von ungefähr siebzehn Jahren war es einem Mädchen ihrer Schule gelungen, sich mit ihr anzufreunden. Eines Sonntags wollten sie zusammen einen angekündigten romantischen Film im nahegelegenen Kino ansehen. Unglücklicherweise aber, so sagte sie, stellte sich heraus, daß es ein Cowboy-Film war. Eine Szene erregte ihre Aufmerksamkeit. Ein ruppiger, gewalttätiger Revolverheld betritt eine Kneipe, schnappt sich eine der Cancan-Tänzerinnen, legt sie übers Knie und verhaut sie. Die Helden des Ortes spielen sich als Rächer auf, aber er erschießt sie alle. Sie konnte sich nicht mehr erinnern, wie es danach weiterging.
Als sie an jenem Abend zu Bett ging, fing sie an, sich eine »Geschichte« zu erzählen, wie sie es nannte. Diese Geschichte hatte unzählige winzige Variationen, doch hatte sie ein zentrales Thema:
»Sie sitzt in einer Bar. Es ist Mittagszeit. Ein Mann kommt herein und setzt sich neben sie. Sie beginnen ein Gespräch. Er erzählt ihr, er sammle seltene alte Pistolen; das sei sein Hobby. Er fragt sie, ob sie sich die Sammlung ansehen möchte. Mit einem Augenzwinkern erklärt sie sich einverstanden. Sie gehen zusammen in seine oder eine fremde Wohnung oder auch in sein Büro. Er hat natürlich keine Pistolensammlung. Sie knutschen miteinander und irgendwie bringt sie ihn dazu, daß er sie wegen ihrer Eskapaden schlagen will. Er zieht sie sich über seinen Schoß, schiebt ihr den Rock hoch und will losschlagen. In diesem Augenblick

findet er eine Ausrede und läßt es sein. Sie muß gehen (seine Frau oder Freundin oder auch Sekretärin wird gleich kommen). Sie fühlt sich zutiefst beleidigt und bricht auf. Beim Weggehen tut er so, als gebe er ihr einen Klaps aufs Hinterteil, tut es aber nicht wirklich. Sie empfindet Wut- und Rachegefühle und fühlt sich erniedrigt.«

Den Hergang ihrer »Geschichte« konnte sie wie auf einer Filmleinwand vor sich sehen. Diese »Geschichte« nun war es, die sie wach und lebendig werden ließ. Sie wollte die Welt für sich erobern. »Tante« und »Onkel« hatten sich gewundert, als ihre lustlose, fügsame Interesselosigkeit plötzlich vorüber war und sie sich zu einem entschlossenen, lebhaften Mädchen entwickelte. Ungefähr zwei Monate lebte sie in diesem »Raum der Phantasie«, dann überredete sie ihre Freundin, sich mit ihr in das Abenteuer London zu stürzen.

In London übte sie verschiedene Beschäftigungen aus, aber ihr eigentliches Interesse galt ihrer »Geschichte«. Sie traf auch keine Verabredungen mit jungen Männern. Eines Tages lernte sie ihren Mann kennen und heiratete ihn wenige Wochen später. Sie war bestürzt, daß mit dem Beginn ihres Sexuallebens die Phantasie verblaßte. Sie konnte der Sexualität nichts abgewinnen, aber sie meinte: »da mein Mann etwas davon hatte, machte ich mit.« Der Bericht über die »Geschichte« hatte die ganze Stunde, die an einem Donnerstag stattfand, in Anspruch genommen. Sie ging, ohne daß ich etwas dazu sagen konnte; das war auch ganz gut so.

Die nächste Sitzung war jene Stunde, in der sie still geweint hatte und »bekümmert« war. Als sie gegangen war, fiel mir auf, daß sie in dieser Stunde nicht mehr auf ihre »Geschichte« zurückgekommen war. Ich war davon überzeugt, daß Lust und Schmerz ihrer »Geschichte« und der *reine* Schmerz, der ihrem Weinen zugrunde lag, zwei Seiten der gleichen Münze darstellten.

Als sie zur nächsten Stunde kam, fragte sie, ob sie im Sitzen mit mir sprechen könne. Ich stimmte natürlich zu. Mir war sofort ihre ernste, aber lebendige Präsenz aufgefallen. Sie erzählte, ihr sei auf der Heimfahrt von der letzten Stunde plötzlich der Gedanke gekommen: »meine Eltern sind bei einem Unfall gestorben.« Nachdem dieser Gedanke ihr Bewußtsein erreicht habe, sei er so zwanghaft geworden wie die »Geschichte«. Die letzten achtundvierzig Stunden habe sie nichts anderes getan als herauszufinden versucht, wie ihre Eltern gestorben sind. Das gelang ihr auch, indem sie die damaligen Zeitungen ihres Geburtsortes durchsah. Da sie aus einer angesehenen Adelsfamilie stammte, war sie sicher, daß die örtliche Zeitung damals einen Bericht vom Tod ihrer Eltern gebracht hatte.

Die Information in der Wochenzeitung war nur kurz und besagte, daß an einem der beiden Weihnachtsfeiertage Herr und Frau X auf dem Rückweg von einem Weihnachtsessen ums Leben gekommen seien. Ihr Wagen sei auf vereister Straße ins Schleudern geraten und gegen einen Baum geprallt. Die Polizei habe das Ehepaar tot aufgefunden; ein Kind habe im Schoß der toten Mutter überlebt. Das war alles, was sie mir in dieser Stunde sagte. Sie bemerkte nur noch, ihr Mann habe sie hergefahren, weil sie so aufgeregt gewesen sei und fragte, ob sie früher gehen könne, weil er auf sie warte.

Ich möchte nun die klinische Arbeit der folgenden sechs Monate kurz zusammenfassen. Zunächst empfand die Patientin kalte, jedoch begreifliche Wut auf »Tante« und »Onkel«, die ihr nie gesagt hatten, wie ihre Eltern ums Leben gekommen waren. Ihr war aber klar, daß sie ihr damit Schmerz ersparen wollten. Eines Tages bemerkte sie: »Sie wollten mir Schmerz ersparen und brachten damit meine Seele zum Erstarren. Ich weiß jetzt, daß ich nur körperlich gewachsen bin; im übrigen war ich gar nicht vorhanden.« Prägnanter hätte sie es gar nicht zum Ausdruck bringen können. Als wir uns durch das komplizierte Labyrinth ihrer Erinnerungen durcharbeiteten, wunderte sie sich selbst, wie bescheiden ihre seelischen Erfahrungen in ihrem Leben waren.

Es gelang uns allmählich, die Ursachen zusammenzusetzen, die aus ihrem jungen Leben »ein dürres Gelände« gemacht hatten, wie sie sich ausdrückte. Der traumatische Tod ihrer Eltern kam so plötzlich, daß ihre im Entstehen begriffenen Ich-Funktionen dem nicht gewachsen waren. Anstelle von Trauer kam es zur Lähmung aller seelischen Funktionen. Sie existierte allein mittels ihres Körpers, da die Physiologie allen seelischen Traumen trotzen und einen normalen Verlauf nehmen kann.

Als wir uns damit beschäftigten, warum ein unbedeutender Cowboy-Film sie lebendig werden und nach einem eigenen Leben suchen ließ, erfuhr ihre Erzählung allerlei Veränderungen. Jetzt schienen ihr an dem ganzen Film und ihrer »Geschichte« nur zwei Dinge wichtig: der lebendige Schoß und der um sich schießende Revolverheld, der in der »Geschichte« zu einer Person, die seltene Pistolen sammelt, sublimiert ist. Wir konnten jetzt erkennen, daß sie irgendwo und irgendwie den Unterschied zwischen dem Schoß der lebenden und der toten Mutter in Erinnerung behalten hatte. Unbewußt hatte sie ihr Leben lang den Schoß gesucht, der wieder lebendig wird, damit sie leben kann. Nur aus einer oberflächlichen Sicht heraus könnte man es mit Schuldgefühlen erklären; für sie war es eine Notwendigkeit, lebendig zu werden. Damit wird gleichzeitig deutlich, warum in ihrer »Geschichte« ihre Wünsche nicht in Erfüllung gehen durften. In diesem Falle wäre die unbewußte historische Vergangenheit unberücksichtigt geblieben und hätte das Geschehen dem Triebdruck der erwachsenen Weiblichkeit zugeordnet. Mir brachte dieser Fall die Erkenntnis, daß stets ein seelischer Schmerz den inneren Kern jeder masochistischen Phantasie oder Praxis bildet, ein seelischer Schmerz, der erlebt wurde und verlorenging, und an dessen Stelle es zur Ausbildung von Deckphantasien kommt.

Gegen Ende des sechsten Monats der Behandlung und nach jener Stunde, in der die Patientin geweint und gesagt hatte, »ich bin bekümmert«, kam sie eines Tages und sagte, sie habe gestern abend wieder diesen Schmerz empfunden und ihr Mann sei sehr ängstlich geworden. Sie habe ihm aber gesagt, »ein *solcher* Schmerz tötet nicht; er möge nur in ihrer Nähe bleiben, es gehe schon vorbei«. Ich sagte ihr, daß sie mir damit sage, daß sie jetzt ohne meine Fürsorge und Hilfe zurechtkomme. Sie setzte sich überrascht auf und sagte: »Ich hätte nie den Mut gehabt, Ihnen das zu sagen!« Zum Abschied zitierte ich ihr aus einem Brief von Rilke, denn wir waren uns beide klar, daß dies ihre letzte Stunde bei mir war:

»... Und diese menschlichere Liebe (...)
wird jener ähneln, die darin besteht,
daß zwei Einsamkeiten einander
schützen, grenzen und grüßen.«

11
Pornographie und die Politik von Zorn und Subversion

> *Pornographie:* obszöne Literatur oder Bilder,
> die sexuelle Erregung provozieren sollen.
>
> *The Penguin English Dictionary*

In der hier als Motto wiedergegebenen Definition von Pornographie sehe ich eine adäquate Begriffsbestimmung, und im folgenden möchte ich versuchen, das Wesen der »Provokation« und die Eigenart der »sexuellen Erregung« zu ergründen, die durch pornographische Literatur und Bilddarstellungen erzeugt werden. An zwei zufällig herausgegriffenen Beispielen pornographischer Literatur möchte ich meine Gedanken darlegen:

´Ja, wunderbar –` Ihre Stimme, die mehr an einen Schrei erinnerte, erreichte ihn, als ihn ein heißer Nebelschleier allmählich umfing. ´Ja, Ja, WUNDERBAR – sagte sie – Sein Arm glitt und drang in sie ein, fast bis zu seinem Ellbogen, Feuchtigkeit umgab ihn, fast ohne eigenen Willen setzten seine Bewegungen ein, sein Arm drängte und drang immer wieder von neuem vor, sie wand sich unter seinen heftiger werdenden Bewegungen, er fühlte bei jedem Vorwärtsdrängen, wie ihr Innerstes seine liebende Faust umfing, er drängte und drang immer wieder in ihr vor, sie begann zu schreien, er war inmitten eines wilden Traumes, sein Schweiß floß in Strömen, sie hätte gar nicht feuchter sein können, er tauchte und drang in sie bis zu seinem Ellbogen.

F. Polim, *Pretty maids all in a row*

Ein Mann, den wir noch nicht gesehen hatten, kam, um mir eine recht seltsame Zeremonie vorzuschlagen. Es handelte sich darum, ihn an die dritte Sprosse einer Doppelleiter anzubinden.

An diese dritte Sprosse band man seine Füße, sein Schwanz befand sich zwischen zwei Sprossen, seine Hände waren am obersten Ende der Leiter festgebunden. Er war in dieser Situation nackt und man mußte ihn mit aller Kraft peitschen. Nach einer gewissen Dosis von Hieben, nachdem die Spitzen der Ruten schon ganz abgenützt waren, begann sein monströses Glied zwischen den zwei Leitersprossen wie der Schwengel einer Glocke auf- und abzuwippen. Und diese Bewegung genügte, man brauchte seinen Schwanz nicht anzurühren, er berührte ihn auch selbst nicht, und nach kurzem Auf- und Abwippen des Schwanzes schleuderte er seinen Saft in die Mitte des Zimmers. Man band ihn los, er bezahlte, und alles war erledigt.

De Sade, *Die 120 Tage von Sodom*

Selbst eine ganz oberflächliche Beurteilung der beschriebenen somatischen Vorgänge läßt Zweifel an ihrer physischen Unmöglichkeit bei Mann und Frau gar nicht erst aufkommen. Mit einer Faust und dem ganzen Unterarm in die Genitalien eindringen, würde infolge der dafür erforderlichen Gewaltanwendung Rupturen und enorme Verletzungen für das betroffene Organ bedeuten. Der Autor aber setzt sich darüber hinweg und beschreibt statt dessen ein Gefühl lustvoller Ekstase. Ähnlich ist auch der von de Sade beschriebene Mann nach den empfangenen Schlägen in keiner Weise geschwächt oder verletzt; er geht nach dem Geschehen gesund und unerschüttert davon. Dabei stellt die zitierte Episode nach de Sadeschen Maßstäben ein eher mildes Beispiel dar, denn Personen, die schwer verletzt werden, Mädchen, die bei sexuellen Orgien durch Abschneiden von Zehen usw. verstümmelt werden, gehören zur Routine der in der *écriture* de Sades vorkommenden Abenteuerlichkeiten. Mag mit dem menschlichen Körper geschehen was will, er wird nie wirklich verletzt oder in seinen Fähigkeiten beeinträchtigt; alle Gestalten sind nach den Geschehnissen nicht anders als zuvor. Der Schmerz ist weder ein Hindernis noch eine Lehre. De Sades Justine bleibt vom Anfang bis zum Ende der Geschichte unversehrt, unschuldig und unwissend.

Wenn in der pornographischen *écriture* – ich ziehe den Gebrauch des französischen Begriffs *écriture* dem englischen »writing« vor, denn mit der Wahl der Worte sind bestimmte Absichten verbunden – die somatischen Vorgänge von der Wirklichkeit und den Fähigkeiten des menschlichen Körpers her gesehen völlig unwahrscheinlich sind, dann stellt sich die Frage, woher diese »somatischen Vorgänge« ihre Authentizität und ihr Potential herleiten, um den Leser sexuell zu stimulieren. Die Antwort findet man in dem spezifischen Gebrauch von Worten in der Pornographie. Die Worte beschreiben hier nämlich nicht eine menschliche Erfahrung, sondern simulieren oder entwerfen statt dessen einen völlig nicht-menschlichen somatischen Vorgang. Gerade die Absurdität und Unwahrscheinlichkeit eines solchen Vorgangs verleiht ihm neue Macht: er überwindet die dem menschlichen Körper gesetzten angeborenen Grenzen von Schmerz und Erregung.

Ein weiteres Merkmal dieses spezifischen Gebrauchs von Worten in der pornographischen *écriture* ist die »Mentalisierung« (mentalization) des Triebes. Beschrieben werden nicht spontane, gemeinsame menschliche Sexualerfahrungen, sondern höchst kunstvoll erdachte synthetische Vorgänge, die Erfindungen des menschlichen Geistes mittels Worten darstellen. Obwohl die beschriebenen Erfahrungen ohne Zweifel körperlich und konkret verstanden werden sollen, können sie in Wirklichkeit nur in Gedanken stattfinden und in jenem geheimnisvollen leeren Raum, der das für die Pornographie wichtige Terrain darstellt. Dieses Merkmal stellt die Pornographie jenseits von Ethik und Moral. Sie kann nur aus ästhetischer und psychologischer, nicht aber aus rechtlicher oder ethischer Sicht beurteilt werden.

Da es sich bei der Pornographie ausschließlich um ein

perverses Spiel der Gedanken handelt, das mit gewöhnlichen sexuellen Erfahrungen nur wenig zu tun hat, ist es wichtig, sie unter ästhetischen und psychologischen Gesichtspunkten näher zu untersuchen. Was die Ästhetik der Pornographie betrifft, ist sie nichts anderes als eine Anhäufung von Mängeln, und das Niveau wirklicher Literatur wird nur selten erreicht. Bei allem gebührenden Respekt vor Apollinaire, Jean Paulhan, Geoffrey Gorer, Georges Bataille und Roland Barthes kann dem Stil de Sades eigentlich kein besonderer Rang zugebilligt werden. Es kann wohl kaum bestritten werden, daß de Sades *écriture* langweilig, voller bedrückender Wiederholungen und zudem phantasielos ist – die gleichen somatischen Vorgänge werden in einem klaustrophobischen Raum mit zwanghafter und unermüdlicher Beharrlichkeit ausgedacht. Man begegnet in der Pornographie nur selten Phantasie, Erfindungsreichtum oder künstlerischer Gestaltung – und wieder steht de Sade als Beispiel an erster Stelle. Gefühle, Objektbeziehungen und Selbsterfahrung fehlen. Aber ich nehme etwas vorweg, was zur Untersuchung des psychologischen Aspekts gehört.

Untersucht man die Pornographie unter einem ästhetischen Aspekt, dann entdeckt man, daß sowohl die Ambition, sie stelle Literatur dar, wie auch der Anspruch, sie sei ein Vehikel für intensivere Trieberfahrungen, falsch sind. Pornographische Schriftsteller können sich glücklich schätzen angesichts der hysterischen Aufschreie entrüsteter, in puritanischen Traditionen erzogener Europäer. Auf diese Weise gerät aber die Frage, um die es eigentlich geht, auf ein falsches Gleis, denn das zentrale Problem ist nicht, ob Pornographie unmoralisch ist, sondern daß sie armselige und klägliche Literatur darstellt. So entstand, was die Pornographie anbelangt, in den zeitgenössischen europäischen Kulturen eine seltsame und absurde Situation. Während sich pornographische Schriftsteller auf endlose Debatten mit den Kulturmoralisten einlassen, jenen anachronistischen Haremswächtern des Vitalitätsdefizits in der Kultur, reagieren sie höchst ablehnend auf jede Andeutung, Pornographie bringe armselige Literatur und kranke Psychologie in Umlauf für jene Einfallslosen und Dummen, denen dafür das Urteilsvermögen fehlt und die nur zu kläglichen Komplizen werden können.

Gerade in der Literatur kommt die subversive Wirkung der Pornographie zum Tragen. Phantasie und Sensibilität des Lesers werden weder angesprochen noch erweitert. Statt dessen bietet sie ihm eine eingeengte Welt voll von omnipotentem Geschwätz. Es ist eine Welt, die sich als somatischer Vorgang mit eingebauten falschen Höhepunkten und Orgasmen einschleicht, die aber erfunden ist und dem Komplizen sowohl ein Gefühl von Gleichgültigkeit wie Erregung vermittelt. Das Geniale an der Pornographie, wenn man so will, liegt in ihrer Bauernfängerei. Sie verbündet sich mit der Unfähigkeit des Einzelnen und einer Kultur, Erfahrungen aus persönlicher Initiative heraus zu aktualisieren – als wirkliches Leben und als Literatur. Es ist dies die Rache unfähiger Schriftsteller an der Tradition der wahren Literatur innerhalb einer Kultur. Wenn eine Kultur Jahrhunderte braucht, um sich durch eines ihrer Mitglieder in den *Bekenntnissen* Rousseaus oder den *Four Quartets* eines Eliot darzustellen, bedarf es nur einer verzweifelten Hingabe an persönliches Unglück, um einen de Sade oder William Burroughs hervorzubringen.

Die Hauptsünde der Pornographie – und man muß schon diesen Begriff wählen, weil Pornographie heutzutage mit einem Glorienschein umgeben wird – ist, daß sie keine eigentliche Literatur darstellt. Schlimmer noch, es gehört zu ihrer Absicht und ihrer Wirkung, die hervorragende Rolle der Literatur im Leben des Einzelnen und der Kultur zu erschüttern. Die Pornographie negiert die schöpferische Phantasie, den Stil und die Tradition im Kampf des Menschen, mit Hilfe der Sprache sich selbst zu erkennen und sich weiterzuentwickeln.

Wenden wir uns nun den psychologischen Aspekten der

Pornographie zu. Es handelt sich bei den folgenden Ausführungen um einen persönlichen Standpunkt oder, wie Nietzsche treffend formuliert, um »regulative Fiktionen«. Meine psychoanalytische Ausbildung und Praxis lenken meine Überlegungen natürlich in eine bestimmte Richtung und verleihen meinen »regulativen Fiktionen« spezifische konzeptuelle Tendenzen. Ich bin der Meinung, daß die Pornographie ihre Komplizen – man kann sie nicht als Leser bezeichnen – nicht nur ihrem eigenen Selbst, sondern auch dem *Anderen* entfremdet. Das, was somatische Vorgänge als gemeinsame ekstatische Intimität maskieren, ist in Wirklichkeit eine sterile und verfremdete seelische Erfindung. Dieses Merkmal veranlaßte mich einmal zu der Feststellung, daß Pornographie ein Dieb der Träume sei. Sie bietet weder Raum für Träumereien noch für Objektbeziehungen; Worte reduzieren alles zu einem gewaltsamen, tyrannischen Spiel mit dem eigenen Körper-Selbst und dem *Anderen*. Der Zeitpunkt ihrer Handlungen ist die fortwährende, ständige Gegenwart. Damit hängt auch die nostalgische Atmosphäre der Pornographie zusammen.

Anna Freud (1952) hat die Angst vor emotionaler Hingabe als das Dilemma bei der Perversionsbildung diagnostiziert. Demnach könnte man sagen, daß in der Pornographie das eigentliche Dilemma in der Unfähigkeit zu sinnlicher Hingabe zu suchen ist. An den Wurzeln der Pornographie stößt man somit auf ein faszinierendes Paradox. Ganz offen werden mit militantem Eifer Zustände ekstatischer Sinnlichkeit und selbstvergessener Hingabe an gemeinsame orgiastische Lust beschrieben. Aber alles, was wirklich aktualisiert wird, sind orgiastische Fachkenntnisse in der körperlichen Manipulation des eigenen Körper-Selbst und den Körperorganen des *Anderen*. Damit hat auch eine Art manischer Qualität zu tun, die die Erzählungen durchzieht. Liest man die beiden anfangs zitierten Beispiele, nimmt man eine bestimmte Komponente wahr, die deutlich an einen Schlaganfall erinnert.

Die nächste Frage lautet daher: welche Art von Affekt wollen diese somatischen Vorgänge aktualisieren, externalisieren und weitergeben (gemeinsam genießen kann man es nicht nennen). Meine Antwort auf diese Frage lautet: Zorn. Die einzige wirkliche Leistung der Pornographie besteht darin, daß sie Zorn in erotische somatische Vorgänge transformiert. Ich sage absichtlich »transformiert« und nicht »sublimiert«, denn der eigenartige Gebrauch von Worten, den diese *écriture* auszeichnet, verhindert die Assimilation bzw. das Durcharbeiten des Affekts von Zorn, was eine Voraussetzung für Sublimierung wäre. Der transformierte Zorn wird in lustvollen somatischen Vorgängen abreagiert und verkapselt, in denen jedoch die Gewalttätigkeit des Zorns noch voll vorhanden ist. Nun ist aber Gewalttätigkeit, wie Barrington Cooper mir gegenüber einmal bemerkte, keine streitsüchtige Gefühlsregung. Mit Gewalt ist vielmehr die absolute Forderung nach Unterwerfung verbunden. Was in der Gesundheit als sinnliche Hingabe erlebt werden kann, wird in der Pornographie zur fatalen Unterwerfung durch gewalttätige Vorgänge. Dabei geht es – wie mein Beispiel von de Sade zeigt – gleichzeitig um weibliche wie männliche Entwürdigung. Auch Genet bietet in deutlich formulierten hieratischen und halluzinatorischen Wendungen ein solches bizarres Schauspiel von Erniedrigung, Verstümmelung und gewalttätiger Unterwerfung.

Die Fähigkeit der Pornographie, latenten Zorn in gewalttätige, erotische, in Sprache verkapselte Vorgänge zu transformieren, verleiht ihr drei mächtige Funktionen, nämlich Subversion, Therapie und Instruktion. Subversiv ist Pornographie insofern, als sie die *Person* mit Hilfe ihrer somatischen Sachkunde negiert. Der Komplize/Leser kann nach dieser Art *écriture* nur greifen bzw. daran partizipieren, wenn er sich in einem spezifischen Zustand der Depersonalisation und Dissoziation befindet. Therapeutisch wirkt die Pornographie insoweit, als sie die dem latenten Zorn des Individuums und der Kultur entstammende Drohung totaler

Gewalttätigkeit und Destruktion in leichter zu regulierende, dosierte und erotisierte Sprache transformiert. Die Therapie der Pornographie entspricht in makaberer Weise den Forderungen Freuds an eine analytische Behandlung: »Wo Es war, soll Ich werden.« In der Pornographie ist alles nur Ich und noch einmal Ich; es gibt kein Es, keinen Körper, keine Person. Es, Körper und Person werden lediglich ausgebeutet, um die Maschinerie der somatischen Vorgänge in Gang zu setzen und zu aktualisieren. Die Funktion der Instruktion besteht darin, daß sie den Komplizen/Leser die Tricks für die eigenartige Realität, an der er teilnehmen soll, *lehren* muß. Auch in diesem Punkt war der Göttliche Marquis wieder allen anderen voraus, als er mit erstaunlicher Einsicht *Die Philosophie im Boudoir* schrieb. In den Belehrungen der Madame de Saint-Anges für Eugénie heißt es: »Mögen Greuel und Grauenvolles, mögen die abscheulichsten Verbrechen Dich als etwas höchst Unerlaubtes auch zurückschrecken lassen, so erregt doch eben dieses den Intellekt am stärksten ... es ist schon so, meine liebe Eugénie, gerade das Gemeinste, das Schändlichste bereitet uns die köstlichste Erfüllung.« De Sade enthüllt damit nicht nur die omnipotente Rolle des Intellekts sondern auch das Fehlen des Triebes bei derartigen somatischen Vorgängen.

Diese spezifische, durch die Erfindung somatischer Vorgänge in Worte eingefangene Hyper-Funktion des Intellekts, entfremdet nicht nur den Leser/Komplizen ebenso wie die Gestalten der pornographischen *écriture*, sondern isoliert sie auch. Geoffrey Gorer (1962b) hält in seiner Arbeit »The pornography of death« eine interessante Erklärung dafür bereit:

> Andererseits scheint Pornographie, die Beschreibung tabuierter Aktivitäten zur Erzeugung von Halluzinationen oder Wahnvorstellungen, ein recht seltenes Phänomen zu sein. Sie kann vermutlich nur in gebildeten Kreisen gedeihen, in ungebildeten Kreisen finden wir sicher keine entsprechenden Anzeichen für deren Existenz. Während

nämlich das Vergnügen am Obszönen eine vorwiegend gesellige Note hat, *wird die Lust an der Pornographie meist geheimgehalten.*

Meiner Meinung nach stellt diese Geheimhaltung oder Isolation, wie ich es bezeichnen möchte, eine weitere subversive Funktion der Pornographie dar. Die banale Wirklichkeit ist nämlich die, daß Pornographie vorwiegend, wenn nicht ausschließlich, der Masturbation dient.

Sartre (1952) sagt in seiner ausführlichen Studie *Saint Genet, Komödiant und Märtyrer,* in der er die Funktion der Masturbation in Genets Büchern untersucht, folgendes:

> Auf der Suche nach Erregung und Lust hüllt sich Genet in seine Bilder wie der Iltis in seinen Geruch. Diese Bilder führen zu Worten, die wiederum die Bilder verstärken; die Bilder bleiben oft sogar unvollständig; dann bedarf es der Worte, um sie zu vollenden; diese Worte müssen formuliert und schließlich zu Papier gebracht werden; das Schreiben bewirkt und schafft Publikum; der *onanistische Narzißmus findet Linderung schließlich in Worten.* Genet schreibt in einem Zustand des Träumens, und zur Verdichtung seiner Träume träumt er, daß er schreibt, schreibt dann, daß er träumt, und der Akt des Schreibens läßt ihn erwachen. *Das bewußt gewordene Wort stellt ein teilweises Erwachen in der Phantasie dar; er erwacht, ohne mit dem Träumen aufzuhören.*

Ich kann mich Sartres Meinung, daß in Genets Büchern das Phänomen des Träumens enthalten ist, nicht anschließen. Mein Eindruck ist eher, daß es sich umgekehrt verhält. Ich glaube nämlich, daß die zwanghaften Onaniephantasien für Genet eine Entschädigung darstellen sowohl für seine Unfähigkeit zu träumen wie auch für seine Unfähigkeit, sich mit dem andern in Beziehung zu bringen. In diesem Sinne stellt Pornographie eine Objektivierung dieser Unfähigkeiten in ihrem Autor dar. Extrem ausgedrückt könnte man sagen, daß Pornographie nichts anderes als hochgradige Masturbationslektüre ist, oder »daß der Onanierende sich des Wortes *als Objekt* bemächtigen möchte«, wie Sartre sich ausdrückt. Wenn es der Pornographie nun aus ästhetischer Sicht an Phantasie, und aus psychologischer Sicht an Emotion und Objektbeziehung mangelt, und wenn sie in körperlicher Hinsicht symptomatisch einen Mangel an spontanen Triebimpulsen und -verlangen zum Ausdruck bringt, kann man sie definieren als ausschließlich präokkupiert mit der intellektuellen Beschäftigung mit Empfindungen auf Kosten von Emotionen und Objektbeziehungen. Ihr Ziel ist es, somatische Vorgänge durch Worte heraufzubeschwören, und Worte sind ihre einzige Realität. Liefert sich der Komplize/Leser der in der Pornographie gegebenen Realität zu sehr aus, werden ganz sicher seine eigenen inneren Fähigkeiten des Erwachsenwerdens und der Personalisierung unterbunden. Das Unglück an der Pornographie ist nicht, daß sie gegen göttliche Gesetze, sondern daß sie gegen Naturgesetze verstößt, indem sie die Reifung zur Eigenständigkeit beim erwachsenen Menschen untergräbt.

Ich bin bisher von einem Konzept »somatischer Vorgänge« ausgegangen und habe zwei Arten von Beispielen dafür gegeben. Man sollte aber den Charakter dieser Vorgänge näher untersuchen. Obgleich sie den Eindruck erwecken, als seien sie sexueller Natur, wird die Sexualität lediglich dazu ausgebeutet, um Gewalt und Zorn, die entweder gegen den eigenen Körper oder den des anderen gerichtet sind, zum Ausdruck zu bringen. Die Helden der Pornographie und die pornographischen Schriftsteller selbst geben oft vor, daß sie die durch prüde kulturelle Vorurteile hervorgerufene Hemmung von Triebfahrungen heilen wollen. Sie nehmen für sich in Anspruch, den Menschen freier zu machen, damit sein triebhaftes sexuelles Selbst erfülltere Empfindungen genießen kann. Was die Pornographie jedoch erreicht, ist genau das Gegenteil von dem, was sie vorgibt. Wie de Sade und Sartre zeigen, bemächtigen sich Verstand und Sprache der natürlichen Funktionen des Triebes in der menschlichen Erfahrung. Die Pornographie mißbraucht das Triebverlan-

gen für die hyperintellektuelle Erfindung einer oft brutalen Bildersprache und schafft damit somatische Vorgänge, die die Person und das Wesen ihrer Charaktere mißachten.
Eine spezifische Spaltung kennzeichnet daher diese erfundenen Vorgänge. Als erstes wird der Sexualtrieb von seinem natürlichen körperlichen Ausdruck der gemeinsamen Befriedigung in einer Objektbeziehung dissoziiert. Diese Verstümmelung des Sexualtriebs wird dann als zweites dazu benutzt, mittels Sprache eine ganz spezifische Art von Gewalt zu schaffen, eine Gewalt, die zudem erotisiert wird, um sie schmackhaft zu machen. Die Fakten aber, d. h. die Verleugnung von Selbst und Objekt, bleiben die gleichen. Die eigentliche Ursache für die Pathologie der Pornographie liegt in der Umverlagerung von Sexual- und Aggressionstrieb. Statt sexuelle Freiheit und Gemeinsamkeit zu erleben, werden das Körper-Selbst und das Objekt durch intellektuelle Vorgänge zu extremer Unterwerfung und Erniedrigung gezwungen. Man kann in diesem Zusammenhang sagen, daß die Politik der Pornographie faschistische Züge trägt.
Bis jetzt habe ich im großen und ganzen nur auf die negativen Aspekte der Pornographie hingewiesen. Es kann jedoch nicht geleugnet werden, daß durch die Pornographie eine kulturelle Revolution verwirklicht worden ist, die vom Göttlichen Marquis bis Saint Genet reicht. Soweit ich weiß, hat bisher noch niemand den ernsthaften Versuch unternommen, Erklärungen dafür zu finden. Man kann die Pornographie auch nicht als ein sinnloses Phänomen einstufen. Sie ist ein Symptom für den spezifischen Prozeß der Devitalisierung des Triebes in einer Kultur und im Individuum und gleichzeitig ein Heilungsversuch dieses Symptoms. Ich habe deshalb auch auf die therapeutische Wirkung der Pornographie hingewiesen. Aus diesem Grunde sollte man sich um ein besseres Verständnis für das Wesen und die Funktionsweise des Symptoms ebenso wie für die charakteristischen Merkmale dieser Revolution bemühen, die die Pornographie in den europäischen Kulturen in Gang gesetzt hat. Es ist

sinnlos zu glauben, die Gesetzgebung könne sowohl das Symptom wie auch die Revolution beseitigen. Wie das Zitat von Geoffrey Gorer zeigt, hat das Erscheinen der Pornographie viel mit Bildung zu tun; in den letzten Jahrzehnten hat überdies die Werbung ein umfangreiches und neues Vokabular von visueller Bildersprache in die Pornographie eingebracht.

Alle ernsthaften Denker dieses Jahrhunderts – seien es Dichter, Psychologen oder Philosophen – fühlen sich von einer gewissen Enthumanisierung der Beziehung des Menschen zu sich selbst beunruhigt. Ich glaube, daß seit der Industriellen Revolution und dem Erscheinen wissenschaftlicher Technologien in den europäischen Kulturen der Mensch sich nicht mehr als Abbild Gottes oder des Menschen, sondern als das einer Maschine sieht, die seine eigene Erfindung ist. Pornographische *écriture* und pornographische Bilder versuchen aus dem menschlichen Körper eine ideale Maschine zu machen, die so manipuliert werden kann, daß sie maximale Sinneswahrnehmungen ermöglicht. Diese Sinneswahrnehmungen stellen Triebderivate dar, denen aber im wesentlichen aggressive Absichten zugrunde liegen. »Der Kult des Todeskreislaufs«, wie David Holbrook bestimmte Tendenzen in der modernen Literatur genannt hat, ist nur die eine Seite der Münze; die andere Seite ist der pornographische Kreislauf. Beide stehen der Realisierung des psychischen Potentials des Individuums vorwiegend nihilistisch gegenüber, wobei ich mit psychischem Potential nicht nur das innere Potential des einzelnen verstehe, sondern auch sein Potential in der Beziehung zu anderen.

Literaturverzeichnis

Abraham, K. (1920): Äußerungsformen des weiblichen Kastrationskomplexes. *Internat. Zeitschr. f. Psychoanalyse* 7, 422–452

Alpert, A. (1959): Reversibility of pathological fixations associated with maternal deprivation in infancy. *The Psychoanalytic Study of the Child* 14, 169–185

Arlow, J. A. (1954): Report: Panel on Perversion: theoretical and therapeutic aspects. *J. Am. Psa. Ass.* 2, 336 ff.

Bacon, C. L. (1956): A developmental theory of female homosexuality. In *Perversions*, eds. S. Lorand and M. Balint (Random House), 131–159

Bak, R. C. (1953): Fetishism. *J. Am. Psa. Ass.* 1, 285–298

– (1968): The phallic woman: The ubiquitous fantasy in perversions. *The Psychoanalytic Study of the Child* 23, 15–36

Balint, M. (1950): Wandlungen der therapeutischen Ziele und Techniken in der Psychoanalyse. In: Balint: *Urformen der Liebe und die Technik der Psychoanalyse*, Bern, Stuttgart (Huber), 1966, 255–271

– (1952): Der Neubeginn, das paranoide und das depressive Syndrom. In: Balint a.a.O., 280–303

– (1968): Therapeutische Aspekte der Regression. Stuttgart (Klett), 1970

de Beauvoir, S. (1954): Must we burn Sade In: *The Marquis de Sade*. New York (Grove Press), 1966; London (Calder), 1966

Bellak, L. (1963): Acting out: some conceptual and therapeutic considerations. *Amer. J. Psychotherapy* 17

Benedek, T. (1952): Psychosomatic Functions in Women. New York (Ronald Press)

Bergler, E. (1951): Lesbianism. In: *Counterfeit Sex*, New York (Grune & Stratton)

Bird, B. (1957): A specific peculiarity of acting out. *J. Am. Psa. Ass.* 5, 630–647

– (1958): A study of the bisexual meaning of the foreskin. *J. Am. Psa. Ass.* 6, 287–304

Bonaparte, M. (1953): Female Sexuality. London (Imago); New York (Int. Univ. Press)

Bouvet, M. (1958): Technical variations and the concept of distance. *Int. J. PsA.* 39, 211–221

Brierley, M. (1932): Some problems of integration in women. *Int. J. PsA.* 13, 433–448

– (1936): Specific determinants in feminine development. *Int. J. PsA.* 17, 163–180

Brody, M. W. (1943): An analysis of the psychosexual development of a female with specific reference to homosexuality. *Psychoanal. Rev.* 30, 47–58

Brunswick, R. M. (1928): Die Analyse eines Eifersuchtswahnes. *Internat. Zeitschr. f. Psychoanalyse* 14, 458–507

– (1940): The pre-oedipal phase of libido development. *Psychoanalytic Quarterly* 9, 293–319

Buxbaum, E. (1960): Hair pulling and fetishism. *The Psychoanalytic Study of the Child* 15, 243–260

Bychowski, G. (1945): The ego of homosexuals. *Int. J. PsA.* 26, 114–127

– (1954): The structure of homosexual acting out. *Psychoanalytic Quarterly* 23, 48–61

– (1956): The ego and the introjects. *Psychoanalytic Quarterly* 25, 11–36

Caprio, F. S. (1957): Female Homosexuality. London (Owen)

Castoriadis-Aulangier, P. (1975): La Violence de l'Interprétation. Paris (Presses Universitaires de France)

Coleman, R. W., Kris, E., Provence, S. (1953): The study of variations of early parental attitudes. *The Psychoanalytic Study of the Child* 8, 20–47

Delay, J. (1963): The Youth of André Gide. Chicago (Chicago Univ. Press)

Deutsch, H. (1930): The significance of masochism in the mental life of women. *Int. J. PsA.* 11, 48–60

– (1932): Über die weibliche Homosexualität. *Internat. Zeitschr. f. Psychoanalyse* 18, 219–241

– (1942): Some forms of emotional disturbance and their relationship to schizophrenia. In: Deutsch: *Neuroses and Character Types*, New York (Int. Univ. Press), 1965, 262–281

– (1944–45): Psychologie der Frau, Bd. 1 u. 2. Bern, Stuttgart (Huber), 1948–1954

– (1965): Neuroses and Character Types. New York (Int. Univ. Press); London (Hogarth)

Dupré, L. (1976): The mystical experience of the self and its philosophical significance. In: *Psychiatry and the Humanities*, Vol. I, ed. J. H. Smith, New Haven (Yale Univ. Press)

Eissler, K. R. (1939): On certain problems of female sexual development. *Psychoanalytic Quarterly* 8, 191–210

– (1953): Notes upon the emotionality of a schizophrenic patient and its relation to problems of technique. *The Psychoanalytic Study of the Child* 8, 199–251

Ekstein, R. and Friedman, S. W. (1957): The function of acting out, play action and play acting in the psychotherapeutic process. *J. Am. Psy. Ass.* 5, 581–629

Eliot, T. S. (1934): After Strange Gods. London (Faber)

Fain, M. and Marty, P. (1960): The synthetic function of homosexual cathexis in the treatment of adults. *Int. J. PsA.* 41, 401–406

Fenichel, O. (1929): Eine Traumanalyse. *Internat. Zeitschr. f. Psychoanalyse* 15, 502–507

- (1945): Psychoanalytische Neurosenlehre, Bd. 1-3. Olten, Freiburg (Walter), 1974-1977
Ferenczi, S. (1914): Zur Nosologie der männlichen Homosexualität. *Internat. Zeitschr. f. Psychoanalyse* 2, 131-142
- (1924): Entwicklungsstufen des erotischen Realitätssinnes. In: Ferenczi: *Versuch einer Genitaltheorie*, A III. Wien (Int. Psy. Verl.), 28-37
- (1925): Zur Psychoanalyse von Sexualgewohnheiten. *Internat. Zeitschr. f. Psychoanalyse* 11, 6-29
Fraser, A. W. (1963): A relationship between transitional objects and preconscious mental processes. In: *Modern Perspectives in Child Devolopment*, eds. A. J. Solnit and S. A. Provence, New York (Int. Univ. Press), 144-161
Freud, A. (1949): Über bestimmte Phasen und Typen der Dissozialität und Verwahrlosung. In: *Die Schriften der Anna Freud*, IV, München (Kindler), 1980, 1088-1093
- (1952 [1949-1951]): Studien über Passivität. II. Bemerkungen über eine Verbindung zwischen affektivem Negativismus und Hörigkeit. A.a.O., 1254-1256
- (1953 [1952]): Einige Bemerkungen zur Säuglingsbeobachtung. In: A.a.O., V, 1539-1554
- (1954a): Der wachsende Indikationsbereich der Psychoanalyse. In: A.a.O., 1349-1367
- (1954b): Probleme der infantilen Neurose. In: A.a.O., 1321-1347
- (1959): The nature of the therapeutic process. *Bull. Philadelphia Assoc. Psychoanal.* 9, 111-112 (Abstr.)
- (1945-56): Indications for Child Analysis and Other Papers. New York (Int. Univ. Press); London (Hogarth) 1969
Freud, S. (1895d): Studien über Hysterie. *G. W. Gesammelte Werke Sigmund Freud* (18 Bände), I-XVII London (Imago Publ.) 1940-52, XVIII Frankfurt (S. Fischer) 1968, I, 343 ff.
- (1905d): Drei Abhandlungen zur Sexualtheorie. *G. W.* V. 27 ff.
- (1905e): Bruchstücke einer Hysterie-Analyse *G. W.* V, 161 ff.
- (1908a): Hysterische Phantasien und ihre Beziehung zur Bisexualität. *G. W.* VII, 189 ff.
- (1914c): Zur Einführung des Narzißmus. *G. W.* X, 137 ff.
- (1914g): Weitere Ratschläge zur Technik der Psychoanalyse: II. Erinnern, Wiederholen und Durcharbeiten. *G. W.* X, 125 ff.
- (1915f): Mitteilung eines der psychoanalytischen Theorie widersprechenden Falles von Paranoia. *G. W.* X, 233 ff.
- (1916-17): Vorlesungen zur Einführung in die Psychoanalyse. *G. W.* XI
- (1917e): Trauer und Melancholie. *G. W.* X, 427 ff.
- (1919e): Ein Kind wird geschlagen. *G. W.* XII, 195 ff.
- (1920a): Über die Psychogenese eines Falles von weiblicher Homosexua-

lität. *G. W.* XII, 269 ff.
- (1922b): Über einige neurotische Mechanismen bei Eifersucht, Paranoia und Homosexualität. *G. W.* XIII, 1393 ff.
- (1923b): Das Ich und das Es. *G. W.* XIII, 235 ff.
- (1924c): Das ökonomische Problem des Masochismus. *G. W.* XIII, 369 ff.
- (1924d): Der Untergang des Ödipuskomplexes. *G. W.* XIII, 393 ff.
- (1925j): Einige psychische Folgen des anatomischen Geschlechtsunterschieds. *G. W.* XIV, 17 ff.
- (1926d): Hemmung, Symptom und Angst. *G. W.* XIV. 111 ff.
- (1927e): Fetischismus. *G. W.* XIV, 309 ff.
- (1931b): Über die weibliche Sexualität. *G. W.* XIV, 515 ff.
- (1933a): Neue Folge der Vorlesungen zur Einführung in die Psychoanalyse. *G. W.* XV
- (1940e): Die Ichspaltung im Abwehrvorgang. *G. W.* XVII, 57 ff.
- (1950a 1887–1902): Aus den Anfängen der Psychoanalyse. Frankfurt (S. Fischer) 1975

Fries, M. E. (1946): The child's ego development and the training of adults in his environment. *The Psychoanalytic Study of the Child* 2, 85–112

Gillespie, W. H. (1940): A contribution to the study of fetishism. *Int. J. PsA.* 21, 401–415
- (1952): Notes on the analysis of sexual perversions. *Int. J. PsA.* 33, 397–402
- (1956): The general theory of sexual perversions. *Int. J. PsA.* 37, 396–403
- (1964): The psycho-analytic theory of sexual deviation with special reference of fetishism. In: *The Pathology and Treatment of Sexual Deviation*, ed. I. Rosen, London (Oxford U.P.), 123–145

Gitelson, M. (1958): Analyse einer neurotischen Ich-Deformierung. *Psyche* 13, 1959/60, 85–107

Glauber, P. (1949): Observations on a primary form of anhedonia. *Psychoanalytic Quarterly* 18, 67–78

Glover, E. (1932): On the aetiology of drug-addiction. *Int. J. PsA.* 13, 298–328
- (1933): The relation of perversion-formation to the development of reality sense. *Int. J. PsA.* 14, 486–503; in: Glover: *On the Early Development of Mind*, London (Imago), 1956, 216–234
- (1938): A note on idealization: In: Glover: A.a.O., 290–296
- (1939): Psycho-Analysis. London (Bale, Med. Publ.)
- (1940–59): The problem of male homosexuality. In: Glover: *Roots of Crime*, London (Allen & Unwin), 1960; New York (Int. Univ. Press), 197–241
- (1943): The concept of dissociation. In: Glover: *On the Early Development of Mind*, 1956, 307–323

- (1955): The Technique of Psycho-Analysis. London (Baillière, Tindall & Cox); New York (Int. Univ. Press)
- (1956): On the Early Development of Mind. London (Imago); New York (Int. Univ. Press)

Gorer, G. (1953): The Life and Ideas of the Marquis de Sade. London (Owen)
- (1962a): The Marquis de Sade. *Encounter* 18
- (1962b): The pornography of death. In: *Death, Grief and Mourning in Contemporary Britain*, London (Cresset Press), 1965

Greenacre, P. (1948): Anatomical structure and superego development. In: Greenacre: *Trauma, Growth and Personality*, New York (Int. Univ. Pr.), 1952, 149–164
- (1950a): General problems of acting out. In: A.a.O., 224–236
- (1950b): Special problems of early female sexual development. In: A.a.O. 237–258
- (1952): Trauma, Growth and Personality. New York (Int. Univ. Pr.); London (Hogarth), 1953
- (1953a): Certain relationships between fetishism and the faulty development of the body image. *The Psychoanalytic Study of the Child* 8, 79–98
- (1953b): Penis awe and its relation to penis envy. In: *Drives, Affects and Behaviour*, ed. R. M. Loewenstein, New York (Int. Univ. Press), 176–190; 37–40
- (1954): Problems of infantile neurosis. *The Psychoanalytic Study of the Child* 9, 18–24
- (1955): Further considerations regarding fetishism. *The Psychoanalytic Study of the Child* 10, 187–194
- (1956): Re-evaluation of the process of working through. *Int. J. PsA.* 37, 439–444
- (1959): On focal symbiosis. In: *Dynamic Psychopathology in Childhood*, eds. L. Jessner and E. Ravenstedt, New York (Grune & Stratton), 243–256
- (1960a): Further notes on fetishism. *The Psychoanalytic Study of the Child* 15, 191–207
- (1960b): Regression and fixation. *J. Am. Psa. Ass.* 8, 703–723
- (1960c): Considerations regarding the parent-infant relationship. *Int. J. PsA.* 41, 571–584
- (1963): Problems of acting out in the transference relationship. *J. Amer. Acad. Child Psychiat.* 2, 144–160; 169–170
- (1968): Perversions: general considerations regarding their genetic and dynamic background. *The Psychoanalytic Study of the Child* 23, 47–62

Greenson, R. R. (1960): Zum Problem der Empathie. *Psyche* 15, 1961/62 142–154
- (1964): Über Homosexualität und Geschlechtsidentität. In: Greenson:

Psychoanalytische Erkundungen, Stuttgart (Klett Cotta), 1982, 144–150

Hartmann, H. (1952): Die gegenseitige Beeinflussung von Ich und Es in ihrer Entwicklung. In: Hartmann: *Ich-Psychologie*, Stuttgart (Klett), 1972, 157–180

– (1956): Bemerkungen zum Realitätsproblem. In: A.a.O., 236–260

– (1964): Ich-Psychologie. Stuttgart (Klett), 1972

Heimann, P. (1950): Bemerkungen zur Gegenübertragung. *Psyche* 18, 1964/65, 483–493

– (1952): Certain functions of introjection and projection in early infancy. In: *Developments in Psycho-Analysis*, ed. J. Riviere, London (Hogarth), 122–168

Hoffer, W. (1949): Mund, Hand und Ich-Integration. *Psyche* 18, 1964/65, 81–88

– (1950): Development of the body ego. *The Psychoanalytic Study of the Child* 5, 18–23

– (1952): The mutual influences in the development of ego and id: earliest stages. *The Psychoanalytic Study of the Child* 7, 31–41

Holbrook, D. (1972): Sylvie Plath and the Problem of Existence. London (Athlone Press)

Horney, K. (1926): Flucht aus der Weiblichkeit. *Internat. Zeitschr. f. Psychoanalyse* 12, 360–374

– (1933): Die Verleugnung der Vagina. *Internat. Zeitschr. f. Psychoanalyse* 19, 372–384

– (1939): Neue Wege in der Psychoanalyse. Stuttgart (Kilpper), 1951

– (1967): Die Psychologie der Frau. München (Kindler), 1977

Hunter, D. (1954): Object-relation changes in the analysis of a fetishist. *Int. J. PsA.* 35, 302–312

James, H. M. (1960): Premature ego development. *Int. J. PsA.* 41, 288–294

– (1962): Infantile narcissistic trauma. *Int. J. PsA.* 43, 69–79

Jones, E. (1927): Die erste Entwicklung der weiblichen Sexualität. *Internat. Zeitschr. f. Psychoanalyse* 14, 1928, 11–25

– (1933): Die phallische Phase. *Internat. Zeitschr. f. Psychoanalyse* 19, 322–357

– (1935): Über die Frühstadien der weiblichen Sexualentwicklung. *Internat. Zeitschr. f. Psychoanalyse* 21, 331–341

Kanzer, M. (1957a): Acting out, sublimation and reality testing. *J. Am. Psa. Ass.* 5, 663–684

– (1957b): Panel report: acting out and its relation to impulse disorders. *J. Am. Psa. Ass.* 5, 136–145

– (1958): Image formation during free association. *Psychoanalytic Quarterly* 27, 465–484

Katan, A. (1960): Distortions of the phallic phase. *The Psychoanalytic Study of the Child* 15, 208–214

Katan, M. (1964): Fetishism, splitting of the ego, and denial. *Int. J. PsA.* 45, 237-245

Kaufmann, I. C. (1960): Some ethological studies of social relationships and conflict situations. *J. Am. Psa. Ass.* 8, 671-685

Keiser, S. (1956): Review of *Female Sexuality* by M. Bonaparte. *J. Am. Psa. Ass.* 4, 563-574

– (1958): Disturbances in abstract thinking and body-image formation. *J. Am. Psa. Ass.* 6, 628-652

Keiser, S. and Schaffer, D. (1949): Environmental factors in homosexuality in adolescent girls. *Psychoanal. Rev.* 36, 283-295

Kestenberg, J. (1956a): Vicissitudes of female sexuality. *J. Am. Psa. Ass.* 4, 453-476

– (1956b): On the development of maternal feelings in early childhood. *The Psychoanalytic Study of the Child* 11, 257-291

Khan, M. M. R. (1960a): Die schizoide Persönlichkeit – ihre Affekte und die Methoden ihrer Behandlung. In: Khan: *Selbsterfahrung in der Therapie*, München (Kindler), 1977, 13-29

– (1960b): Regression und Integration im analytischen Milieu. A.a.O., 167-208

– (1962): Die Psychologie der Traumvorgänge und die Entwicklung der psychoanalytischen Situation. A.a.O., 30-49

– (1963a): Das kumulative Trauma. A.a.O., 50-70

– (1963b): Ichideal, Erregung und drohende Vernichtung. A.a.O., 226-253

– (1964): Ich-Verzerrung, kumulatives Trauma und die Rolle der Rekonstruktion in der analytischen Situation. A.a.O., 71-82

– (1969): Homosexuality as sexual nursing of self and Object. Published in Dutch in *Inval.*, Inhould 1

– (1974): Selbsterfahrung in der Therapie. München (Kindler), 1977

Kinsey et al. (1953): Das sexuelle Verhalten der Frau. Berlin, Frankfurt (G. B. Fischer), 1954

Klein, M. (1928): Frühstadien des Ödipuskonfliktes. *Internat. Zeitschr. f. Psychoanalyse* 14, 65-77

– (1932): Die Auswirkungen früher Angstsituationen auf die weibliche Sexualentwicklung. In: Klein: *Die Psychoanalyse des Kindes*, München (Reinhardt), 1971, 203-249

Kris, E. (1951): Frühe autoerotische Aktivität. In: Kris: *Psychoanalytische Kinderpsychologie*, Frankfurt (Suhrkamp), 1979, 90-113

– (1955): Neutralisierung und Sublimierung. A.a.O., 151-170

Kronengold, E. and Sterba, R. (1936): Two cases of fetishism. *Psychoanalytic Quarterly* 5, 63-70

Lacan, J. and Granoff, V. (1956): Fetishism: the symbolic, the imaginary and the real. In: *Perversions*, eds. S. Lorand and M. Balint, New York (Random House), 265-276

Lampl de Groot, J. I. (1927): Zur Entwicklungsgeschichte des Ödipuskomplexes der Frau. *Internat. Zeitschr. f. Psychoanalyse* 13, 269-282
- (1933): Zu den Problemen der Weiblichkeit. *Internat. Zeitschr. f. Psychoanalyse* 19, 385-415

Van der Leeuw, P. J. (1958): Zur präödipalen Phase des Mannes. *Psyche* 12, 1958/59, 81-87

Lewin, B. D. (1950): Das Hochgefühl. Frankfurt (Suhrkamp), 1982

Lichtenstein, H. (1961): Identity and sexuality. *J. Am. Psa. Ass.* 9, 179-260

Loewenstein, R. M. (1950): Conflict and autonomous ego development during the phallic phase. *The Psychoanalytic Study of the Child* 5, 47-52

Lorand, S. (1930): Fetischismus in statu nascendi. *Internat. Zeitschr. f. Psychoanalyse* 16, 87-94

Lorand, S. and Balint, M., eds. (1956): Perversions, Psychodynamics and Therapy, New York (Random House)

Mahler, M. S. (1969): Symbiose und Individuation. Stuttgart (Klett), 1972

Mead, M. (1949): Mann und Weib. Reinbek (Rowohlt), 1954

Milner, M. (1952): Aspects of symbolism in comprehension of the notself. *Int. J. PsA.* 33, 181-195

Mittelmann, B. (1955): Motor patterns and genital behaviour: fetishism. *The Psychoanalytic Study of the Child* 10, 241-263

Muller, J. (1931): Ein Beitrag zur Frage der Libidoentwicklung des Mädchens in der genitalen Phase. *Internat. Zeitschr. f. Psychoanalyse* 17, 256-262

Nacht, S., Diatkine, R., and Favreau, J. (1956): The ego in perverse relationships. *Int. J. PsA.* 37, 404-413

Nunberg, H. (1936): Homosexualität, Magie und Aggression. *Internat. Zeitschr. f. Psychoanalyse* 22, 5-18
- (1947): Circumcision and problems of bisexuality. *Int. J. PsA.* 28, 145-179

Orr, D. W. (1954): Transference and counter-transference. *J. Am. Psa. Ass.* 2, 621-670

Payne, S. M. (1935): Zur Auffassung der Weiblichkeit. *Internat. Zeitschr. f. Psychoanalyse* 22, 1936, 19-39
- (1939): Some observations on the ego development of the fetishist. *Int. J. PsA.* 20, 161-170

Rado, S. (1933): Die Kastrationsangst des Weibes. Wien (Int. Psychoanal. Verl.), 1934

Réage, P. (1954): Geschichte der O. Reinbek (Rowohlt), 1977

Reich, A. (1940): A contribution to the extreme submissiveness in women. *Psychoanalytic Quarterly* 9, 470-480
- (1953): Narcissistic object choice in women. *J. Am. Psa. Ass.* 1, 22-44
- (1960): Pathogenic forms of self-esteem regulation. *The Psychoanalytic Study of the Child* 15, 215-232

Rickman, J. (1951): Number and human sciences. In: Rickman: *Selected Contributions to Psycho-Analysis*, London (Hogarth); New York (Basic Books), 218–223

Ricoeur, P. (1965): Die Interpretation, ein Versuch über Freud. Frankfurt (Suhrkamp), 1969

– (1976): Psycho-analysis and the work of art. In: *Psychiatry and the Humanities*, ed. J. H. Smith, Vol. I, New Haven (Yale Univ. Press), 3–34

Rilke, R. M. (1914): Wendung. In: Rilke, Ausgewählte Werke, Bd. 1, Frankfurt (Insel-Verlag), 1938, 321–323

Riviere, J. (1929): Weiblichkeit als Maske. *Internat. Zeitschr. f. Psychoanalyse* 15, 285–296

Robbins, B. S. (1950): The problem of femininity. In: Robbins: *Feminine Psychology*, New York (New York Medical College)

Romm, M. E. (1949): Some dynamics of fetishism. *Psychoanalytic Quarterly* 18, 137–153

Rosen, I. (ed.) (1964): The Pathology and Treatment of Sexual Deviation. London (Oxford Univ. Pr.)

Rosenfeld, H. A. (1949): Remarks on the relation of male homosexuality to paranoia, paranoid anxiety and narcissism. *Int. J. PsA.* 30, 36–47

Rosolato, G. (1967): Etude des perversions sexuelles à partir du fétichisme. In: *Le Désir et la Perversion*, eds. P. Aulagnier-Spairani et al., Paris (Editions du Seuil), 7–40

de Sade, Marquis, Die 120 Tage von Sodom. München (Heyne Verl.), 1974

– Die Philosophie im Boudoir. München (Heyne Verl.)

Sandler, J. (1960): Zum Begriff des Über-Ichs. *Psyche* 18, 1964/65, 721–743

Sartre, J.-P. (1952): Saint Genet, Komödiant und Märtyrer. (Rowohlt) 1982

Schafer, R. (1960): The loving and beloved superego in Freud's structural theory. *The Psychoanalytic Study of the Child* 15, 163–188

Schmideberg, M. (1956): Delinquent acts as perversions and fetishes. *Int. J. PsA* 37, 422–424

Schur, M. (1953): The ego in anxiety. In: *Drives, Affects and Behaviour*, ed. R. M. Loewenstein, New York (Int. Univ. Pr.), 67–103

Shields, R. S. (1962): A Cure of Delinquents. London (Heinemann)

Smirnoff, V. N. (1968): Severin von Sacher-Masoch ou l'impossible identification. *Bull. de l'Assoc. Psychanal. de France* 4, 76–83

– (1969): The masochistic contract. *Int. J. PsA.* 50, 665–671

Socarides, C. W. (1959): Meaning and content of a pedophiliac perversion. *J. Am. Psa. Ass.* 7, 84–94

– (1960): The development of a fetishistic perversion: the contribution of preoedipal phase conflict. *J. Am. Psa. Ass.* 8, 281–311

– (1962): Report: Panel on theoretical and clinical aspects of overt female homosexuality. *J. Am. Psa. Ass.* 10, 579–592

Sperling, M. (1959): A study of deviant sexual behaviour in children by the method of simultaneous analysis of mother and child. In: *Dynamic Psychopathology in Childhood*, eds. L. Jessner and E. Ravenstedt, New York (Grune & Stratton), 221-242

Spitz, R. A. (1955): Die Urhöhle. *Psyche* 9, 1955/56, 641-667

- (1962): Ein Nachtrag zum Problem des Autoerotismus. Psyche 18, 1964/65, 241-272

Spitz, R. A. and Wolf, K. (1949): Autoerotism: some empirical findings and hypotheses on three of its manifestations in the first year of life. *The Psychoanalytic Study of the Child* 3-4, 85-120

Sterba, R. F. (1957): Oral invation and self-defence. *Int. J. PsA.* 38, 204-208

Stoller, R. J. (1964): A contribution to the study of gender identity. *Int. J. PsA.* 45, 220-226

- (1968): Sex and Gender. New York (Science House); London (Hogarth)

Stone, L. (1954): The widening scope of indications for psycho-analysis. *Int. J. PsA.* 2, 567-594

- (1961): Die psychoanalytische Situation. Frankfurt (S. Fischer), 1973

Szasz, T. S. (1957): A contribution to the psychology of bodily feelings. *Psychoanalytic Quarterly* 26, 25-49

Thompson, C. (1943): Penis envy in women. *Psychiatry* 6, 123-125

- (1949): Cultural pressures in the psychology of women. In: *A Study of interpersonal Relationships*, ed. P. Mullahy, New York (Thomas Nelson), 130-146

Weigert, E. (1954): The importance of flexibility in psychoanalytic technique. *J. Am. Psa. Ass.* 2, 702-710

Weissmann, P. (1957): Some aspects of sexual activity in a fetishist. *Psychoanalytic Quarterly* 26, 494-505

Wiedemann, G. H. (1962): Survey of psychoanalytic literature on overt male homosexuality. *J. Am. Psa. Ass.* 10, 386-409

Winnicott, D. W. (1935): Die manische Abwehr. In: Winnicott: *Von der Kinderheilkunde zur Psychoanalyse*, München (Kindler), 1976, 238-260

- (1945): Die primitive Gefühlsentwicklung. In: A.a.O., 57-74
- (1947): Haß in der Gegenübertragung. In: A.a.O., 75-88
- (1948a): Wiedergutmachung im Hinblick auf die organisierte Abwehr der Mutter gegen Depression. In: A.a.O., 261-269
- (1948b): Paediatrics and psychiatry: In: Winnicott: *Through Paediatrics to Psycho-Analysis*, New York (Basic Books), 1958, 157-173
- (1949): Die Beziehung zwischen dem Geist und dem Leibseelischen. In: Winnicott: *Von der Kinderheilkunde...*, a.a.O., 161-178
- (1951): Übergangsobjekte und Übergangsphänomene. In: A.a.O., 293-312
- (1952): Angst gepaart mit Unsicherheit. In: A.a.O., 124-129
- (1954): Metapsychologische und klinische Aspekte der Regression im

Rahmen der Psychoanalyse. In: A.a.O., 197–202
- (1955): Klinische Varianten der Übertragung. In: A.a.O., 217–223
- (1956a): Primäre Mütterlichkeit. In: A.a.O., 153–160
- (1956b): Die antisoziale Tendenz. In: A.a.O., 224–237
- (1958): Von der Kinderheilkunde zur Psychoanalyse. München (Kindler), 1976
- (1958a): Die Fähigkeit zum Alleinsein. In: Winnicott: *Reifungsprozesse und fördernde Umwelt*, München (Kindler), 1974, 36–46
- (1958b): Psychoanalyse und Schuldgefühle. In: A.a.O. 17–35
- (1960): Die Theorie von der Beziehung zwischen Mutter und Kind. In: A.a.O. 47–71
- (1965): Reifungsprozesse und fördernde Umwelt. München (Kindler), 1974
- (1966): Kreativität und ihre Wurzeln. In: Winnicott: *Vom Spiel zur Kreativität*, Stuttgart (Klett), 1973, 78–100
- (1971): Die therapeutische Arbeit mit Kindern. München (Kindler), 1973

Wittenberg, R. (1956): Lesbianism as a transitory solution of the ego. *Psychoanal. Rev.* 43, 348–357

Wulff, M. (1946): Fetishism and object choice in early childhood. *Psychoanalytic Quarterly* 15, 450

Zilboorg, G. (1944): Masculine and feminine. *Psychiatry* 7, 257–296

Nachweise
(chronologisch geordnet)

1962 »Die Rolle polymorph-perverser Körpererfahrungen und Objektbeziehungen bei der Ich-Integration«: »The role of polymorph-perverse body-experiences in ego-integration«, in: *Brit. J. Med. Psychol.*, 35.

1963 »Die Rolle der infantilen Sexualität und der frühen Objektbeziehungen bei der weiblichen Homosexualität«: »The role of infantile sexuality and early object-relations in female homosexuality«, in: *The Pathology and Treatment of Sexual Deviation*, ed. I. Rosen (London: Oxford U. P.).

1964 »Intimität, Komplizenschaft und Gemeinsamkeit in der Perversion«: »Intimacy, complicity and mutuality in perversions«. Zuerst veröffentlicht unter dem Titel: »The function of intimacy and acting out in perversions«, in: *Sexual Behaviour and the Law*, ed. R. Slovenko (Springfield: Thomas).

1965, 1979 »Der Fetisch als Negation des Selbst. Klinische Bemerkungen über Vorhaut-Fetischismus bei einem Homosexuellen«: »Fetish as negation of the self: clinical notes on foreskin fetishism in a male homosexual«, Teil I zuerst veröffentlicht unter dem Titel: »Foreskin fetishism and its relation to ego-pathology in a male homosexual«, in: *Int. J. Psycho-Anal.*, 46, Teil I. Teil II (1979).

1968 »Die Wiedergutmachung am Selbst als idolisiertem inneren Objekt«: »Reparation to the self as an idolized internal object: a contribution to the theory of perversion-formation«, in: *Dynamische Psychiatrie*, 1.

1969 »Die Rolle des ›montierten inneren Objekts‹ (›collated internal object‹) bei der Perversionsbildung«: »Role of the ›collated internal object‹ in perversion-formation«, in: *Int. J. Psycho-Anal.*, 50.

1972 »Pornographie und die Politik von Zorn und Subversion«: »Pornography and the politics of rage and subversion«, in: *Times Literary Supplement*, 4. Februar.

1973 »Kannibalistische Zärtlichkeit in der nicht-genitalen Sinnlichkeit«: »Cannibalistic tenderness in nongenital sensuality«, in: *Contemporary Psychoanalysis*, Vol. 9, No. 3.

1973 »Die Rolle von Wille und Macht in der Perversion«: »The role of will and power in perversions«, veröffentlicht in französischer Sprache unter dem Titel: »L'alliance perverse«, in: *Nouvelle Revue de Psychanalyse*, No. VIII.

1974 »Der Ich-Orgasmus in der bisexuellen Liebe«: »Ego-orgasm in bisexual love«, in: *Int. Rev. Psycho-Anal.*, 1.

1976 »Vom Masochismus zum seelischen Schmerz«: »From masochism to psychic pain«, veröffentlicht in französischer Sprache unter dem

Titel: »Ne pas se souvenir de soi-même«, in: *Nouvelle Revue de Psychanalyse*, No. XV.

Namenregister

Abraham, K. 76, 89, 99, 101
Alpert, A. 42f.
Arlow, J. A. 20, 80, 114, 140f.
Bacon, C. L. 81, 116, 118, 165
Bak, R. C. 194, 198f., 217
Balint, M. 20, 124, 308
Beauvoir, S. de 25
Bellak, L. 33
Benedek, T. 80
Bergler, E. 81
Bird, B. 146, 150
Bonaparte, M. 80
Bouvet, M. 94, 139
Brierley, M. 105, 108, 163, 166
Brody, M. W. 81, 99, 106
Brunswick, R. M. 76, 105
Buxbaum, E. 198
Bychowski, G. 21, 25, 33, 47, 62, 68, 90, 94, 110, 140, 194
Caprio, F. S. 81, 117f.
Castoriades-Aulangier, P. 308
Coleman, R. W. 74
Delay, J. 25
Deutsch, H. 38, 76, 80f., 86f., 90, 98, 100, 104f., 111, 117–120, 125, 133, 157, 164
Diatkine, R. 95, 124
Dupré, L. 303f.
Eissler, K. R. 38, 105, 114, 162
Ekstein, R. 33, 47, 140, 144
Eliot, T. S. 303, 318
Fain, M. 127, 129, 139
Favreau, J. 95, 124
Fenichel, O. 20, 81, 141, 164
Ferenczi, S. 23, 108, 114, 167
Fraser, A. W. 198
Freud, A. 24f., 33f., 38, 61f., 64, 69, 113, 124f., 132, 144–146, 214, 233, 277f., 319
Freud, S. 19f., 23, 33, 58f., 63f., 75–80, 105f., 110f., 116–118, 133, 157, 165f., 167, 193, 198, 212, 237, 239, 253, 281, 302–304
Friedman, S. W. 33, 47, 140, 144
Fries, M. E. 50
Genet, J. 27, 195, 322
Gide, A. 19, 27
Gillespie, W. H. 20, 62, 109, 141, 150, 192, 198, 231–233, 237
Gitelson, M. 58, 66
Glauber, P. 45, 62
Glover, E. 20f., 35, 72, 114, 118f., 123f., 128, 131, 140, 190f., 193, 198, 219, 237
Gorer, G. 25, 184, 317, 321f.
Granoff, V. 198, 215
Greenacre, P. 11, 21, 25, 33, 38, 39f., 47, 49, 57, 59, 64, 72–74, 108, 110, 113f., 120, 130, 132, 136, 140, 143, 146, 154, 162, 166, 194, 198, 206, 217, 223, 225, 232, 237f.
Greenson, R. R. 73, 216
Hartmann, H. 40, 54, 62, 207, 240f.
Heimann, P. 173, 307
Hoffer, W. 38, 119, 129f., 262f.
Horney, K. 75, 78, 93, 105
Hunter, D. 198
James, H. M. 38, 50, 61, 134, 170
Jones, E. 81, 93f., 105, 107, 118, 122, 133, 164
Kanzer, M. 33, 88, 94, 140
Katan, A. 147, 198, 238
Kaufman, I. C. 42, 66
Keiser, S. 51, 81, 117, 159–161, 166
Kestenberg, J. 93, 108, 162, 198, 220
Khan, M. Masud R. 22, 24, 38, 43, 48, 74, 113, 142, 203, 205f.
Kinsey, A. C. 75
Klein, M. 10, 21, 93, 104f., 107, 119, 163, 222

Kris, E. 29, 40, 71, 74, 132
Kronengold, E. 198
Lacan, J. 198, 215
Lampl-de Groot, J. 76, 105
Leeuw, van der 198, 210, 220
Lewin, B. D. 38, 41, 66
Lichtenstein, H. 21, 25, 29, 80, 82, 113, 118, 122, 131, 134, 138f.
Loewenstein, R. M. 147
Lorand, S. 20, 198
Mahler, M. S. 120, 191
Marty, P. 127, 129, 139
Mead, M. 75
Miller, H. 27
Milner, M. 38, 69, 127, 138f., 146, 166, 191
Mittelman, B. 144, 147, 138
Muller, J. 105
Nacht, S. 95, 124
Nunberg, H. 23, 216
Orr, D. W. 145
Paulhan, J. 288, 317
Payne, S. M. 105, 163, 192, 198, 218, 222, 231f., 237, 239
Polim, F. 314
Provence, S. 74
Rado, S. 99, 101, 106
Réage, P. 286
Reich, A. 131, 167
Rickman, J. 49
Ricœr, P. 249
Riviere, J. 119, 131
Robbins, B. S. 75
Romm, M. E. 198
Rosen, I. 20

Rosenfeld, H. 21, 123, 136, 192
Rosolato, G. 172
Sade, Marquis de 25, 315–317, 321
Sandler, J. 166
Sartre, J.-P. 25, 27, 195, 322
Schafer, R. 167
Schaffer, D. 81, 117
Schmideberg, M. 22, 145
Schur, M. 56, 65f.
Shields, R. S. 47, 149f.
Smirnoff, V. N. 172, 305
Socarides, C. W. 80, 140, 198, 208, 217, 220
Sperling, M. 21, 33, 72
Spitz, R. A. 28, 119, 229, 261
Sterba, R. F. 38, 114, 198
Stoller, R. J. 173, 194, 216
Stone, L. 20, 74, 142f., 145
Szasz, T. S. 73
Thompson, C. 75, 78
Weigert, E. 143
Weissmann, P. 198
Wiedeman, G. H. 20
Wilde, O. 19, 27
Winnicott, D. W. 9f., 20f., 29–32, 38, 41, 43, 47, 49, 56, 60, 62, 66, 68f., 71, 116, 132f., 136, 138f., 145–147, 164, 170, 185f., 191f., 198, 205, 211, 220, 236, 240, 247, 278–281, 298
Wittenberg, R. 81f.
Wolf, K. 229
Wulff, M. 198
Zilboorg, G. 80, 163

Sachregister

Abwehr, manische 32
Agieren 22, 33–36, 67, 140–146, 300
  als Funktion im Dienste der Technik der Intimität bei Perversionen 33–36
  als kontraphobischer Mechanismus 34
  perverser sexueller Phantasien und Praktiken 22
  Rolle des 33–36
Aktivität, Fixierung auf 22
Angst
  agoraphobe 173–190
  vor Befriedigung 66
  vor emotionaler Hingabe 87–102, 319
Aphanisis 94, 107
Baby
  s. Wunsch
Charakterstörung, schizoide 38–43
Dissoziation zwischen männlichen und weiblichen Persönlichkeitselementen 276–278
Emotionalität, innere 38–43, 113
Energetisches Kapital 64–66
Entfremdung 7
Fetisch als Negation des Selbst 197–252
Flucht
  in die Emotionalität 42 f.
  aus der Regression in die Ich-Abhängigkeit 31 f.
Gegenübertragung als Instrument der Wahrnehmung 307 f.
Gemeinsamkeit in der Perversion 19–37
Hand-Mund-Beziehung 262 f.
Homosexualität, männliche 197–252
Homosexualität, weibliche
  Literatur 80–83
  Mangel an klinischen Beiträgen 80
  psychosexuelle Entwicklung der Frau 76–80
  Rolle der infantilen Sexualität und der frühen Objektbeziehungen 75–169
  Rollenwechsel bei weiblichen Homosexuellen 117
  fallspezifisch:
  Patientin mit homosexueller Beziehung 83–196
  affektive Unzugänglichkeit 110
  Angst vor emotionaler Hingabe 87–102
  ödipale Beziehungen, Durcharbeiten und Integration 151–168
  Beziehung zum Bruder 152–157
  Beziehung zum Vater 157–159
  Einfluß der depressiv-hypochondrischen Mutter 134 f.
  Gegenübertragung 149–151
  homosexuelle Episode 110–129
  Kastrationsangst 88 f.
  Körper-Ich-Entwicklung auf der genitalen Stufe 159–163
  frühe psychosexuelle Entwicklung 103–110
  technische Probleme während der Behandlung 140–151
  Träume 91, 96–99
  Über-Ich-Entwicklung 163–168
  Übertragungsneurose 146–149
Ich-Entwicklung 65
Ich-Integration
  polymorph-perverser Körpererfahrungen und Objektbeziehungen 38–74
Ich-Interessen 14
  s. auch Perverse
Ich-Orgasmus 265–281

Ich-Pathologie 20
  s. *auch* Perversionsbildung
Ich-Verzerrung 60–68
Idealisierung 11, 18
Identifikation, narzißtische 18
Identität, getrennte
  Verzicht auf 25
Idolisierung 11 f., 18, 281
Intimität 24
  in der Perversion 19–37
  Technik der 23–33
Kannibalistische Zärtlichkeit in der nicht-genitalen Sinnlichkeit 253–264
Kastrationsangst
  s. Homosexualität, weibliche
Kind
  Erfahrung von Omnipotenz 10
  Idolisierung des 11 f.
  als Objekt mütterlicher Fürsorge 9
  Unterdrückung des sich entwikkelnden aggressiven Potentials 16 f.
Komplizenschaft in der Perversion 13–37
Körper-Ich-Entwicklung 129–131
Körperrealität, Überprüfung der 119
Lecken der Genitalien 118–120
Liebe, bisexuelle 265–276
Mängel des Nicht-Selbst 130
Masochismus 301–313
Masturbation
  bei der Frau 78 f.
  masturbatorischer Typ homosexueller Sexualität 136
Montiertes inneres Objekt
  Fallgeschichte 172–190
  Rolle bei der Perversionsbildung 170–196
Mund als kognitives Organ 261 f.
Mutter

Fürsorge der 9, 29
Identifikation des Kleinkindes mit 133–135
Realisierung der Persönlichkeit des Kindes 65 f.
Rolle der pathogenen Persönlichkeit der 132–140
Rolle in der gestörten Mutter-Kind-Beziehung 48–60
Zwang, das Kind zu verlassen 59 f.
Mutter-Kind-Beziehung
  als genetische Wurzel der Perversion 21
  als Grund für perverse sexuelle Praktiken 11, 15 f.
  Störung als Grund für polymorph-perverse Körpererfahrungen 38
Neurosen, narzißtische 20
Objekt
  -beziehung 13, 68–71
  -findung 13
  -wahl 13
  Zwischenposition bei Perversen 23
Ödipuskomplex 76–78
  bei Mädchen 77 f.
Omnipotenz
  s. Kind
Orale Triade 41
Penis
  Faszination und Scheu 154
  -Imago, Spaltung der 131
  -neid 78 f., 93
Perverse
  leben durch Aktionen 300
  Pubertät und Adoleszenz 13 f.
  Sich-Bekennen 27
  Übertragung 18, 28
  Unersättlichkeit 17, 26
  Untröstlichkeit 17, 27
Perversion

Ausbeutung der Sexualität 21
grundlegende Merkmale 171 f.
Intimität, Komplizenschaft, Gemeinsamkeit 19–37
klinisches Material 282–287
theoretische Diskussion 287–300
Träume und 36 f.
Unterscheidung der Herkunft von Neurosen und Psychosen 23
Wille und Macht 282–300
Perversionsbildung
Angst vor emotionaler Hingabe 319
gestörte Mutter-Kind-Beziehung 21 f.
montiertes inneres Objekt 170–196
psychische Funktionen in der Ätiologie 21
reparativer Trieb 11–18
Phallische Stufe bei Mädchen 107 f.
Polymorph-perverse Körpererfahrungen und Objektbeziehungen 43–47
s. auch Ich-Integration u. Mutter-Kind-Beziehung
Pornographie
Politik von Zorn und Subversion 314–325
psychologische Aspekte 319
spezifischer Gebrauch von Worten 316 f., 320
Pubertät und Adoleszenz
s. Perverse
Realitätssinn
Funktion der Perversionsbildung im Dienste der Erhaltung des 21
Reparativer Trieb
s. Trieb
Schmerz, seelischer 301–305
s. auch Masochismus
Sexuelle Merkmale von Beziehungen 14 f.

Sexuelle Wechselbeziehungen von Patienten zu Objekten 14 f.
Sich-Bekennen
s. Perverse
Spiel 279–281
Fehlen von 12
Stillstand, narzißtischer 90
Symbiose, fokale 120–122, 130, 132, 136
Symptombildung und Masochismus 302 f.
Technik der Intimität 23–33
Trieb, reparativer
bei der Perversionsbildung 11–18
Richtung des 14
Wahl des Sexualapparates und sexueller Modalitäten als Ausdrucksmittel 15 f.
s. auch Wiedergutmachung
Triebhafte Charaktere 141
Triebschicksal, aggressives 67 f.
Übergangsobjekt 30 f.
Fehlen des 12
Übertragung
s. Perverse
Unersättlichkeit
s. Perverse
Vagina
frühes Gewahrsein der 162
Unsichtbarkeit 159 f., 166
vaginale kindliche Sexualität 105
Vorgänge, somatische 315, 323 f.
Vorhaut-Fetischismus 197–252
Beziehung zum fetischistischen Objekt 207–215
Ich-Pathologie und gestörte Mutter-Kind-Beziehung 223–234
frühe Lebensgeschichte 199–203
Psychodynamik 215–223
Wiedergutmachung 10, 133
am Selbst als idolisiertem innerem Objekt 9–18
Wille und Macht

passiver und aktiver Wille 287f.
in der Perversion 282–300
klinisches Material 282–287
theoretische Diskussion 287–300
Worte
s. Pornographie

Wunsch nach einem Baby bei einem Jungen 220f.
Zorn 320
Zunge 118–121
Identifikation mit Penis 118
Penetration mit 118